如何经营无怨无悔的人生

蔡礼旭 著

世界知识出版社

目录

第一讲　最重要的学处是学习圣贤人的心境

尊敬的诸位朋友，大家好！

今天我们要一起讨论、分享的是“如何经营无怨无悔的人生”。其实我们都希望人生是无怨无悔，因为假如我们时时怨恨、时时后悔，日子一定很难熬，会是度日如年。现在整个社会状况，很少有人没有忧虑、没有烦恼、没有牵挂。假如我们说人生可以过得没有忧虑、没有烦恼、没有牵挂，有这个方法，诸位朋友，您相信吗？相信才会产生无穷的力量。假如我们不相信人生能达到这样的境界，那一定会被自己击败。确实人生都是被自己击败，别人是不可能打败我们的。

有个地区，因为长年没有下雨，所以牧师召集大家一起祈雨。祈雨的过程，大家都很专注地读诵一些经文，突然这位牧师很激动地指着底下的一个小女孩，大家也都把目光集中在这个小女孩的身上。牧师接着说道：“你看我们今天来祈雨，就只有这个小女孩带了一把雨伞。”其他人都没带雨伞，他们祈雨的时候有没有坚定的信心，相信一定会下雨？没有！只有这个小女孩是抱着一颗赤诚的心来祈雨。“万类相感，以诚以忠”，一份真诚的心才能跟天地万物相感应。

所以，我们今天以一颗至诚的心来接受古圣先贤的教诲，而且能依教奉行，相信种瓜得瓜，种豆一定得豆。所谓“理得心安”，很多人生的真理、真相搞清楚了，这个心就安下来，就释怀了，怨跟悔自然烟消云散。首先，我们对于人生的道理要了透、明白。一般人之所以会有怨，就是因为“求不得苦”，好像人生事事不如意，所谓“人生不如意事常八九”。诸位老师，当我们听到“人生不如意事常八九”，内心有什么样的感受？是不是乌云马上飘过来了，愁云惨雾？其实这时候就已经开始在怨。

所以心里是踏实、明了，还是怨恨，其实在面对一个境界，或者一句经文，就已经产生了。“人生不如意事常八九”，假如我们能从原因中去找答案，这句话不会让我们难受，反而会让我们反省。因为“不如意事常八九”是结果，原因在哪里？假如找到原因，人生就掌握在自己手上，“命由我作，福自己求”。不如意事常八九，那是所种的因不对，才感来这样的结果。只要时时明白因果，从果推因，就不会抱怨，就会勇于承担，改善自己的问题，人生就是充实而不是消极。

我们也可以再冷静观看这个世间，有没有“人生如意事常八九”的人？大家的答案很可能是“好像没看过”。能不能说种瓜得瓜不准？不能。我们在修学圣贤教诲的过程中，只能检讨自己，不能检讨真理，这个态度相当重要。因为真理经过几千年的印证，不容我们怀疑。假如我们怀疑了，失去信心了，到头来还是自暴自弃。我们对自己首先要有信心，对真理也要有信心。我记忆很深刻，好多年前，许哲女士（1897—2011）到高雄演讲，那时候我也很幸运，能够聆听她老人家的教诲。但是叫她“老人家”好像有点奇怪，因为她是“一百〇八岁的年轻人”，她比我还年轻。你看人家做瑜伽动作，身体这么柔软，而我这是老骨头。所以比起来，她的身体，以至于心灵，很可能都比我们年轻很多。那一次我听完她的演讲，体会到谁是全世界最美的女人？就是许哲女士。她那种笑容真是无忧无虑、无牵无挂，甚至会带动其他人乐观进取地面对人生。

而许哲女士的人生是“如意事常八九”，如意到什么程度？如意到不用去买菜，冰箱里面就有菜。诸位老师，我们家的冰箱有没有这个功效？不用买就有菜，那可如意了。我们看对许哲女士的采访，她说都不知道是谁把菜拿来的。受她帮助的老人以及家庭，那是几十家。当他们看到许哲女士的时候，就好像看到至亲一样欢喜，甚至手舞足蹈，可以感觉得到许哲女士在他们生命中的那个分量。因为把她当至亲看，所以也会把她当至亲一样照顾。那是无私付出，不求回馈。为什么他们能无私地付出？因为许哲女士也是无私地对待他们。

人生就像一面镜子，对着镜子笑，镜子也对着我们笑；对着镜子哭，镜子也对着我们哭。我们的这种心境会投射到镜子上。镜子映照的，就是我们所遇到的一切人事环境跟物质环境。冷静想想，我们所面对的一切人，是对着我们哭，还是对着我们笑？这是需要反思的地方。而当我们在照镜子的时候，镜子在哭，我们会不会手指着镜子说，你给我笑，不可以哭？能不能变？你再怎么动它，它照出来的还是哭，甚至转成愤怒，它不可能笑。因为照镜子的人真正开怀地笑，镜子照出来的才有可能笑。所以当共处的家人、朋友都是苦瓜脸对着我们，我们指着他：“你要对我笑。”他笑得出来吗？他笑不出来。所以唯有我们改变，整个人事环境才会改变。佛家讲“依报随着正报转”，自己的心真正转变，用一颗爱心对人，反馈回来的就是他人的爱。儒家讲“爱人者，人恒爱之；敬人者，人恒敬之”。我们心上对人还有怨，那个怨一定会返回来。只有我们转怨为恕，为宽恕，为爱心，人生才开始转变。

有位朋友跟同学处得很不好，脾气忍不住，不过在团体中他也会顾虑：如果吵架，其他人可能会对我们有看法。他把情绪压下来，表面看还好。但是因为一直压，很难受，他就拿着一张纸，把怨气写下来，骂这个同学。刚好那一天他经过那个同学的位置，不经意瞟过去，桌上放了一张纸，也写了一些话骂他，而且跟他骂的差不了多少。你看，真的就像一面镜子，你觉得他脾气大，很可能他也觉得你脾气大；你觉得他嫉妒心很重，很可能他也觉得你嫉妒心很重。这个人生道理相当微妙。比方说夫妻吵架，我们听先生说他太太的不是，可能会觉得这个太太真不像话；听太太讲她先生，可能会觉得这个先生真不像人。不可听片面之词，就是这个道理。所以，我们常常怨别人，回应回来的也是怨；我们常常感恩别人，常常肯定别人，常常祝福别人，回应回来的也是感恩、肯定、祝福。

历史上有个很著名的公案，大家也耳熟能详。宋朝苏东坡跟佛印禅师交情很好。确实人生能有几个志同道合的朋友，那也是相当大的乐趣，所谓“有朋自远方来，不亦乐乎”。读到这一句，我们乐了吗？然后在那里想，怎么连半个都想不到？又开始怨了。假如我们没有“有朋自远方来”，没有知己，问题在哪里？在自己身上！《论语》早就告诉我们如何才能“有朋自远方来”：“君子敬而无失，与人恭而有礼，四海之内皆兄弟也。”人生为什么这么多烦恼？常常就是只求结果，不努力，不种正确的种子下去。谁不希望孩子进入社会以后“四海之内皆兄弟”？诸位朋友，您希望孩子的人生有这样的际遇吗？铁定是希望的。但不能只是希望，天上不会掉馅饼。假如孩子连应对进退都不清楚，都不知道怎么跟人交往，人生不可能得“四海之内皆兄弟”的情境。

我曾经到同学家去，同学成绩非常优秀。我们聊了一会儿，我就跟同学讲：“我先回去了。”同学头转过来，看着我：“哦！”然后没什么反应，我只好自己走出来。他的父亲说：“同学要走了，你连送都不会送！”基本的待人的礼貌不懂，什么时候得罪人都搞不清楚。所以《论语》才说，“君子敬而无失”，你时时有一份恭敬心，有诚敬的心在，就不容易有所失礼。“与人恭而有礼”，非常恭敬，不会怠慢，人家跟我们相处就如沐春风，这样，自自然然感召来“四海之内皆兄弟也”，就能“有朋自远方来，不亦乐乎”。这份至诚的恭敬心，不只在当下可以交到很多好朋友，甚至古圣先贤都可以成为我们的好朋友。一个读圣贤书的人假如觉得很孤独，那一定是没有读进去。

我们看文天祥的一首诗：“哲人日已远，典型在夙昔。风檐展书读，古道照颜色。”（《正气歌》）这些圣哲人的风范时时刻刻都在我们心中。当我们打开经典，他们的精神就好像照在我们的脸庞，我们跟他们是没有分离的，所谓神交古人。我们一想到范仲淹，马上提起的是“先天下之忧而忧，后天下之乐而乐”。读到他们的文章，我们可以感动得泪流满面。当我们在家庭、在社会不敢勇于承担的时候，想起的是林则徐的那句话，“苟利国家生死以，岂因祸福避趋之”。这样的精神就跟我们合在一起，这份至诚的心就突破了时空，怎么会没有“有朋自远方来”？

我们以这些圣哲人为榜样，有个态度很重要，就是别人做得到的，圣哲人做得到的，我们也一定能做到。要有这份信念。假如这份信念不在，那很难修学。因为“信为道元功德母”，信心是成就学问、成就家业和事业最重要的基础。假如我们都说圣哲人做得到，我们做不到，这样的意念，当下就已经在退步了。什么时候是进步？什么时候是退步？我们的念头是随顺圣贤教诲，这就叫进步；我们的念头随顺自己的烦恼、习气，这就叫退步。

《弟子规》是中国家教最具代表性的一部经典。现在很多人都在修学《弟子规》。《弟子规》我们从头念到尾，诸位朋友，念到哪一句精神最振奋？依我的观察，念到最后一句最振奋："勿自暴，勿自弃，圣与贤，可驯致。"还要再了解一下，是因为念完了很高兴，还是因为这句话领纳于心，拳拳服膺在心中？"圣与贤，可驯致"，那是自信，是自我的激励。假如这个态度失去了，我们就已经在退步。

我们在修学的道路上，真的可以时时观照，"学如逆水行舟，不进则退"。我们冷静思考一下，什么时候是进退？很可能我们心里想着，我今年比去年稍微有所进步。你看我们所量的这个进退，都是一年、两年这么长时间。其实说实在的，假如一年、两年才在那里思考进还是退，很难不退。进退在一念之间。比方我们三天都很认真地读书，心情非常平和。突然跟一个人起了冲突，火冒三丈。诸位朋友，这几天的修学怎么样？兵败如山倒，所谓"一念嗔心起，火烧功德林"。不只是这样，一念贪心起，火烧功德林；一念傲慢心起，也火烧功德林；一个妄念起来，很可能前面的努力都会付诸东流水。所以，起心动念才是我们修学的进退，要很谨慎。

《国语》里面，孔夫子也讲，"从善如登，从恶如崩"。行善就好像爬山，要一步一步蹬上去，但是作恶，就好像没踩稳，瞬间就跌下来。想象一下这个情景，我们想要学好、想要行善，好像爬山一样，一步一步蹬上去，还要加把劲儿。诸位朋友，为什么要加把劲儿？因为有地心引力在拉我们。换作修学，这个地心引力就是我们的习性、坏习惯。但是"从恶如崩"，一步没有踏好，踏空了，会怎么样？很多朋友马上就说："会跌到山下。"这也太惨了。

当我们一步没有踏好，就任凭自己往下掉吗？不是。这一步没有踏好，赶快用双手去拉，说不定扯到一根树枝，就不会继续往下掉。赶快站起来，拍拍身上的灰尘，继续往上。所以要懂得抓住这些树枝。人的念头不对，那真的就好像一步踏空，突然往下掉。假如这个时候我们有警觉性，"不怕念起，只怕觉迟"，马上提起正念，就好像抓到树枝，不会往下掉。甚至赶快把《弟子规》拿出来，脾气很大，念一遍提醒自己，"言语忍，忿自泯""凡是人，皆须爱""将加人，先问己"，好几根树枝都抓住，就不会继续往下掉。所以面对经典，起心动念时时都要观照自己是在进还是在退？因为修学最重要的是有自知之明。

我们刚刚讲到苏东坡跟佛印禅师是好朋友。有一天，苏东坡感觉自己当下的境界很不错，就写了一首偈："稽首天中天，毫光照大千，八风吹不动，端坐紫金莲。"诸位朋友，当苏东坡写到"八风吹不动"，其实动了没有？已经动了。所以人要真正看清自己真是不容易，真的要时时观照自己的念头跟经典的差距，不然被自己卖了都不知道。苏东坡差人把这首偈送给佛印禅师，结果佛印禅师给他回一个"屁"字。苏东坡很生气，立刻乘船，渡江而来。

到了山门口，看到佛印禅师写的两句话："八风吹不动，一屁打过江。"真的是醍醐灌顶。假如这时候苏东坡回光反照，可能当下就会有悟处，甚至会开悟。诸位朋友，假如你是苏东坡，会怎样？故事不能白听，这些圣贤人都是表演给我们看，让我们有所领会。我们不能把这些故事听一听，说："我都听过了！"这样对不起古圣先贤的表演。场场好戏，我们不能统统白看。诸位朋友，我们会不会回过头来说，你给我记住？能不能这样？不能！假如是这样的心念，那正直的朋友都会离我们而去。《弟子规》说“闻誉恐，闻过欣”，把我们的缺点直接指出来，甚至是从起心动念处把我们的问题指出来，这样的朋友太难得了。

当然苏东坡成就也很高，其实他也是表演给我们看。我们可不能故事听完说：“苏东坡修养很不好。”那不对！这些圣哲人都很清楚人生的责任，不只要帮助当下这些人，也要垂范后世。“动而世为天下道，行而世为天下法，言而世为天下则。”我们学习古圣先贤的教诲，最重要的学处是学他们的心境，“慕贤当慕其心”，不只是学他们的一些言语行为而已，当慕其心。经典中的教诲都是圣贤人的心境流露出来的，我们的言行要回到根本，从心地上来学习。他们的心境、一举一动都是为天下人做榜样。这个天下，不单是当时的社会环境，还包括后面世世代代，是为历史做交代，这是他们的心境。

在跟朋友做交流的时候，我们常常会探讨一个问题：不要说天下，我们有没有想过我们的后代、我们的家道要承传多久？结果发现，思考过这个问题的人很少。连家庭我们都没有这种承担，希望做出好的榜样能承传久远，更何况是对天下？从这里我们就深刻感受到，我们跟圣贤人的差距很远。希圣希贤，就要从他们的心地去效法、学习。人生在世，心胸要宽广，视野要深远。

我们往后再看这些圣哲人的故事，也要深深体会他们的用心，很多都是针对我们最严重的问题给我们做表演。因为人很难接受别人的劝诫，所以苏东坡也表演出来让我们好好反省。苏东坡在宋朝，那是数一数二的忠贞之臣。古代看一个臣子忠贞到什么程度，从哪里看得出？看他被贬到多远。苏东坡被贬到哪里去了？被贬到海南去了。我们到海口推展中国文化，深刻体会到当地人民中国文化的根基，早在宋朝苏东坡就打好了。

而这些读书人被贬官，心情如何？会不会怨天尤人？我们以前读书，觉得他们被贬一定很郁闷，抑郁而死，有没有？人家是浩然正气，我们不能以小人之心度君子之腹。这些正直的读书人，不管被贬到哪里，都教化一方，利益当地人民。因为都是利人的心、无求的心，所以也是无怨无悔的人生。尽心尽力了，所以无悔。无欲则刚，不求什么，只求能够利益人民。所以不只无怨，还乐在其中。这个心境都是我们要学习的地方。当我们有怨有悔，自己都帮不了自己，焉能帮得了别人？

范仲淹有一次被贬，讲了一句话："不以宠辱更其守，不以毁誉累其心。"我们的人生有很多的埋怨在哪儿？失宠了，埋怨；被人家侮辱了，埋怨——那不可能是无怨无悔的人生。"不以毁誉累其心"，人家毁谤我们，心情不受丝毫影响；人家称赞我们，也不会得意扬扬。范仲淹还讲了一句话："岂辞云水三千里"，被贬得太远了，好几千里；"犹济疮痍十万民"，"疮痍"就是指非常困苦的人民，不管被贬到哪里，依然忧国忧民。以前我们看一些书籍，提到这些读书人被贬官，感觉好像都很凄惨，其实误解了圣贤人的心境。这都是我们深入圣贤经典应该有的正确认知。

我们刚刚提到佛印禅师写了两句话回应苏东坡。这件事情过后，他们两个人又有一次聚会，一起打坐。苏东坡问佛印禅师："你看我打坐的样子像什么？"佛印禅师看他很庄严，说："你看起来像一尊佛。"佛是至高无上的，苏东坡很高兴。他又问佛印禅师："那你觉得我看你像什么？"佛印禅师说："你觉得我像什么？"苏东坡说："你看起来像一坨粪（因为佛印禅师长得比较胖一点）。”佛印禅师听完也没生气。苏东坡回去后，喜上眉梢，刚好妹妹看到了，就问他：“你今天高兴什么？”他说：“我今天跟佛印禅师在一起，他说我看起来像佛，我说他看起来像粪。你看我比他高。”结果苏小妹说：“哥哥，你今天输得太惨了。”他也不大理解。妹妹接着说：“人家是心中有佛，见人是佛；大哥你是心中有粪，见人是粪。”

诸位朋友，我们见人是心中有佛，还是心中有粪？当我们时时都是看到别人脾气大，回光反照，事实上是自己脾气大；看到别人很傲慢，再回头一看，自己甚至比他更傲慢。这都是很微妙的人生道理。一个脾气很好的人，不跟脾气不好的人生气。因为他知道脾气好的那种心平气和、内在的喜悦跟快乐。别人脾气大，他不只不会跟他计较，还会舍不得：“你不要这么生气，暴怒伤肝。”赶快倒一杯水给他喝，甚至赶快走了，不再让他气下去，有那份宽恕怜悯的心。所以，怪别人脾气大，那是我们脾气大；怪别人很贪心，其实也就是自己很贪心，看不下去。

人生，我们刚刚说到的，就像一面镜子，最重要的，先改变自己，自然能改变与他人的关系。当我们抱怨他人的时候，要回过头来想，只要我变了，他人就会变，所谓“正己化人”。面对人生的际遇，时时要求自己，不要求别人，就不会有怨。孔夫子也给我们教诲，“射有似乎君子，失诸正鹄，反求诸其身”（《中庸》），这样射箭就契合君子之道。我们从这些经句又可以感受到古圣先贤的一种心境：时时与万物学习的谦卑心。射箭都能领受为人处世的道理。我们每天见那么多山川大地，一点悟处都没有，关键就在于没有那份谦退、谦恭好学的态度。

夫子指出，射箭是对君子之道的一种观照。箭射出去，没有射到靶心，我们下一个念头是什么？能不能说这支箭品质不好？这把弓做得不合规格？只要是找借口、找理由，就不是君子立身处世的态度。应该是没有射到目标，马上检讨自己的技术不够好。所以他人对我们没有爱敬之心，首先检讨的是我没有爱敬的心去对待他人。有了这样的心态，我们就可以平和地把原因找出来。这个是真理，一定要拳拳服膺在心上。

有位母亲教她的孩子，“父母呼，应勿缓”，但是孩子拖拖拉拉的，不是很听她的话。她就想，父母每一次叫我的时候，我马上就应了，怎么会是这个结果？不可以检讨真理。她又往深处看，原来父母叫她，她确实都有回应；可是口上应，心里还是有不耐烦。后来她真正打从心里恭敬地回应父母，父母叫她，她都马上过去，欢欢喜喜：“妈，有什么事？”结果真的，她的态度一转，女儿的态度马上就跟着转。确实小孩的敏感度特别高，我们是行为服从，内心不服从，小孩都感知得到。而当母亲恭敬面对爷爷奶奶的时候，孩子的心性也转变过来。

好，这节课先讲到这里。谢谢大家！

第二讲　用爱敬的心待人待己

尊敬的诸位朋友，大家好！

我们刚刚提到人生一个重要的道理：人生像一面镜子，你对着镜子笑，镜子就会对着你笑；你对着镜子哭，镜子也会对着你哭。我们有了这样的体会：要改变全世界，最重要的，先改变我们自己。首先要懂得如何去爱人，如何用理智面对人生，教导下一代也用爱、用理智面对人生。理智有个很重要的点，就是对自己、对他人没有帮助的事情不做，那叫浪费光阴。

比方我们有怨恨，那对自己没有帮助，甚至会损害自己的身体，很可能是抑郁症跟癌症的高危人群。因为怨恨，心情很低落，全身细胞就受到很不好的影响。同样，我们用怨恨的心去面对别人，人家看到我们跑得比什么都快，对别人也没有好处。对己对人都没好处的事不要干；有理智的人一定是做利人又利己的事情。我们要好好从圣贤的教诲中，找到利人又利己的心态、方法跟智慧。

刚刚我们已经讲到，“爱人者，人恒爱之；敬人者，人恒敬之”，当我们爱敬对人的时候，怨恨已经没有了，甚至当下欢喜就已经来临。人要把怨恨放下，很好的一点就是时时能看到他人的需要。能替别人着想是第一等的学问，也是放下怨恨、烦恼最好的方法。

我记得小时候去校外教学，看到奶奶最喜欢吃的豆腐乳，就赶快买一罐。其实我小时候是很吝啬的，但是看到奶奶爱吃的东西就马上买了。当这罐豆腐乳放在我的手上，回程的路上真的都在幸福快乐中。因为我想象得到，奶奶拿到这罐豆腐乳一定会高兴得不得了。而且奶奶会高兴多久？可能一辈子都高兴，见人就说："你看我这个孙子很孝顺我。"奶奶可以高兴一辈子，我也可以高兴一辈子。大家看得出来我现在很高兴，一想到这个情景，内心就有那种很温暖、很幸福的感觉。这是爱人的时候，自己跟他人都得到快乐。

恭敬人也是这样。人现在都太现实了，还没有付出就在那里问："我对他好了，我有什么好处？"这么功利的心态得不到快乐。处处埋怨，痛苦往往是自己造成的。有一位朋友坐公车，几乎每一次都会头晕，甚至会吐。后来他学了《弟子规》，"或饮食，或坐走，长者先，幼者后"，他很认真，时时想着要依教奉行。他一坐上车就在那里看，哪些老公公、老婆婆上来就赶快让座，或者孕妇或者小孩站着不方便，都想着让座。

后来下车的时候，他感到很惊讶，一路上都在想着如何让座，头不晕，也没有那些很痛苦的反应。时时都替别人想，忘了自己的时候，很多毛病都不见了。所以真的很微妙，心念就在影响你整个身心。我们也听过有一个人得了癌症，他没有去埋怨谁，也没有埋怨命运，他只想着，那就把最后的生命好好奉献社会。他去医院当义工，过了几年再去检查，怎么样？癌症不见了。所以确实人的心念对自己、对他人都会有很大的影响。

我们当下停止埋怨，当下用爱敬的心对人，整个人生的境界就开始转变。我们一开始也有提到许哲女士，她都是用无私的心去付出，所以冰箱里有吃不完的菜。那时候我看这个报道很羡慕，因为她对人很好，所以人家也对她很好，就是这样的体会。后来我们到海口推展传统文化，每次我们的老师下了课，走进厨房，也看到水果跟蔬菜，还有其他一些吃的东西，也不知道是谁拿来的。我们就想起许哲女士，突然有所领会，为什么来人都不愿意让许哲女士知道是他拿来的？因为许哲女士是以无私无求的心付出，假如让许哲女士知道是他拿来的，怕许哲女士会有心理上的负担——人情负担。所以也无求地付出，不愿意增加许哲女士心理上一点点负担。人心那种厚道，我们也很感动。当我们到大陆去，也是以无求的心在付出，收获的也是无求的回馈。所以很多道理唯有我们真正去做了，才能深刻感受到个中的意趣。

刚刚提到苏东坡的故事，也值得我们好好省思。都是从自己开始做起，想过无怨无悔的人生，“正己而不求于人，则无怨”。这句话是孔老夫子的教诲。我们受持了这些教诲，一定要有坚定的信心来依教奉行，人生就无怨了。我们看“正己”，要求自己，时时都是察自己的不足，也不会去埋怨他人。“能知足者，天不能贫；能无求者，天不能贱；能忍辱者，天不能祸；能随遇而安者，天不能困；能造就人才者，天不能孤；能以身任天下后世者，天不能绝。”从这段话，我们深刻体会到生命掌握在自己手上，不能把责任推给别人。

很多人会埋怨，觉得自己很穷。我们看，什么是贫穷？其实能知足的人，不可能贫，知足常乐。时时想到付出，整个社会一起努力，我们的生活才处处没有匮乏。“社会国家者，互助之体也”，都是大家互相帮助。知足之外，又懂得感恩别人，不会有贫的感觉。“能无求者，天不能贱”，当我们有所欲求，很可能做出一些不好、不当的行为，触犯刑法，让人家瞧不起，那都是自己造成的。不愿意立身行道，做了一些不好的行为，侮辱了自己，这就不能怪人。所谓“无欲则刚”，无求，我们的人生就不可能一失足成千古恨。

再者，“能忍辱者，天不能祸”。大难临头，往往都是脾气压不下来；假如祸来的时候心平气和，往往能够逢凶化吉。举个例子，布袋和尚说：“涕唾在脸上，随它自干了，我也省力气，他也无烦恼。”我们一般都是说：“都是他让我很生气的！”这句话对不对？这句话不只不对，它让我们变成小人。大家不要说蔡老师骂人，这不是我说的，这是孔夫子说的。孔夫子说：“君子求诸己，小人求诸人。”君子遇到事情，时时先反省自己哪里做得不够好；小人时时都把责任往外推。所以，诸位朋友，君子跟小人的区别不在外面，就在自己一个念头。能反省自己的是君子，推卸责任的是小人；时时有道义、有爱心是君子，时时只是自私自利是小人。孔夫子讲的“君子喻于义，小人喻于利”，那个利就是自私自利。我们今天统统随顺圣贤教诲，那是君子；随顺自己的烦恼习气，那也变成小人。

遇到一个情境，人家吐口水在我们脸上，布袋和尚说“随他自干了，我也省力气”。他吐口水在我们脸上，假如我们抬起手来擦，要不要消耗卡路里？所以不用擦了，省力气。“他也无烦恼”，你抬起手来，他看你那个动作好像要跟他打架一样，“你想怎么样？”可能就冲突起来。我们看社会上很多事件，明明就是一点点小事，忍不住脾气，到头来闹出人命。这都是不能忍住脾气。假如能忍住脾气，就会化险为夷，甚至还会成就别人学习圣贤教诲的机缘。

假如这个人无理地对待我们，向我们吐口水，我们都不跟他计较，微微傻笑，他心里会想：这个人跟一般人不一样，脾气很好。假如是我们的同事这么做了，我们不要跟他计较。我们到各地旅游，买了一些名产，带到办公室去，人家有三颗糖，他也有三颗糖。这个时候他心里会想：我已经这么恶意对他，他对我还这么有修养、这么包容。他会不会感动？会！他想：原来那个人就是学《弟子规》的，学《弟子规》很好。很可能往后积极推展《弟子规》的，就是这个曾经向我们吐口水的人。因为他印象太深刻了，世间居然还有这么有修养的人。他感动了，自己就去推广《弟子规》。

祸福在一念之间：脾气忍不住，祸就来了；脾气忍得住，为人演说，很可能很多人听闻圣贤教诲的机缘就从我们这个修养中延伸出来了。所以，诸位朋友，脾气要不要调伏？脾气调伏不下来，人家会说：你看那个学《弟子规》的人还不是学成这样？我们就以身谤法，让人家对圣贤教诲失去信心，这都是很值得我们思考的问题。现在大家已经上船，不能回去了，这一点要认命。

这次我们到联合国教科文组织，跟着师长去做个分享，把我们推广圣贤教诲的一些经验跟世界友人做个交流。在机场，我们整个华人团排好队要过海关。到一个女孩的时候，那个女孩二十出头，询问了半天，就是不让她过，后面的朋友已经等得不耐烦了。最后居然还要求这个女孩把信用卡拿出来，看看她有没有存款。这时就有朋友忍不住脾气上来了："怎么可以这样对待我们华人？"这位朋友也很不容易，当他脾气起来，突然又回光反照：我被打败了。被谁打败了？是不是被境界打败了？不是，被自己的坏脾气打败。他的观照能力也是很强，"不怕念起，只怕觉迟"，一觉察发脾气，马上调整过来。

中午跟师长一起吃饭，他跟师长说："我今天被考倒了，又发脾气了。"师长跟他说："你现在是在弘扬中国文化，在促进世界和平，所以你发脾气就是破坏世界和平。你知不知道破坏世界和平是什么结果？”诸位朋友，我们只有进路没有退路，要破釜沉舟。这一生要能够成就，利人利己，不要再随顺习性跟烦恼，要有这种勇往直前的态度。

那这个情境，为什么海关会这么针对中国人一直盘问？有果必有因。原因就是有国人非法移民，这个现象是存在的。因为我们自己做得不好，才让人家对我们不信任。能不能怪他？能不能跟他生气？“行有不得，反求诸己”，这个态度就很重要。我们时时要提醒自己，我们跟他人是息息相关，我们发了脾气，就跟人结了恶缘；我们能忍住脾气，就跟人结了善缘。

我们冷静思考一个问题，学习圣贤教诲，目的是什么？学圣贤教诲，难道是拿来炫耀的吗？难道是拿来要求别人的吗？难道是让人对圣贤教诲起反感的吗？那不是我们的初心。记得刚开始接触圣贤教诲的时候，只要有人愿意接受，半夜我们都把书拿去，欢欢喜喜。现在学了三年五年，当初的这份真诚心、爱心是增还是减？假如是减，那学十年二十年，我们是在退步，而不是在进步。不是能念出的经典愈多叫进步，进与退都在我们这颗心！我们的真诚有没有提升？我们的清净有没有提升？我们平等、觉悟、仁慈、慈悲的心有没有提升？那才是最实质的进步。所以修学重实质，不可以重形式，这个实质就是我们的心地！

我们要起坏习惯、坏念头的时候，马上想到，这攸关圣贤教诲的弘传，我要赶快调伏习气。人有了这份责任心，提升就快。当妈妈的了解到她的一言一行都在影响小孩，很多坏习惯改得特别快，这叫“为母则强”。人有了责任心就能突破自己，就能超越自己。

刚刚我们提到，朋友、同事恶意对我们，我们不只不跟他计较，依然平等对他，至诚关怀他，他一定会有感动的一天。我有一位长辈，他的朋友很嫉妒他，常常毁谤他，找他麻烦。诸位朋友，人家毁谤我们，要不要生气？说实在的，假如我们真正明白人生的真相，不只不会生气，还会感谢他。“一饮一啄，莫非前定”，这个道理我们明白了，根本不可能跟人起冲突，甚至还会生惭愧。今天这个人骂我，就是因为我以前骂过他，才会得到今天这个果。假如以前没有恶意对他，今天也不会受这个苦，甚至这位朋友也不会因为骂我而生气堕落。能感受别人的痛苦，就不愿意再这样冤冤相报，没完没了。

佛家讲：“欲知前世因，今生受者是；欲知来世果，今生作者是。”今天我们有非常多的烦恼，很可能是因为这几十年跟人起矛盾、冲突。还有个真相在我们整个社会被普遍接受，都知道“祸福无门，惟人自召；善恶之报，如影随形”。起善的念头，感来的是善的因缘；起恶的念头，感来的是恶的因缘。种善因得善果，不会偏差。明白了这个道理，只跟人结善缘，不跟人结恶缘。

今天人家恶意对我们，我们欢欢喜喜接受，因为那是我们自己造成的。欢喜接受了，这个账就了了；不只要把这个账了了，还要跟对方结善缘，再把圣贤教诲介绍给他，这才是心胸广大。量大福大，有了这样的心胸，往后的福分就会愈来愈多，愈来愈好。所谓“无债一身轻”，不好的缘都了掉，身心愈来愈轻安，后半辈子每个人跟我们都是善缘，都是欢欢喜喜一起修学圣贤教诲，这样的人生就无怨也无悔。所以，往后面对恶缘都要当作还债，甚至当作提升我们境界最好的机会。

如何提升境界？就是懂得把我们错误的想法、看法，错误的一言一行放下，从起心动念开始。当分别跟执着放得愈多，智慧跟福分就会愈彰显，这是进步。《大学》里讲，“大学之道，在明明德”；佛陀也讲，“一切众生皆有如来智慧德相，但以妄想分别执着不能证得”。我们中国人接受儒释道三家的教诲已经几千年了，假如把这些教诲合起来看，对人生就会有更深的体悟。“大学之道，在明明德”，其实这个“明明德”就是自知，真正了解自己的本来面目。第一个“明”就是真的要明白，“明德”就是我们的本来面目，也就是《三字经》讲的“性本善”。了解自己，才能够爱护自己、成就自己；对自己都不了解，很可能就会糟蹋自己，瞧不起自己。我们看这个怨，很多人是怨自己不行，怨自己什么都做不好，自己跟自己生气，现在这个现象还很多。首先能了解自己，就不会怨恨自己，反而懂得珍惜自己。

我们应该好好地就这些经文来了解自己。在还没有读到这些经典以前，确实不了解自己，还会常常否定自己。然后又去问别人：“你觉得我这个人怎么样？”人家会说：“你想听实话还是假话？”我们思考一下，跟自己二十四小时相处都不了解自己，还去求别人来了解，这不是颠倒吗？甚至很多人都去做心理测验。很有意思，这些心理测验出几十个题目让你做。得分几分到几分，你的人格是属于老虎型的；几分又到几分，你的人格是属于孔雀型的，乃至于无尾熊型的，甚至还有猫头鹰型的，等等。诸位朋友，都叫人去跟什么比？跟畜生比。应该是“勿自暴，勿自弃，圣与贤，可驯致”，我们还在那里做得不亦乐乎，愈活愈颠倒！

有一次我们老师到一所师范院校演讲，一千多个学生，这些学生再过几年就要到学校教学。坊间有这样一本书，封面写着：“要让孩子当羊还是当狼？”老师就问他们：“你们觉得要把孩子教成狼，还是教成羊？”结果整个右手边的全部说狼，左手边的说羊，两边就在那里比谁更大声：“狼！”“羊！”诸位老师，要把孩子教成狼还是羊？

怎么都要教成畜生？要教成什么？教成人！

能不能怪他们？不能怪他们，他们没有读过圣贤经典。《三字经》讲，“三才者，天地人”，人应该把天地的德行演出来，那才是真正有人格。他们也没有读过《易经》，“天行健，君子以自强不息；地势坤，君子以厚德载物”，体会不到要法天地、法万物。天地那种自强不息、生生不息的精神，我们要把它演出来。大地滋养万物，那份平等，那份无私，我们要好好学，好好落实，才不愧于这一世当人的这个因缘。

所以，我们怎么引导下一代，下一代就会往哪个方向走。现在很多教育的方法、理论，都是拿猫、狗做实验，实验结果拿来教谁？教人。所以才会教成这样的情况。你教猫、狗仁义礼智，它很难领会。它就是欲望的冲动，今天你只要给它好吃的，它可能就会听你的话。人假如这样去教，欲望就会愈来愈大。应该启发他的本善、良知、德能，而不是一味地激发他的欲望，这个方向就不对。

我曾经跟幼儿园的老师接触，他们说有的孩子教到五六岁就跟强盗一样。为什么会这样？在家里保姆带，保姆怕他哭、怕他闹，他要求什么，统统给他。现在是不是这样干？到学校去，幼儿园老师也怕他闹，他要什么也给他。本来给一颗糖就不吵了，过一段时间，要三颗糖，愈来愈多。“欲是深渊”，没有止尽。所以变成他要什么，人家不给他，他就大发脾气，跟强盗一样。

诸位朋友，假如我们是他的父母，能不怨吗？能不悔吗？这个怨，这个悔，源头在哪里？源头在我们没有智慧去爱护这个孩子。我们没有智慧，用错的方法，把他宠坏了。“爱之不以道”，不用正确的做人之道教孩子，反而害了他，“适所以害之也”。所以我们要无怨无悔，很重要的一点，一定要有真实的智慧来处理与人的关系。有了智慧，能把孩子教好，你往后的人生才会轻松自在。闽南话说的，“好子好佗跎，歹子不如冇”，有好的孩子，你的中晚年就会轻松愉快；孩子没有教好，一辈子都会挂碍。“至要莫若教子”，人生最重要的一件事情，一定要把下一代教好。

用智慧来圆满父子、母子的缘分，乃至经营事业，处理君臣关系，依然要用智慧。假如没有智慧，很可能做得愈多，人家愈埋怨，这都是很关键的问题。你那么照顾员工，结果他是予取予求，贪得无厌。我们在那里唉声叹气：“我这么替他们想，他们何曾替我想过？”这些都是没有智慧所延伸出来的问题。我们曾经遇到一个老板，他花了很大的价钱，把邻近好的老师统统挖过来。这里所谓好的老师，还要打个问号。现在一般来讲，什么是好的老师？就是能把学生的成绩逼得很高。假如是这个标准，我是坏老师，因为我不希望把我人生的痛苦又压在学生身上。

那时候我在考教师资格证，之前辞掉了工作，要重新考。191 个人考，只有 21 个人进复试，结果我很幸运地进了。三个校长坐在那里，当我走进去，他们都说：“今天居然还有男老师来做口试。”那一回只有我一个男生考进去。可是当我坐下来，他们问的是：你有没有什么才华可以代表学校出去比赛？你有没有什么行政经验？……都是问这些，刚好我都没有。就是没有问我一个问题：你对学生有没有爱心？我只有这个，却不问我。最后的结果是备取，没上。

要很冷静，我们的态度会招感来相应的因缘。我们非常贪心，招感来的就是贪心的员工，这叫“方以类聚，物以群分”。今天你把邻近这些老师统统挖来，其实已经跟很多人结怨。本来他们在学校都做得好好的，你用很高的薪水挖来，请问那些学校的人会跟你处得好吗？没有人和，事情也不好办。然后，因为是高薪把这些老师挖来的，接着他们就要跟你谈，不只要薪水，还要给配套房子；不只要房子，小孩的福利也要有。因为你是“以利交者”！

所以老祖宗很有智慧，给我们一段教诲。“以利交者，利尽而交疏”，你都是用金钱、利害跟他交往，当利没有了，他就不认识你。“以势交者”，因为你今天有权力，他跟你交往；“势倾而交绝”，你没有权力，他也不会来找你了。“以色交者，华落而爱渝”，今天因为美色，他跟我们交往；改天美色褪去了，他也会抛弃我们，“华落而爱渝”。“以道交者，天荒而地老”，用道义、恩义相交，人与人的那份情义愈来愈浓。

所以没有智慧，招来的是很难收拾的烂摊子。这些老师招来了，不只跟他要很多东西，甚至开始跟家长要东西了。他要求他的老师：“你们可不可以不要接受家长送的东西，就是家长请你们吃饭，你们可不可以不要去？”他也喊不动。所以今天要把父子关系、君臣关系、夫妻关系、兄弟关系、朋友关系经营得圆满、圆融，没有真实的智慧是办不到的。什么都可以不急，长智慧刻不容缓。因为没有智慧，我们又会做错很多抉择。什么是抉择？讲话讲错了，就是择言择错了。择言，择友，还有选择事业、选择上司，统统都要智慧。假如没有智慧，做错了判断，会埋怨别人，又会埋怨自己，后悔做错了抉择，人生就在怨悔中恶性循环。所以人生踏出的脚步，大小不是最重要，首先方向要对，而方向踏得对，就要先长智慧。

好，这节课先讲到这里。谢谢大家！

第三讲　明了自己不变的本善

尊敬的诸位朋友，大家好！

上节课我们提到了，人生要有智慧才能下对许多抉择，抉择正确才不会后悔，才不会埋怨。而智慧要开启，我们首先要自我了解。自我了解，自我有了信心，才能不断放下烦恼习气，提升智慧。我们也提到，《大学》里讲“大学之道，在明明德”；佛陀也告诉我们，“一切众生皆有如来智慧德相”。诸位朋友，当我们念到这几句经句的时候，内心应该是很欢喜的，我们终于不会被误导，终于能明白地了解自己。以前还没看到这些经句的时候，对自己没什么信心，不是很了解自己，还要借助很多心理测验，往往比较偏颇。

我常常感叹这些心理测验，怎么测验结果都跟畜生比！就没有一个心理测验，结论是我们有尧帝的仁慈，我们有周公深远的智慧，我们有唐太宗的恢宏大度。怎么都不是希圣希贤，而是引导我们去跟这些动物的特质比较！难怪这个时代，我们教出来的孩子一届不如一届，因为我们引导错了。假如引导孩子“明明德”，去效法、学习，能够像圣贤人一样，相信孩子从小格局就很不一样，不只是增长一些欲望而已。

你看范仲淹，他从小的志向就是要当宰相，利国利民。他这份人生的态度，事实上也有家学的渊源。他的祖宗范滂，是东汉的一位忠臣，离他一千年左右。那时候社会比较混乱，但是范滂“登车揽辔，慨然有澄清天下之志”。他那种心胸就是以国家天下为己任，他要尽忠尽力。这种家风承传下来，范仲淹小时候就有慨然以天下为己任的胸襟。所以，我们的人生价值观，我们的一言一行、一举一动，都在影响下一代的人格。

什么是家教？就是我们留在孩子内心的那份德行风范，这是家教。我们清不清楚我们留在孩子心目中的风范是什么？是那份对爷爷奶奶体贴入微的照顾，还是每天喝得醉醺醺的，孩子根本不知道我们什么时候回来？有位老师回忆起小时候，有一天晚上下课回家，一进门，闻到母亲做的佳肴的香味。她马上就一个反应，说道：“给奶奶家端了没有？”刚好奶奶家就在隔壁。以前的大家庭，奶奶跟子孙住在一起。这个孩子先反应的是有没有送到奶奶那里去。

诸位老师，现在的孩子闻到香味，下一个念头是什么？是不是给奶奶家端了没有？还是等不及了，在那里喊，快，快，我都快要饿死了，怎么这么慢？每个故事都值得我们观照，值得我们深思，现在的孩子到底应该怎么教导？

当她问给奶奶家端了没有，全家突然都笑起来。她很纳闷：这句话有什么好笑，怎么全家哄堂大笑？接着母亲说了一句话：“怪不得你们三个孩子都是一个娘胎出来的。”她有一个哥哥、一个姐姐，他们家三兄妹。哥哥先回来，一进门闻到香味，就是这一句：给奶奶家端了没有？接着姐姐第二个回来，一闻到香味，还是这一句：给奶奶家端了没有？接着她第三个回来，又讲这一句，难怪全家哄堂大笑。其实这笑声，代表家风的承传。这种和乐的气氛，在我们的家庭能否出现？而家庭温暖的气氛，渊源就在这份孝心、这份感恩的心。这个家庭时时都懂得孝顺奶奶。懂得孝顺爷爷奶奶，就更会孝顺父母，那是一定的。

有一天，她又闻到香味了，就跟妈妈讲：“待会儿煮好，我亲自端去给奶奶。”这回煮的东西要熬久一点，妈妈就开了个玩笑：“今天煮得太少了，不给奶奶家端了。”她看孩子年纪还小，就跟她开个玩笑。诸位朋友，跟孩子能不能乱开玩笑？不能，孩子听每句话都很认真。当下这个孩子就觉得很痛苦，你看跟父母、跟爷爷奶奶那种天伦，那是天性！吃完中饭，菜还在那里熬，她很难受，怎么都睡不着。后来她偷偷爬起来，爸爸妈妈都在睡午觉。因为不是很高，踮着脚把食物给捞起来，然后赶快端到奶奶家去：“奶奶，这个很香，是妈妈叫我端过来给您吃的。”

这个小女孩为什么要说是妈妈叫她端的？她是说谎吗？这不叫说谎！说谎是为了自己的利益欺骗别人，而孩子这份心，是不希望奶奶跟妈妈不合。妈妈说煮少了，不给奶奶端，她心里很难受，就怕奶奶跟妈妈关系不好，所以还帮妈妈说话。孩子天性善良，都有那种当和事佬的很自然的反应，希望家庭和和乐乐。

我听过一个故事。孩子还在襁褓中，夫妻一吵架，孩子就哇哇地哭；不吵了，孩子就不哭了；再吵的时候，孩子又哭了。夫妻被孩子的反应给震撼了。孩子还两只手在那里比画。夫妻俩慢慢靠近，到孩子的面前，两个人头很接近，孩子笑了。你看他感受能力很强，不希望父母不和。当父母不和，对一个孩子来讲，那是最痛苦的。相同的，当家里婆媳不和，或者兄弟不和，家里人的任何不和，对孩子的人格都是一种煎熬。为什么现在心理健康的人不多？从小看太多冲突，内心很难相信人与人能够和睦。不相信人与人能和睦，与人交往就很难互相信赖。现在朋友之间疑惑很多、担忧很多，其实源头还是在家庭。

假如父子关系很好，他一定跟主管处得好，“君子之事亲孝，故忠可移于君”，跟父母关系很好，他自自然然知恩报恩，懂得怎样跟长辈相处。所以在家里孝顺的人，出去工作你都不需要替他担心。“事兄悌，故顺可移于长”，兄弟姐妹和睦相处，平辈之间互相体谅、互相帮助的态度自自然然就延伸出来。所以兄弟和睦，跟同学、同事相处也会非常融洽。一个人能否跟生命中的有缘人相处和谐，根源在家庭关系，“少成若天性，习惯成自然”。我们冷静思考一下，我们自己的心和谐吗？我们孩子的心和谐吗？这颗心将伴他一辈子。我们有成就孩子的心，就应该把和谐，把人与人相处应有的忍耐、关怀演出来。这都是我们很可能忽略的。我们没有观察孩子的心性到底在往哪里发展。

有一次我们跟一群幼儿园的孩子谈到贤妻良母，还谈到四德，孩子也很仔细地在听。提到妇德，一个女人的德行，尤其是一个媳妇应该具备哪些特质，孩子们的答案让老师很吃惊。其中最多的一个回答就是“妈妈要对爷爷奶奶好”。这都告诉我们，假如婆媳处得不融洽，孩子每天都很难受。

有位妈妈回想起孩子成长的一些情景。比方说奶奶有炒菜，妈妈也有炒菜，端到桌上。妈妈其实也不是很刻意地去分别，这是奶奶的菜，这是妈妈的菜，她只是顺手夹了自己炒的菜给儿子：“这个菜很好吃，多吃一点。”结果儿子马上去夹奶奶炒的菜：“我先吃这个。”你看孩子的心是很细腻的。今天我们把侍奉父母、公婆的这份孝心真正演出来，孩子的人格会非常健康，而且他会自自然然就把孝道给演出来。孩子从小看不到和谐，他的内心还是会有埋怨。埋怨谁？很可能就埋怨妈妈、埋怨爸爸。这都不是我们愿意见到的。

有位母亲接触了《弟子规》，很欢喜，她希望能够好好教孩子。事实上很多家长都非常用心地教导孩子，只是方法有些不当。这位母亲看到《弟子规》，喜出望外，觉得久违了，现在才遇到。可是当她读诵《弟子规》的时候，内心非常挣扎；当她念到“父母呼，应勿缓；父母命，行勿懒”，深深反省。结婚以后生了孩子，六年了，没有到公公婆婆家去过，没有打过招呼。她心里想，我现在要教孩子孝，结果我没有做出榜样来。为什么跟公公婆婆六年没联络？只因为生了孩子，要求公公婆婆帮她带，婆婆婉拒了，她就这样记恨了六年。

实在讲，现在我们这些年轻人要好好反省。父母已经辛苦了几十年，年龄已经大了，老人家抱小孩半个小时、一个小时，老骨头真的受不了。而且照顾好孩子，本来就是父母的天职，应尽的本分，怎么可以把自己应尽的本分推给老人家，还视为理所当然，甚至连一句谢谢都没有讲？年轻人不可以太过分。

因为这件事情，整个关系就恶化了。我在那里想，六年，一个人六年在那里怄气，对自己有没有好处？不只她的身体可能出状况，公公婆婆也可能出状况。害人一定害己，利人一定利己，这是天地间的真理。当我们起个不好的念头要害人，事实上自己所有的细胞都收到这个坏的信息。

大家看历史上这些奸臣，有没有长得脸圆圆的、耳垂很大的？多是鼻子尖尖的，一副薄福的样子。这些奸臣都没有好下场，不只自己没有好下场，子孙都没有好下场。诸位朋友，有没有人自称是秦桧的后代？所以，那时候觉得占了便宜，事实上吃了大亏。历史上这些名臣、忠臣，为了国家，为了人民，可能连买棺材的钱都没有。那时候世间的人可能说：“怎么这么傻？”但是他们的家道百年、千年都不衰。所以他们不是吃亏，是真正有智慧。假如没有智慧，看事情真的不容易看得准。

当这位妈妈起了这份忏悔的心，就整理好自己的心境，到公公婆婆家。结果一去，两个老人好像惊弓之鸟，突然看到她，很紧张。本来在煮菜，赶快做了些处理，一些比较好的菜先收起来。她去的时候买了一些菜，跟婆婆讲：“今天我来煮就好了。”两个老人惊魂未定，六年不出现，怎么现在突然出现？煮好饭菜，全家人坐下来。她用很真诚的心，对公公婆婆说：“这六年来都是我的错，我向你们忏悔，都是我太不应该。从今天起，我一定好好尽我做媳妇的本分，好好孝顺你们二老。”公公婆婆听完，当场眼泪就掉下来，整个晚餐吃下来是又哭又笑，哭是感动，笑是赢来了家庭的和睦。其实家庭的祸福就在我们一念之间，是孝还是不孝？是付出还是计较？是宽恕还是过不去？一念之间，整个家庭的命运就会转变。所以我们一定要把和谐演出来给孩子做榜样。

刚刚我们提到这个小孩端了好吃的到奶奶那里去，说是妈妈要她端过来的。奶奶端进去，发现没煮熟。又过了一两个小时，媳妇自己端过来。奶奶很惊讶：“刚刚不是已经端了？”这个妈妈才反应过来，跟孩子真不能乱开玩笑。这个故事也让我们好好来感受一下，我们的家道到底传了什么？

在我们中心，很多老师都放下了很多名利的机会，投入传统文化的弘扬，对民族有一份忠心在。我们非常明显地感受到，他们都很孝顺，他们的家道都传得非常好。他们都常常回想起，父母最常讲的话是在外面不能占人家的便宜。他们所传递下来的家风都是那份朴实厚道。留在他们脑海里的都是母亲那份忍让、谦让，从来不跟人起冲突。很多亲戚朋友来了，都有怨气，母亲都给安慰、关怀，慢慢地把怨气给消除。这份人生的态度会传给下一代。

曾国藩曾经讲到，家道能传多久可以看得出来。他在宦海数十年，他说当官的人，能持续一代两代的微乎其微，这是在清朝。我们再好好地来看当下的社会，不要说持续一代两代，自己能把官当好的都很少。虽然当了官，却没有修身齐家的态度，官当得不好，下一代搞得乱七八糟，夫妻离婚的大有人在。“家齐而后国治”，家都不能齐，而能治好团体、治好国家，无有是处。骗得了一些人，骗不了真正懂道理的人。当官的“弄权一时，凄凉万古”，一代两代都过不了。这些官宦人家，下一代“始而骄佚”，非常骄傲又放逸；父母忙于事业，又没有好好照顾他们，有了钱，就开始放逸，可能很多人到不良场所去了；“终而沟壑”，最后死在山沟里面的都有。

再比方说商人，家道兴旺三四代，要有勤俭的特质传下去。勤劳节俭留在孩子心目中，首先父母就是这种风范。我常常想起的景象是，父亲有时候假日值班，母亲带我们去看他，我的记忆还很深刻。从窗户望过去，父亲那份神态、那份尽忠职守，深深落在心上。还有我的奶奶，她特别节俭。小时候觉得奶奶怎么这么省，不需要的电灯马上关掉，甚至一张卫生纸都分好几次用。当时我们觉得太省了，那种德行确实感人，但不见得当下就感动我们。一点一滴，那种形象就落在我们的脑海里。后来长大赚了钱，也很节俭，走到很多地方，也变成关电灯的高手，都很习惯。奶奶这个行为风范确实已经扎到我的心田里面。

有了勤俭持家，做生意的人才能过得了三四代。再来，要过五六代，要有谨慎朴实的家风承传；如果不谨慎，很可能一个子孙就把整个家族的名声给毁掉。而真正能过八代十代的，要孝悌传家。所以我们今天立了志向，家风要传百年、千年，从我们把孝悌做出来当孩子的榜样开始。

家道承传从我们做起。我们今天学习圣贤教诲，要长智慧，这个智慧也可以传给子孙。而要有真实的智慧，首先要对自己有信心。有了无穷的信心，突破一些习气，就能拨云见日，智慧就透出来了。我常常跟朋友提到，我们口口声声说了解别人，其实当我们连自己都不了解，怎么了解别人？跟自己二十四小时朝夕相处都搞不清楚，说看别人很准，那是自欺欺人。

《大学》里有一句话，“知所先后，则近道矣”。一个人要了解别人，首先要了解自己，“欲知人者先自知，欲爱人者先自爱”。自己的生活搞得乱七八糟，我们拿什么人生态度去爱人？为什么现在很多人的感情出现这么大的问题？哪里懂得爱人？爱怎么会爱成互相伤害？那是不对的，那是欲望，是控制欲，人家不顺我们意就发生冲突。真正懂得爱人，是这一生不自暴自弃，这一生要明明德，成就自己的智慧德能；又能够亲民，这个亲民就是帮助众人，从家庭到我们的社会、民族，都懂得去爱护。其实这份爱是自自然然生发出来，只要懂得孝顺父母，仁爱心就会提起来，“孝弟也者，其为仁之本与”。所以真正懂得自爱、爱人的，人生的价值观就是这一句：“大学之道，在明明德，在亲民，在止于至善。”

所以，自知才能知人，自爱才能爱人。而且，自助才能助人。我们现在口口声声说都在帮助他人，自己烦恼丛生，拿什么帮助别人？

"看开一点，看开一点！"结果自己都没看开，人家相信吗？"人要放下！"结果自己都没放下，"泥菩萨过江，自身难保"。真正明白的人，时时提升自己，而不是在那里想着，我要先帮谁。当我们提升了，人生过得非常充实、自在快乐，不用给别人讲一大堆道理，人家看到我们这样的转变，自自然然就跟上来学，这叫为人演说！演的时候，已经在说了。而且那个说比用嘴巴说，力道不知道强多少倍！自知、自爱、自助，这是第一步，先后要搞清楚。

我们用这颗宝珠比作我们的明德，明就是智慧，德就是德能跟福分。人生的智慧、福分、德能不是去外面要来的，而是自己本有的。我们现在智慧没有了，能力不见了，福分也很薄，原因在哪儿？原因在我们有障碍，本有的智慧、德能、福分得不到受用。假如去掉烦恼障碍，当下真的就能得到，这些本有的就会显现出来。

你看大舜的人生，本来比我们惨多了！可是他时时不减孝心，德行智慧长了；本来是默默无闻的农夫，由于智慧德能现前，那一辈子就当了天子，而且他的后代子孙到现在还很兴旺。可能在座的很多人都是大舜的后代，比方姓陈的，台湾讲"陈林半天下"，大舜的后代不知道有多少。现在整个华人世界，政界、商界很多很有成就的都是大舜的后代。

大舜能把他的智慧、德能、福分现前，相同的，我们也可以。这颗宝珠的光芒就好像智慧一样，但是它被障碍住了，被尘埃盖住了。这尘埃是红色的，红尘吹过来，诸位朋友，我们现在看到的是什么？看不到它的明德，看不到它的本善。有没有人说看到了宝珠？没有，统统看到了一颗红土球。可能又有一阵风吹过来，我们看到了什么？蓝色的尘埃把它包住了，也没有人会说它是宝珠。

我们现在常常说，那个人我太清楚了，他什么德性我都摸透了。是不是真正清楚了那个人？不是。我们完全看不到他的本来面目，我们所看到的只是这个人成长过程中染上的习气而已。习气随时可以改过来，他那本善的心时时都在。我们看到的不是他不变的本善，看到的都是他的习气，认虚妄的东西为真实，认真实的东西为虚妄。真实的就是他本善的心，但我们现在看不到，对人都不相信，觉得人都很奸诈狡猾。所以我们是不是能真正把人认识清楚，自己要静下心来思考。

再一阵风吹过来，变成黄色的土球。我们看自己，有没有看到自己本善的心？有没有时时激励自己，要把本善的心发挥出来？还是常常在那里懊恼，我的个性就是这样，我不行！连自己都瞧不起自己，那谁都帮不上忙。什么叫扶不起的阿斗？就是完全不相信自己，自己放弃自己，自弃则天弃。自助则天助，自救则天救。我们真的愿意救自己，真的愿意帮助自己，亲朋好友善的力量、助缘就会接着来。我们自己都不信任自己，放弃自己，真的，谁都帮不上我们。

我们很可能被很多习气包住了明德智慧。突然有一天，我们在念《弟子规》，念到一句跟我们本善的心相应，那就好比下了一场雨，把尘埃给冲刷了。这么一冲刷，可能一个角的光芒就射出来。假如我们看到别人这份本善显露出来，就应该好好地去帮助他、扶持他，让他的善良不断引发出来。像我们当老师的，看到孩子有孝心、有仁爱心，赶快肯定他，善心就会不断被引发出来。

所以我们对人那份信心、信任要始终不变。今天这个实验做了，不能白做！从今以后，对任何人都相信“人之初，性本善”。有了这样的信念，我们的世界就真的开始变。有位女士到我们中心，还帮忙剪草。那天我也蹲下来剪草，她就跟我们聊起来。她说跟我们相处，感觉到“人之初，性本善”。这个时候我们听了会怎么样？有没有八风开始动了？幸好没动，观照了一下。我跟这位女士说，你遇到任何人，这一辈子都不能动摇“人之初，性本善”的信念。不能说看到这一批人才相信，看到其他人就不相信，这也不是真的信。看到这群人觉得“人之初，性本善”，看到这群人有一些习气可能又不相信了。我们要明白真相，确实是本觉本有。习气是不觉，那是虚妄的，我们不要把它认成真实的。做父母的、做老师的坚信，才能把这份至诚的信任传递给小孩，传递给学生。

好，这节课先讲到这里。谢谢大家！

第四讲　做自己人生最大的责任人

尊敬的诸位朋友，大家好！

我们上节课提到了要经营无怨无悔的人生，首先自己要对人生无怨，才能演出让人家不怨的人生。假如对人生很多埋怨，这种态度走下来，一定是大家互相抱怨。人为什么会有怨？我们要从源头解决问题。第一个，不明白道理。“欲知前世因，今生受者是”，今天某人跟我们过不去，其实是因为我们曾经伤害过他，所以冤冤相报。当我们明白了这个真相，不能再让冤冤相报继续下去。也有可能很多人对不起我们，我们要不要跟他们计较？那样的人生多苦！人家欠我们的，统统不计较，真的是当下身心都很轻安。

不能跟人结恶缘，那会没完没了。我们有了这份明白，了解这个真相，所有跟我们冲突的人，我们都起惭愧心，都是我以前跟他结怨，现在他才会这么对我。当他这么对我的时候，他同时又堕落，所以我们害人不浅。所以很多这样的事例，包括感情问题，人家欠我们的，别跟他计较；我们欠人的，欢欢喜喜去受，把这个债都还完，叫无债一身轻。所以真正修行人，不见世间过，而且看到的都是我造成人家对我这样，我首先要真诚地爱护他，把这一段缘转成善缘，没有对立，没有冲突。这是第一个，明白真相，才能够化掉埋怨。

第二个，人之所以埋怨就是不了解人生掌握在自己手中，其实没有人能让我们痛苦。我们前面也提到，“能知足者，天不能贫”。我们有时候埋怨，都把责任往外推，埋怨东，埋怨西；其实人生自己要负最大的责任，要有这份担当。“能知足者，天不能贫”，就不会觉得很匮乏。说实在的，人不知足，很多抱怨就出来。明明老板已经很照顾我们了，但是因为我们太贪婪，常常抱怨老板。父母一辈子省吃俭用，把积蓄都分给了我们，我们还贪得无厌，抱怨分得太少。人这个贪念、不知足，真的是个无底洞。

而且人不知足，就已经变成欲望的奴隶。你看现代人最常在那里喊着：“我要自由。”什么是自由？难道是想干什么就干什么叫自由？我们所做的一切，有没有影响到身旁爱护我们的人？甚至都让他们提心吊胆？这哪里叫自由？这是把自己的放纵建在别人的痛苦之上，尤其是对自己的至亲。三更半夜不回家，我很自由，让父母在家里提心吊胆，这哪里是自由？根本就是不成熟，不孝！不能体谅爱护我们的人的心。真正的自由是不做习性、欲望的奴隶。有什么吃什么，不会计较；有什么穿什么，不会挑剔。假如挑剔，这一件穿了几次，又去买新的，一件衣服要两三万块钱，先生一个月薪水才五万八万。当太太看上一件衣服，对先生讲：“买了，买了。”先生在旁边说：“不要，不要，别买！”这都是欲望止不住，把自己认为的快乐建在别人的痛苦之上。

说实在话，她有没有快乐？她哪有快乐！穿着那件衣服走到办公室，恨不得每个人都看她。人家不看她，她还跑到人家面前转三圈。同事也没看出什么，她说：“你不觉得今天有什么不一样吗？”同事很老实，看了半天说:“没有！”她不只快乐不起来，还气得半死。“你没看到我今天穿这衣服很漂亮吗？”“很漂亮，很漂亮！”人家还要应付应付。接着问 :“你猜多少钱？” 同事猜两百块。也不能怪人家，假如我们气质不够，两万块穿下来都变两百块；假如气质很好，两百块都变成两万块。在这种虚荣之下，不管我们吃什么、穿什么、住什么，都没有快乐可言。每天就是那个面子在跟人家比较，患得患失。买了这些昂贵的东西，自己也好，先生也好，家里其他人也好，又得拼命去赚钱，真的都变成欲望的奴隶。

曾经听到有人买了一栋房子，房子多少钱暂且不论，每年管理维修费是二十万人民币。我们在心里想，这个人年轻的时候没有时间住，因为都在还贷款，自己在外面打拼；老了以后没能力住，因为年纪大了，想住的时候，赚钱的能力衰下来了，那么昂贵的管理费又付不起。年轻的时候没时间住，买了房子最后给谁住？给佣人住。所以说实在话，到底谁有福气？看不准。他的佣人最有福气，每天在那里无忧无虑地享受，住大房子。他很可能一个月去住个一两天，还住得不踏实，脑子里还想着要怎么赚钱，在那里绕！所以虚荣只会让自己时时活在患得患失的痛苦中。

经典里记载了这样一个故事。有个阿訇在洞穴里面长期修行，修得很好。国王去打猎，卫兵寻找猎物，进了阿訇的洞穴。卫兵很不恭敬地问 :“你有没有看到某个猎物从这里跑过去？” 阿訇讲 :“你们讲话太傲慢，你们不应该这样对人讲话。” 两个卫兵说 :“我们可是国王的卫兵，为什么不能这样对你讲话？” 阿訇说 :“你们国王又有什么了不起，只是我奴隶的奴隶而已。” 士兵听了很生气，你居然敢这么说国王，就赶快回去禀报。

国王一听，马上宝刀抽出来，就冲了过来。诸位老师，这个国王现在是不是奴隶？他自己不知道。他变成什么奴隶？变成他坏脾气的奴隶，完全控制不了。到了这个阿訇面前，国王说："你今天不给我个交代，我就杀了你。"阿訇不疾不徐地讲："国王，我是修行之人，我已经把贪嗔痴慢的习气调伏，它们已经变成我的奴隶；而你每一天都活在贪嗔痴慢中，都活在财色名食睡中，所以你是欲望的奴隶！我是欲望的主人，欲望是我的奴隶，而你是欲望的奴隶，所以我说你是我奴隶的奴隶。"诸位朋友，我们常常说你看我很有钱，我很有地位，但我们很可能是人家奴隶的奴隶。

国王听到这番话，他很有善根，马上跪下来拜这个阿訇为师。古往今来当大官的都是有大福之人。当我们看到很多人在那里弄权，也要了解，其实他们都很有善根。我们不要跟他一般见识，更重要的，我们要把孝道、把仁爱心、把品德演给他看，把他的善根给唤醒。不跟他起冲突，这样解决不了问题。当下这个国王说："国王我不干了，你们自己回去！选谁当国王，我也不管。"放下了，不愿再做欲望的奴隶。

当人不做欲望的奴隶，能知足者，身心轻安。"人生解知足，烦恼一时除"。当我们人生知足了，无求了，什么都不求，就能时时为人付出。什么都不求，就不自私自利，就会替人着想，整个专注力都在别人的需要，不为自己求。结果很微妙，当我们不为自己求，都真诚地对人付出，感来的是"爱人者，人恒爱之；敬人者，人恒敬之"。所以一个人真正不为自己求，他什么都能得到。假如我们觉得这个没得到，那个没得到，最主要的是我们没有先付出，没有那份无私，才感不得人生的圆满。这是我们讲到的"能知足者，天不能贫"。

"能无求者，天不能贱"。贱，不是说所领的薪水很少。今天不管哪个行业，只要尽心尽力做，都是服务社会，都会让人肃然起敬。往往让人瞧不起的，是那些当官的浪费公帑，贪污腐败，或者当老师的，没有尽心教孩子，还额外赚取一些不当的金钱，或者当医生的，没有以救人为使命。这几个行业都是很尊贵的，但是假如不尽本分，会让人瞧不起，那才是真的贱。当医生的还常常收红包，让人觉得很低贱。所以能敦伦尽分，尽忠职守，才是高贵；不是你的权力有多高，那是世俗的看法。

我曾让学生念《朱子治家格言》，很有意思，还没跟他解释，他念到其中两句念得特别大声，特别瞧不起这种现象。哪两句？“见富贵而生谗容者，最可耻。”其实用《弟子规》来讲，就是“勿谄富”。见富贵，见到有钱的人就很有礼貌，巴结，这种人最可耻，最让人瞧不起。你看孩子念到这句就很振奋，“最可耻”。下一句，“遇贫穷而作骄态者”，看到别人比较穷困就摆出很骄傲、不可一世的样子，“贱莫甚”，反而让人家觉得这种人没有人格，一点宽容、体谅别人的心都没有。所以“勿谄富，勿骄贫”，会让人家瞧不起的就是巴结谄媚。不只这样，“勿厌故，勿喜新”，看到美色就忘了夫妻的道义，也让人家瞧不起。包括权位，都不能谄媚，谄媚会让人家瞧不起。

所以我们人生干出让人家瞧不起、让人家觉得低贱的事，不能怪别人，那要怪自己，是自己做错了。很多人说：“我交到坏朋友，他害的！”这种说法对不对？错。万法因缘生，所有人在我们生命中只是一个缘而已，真正的因掌握在我们自己手上。纵使旁边有坏的朋友，只要我们没有贪心，没有不好的存心，这个缘也没有办法影响我们。有没有哪个人遇到的每个人心术都很正？那不可能，多少会良莠不齐。为什么没有受他不好的影响？因为自己做得了主。

我们也听过孩子一二十岁被抓到警察局，警察局通知孩子母亲的时候，母亲觉得不可能是自己的儿子，他不可能干出这种事。现在的父母到底了不了解孩子在想什么、在干什么？忘了关怀孩子，孩子都犯下滔天大罪还不知道。结果到了警察局一看，还真的是自己的儿子，突然又转成另外一句话 :“都是被那些坏朋友带坏的。”一句话就推得一干二净。孩子成长的过程中，假如我们把做人处世的正确态度教给他，坏朋友起不了作用。假如我们把《弟子规》真的扎在孩子的心田，他很清楚是非善恶，什么样的朋友能交，什么样的朋友应该敬而远之，他有标准可以依循。所以，孩子教不好不能怪别人。

人生做错了事情，染上财色名食睡，一失足成千古恨，都不能怪别人。唐玄宗还没遇到杨贵妃以前，开元盛世，历史上留名。唐朝出现两个盛世，贞观之治跟开元盛世。结果遇到杨贵妃，从开元盛世变成什么？发生安史之乱，唐朝差点亡了。我们要很冷静，唐朝怎么亡的？汉朝怎么亡的？我们可能会说是因为某个人灭亡的。其实那只是一个因缘。假如这些皇帝还是依循祖宗的教诲，不会骄奢淫逸，国也不会灭亡。

所以一个国、一个家会亡，不是别人害的，因还在自己身上，这是理智的态度。明白这些道理就不会怨恨他人；人生还会怨恨他人，那是道理没搞清楚。我们也遇到过很多夫妻不和，“都是那个女人害的，都是她把我先生给骗走的”。“家火不烧，野火不起”，家里没起内乱，人家有机可乘吗？一定是夫妻彼此不互相信任，慢慢那个裂缝愈来愈大，才会招感这样的缘。所以人生应该有个态度，自己要负最大的责任。

我曾经到一所警校演讲，有三百多个警官。我说 :“安史之乱谁要负最大的责任？”突然有一句话讲得很大声 :“杨贵妃。”这都是没搞清楚，不明理。哪里会是杨贵妃？杨贵妃是个缘，原因是什么？原因是唐玄宗好色。杨贵妃假如在尧舜那个时候出现，结果会怎样？这些圣哲人的智慧可以看得很深远，知道这些欲望一出现，国会灭亡。像大禹，外邦送他酒，他尝了一下，说："这个东西马上拿去毁掉。"他说这个东西假如流传开来，因此而亡国的，不知道会有多少。你看他马上就能洞察到。

大禹曾经给他的子孙一段话："内作色荒，外作禽荒，甘酒嗜音，峻宇雕墙，有一于此，未或不亡。"大禹交代，这几个坏习性不可以有。"内作色荒"，那就是淫乱；"外作禽荒"，常常出去打猎、玩耍，这叫"玩物丧志，玩人丧德"；"甘酒嗜音"，喜欢喝酒，喜欢听靡靡之音；"峻宇雕墙"，又喜欢盖大房子，雕梁画栋。只要有上面任何一条，就会丧身亡家。我们很冷静来看，历史上亡国的国君，这里面有几条？每一条都有，能不亡吗？

我们再冷静看看，我们的下一代有几条？"外作禽荒"，玩物丧志，他们打游戏，打到根本不回家。"甘酒嗜音"，染上喝酒的习惯。听的都是什么音乐？靡靡之音。每天在那里听，愈来愈消沉。"峻宇雕墙"，穿的、住的，享用都要最好的。假如这些习气在我们下一代身上出现，要很谨慎，那都是警讯，家道必败！

这些圣哲人都很警觉，我们可不能说，是他们没有遇到杨贵妃，不然他们也受不了。那都是以小人之心度君子之腹。要怪就怪唐玄宗好色。我们再细细想，好色是因为缺乏了什么，所以才抵不过？还是孝心不够。当他沉沦的时候，假如还能想起祖宗、父母，当场就懂得悬崖勒马，回头是岸。很多家长都很担心，现在社会诱惑这么多，我的孩子才十二三岁，以后怎么办？甚至还埋怨这个社会不好，烦恼不断。其实社会再怎么乱，只要我们的家风、家道很好，依然可以出淤泥而不染。

范仲淹的家风已经承传一千多年，历经多少乱世，没有子孙能败坏掉。人家做得到，我们为什么做不到？要从这里立志、学习。只要真正了解“身有伤，贻亲忧；德有伤，贻亲羞”，就不愿意做错事连累父母，连累整个家族，败坏家风。有这份心，很多人生的诱惑就不可能障碍得了。所以要培养孩子真正的孝心，把真正的浩然正气扎在他的心田。

自己应该为自己的人生负最大的责任。换作杨贵妃的角度，她跟唐明皇谈情说爱，清不清楚唐明皇是真爱还是假爱？她最后的下场是谁造成的？那也不能怪别人，她自己造成的，她跟的这个男人要江山不要美人。当初还跟她说：“在天愿作比翼鸟，在地愿为连理枝。”没有孝心的人，再怎么花言巧语，都不能相信。杨贵妃应该看到，他国政都不理，都不念父母的教诲，不念祖宗的教诲，这样的男人不能跟，跟到最后就会很凄惨。

所以这个故事，从好几个角度，都值得我们反省，不能只想到唐玄宗。现在很多女人的命运走得跟杨贵妃差不多。后来有读书人写了一首诗，留给大家很多思考。“空忆长生殿上盟”，“长生殿上盟”就是在天愿作比翼鸟。“江山情重美人轻”，江山跟美人比起来，还是要江山。“华清池水马嵬土”，华清池水，那是唐玄宗建给杨贵妃的；马嵬土，军队走到马嵬坡的时候不走了，“今天杨贵妃不死，我们不走”。“华清池水马嵬土”，统统谁干的？唐玄宗干的。“洗玉埋香总一人”，给她建温泉，把她活埋，不都是同一个人？那他还是真爱吗？

假如那时候唐玄宗说是自己错了，谁都没错，要罚罚我，这种气概出来，大家相不相信唐朝的命运会更好？把正知正见传到全天下，皇帝开悟了，其他人都会开悟，很可能杨贵妃的命运也会变。当然，历史没办法重写。但是我们从中要有省思，没有孝心，就会没有真情在。

“能无求者，天不能贱”。所有的诱惑是因为我们有贪着，才会落得不好的下场。责任不能推给任何人。

“能忍辱者，天不能祸”。我们能按捺得下坏脾气，人家挑衅都不会起作用，也不会起冲突，祸就化掉了。前面也提到我一个长辈，同事非常嫉妒他，到处说他的坏话，他不生气，不跟他计较。假如跟他计较，在办公室两个人吵起来，那会让人家看笑话，很可能祸也会临头。所以忍得住，没有什么祸。甚至当我们能忍得住脾气，他到处讲我们的不好，讲到最后，人家会觉得这个人真没修养，对方都不跟他计较，他还一直讲。后来这个同事遇到一个问题，因为嫉妒心太重，得罪了太多人，请谁帮忙都不肯。他就来找我这个长辈，这个长辈很有才华，非常乐意地帮助了他。这个同事非常感动：“我长期毁谤你，你不只不跟我计较，还帮助我。”后来两人就成为无话不谈的朋友。他也了解到，原来我这个长辈是学圣贤教诲的，更对圣贤教诲生起信心。

所以我们要帮圣贤脸上贴金，最重要的是什么？是能真正把圣贤的教诲演出来，让人生起信心。那是真正地给圣贤脸上贴金；而不是买几片金片贴上去而已。修学人重实质，不能重形式。我们今天点了几个光明灯，哪里光明？不放下我们的分别执着，心地的光明怎么出来？我们自己心地的光明透不出来，分别执着都放不下，又怎么去点亮别人的心光？所以这些礼仪也都是表法的，我们要好好用心去体会，用心去学。

别人不可能给我们祸，自己才会给自己祸。“能随遇而安者，天不能困”。谁障碍了我，这是错误的想法。活在当下的人不会有被困的感觉。假如我们能时时把一切境界、一切人事物当自己的老师，就没有埋怨。“处逆境，随恶缘，无嗔恚，业障尽消；处顺境，随善缘，无贪痴，福慧全现。”一切境界都在帮助我们放下贪嗔痴，一切境界都在成就我们，都是我们的老师。真正会修的人，看一切人皆是老师；只有一个人是学生，就是自己。不管遇到的是好缘、坏缘，统统提醒我们，我们还有贪没有去除，我们还有嗔没有去除，我们还有痴没有去除，我们还有傲慢没有去除。

我们无量的智慧、福分、德能被什么遮住了？被执着分别妄想，被贪嗔痴慢，一层一层给包起来。我们还有尘埃染着，谁提醒我们？一切人都在提醒我们。我们怎么可以不感谢？他们帮我们智慧、德能、福分早一点现前。不然修了半天，还不知道从哪里下手，他们一出现就提醒我们。诸位老师，当我们看到一个人马上很生气，那是你人生的大贵人，他让我们别空过，你还有这么严重的习气，赶快去除。

我那时候在海口讲了半年。有个朋友一直来听课，每次听完，他就跑到前面来：“蔡老师，你讲得真好。”半年以后，他上来还是跟我讲：“蔡老师，你讲得真好。”我突然觉得很对不起他，很不好意思浪费了他半年岁月。假如我们讲的他有受用，他上来就不会讲这种话，他一定会说：“你上次告诉我应该反求诸己，不能责怪别人，我回去很受用。脾气变小了，好像家庭气氛都比较好。”这才是受用。但他半年来只做了一件事，就是当评分员，看蔡老师讲得怎么样，自己没受用。反而谁会对他最有帮助？就是他遇到了谁，让他马上知道要去贪心，要去傲慢心，去坏脾气，那样的人就是他的贵人。

所以诸位老师，谁是我们的贵人？最能让我们马上发现习气的人就是我们的贵人。真正明白这个道理，不只不会埋怨他们，还会感谢他们，就是他们的出现，才让我知道要赶快对治这些习气，不然智慧都出不来，福分都出不来。所以就在一切境界中学习，在一切境界中放下贪嗔痴慢、怀疑的心。有了这样的心境，往后的日子是什么日子？日日是好日，时时是好时，人人是好人，事事是好事。我们要懂得如何去转，这样就会活在一切人统统都是老师的感恩的世界。这是我们分析为什么会怨的一些原因。

再来，人之所以会怨是求不得苦。为什么会求不得？所谓“种瓜得瓜，种豆得豆”，人生什么都求得到，但是要如理如法去求。我们今天希望家里的人能转变，人事环境能转变，就要很清楚怎样才能真正与家人和睦相处。所要依循的如理如法在哪里？正己化人，自然就求得到。改变全世界以前，首先改变我们自己。诚意、正心、修身，身修自然家齐、国治、天下平，水到渠成。

好，我们明天再来谈如何正己化人。谢谢大家！

第五讲　踏对人生的脚步

尊敬的诸位朋友，大家好！

我们上节课谈到如何无怨无悔地面对自己的人生。俗话讲“理得心安”，道理明白了，很多的执着、烦恼就肯放下来。所以，没有什么比学习、比开智慧更要紧的事情。我还没有学习圣贤教诲之前，人很热心，但是因为没有智慧，往往愈帮愈忙，被别人怨，自己也很无奈。闽南话讲“做到流汗，被人嫌到流涎”，做得很努力，但是并没有真正帮到对方。那时候我就在深深思考，一定要先长智慧。人生踏出的脚步大小不是最重要的，方向要踏对。方向踏对了，我们才能真正地帮助他人。

我们为人父母，也很用力、用心地照顾孩子，但是孩子并没有感谢我们，甚至还怨恨我们，这都是方法需要学习、调整，需要智慧。以前生七八个孩子，也都照顾得很好，挺懂事的；现在是一个孩子，父母搞不定，甚至爷爷奶奶、外公外婆统统进来，还搞得天翻地覆，孩子还是脾气很大，很难管教。所以努力有结果，不一定会有好结果。人生一定要先从开智慧开始，而智慧必须通过学习、通过明理。埋怨的人生是没有意义的，对自己、对他人都没有好处。埋怨，这已经在意气用事了。停止意气用事，提起智慧，提起理智。

我们提到不埋怨，首先是明白真相。我们现在所受的，很可能是之前种下的因结下的果。比方从小没有教孩子孝道，没有教孩子恭敬的心，现在孩子不孝、无理，这就是结果。甚至一些刚认识的朋友，处处与我们对立，我们也很无奈，我们根本没有得罪他，为什么他处处找麻烦？原因很可能是以前结的不好的缘。

当我们面对恶缘，生起的是一种惭愧的心，是一种反省的心，是希望这个怨结能化掉，甚至能转成善缘，转成一起修学、一起成就。这样的人生不只无怨，甚至会不枉此生，过得很有价值。时时忏悔，时时利益人，真正弘扬圣贤智慧。人家一看，这个人修养很好。

当我们遇到一个朋友对我们很无理、处处障碍我们，其实旁边的人都在看。我们不跟他计较，旁边的人都会觉得：他怎么这么有修养？原来他就是学《弟子规》的，原来他就是学圣贤教诲的。我们真正能忍辱，能依教奉行，就是在弘扬圣贤教诲。明白这个真相，面对任何恶缘，欢欢喜喜，把它转成善缘。大家面对恶缘，要想起布袋和尚的教诲：“涕唾在脸上，随他自干了，我也省力气，他也无烦恼。”在这个时代能有这样的修养，一定会让人印象深刻，让人很好奇：到底是在学什么，人生能有这样的境界？这样就把人引进来了！

面对恶缘，我们都当还债想。当还债想，那还是刻意去想，事实上本来就是应该还的债。无债一身轻，所以早一点来讨债，我们欢欢喜喜；最好不要快离世了才来讨债，那就很麻烦！当人家来讨债，就是勘验自己功夫的时候。任何人来找麻烦，我们都欢喜接受，那这辈子要成就很有把握，因为没有人可以让我们再起贪嗔痴慢的烦恼。当我们不再被境界转，不起贪嗔痴慢，又一心修学，当下就已经有把握。

什么时候能契入这样的境界？当然最好是当下就契入。当下一切人都是来成就我们的，心境转，境界就转。印光大师给我们一句教诲，非常深刻。“看一切人皆是菩萨”，他来成就我们，来提醒我们。我这个功夫是假的，不是真的，赶快再努力，面对境界，赶快放下贪嗔痴慢，放下分别执着。当真正放下了分别执着，智慧、德能、福分就提升起来，因为智慧、德能、福分是本有的。

我们入了圣贤教诲，最重要的一点，“众生无边誓愿度”。诸位朋友，修学的根本是真诚的心、至诚的心，没有一句虚言。孔老夫子说“久要不忘平生之言”，曾经承诺过的，这辈子都不应该忘记。这句话念心里，这种心境、意念契入心里，看到每个人都很可爱，都很欢喜，都劝请大家一起修学。所以不能做假的，每句话要从真实的心说出来。儒家讲“诚于中，形于外”，一言一行都要真诚。

我们已经承诺“众生无边誓愿度”，现在怎么帮助人？没有智慧，泥菩萨过江，自身都难保。智慧去哪里求？智慧不向外求，智慧本有。时时对治烦恼、执着、分别，智慧就慢慢彰显。执着在哪儿？找不到！遇到人，我们起贪心了，马上发现执着，赶快把它放下；遇到人，起了傲慢，就是这个傲慢障住我的智慧，赶快放下。所以感谢谁？感谢能让我们观照自己有贪、有嗔、有痴、有慢、有疑的，这些人都是我们的老师，都是我们的善知识。这时候就活在感恩的世界，没有对立的人，也没有起矛盾的人。一切人都在提醒我们的不足，都在让我们赶快放下执着，智慧提起来。这样，度众生才不是口号，才不是虚伪的言语。再来，分别执着放下，不只有智慧，能力也提升，福报也开始扩大。心量愈来愈宽广，福报就愈来愈大。

整个世间，有善根的人确实很多，但因为福分不够，很多因缘就不具足。像我们到各地去，很多人很想学，但是师资不够，还有其他一些条件都还不足，想学却学不到。我们也很不舍，希望更多人发心出来弘护传统文化，让有心学习圣贤教诲的人都能够学到。

福分不够，除了金钱财物之外，还有一点，人和不具足。往往一个缘具足，是非人我太多，结果又破坏掉。众生无福，其中有一个情况就是没有办法见和同解，没有办法互助互爱。我们看到这些现象，没有怨，也没有批评；任何不好，都是在提醒我们的责任，提醒我们要把好的榜样做出来给大众看，这样自然会得以改善。

杜甫有一句诗："安得广厦千万间，大庇天下寒士俱欢颜。"有志于追求圣贤学问的人，都能够在他的护持之下好好学习，进而利国利民。这句诗是从他的真心流露出来的，他的真心跟我们的真心交感。我们也要修广大福，自己不享，全部布施出来，护持有志于为往圣继绝学的人，让他们没有生活的顾虑，能一心向道，身安道隆。

我们帮助人要有智慧、福分，还要有德能、才华。杨淑芬老师很会写书法，很多孩子跟着老师学，整个修学《弟子规》、修学书法的成绩都提升得特别快。所以有才华，大家跟我们接触都非常欢喜。有段时间杨老师工作比较忙，不常回到中心，有的孩子的爷爷奶奶每天都跑来问："杨老师什么时候回来？"常常主动来求学。有一次，老师难得回来，晚上要出门，看到门口站了几个学生，也不知道他们站了多久。他们听到杨老师回来了，就站在门口等老师出来，做什么？就为了给老师鞠躬。躬鞠下去，他们就走了。

这个躬鞠下去，这几个孩子功德无量。为什么说功德无量？本来老师的行程非常满，抽不出时间教他们，但是这几个学生这么恭敬——全世界两种人最好骗，一种是父母，一种就是老师。学生肯学，老师是赴汤蹈火都教——杨老师马上跟同仁商量，挤出两个小时来，再好好给他们指导指导。学生下课差不多五点，七点老师要上课，所以他们下课以后到我们的教室，也不回家吃饭，就利用五点到七点教他们书法。

那些孩子来了以后就吃馒头，吃得很简单，馒头配花生米，再喝一些汤。那一餐他们一辈子都忘不了，为什么？所有同学都是为了学习，为了承传文化聚在一起；为了共同的愿望使命，彼此都是惺惺相惜。所以那个馒头吃得胃口大开，有一个孩子吃了七个还是八个。我说，以前吃过什么山珍海味都忘记了，这一餐一定一辈子都记得。甚至十年二十年后，这些孩子很有成就，都是书法家、篆刻家，在推展《弟子规》的时候，他们一定想起十多年前一起窝在那里吃馒头的情景，回味无穷。

老师因为很有才华、很有德行，孩子非常崇敬她。所以也要提升我们的德行，提升我们的才华，这样才能更方便地帮助众生。因为老师很有魅力，“五一”放假，孩子们也过来学习。你看我们那时候读书，礼拜一上课就想着还有几天才到周末。这都很值得我们做老师的省思。明明《论语》第一句话是“学而时习之，不亦说乎”，孩子上礼拜一的课就想着赶快到周末，那不是“不亦说乎”，而是“学而时习之，不亦苦乎”。我们都尝过这个苦，就堆在那个知识里面变成考试机器。我们都受过这个苦，还让我们的下一代、让我们的学生继续受苦，良心何在！所以，这种事我不干。

我以前教书，常常把这些圣贤人的故事讲给学生听。学生也听得津津有味，还会跟我说：“老师，讲这个故事的时候你为什么愈讲愈大声？”愈讲声音愈洪亮，自己都没察觉。“老师，你教数学的时候都没这么大声，怎么教这些特别有精神？”因为这是浩然正气，这个正确的人生态度能够庇荫学生一辈子。

杨老师教书法、教篆刻，学生都好学到不想睡觉。篆刻，一坐就是四五个小时。有的孩子本来是一上网都不知道回家的，后来学了篆刻，戒掉了网瘾。所以，乡亲父老非常感激杨老师。

有个孩子初一的时候，考试成绩总分 17 分。我们看到这样的孩子心里怎么想？很多时候我们会怨他：这个孩子真不听话，真不好学。考试考这么差，不好学是结果，原因在哪里？我们时时把原因找出来，就不会只是活在怨人怨天中。其实孩子从小都是很勤快的，为什么到头来会变成这个模样？这都是值得我们深思的地方。后来我们了解到，他五年级的时候，老师只教前二十名的学生，后面二十名当没看到。孩子十来岁，老师这样的态度，给他幼小的心灵，给他的人格造成非常大的创伤，而且这个创伤很可能障碍他一辈子都对老师失去信心。所以不是老师要怨孩子，是孩子要怨老师，没有用一种至诚的教育爱护他们。由于老师这样的态度，他就放弃了学习。

我们要很冷静，一个老师重视成绩，只照顾前面二十名，请问这些孩子真正得到老师的教诲了吗？不只没得到老师的教诲，反而还被误导了。成绩好，老师就照顾，那种分别心，那种只重视成绩不重视德行的态度已经误导了学生，很可能成绩好的学生也瞧不起成绩不好的。这个时候成绩好的就长了傲慢，那他一辈子傲慢，不知道要吃多少亏。而且老师特别照顾他们，恃宠而骄，坏的习性都会生起来，觉得就分数最重要，而忽略德行。到头来只是成绩很好，考了大学，出了社会，适应都困难。所以现在高学历、低生活能力、低人际交往能力的大有人在。这都跟老师的教育，还有父母的引导息息相关。

有个人说："假如我没有遇到我生命中的好老师，我现在一定在监狱里面。"他曾经被抓进派出所，十多岁跟人家打架。他的老师去了，态度很温和，对他讲：“你跟另外一个同学在一起都不干好事。”这个老师讲话有没有艺术？他说都不干好事，没有说他干坏事。孩子长期以来都是被批评，所以对批评的话特别敏感。这个老师很小心谨慎，接着说：“所以为了你们两个好，老师只有一个要求，你们两个先不要在一起互相影响。”老师有没有去骂另外一个同学？有没有骂他？都没有。老师的这段话让他觉得很久远了，以前长辈都是噼里啪啦骂他一顿，而这个老师只是告诉他：“你们不要互相影响，不然你们会愈来愈堕落。你先听老师的，先不要在一起，老师先教导你一些东西。”他第一次有了受尊重的感觉。

后来他上了高中，又遇到另外一个老师，那个老师告诉他：“我教的学生往后都是最受欢迎的人。”你看老师不引导他成绩最重要，学生都是最受欢迎的人，为什么？“因为我的学生都特别会为人着想。”这个引导就告诉学生，如何成为一个受欢迎的人？最重要的是有一颗时时关怀他人的心，爱人人爱，敬人人敬。其实这个老师在讲这段话以前，他已经把时时替人着想表演给学生看。所以当他讲出这句话，学生脑海里马上浮现的都是老师对他们的付出，印象深刻，我也要像老师一样做人处世。“善教者，使人继其志”，善于教学的人，自己都做到了，学生看了很欢喜，起而效法。所以，老师很可能是转变孩子一生命运的贵人，也可能是毁了他一生的刽子手。我们今天踏入教育的行列，初心都是为了成就孩子，成就他的人生。所以一定要时时观照，我们的人生态度给予孩子的是正向健康的，还是负面消极的？

这个小朋友五年级的时候，老师只照顾前二十名，后面不被重视的会变成两种态度：性格比较好的，他会觉得老师不注重我，他会比较悲观，比较消极，比较没自信；个性比较强的，他会怨恨老师，跟老师对立，以后出了社会，会跟社会对立。以前有篇报道，某个青少年看到一排摩托车，他一把火全烧了。我们怨这个孩子也不对，他懂什么？他才十多岁。我们要深入观察的是，他的怒气从哪里来？这么小的孩子为什么有这么大的怒气？家庭给了他什么影响？学校给了他什么影响？社会给了他什么影响？

孔夫子讲："听讼，吾犹人也，必也使无讼乎！"案子都依法判决，跟一般人没有什么不一样，但是在判案的当下，我的心境是希望不要再有人犯罪了。不使人犯罪只有一个方法，就是教育。"建国君民，教学为先"，懂得孝顺父母，懂得回馈社会，就不会做出破坏社会、危害他人的行为。孩子非常叛逆，我们要去找寻他愤怒、怨恨的根源，这样才能把问题化解。我们不愿意看到孩子的人格养成是消极、没自信，是冲突、叛逆，我们不希望看到。最重要的还是用真诚的心去爱护小孩。

这个孩子跟着杨老师非常认真地学书法，后来又学篆刻。他花了这么多的时间学书法、学篆刻，考试成绩本来总分 17 分，一年后，总分 588 分。他的母亲自己跑来要做义工，她说杨老师把她儿子救了。面试的时候，我们说："我们这个薪水可能会比外面多一点。"他母亲，还有其他镇民都很可爱，马上回应说："能让我们来就好了，我们不要钱。"他们都觉得参与弘扬中国文化是光荣，甚至觉得是他们家庭的光荣。家人都对他们说："你要好好撑下去，不可以退心。"

还有个老奶奶，她的儿子来面试，她也很着急，跑到中心来了解，到底面试的老师是哪些，她很怕儿子落选。这个母亲很可爱，每天把家里的电视搬到外面，放我们讲课的碟给人看。而且她还善巧方便，一开始不是先放讲课，是先放地方戏剧，安徽叫黄梅调；人都聚过来了，再放讲课。怕先放讲课，人没能一下聚过来，非常能设身处地，想着怎么让大家都能欢喜地过来看。母亲这么有善心，孩子很顺利地就进到我们中心服务。

一个孩子为什么原来只考 17 分，经过一年，考 588 分？最主要的原因，第一个，他对老师重新有了恭敬心；第二个，他的人生有了志向。人生有了志向，学习完全不用人家推。你看范仲淹读书，还用母亲催吗？完全不用。范仲淹二十三岁离开母亲，那时候他已经了解到他的身世，他的母亲改嫁，他希望早点带着母亲认祖归宗，回到自己家族。但是没有成就，不能衣锦还乡。他对母亲讲："母亲，您等我十年，我一定回来接您。"此后便专注刻苦读书，三年都没有上床睡觉。冬天很冷，就是在这种环境下坚忍修学。每天吃什么？断齑画粥，齑是一种菜，每天煮一锅粥，凝固了，分成四块，早晚吃两块。没到十年，只过了五年，他才二十七八岁就考上进士，把母亲接回去了。所以人有一份孝心，有一份承担民族兴盛的大志向，不要说一个博士，三个博士都拿得下来。这是真的不是假的，人的潜力很大。

这些孩子已经立志，连放假也不出去玩。有一个孩子，"五一"全家人都出去了，只有他一个人在家。刚好之前杨老师教了他们如何煮饭、如何炒菜，他学了就马上做。家人要出去，他就跟家人讲："我自己煮饭，自己照顾自己，我不出去玩，我要跟杨老师学书法。"我们听了都很惭愧，以前都巴不得赶快出去玩。所以大家要有信心，后生可畏，下一代很多都有这份使命感。煮饭、打扫他都一个人包了。跟老师学书法的时候，写到十一点多，他举手："老师，我得回去煮饭，吃完饭我再来。"很努力，每天坚持写五个小时以上的书法，学得相当好。

过了几天，老师也很感动，就问他：“你写书法，怎么会有这么源源不绝的动力？”他说：“因为我以后要当书法家、当篆刻家。”老师还说，书法写得不好，没有资格学篆刻，不能刻印章，所以他很努力。学篆刻的时候，老师还规定不能用机器夹。小学生力气不是很大，一般都用机器把印章夹紧，然后在上面刻。但是杨老师教学不是这么教，没有机器，直接用手按住，力气不够，淘汰；雕刻的时候，刀子掉下去了，淘汰；印章掉下去，淘汰。结果一有要求，从开始到现在好几个月过去了，一个淘汰的都没有。雕刻的时候都是正襟危坐，全神贯注。所以孩子的潜力有多大，要看我们怎么训练。这个孩子还说：“《弟子规》、中国文化很好，但是知道的人太少，所以我要去弘扬。”他有这么高远的志向，学习完全不用人家推。所以，引发孩子人生的志愿，相当重要。

没有这份责任心，学习都是被逼出来的。太多的父母要赶快看到这一点，不然人生会有怨。孩子，尽心尽力栽培十多年，不知道花了多少钱，结果上了大学，像脱缰的野马，花钱像流水，止都止不住；也不听父母的话，离那么远，都管不了了，每天在家担心。现在这样的家长愈来愈多。因为孩子根本就是应付我们，不是打从心里要好好学习，以后有能力孝顺父母，服务社会，不是从这里出发的。所以什么都不急，一定要先教孩子有孝心。有了孝心，他就有责任感；有了孝心，他就有仁爱心，对社会也会有使命感。孔夫子在《孝经·开宗明义章》就提到：“夫孝，德之本也，教之所由生也。”德行的根本在孝，教育应该从孝开始教起。孩子学习，我们累得半死，在那里催他、陪他，都是孝没有教。

山东烟台有个小学生，母亲得了尿毒症，父亲无法接受这个事实，离开了家，抛下了母子俩。这个时候怎么办？假如我们是这个母亲，怎么办？母亲唉声叹气，孩子也唉声叹气，于事无补。抱怨对人生一点帮助都没有，应该在逆境中自立自强。我们回到一千多年前，范仲淹两岁的时候，父亲去世了，母亲带着他，孤儿寡母！当我们看到这个情境，有没有办法想象这个孩子将是能开千年家道的范仲淹？能不能看得出来？我们可能在那里哀叹："好可怜，好可怜！"这对他们有没有帮助？要面对现实，活在当下，无怨无悔。

假如母亲有怨有悔，出不了范仲淹。就是在这种逆境中，母亲非常坚强，没有责备任何人，教导孩子的是，以后要有成就，要帮助整个家族；族人流离失所，要尽力爱护、帮助他们，不要让他们在遇到困境的时候无依无靠。母亲遇到这种无依无靠的人生境界，不只没有怨恨，反而转成一种悲悯：我受过的苦，不要再让其他人受了。所以范仲淹人生发达之后，买了一千亩地，照顾族人，化悲愤为力量，化危机为转机，化埋怨为慈悲心。所以母亲这么一转念，转了他人生的命运，也转了子子孙孙的命运。

诸位朋友，我们遇到的人生境界有没有比范仲淹惨？有没有比孤儿寡母惨？我们更要自立自强才对。人生不可能都是一盘好棋。人生真正的价值，在于你遇到的这盘棋并不好下，但是你每一步都下得有声有色，都下得无怨无悔，都下得真情真义，当下可以利益家人，更可以作为后代子孙的榜样。所以人生看我们怎么去面对，有了这份承担就能否极泰来。

有一位太太，先生没有责任心，抛弃了她，她还有两个孩子要抚养。本来是家庭主妇，现在一下子没了经济收入，怎么办？要勇于面对，去找工作。看到一家外贸公司，她进去找到老板，说："我现在遇到了困境，孩子要生活、要读书，假如我没有收入，照顾不了，您可不可以让我进公司来？做什么都行，薪水也不用太高，只要让我能维持生活就可以了。”老板说：“该有的工作都有职工在做了，实在不需要。”但是这位太太很真诚，一直跟老板讲，老板也很感动，也很同情，一个妈妈要带两个小孩，很不容易。他说：“不然这样好了，你就洗厕所。”她很高兴。懂得感恩的人，慢慢地福分会愈来愈大。

她很认真地把本职工作做好。因为是外贸公司，常常会有外国人来，她就利用空闲时间学英文，学一些行政事务的处理。她很好学，因为她想：我一定要更有能力，才能好好抚养孩子。一些做事的方法，还有英文，就在一点一滴中积累。她也主动跟人家学习，后来还请老师教。

有一天，公司的人都出去了，有个外国的客人临时来了，没有人在。她英文已经可以了，接待得很妥当。老板知道了这件事很惊讶，就慢慢给她提升。过了没几年，她做了副总经理。整个过程中，她没有埋怨命运，她赢得了同事，乃至上司对她的肯定、佩服。而这份坚忍的态度将成为孩子的榜样。孩子会想：母亲这么困难都把我们抚养，我们不能让母亲失望。母亲可能没有跟这两个孩子讲什么大道理，但是孩子学习不用人推。

我在念师范院校的时候，也遇到几个很优秀的同学，他们很认真地读书。他们都是单亲家庭，都跟着母亲。他们的母亲遇到这种情境，都是勇于承受，努力维持这个家庭。那种坚定无私的爱，孩子都感受到了。所以他们一读完师范，也都顺利通过考试，当上老师。工作稳定之后，告诉母亲：“您已经辛苦那么久了，应该好好安享晚年。”他们都主动叫母亲退休，不要再做了。他们的母亲有的跟我挺熟的，我有时候到他们家里去，她们都会讲："我现在每天画国画，听讲课，过得不亦说乎。"真的，人在逆境中，也懂得活在当下，好好尽本分，福气在后头。

而这些同学的父亲，往往到了晚年都会反省，会跟他们的母亲忏悔、道歉。人生回过头来看，像一场梦，没有什么好计较的。最重要的，我们有没有把这份真情真义演出来，留在孩子心中，也留在那个没有缘的丈夫心中，让他这一生还懂得迷途知返？我们也不愿意让他堕落下去。很可能因为你的表演，他晚年就开始学习了。

好，这节课先讲到这里。谢谢大家！

第六讲　孝悌启发智慧、福分、德能

尊敬的诸位朋友，大家好！

上节课谈到几个重点，包括要明白人生的道理，一切境界作还债想，一切境界都在提醒我们放下分别、放下执着。而当我们放下分别执着，我们的智慧、福分、德能就能够彰显。我们说“众生无边誓愿度”，这时候才有能力去做，而不只是一句空话。

我自己整个成长过程中不算好学，成绩平平，没有才华。印象中，从小没参加过什么比赛，看人家常常得奖很羡慕。像我的二姐，她很会读书，每次学校考试都是第一名、第二名。颁奖的时候，姐姐都站在最前面。对我来说，一来觉得很光荣，二来也很有压力，因为同在一个学校。我记得念初中的时候，初三的学长写的好文章就让我们初一的学弟学妹当范本看，结果发下来，很多篇都是我二姐写的。我的老师一看，蔡蓉青，就对大家说：“同一个家庭教出来的孩子，为什么语文程度差这么多？”

诸位老师，当一个才十三四岁的男孩听到这句话时，你们可以感受到他的心情吗？所以我就很没有自信，觉得自己什么能力都没有。语文能力一直都不好，高中联考，总共扣了 88 分，语文一科就扣了一半，44 分，其他四科加起来才跟语文扣的分数一样。到了高中，噩运还没有结束，语文还是很差。有一次期中考，考了倒数第二名，

44分。所以，语文能力很差，各方面的才艺也很差。

我从来没有参加过什么朗诵比赛、演讲比赛，从来没有，轮不到我。记忆中，我只参加过两次比赛，印象比较深刻。其中一次是辩论比赛。为什么选上我？因为找不到人，看我这个人还有点老实，硬把我拉去。学长叫我去，不好意思拒绝，所以我就上去了。结果本来应该讲十几分钟，不到十分钟就没词了；没词了就站在台上，不能下来，那是规定。那一场经历也让我记忆犹新。凄不凄惨？不凄惨！当下学了一个能力，叫傻笑。没有办法下来，就只好站在那里，看着大家傻笑。这个能力很好用，碰到一些情景我们搭不上话，人家逼你讲话，这时候就傻笑给他看。

关于辩论，我觉得这个时代很颠倒。古代教导我们做人处世，讲话要真诚，心里想什么说什么，讲的都是正理，不能有歪理，甚至强辩。但是辩论真的就是歪理强辩，为什么？截然不同的两个论点，一个是正方，一个是反方，随机抽到什么就要把那个理变成对的，这到底是教给孩子什么？那根本就变成强辩了！死的都要变成活的，活的，该讲的话，也要讲成死的。孩子学到的是厚道吗？学到的是真诚的言语吗？不是！

古代圣贤人不重辩论，重的是言行一致，甚至是先做不说。辩论真的能让人心服口服吗？辩论完，对方会怎么样？气得牙痒痒的。人生还是要清醒，不是西方的月亮比较圆，就照单全收。结果一收，什么结果？大家要冷静面对。《格言联璧》说："穷天下之辩者，不在辩而在讷。"让所有人都心悦诚服，不是用口才，不在辩而在讷。"讷"就是刚毅木讷，都是自己默默去做、去付出，人家看了很感动，才会佩服。讲得天花乱坠，到时候说跟做差距很大，引来的是无穷的怨恨。

现在人的认知真的需要调整。像我们到大学演讲，演讲完了，学生跑过来，很多人跟我讲的第一句话，大家猜猜看？都是蔡老师，你的口才真好！孩子看到的都是表相的东西，他的人生觉得什么很重要？口才很重要。他所有的精神都放在口才上，而不是德行。每一句言语应该都跟自己的心境相应，真诚地说出来。《大学》告诉我们，"诚于中，形于外"，这样才对。为什么夫妻离婚？为什么人与人的冲突那么多？很可能先生或太太都是辩才无碍的人，为什么到头来会这样？因为当一个人觉得你说话跟心里所想差距很大，他根本无法跟你相处，他看到你都觉得很不屑，真的。

清朝的纪晓岚学问很好，但是都没有自己的创作，他体会到的是，天下的好语圣贤人说尽，效法孔老夫子述而不作。他会集《四库全书》《四库荟要》，对我们整个民族文化的承传立了大功。闲暇之余他把看到的很多人生的真相，一些很好的可以让人深信因果的故事写下来，就是《阅微草堂笔记》。其中提到有个读书人，道德学问很好。真的有学问，鬼神都尊敬。他的房子里住了两个狐仙，狐仙也认真修学，他也感觉得到它们。有一天，文房四宝放的位置变了，他感觉到变了。起了这个念头，狐仙也收到了，很不好意思，以后他的东西都不敢乱动。

后来来了两个同学，其中一个到户外散步，另外一个在房间跟他谈话。谈着谈着，这个读书人说："今天两位同修，怎么不在房里？"他感觉到它们不在房里，晚上也没进来。同学拍着胸脯，得意扬扬地说："因为我的浩然正气，我是读书人，它们是邪气，不敢来。"

另外一个同学在屋外散步，走着走着听到两个狐仙的对话。一个是老的狐仙，一个比较小。小狐仙就跟老狐仙讲：“今天天气很冷，我们进屋里去！”老狐仙说：“那个读书人阳奉阴违，表里不一，这样的人我不屑跟他在同一个房里。”讲完，小狐仙也没话说，继续在那儿发抖。又过了一段时间，小狐仙实在忍不住了，说：“假如我们不进去，很可能今天会冻死！”老狐仙说：“今天纵使冻死，我都不进去。”狐仙都这么有志气，不愿意跟这种人在一起，更何况是人！

后来这个同学进屋了。进去的时候，那个同学还吹嘘，说就是因为他很有德行，狐仙才不敢进来。这个同学想：“我要不要把真相告诉他？”诸位朋友，要不要告诉他？以前的读书人很有道义，都懂得“善相劝，德皆建；过不规，道两亏”，今天假如不劝诫他，他以后一定堕落。为什么？读书人是表率，人们通过读书人来认识圣贤智慧，对圣贤智慧产生信心。假如我们表现得不好，那他们的因缘很可能就这样断掉。所以我们不依教奉行，很有可能在断人慧命。他不忍心看同学继续堕落下去。

孔夫子讲，“君子于为义之上，相疾也，退而相爱”，这真的是朋友的道义；“小人于为乱之上，相爱也，退而相恶”。（《孔子家语》）五伦——父子、君臣、夫妇、兄弟、朋友，在彼此劝诫，彼此成就，都会直言不讳，不会看着对方堕落下去，都是这份道义。“善相劝，德皆建”，“亲有过，谏使更”，当然态度很重要，要让对方可以接受，“怡吾色，柔吾声”。

宋朝范仲淹跟韩琦都是当时的名相、名将。二人一起领兵打仗，意见不同。韩琦说，一个人统领大军，要置生死于度外。范仲淹劝诫他说，这样的态度不对。每个士兵的背后都是一个家庭，有父有母，有妻有子，怎么可以置生死于度外？但是韩琦并没有听进去，那一仗死了差不多一万人。韩琦也很难受，军队被打败了，回去的时候，城外不知道多少里都站着士兵的眷属，都在那里翘首以盼，我的儿子回来没有？我的先生回来没有？好多人都看不到自己的亲人，哭成一片。

范仲淹过来对韩琦讲："这时候你还可以置生死于度外吗？"你看这种君子的道义，一次就让他终身不忘。会不会说，没关系，下次再打胜仗就好？直言不讳，让我们终身记得这件事情。但是这件事情完了之后，劝诫之后，范仲淹会不会私底下讲，你看这次败了都是韩琦害的？会不会讲这种话？不会，不在大众面前说对方的不好，不言家丑，不会批评、辱骂对方，这是朋友的道义。

但是对方有错，一定会直言劝诫。不只朋友是这样，连君臣关系都是这样。魏征对唐太宗都是直言劝诫，魏征出了朝廷，会不会骂唐太宗？一句话都不骂。现在不是！以前是在朝廷直言不讳，离开朝廷不骂朝廷，也不骂君王。现在是开会的时候没人讲话。"有没有意见？"大家头低低的，你看着我，我看着你。开会不讲，会议结束了，离开公司了，开始骂，哪个决策不好，哪个做法不好。这样的做法太小人！真正的君子是什么？能够直言不讳，当场把问题提出来，但是对事不对人，出了这个门，众志成城，大家一起把决策落实好，不再对任何人做人身攻击，这是涵养、修为。现在颠倒了。还有人说，《弟子规》说"话说多，不如少"，我就不讲。该讲的时候不讲，那也是不负责任。你看大舜，朝廷百官不提意见，他还会主动要求，不只不怕听到批评，还欢迎批评。大舜讲："女无面谀，退而谤予。"

你们不要在我面前都一直谄媚，离开以后，又骂我哪里做得不好，现在就赶快提出来。

以前读书人对朋友、对君王的那份正直，我们真的差太远。像宋朝的寇准，人很直率，不是那种邀功的人，只想干事情，能力非常强。他自己去跟当时的宰相王旦讲："你以后推荐我当宰相好不好？"他跟现在的人不一样，他是真有本事，真想为国家付出，不是沽名钓誉。王旦讲："宰相难道是用嘴巴可以要来的吗？"真的是于道义之上直言不讳。寇准有点不高兴。后来寇准针对王旦施政的一些缺失提了很多意见，皇帝跟王旦讲："你看寇准一直骂你。"王旦跟皇帝讲："我当宰相这么多年，一定有很多缺失，寇准批评是对的，他是为人民着想。"你看马上采纳人家的雅言。

王旦临终时，皇帝问他："谁当宰相好？"王旦说："除寇准之外，臣不知其他的人。"皇帝一听，有点不高兴。为什么？其实领导人很怕正直的大臣，因为怕自己的心脏受不了。所以"闻誉恐，闻过欣"真的是相当高的德行。明明知道这个臣子讲的是真的，但就是这个面子拉不下来。成圣成贤，"闻誉恐，闻过欣"这句话真的是关键。大禹是"闻善言则拜"，人家给他宝贵的意见，他真的给人礼拜。商汤去请伊尹，也是真拜，真磕头，请这些贤德之人出来，不是为了谋取政权，都是为了解决苍生之苦。

商汤请伊尹出来，不是辅佐他。现代人误解了，说他找了一个人把夏桀给打败了，夺得了政权。不对！他是不忍心看着君王堕落，去请伊尹出来辅佐夏桀，总共请伊尹五次劝诫夏桀。后来实在没有办法，人民都在水火中，商汤才对着上天忏悔，我不得已，必须攻打夏朝，不然人民都生活在苛政之下。所以是昭告天地，然后把夏桀推翻。而且不是把夏王室统统杀掉，而是给他们划一块地，让他们在那里重新好好生活。那都是圣人的德行。安排好，自己就走了，他不是为了权位来的。那他走了，人民怎么样？这些诸侯怎么样？统统跑到他家门前：“你一定要出来，你不出来不行！”他没有办法，才出来当天子，来帮助人民。而且说实在的，他当天子，每天战战兢兢。尧帝把天下让给舜，松了一口气，每天在那里为了人民好的生活，也是战兢惕厉，耗尽心神。

你看大禹，人家劝诫他，“闻善言则拜”；子路是“闻过则喜”，人家劝诫他，把他的不对指出来，他很高兴，这是贤人。宋仁宗（被叫仁宗也不大简单）有一天出来散步，看到树上长出新芽，顺手就给摘下来想欣赏欣赏。旁边的大臣劝诫说：“皇上，春天是万物生发的时节，您怎么可以伤害生命？”宋仁宗听了很生气，“哼！”然后就走了。他没有说：“来人！”他没有马上生气，责罚臣子，已经算不容易了，所以叫宋仁宗。那时候发生天灾，冰天雪地，宋仁宗赤脚站在那里忏悔自己德行不够，所以才会感来天灾。所以能否接受别人雅言，是成圣贤或者堕落的关键所在。

皇帝问王旦谁能当宰相，王旦说：“寇准。”皇帝可能又想起了哪一幕？有一次讨论有关民生的政策，讨论到皇帝不耐烦了，“明天再说”，皇帝起身走了。结果走了几步路，寇准追上来说：“今天这个政策不下去，影响的是成千上万的人民，一定要讨论完，马上八百里加急送出去才行。”把皇帝给拉回来。皇帝气得发抖，但是不能讲，因为宋朝国君，包括开国皇帝赵匡胤，都非常尊重读书人。祖宗有这样的榜样，他们不敢撒野。也因为这样，宋朝出的忠臣在历代算相当多的。名臣、名相，宋朝就出了好几个，南宋出现像文天祥这样的忠臣，都不是偶然。

因为祖宗都特别尊重读书人，所以皇帝敢怒不敢言。今天说要把宰相位置给寇准，有点难受。过了一会儿，皇帝又问："除了寇准，还有其他人没有？"王旦最后说了一句话："除寇准之外，臣不知道其他人。"然后就走了。皇帝也很有善根，王旦这样有智慧的大臣，都已经说到这个分上，他就真的让寇准当了宰相。寇准当了宰相，辅佐朝廷也很尽心尽力。他跟皇帝讲："您对我这么信任，有知遇之恩，让我当上宰相。"皇帝讲："不是我让你当上宰相的，是王旦去世前推荐的你。"我相信寇准当下真是惭愧得无地自容，甚至可能感动得泪流满面。他批评王旦这里做不好、那里做不好，人家不只没有计较，还肯定他的才能，还推荐他当宰相。你看古代这些读书人互相劝诫批评，退下来，相亲相爱，不说对方一句不好。

但是"小人于为乱之上，相爱也"，谋取私利的时候，亲得跟父子、跟兄弟一模一样。我们举一个例子。明朝有个大贪官叫严嵩，不知道贪了国家多少财富。为乱的时候，很多奸臣跟他一起。其中一个人还叫他干爹，叫得可亲。后来因为利害关系，那个人揭了他的疮疤，这叫为乱相爱，退而怎么样？互相陷害。严嵩的孩子，因为犯的罪太重，被斩首，严嵩所有的财产全部充公。后来皇帝给了他一个金碗，叫他去要饭，人生到了最后，这么凄惨。所以弄权一时，凄凉万古。他拿着金碗去要饭，要不要得到？人民恨之入骨，只要看到他来了，门都关起来。后来他没办法，就到墓地，等人祭祀完走了，偷这些食物吃。冬天冰天雪地，也没人去祭祀，他就死在墓地。真的，前人都是一部历史，可以给我们人生很多的启示，"以古为镜，可以知兴替；以人为镜，可以明得失"。

这是我们刚刚提到的，古时朋友之间相处都是道义。我们再回到我们讲的人生不要埋怨，要面对当下的境界，不忘“但愿众生得离苦”这个心愿。我讲到自己从小没有什么才华，然后讲到辩论这件事情很值得我们深思。我记得在念师范院校的时候，又参加过一次比赛，四百米接力赛，我们队得了第三名，因为只有三队参加。又是找不到人，把我拉去了。所以我算是没有什么奖状的人。后来接触了中国文化，感受到祖宗的慈悲，把几千年的文化智慧通过文言文承传下来。感于祖宗的恩德，觉得责无旁贷，所以起了这份弘扬文化的心，起了这份孝悌之心。

《孝经》说：“孝悌之至，通于神明，光于四海，无所不通。”这个孝，除了要孝顺我们的父母，孝顺我们的长辈之外，更重要的是孝顺我们的祖宗。祖宗在天之灵看到我们这么破坏文化，五伦如此颠倒、混乱，都在垂泪，都在悲伤。我们回馈祖宗的恩德都来不及，怎么忍心再让他们伤心？记得我第一次到深圳，到万姓宗祠，一进门，就看到三皇五帝的灵位，每一面墙都是我们祖宗的牌位，总共两万多个。我对着每一面墙三跪九叩顶礼。确实华夏几千年的文化都是祖宗血泪所积累出来、交织出来，值得我们用一颗至诚的心感恩。那时我的心境就是来得太晚，要赶快做，刻不容缓。

悌是说兄弟之情、同胞之情。现在我们的同胞到底在过什么日子？抑郁症愈来愈多，自杀率、离婚率愈来愈高。在这些数字的背后，多少人活在黑暗挣扎中，我们感受到没？我那时候在补习班读书，准备教师资格考试，听到一位老师说他有个学生，因为常常被干扰，感觉好像有人在跟她说话，很痛苦。没几天，这个老师又来上课，他跟我们讲，这个女同学已经自杀了。我听了很难受，当天晚上骑摩托车回去就在路上掉眼泪。假如我的智慧很高，我的能力很够，几句话把她的一些疑障给点开，她可能就不会走上这条绝路，她的父母就不会抱憾终身，所有爱护她的人不会难受一辈子。就因为没有人把这些智慧、把圣贤的教诲告诉她。现在这样的人太多了，已经到了刻不容缓的程度。

所以我期许自己赶快提升道德学问。有了这份志向，慢慢才华能力就提升起来。本来连朗诵、演讲都没有过，现在勉强可以上来跟大家分享一下中国文化。最重要的，我是站在这里给大家信心，你们的语文都比我好，你们的孩子，甚至孙子从小就开始读古书，我是二十几岁才开始接触，所以他们一定学得比我好。我是出来抛砖引玉的，大家要很有信心。孩子的德能、智慧，通过这份孝悌的心，真的能够通于神明，得古圣先贤的护持，然后光于四海。这个光，最重要的就是立身行道，自己做到，给天下人做榜样。

有孝悌的存心，这一句“众生无边誓愿度”就不会变成一句空话，孝悌可以真正启发智慧、德能、福分。真的，我们古圣先贤的福报都可大了，他说：“我这么大福要给哪个子孙享？”找半天，突然发现这个孩子居然要为往圣继绝学，那他的福给谁？我是周文王的后代，那周文王一定会疼我，这个子孙还挺有善根的，我们周家的福报就让他好好去发挥，“安得广厦千万间，大庇天下寒士俱欢颜”。所以我们跟古圣先贤的频率如何接上？就是这份孝悌的心。

古圣先贤都在祝福着我们，时时都在护念我们，所以不要害怕，勇敢地出来。当然，能力还不够的时候不能硬上，勇敢地出来学习，能做什么，就尽心尽力做什么。也由于尽心尽力地付出，我们的能力就会不断地提升。所以我们有了志向，根本没时间埋怨。活在感恩的世界里，每个人都让我们察自己的不足，把贪嗔痴慢放下。

再来，人生很多的怨，都是因为求不得。这个求要如理如法去求，这样，自然事事顺利。求谁？不是求别人。有个长辈特地从大西北——指的就是新疆、陕西、甘肃一带——赶到我们中心上课。他把香港讲的那四十集学得很熟，整个本子看起来已经翻了很多次，上面还加批注。用不用功？很用功！但是他一脸愁容，眉头深锁。学习应该是“学而时习之，不亦说乎”，怎么会这样？我们在修学的时候，假如笑不出来，那学得一定有问题。所以我们有没有在修学，照镜子就知道。时时笑脸迎人，让人生欢喜心，他们会说：“修学能这么快乐，我们也来学。”所以不会笑不能修学。你看弥勒菩萨，大肚能容，笑口常开。所以每一天能不能出门，先照照镜子。假如笑得不灿烂，就别出门吓人，恼害众生。

没有什么喜悦，他在家里能不能推广得好？人家看我们愁眉苦脸，都被我们吓退了。后来才了解到，他这四十集已经看了好多遍，上面每一段都有批注，比方说学贵立志，“儿子要听”；下一段，学贵力行，“媳妇要听”；下一段，“某某朋友要听，某某侄子要听”。从头到尾，所有人都被他点到，谁都要听，谁都要学，只有一个人不用学，就他自己。很多朋友听完课马上跑上来说，应该把我儿子拉来听，应该把我媳妇拉来听，谁应该来听，就只有一个人不需要听。

说实在的，当下他听得有没有效果？他听的时候，都是把这些道理拿去要求别人，“好，我回去跟你们算总账”，所以适得其反。回去后，家里人一看到他，“对不起，我还有事”，赶快跑了。孔夫子说，“正己而不求于人”，先自己做，不要求别人，就不会引来别人的怨恨，自己也不会有怨恨。有时候人怨什么？我为你好，你还不跟我走。其实那不是为人家好，那是我执很严重，都是控制占有。

我曾经提到一位女士，她到我们中心来也是愁眉苦脸。她说："我先生真没善根，我为了他的健康叫他吃素，他都不吃。"在那里抱怨半天。这时候我们别插嘴，让她先把气吐一吐。当她吐完，我很真诚地看着她说："你先生假如有外遇，你要负责任。"她愣了一下。然后我接着说："你先生跟你儿子的关系愈来愈疏远，你也要负责任。还有，你先生假如得高血压，你也要负责任。"她很无奈、很无辜的样子。我说："你强迫先生吃素，他吃了没有？"她说没有吃。"你当初为什么叫他吃素？""让他健康一点。""现在你达到目的没有？""没有！"不是适得其反？还惹他不高兴，你也很气愤。所以做什么事要理智，不要意气用事。做什么事要不忘初心，不然搞到最后都变成争一口气而已，争到最后，很可能去离婚的都有。离完婚，还不知道自己错了，还一直责怪对方，这样的情况太多了。所以，一来，不忘初心；二来，要找到更善巧的方法让对方接受。

接着我跟这位朋友说："先生都在外面吃，外面东西又油又咸，他的血压愈来愈高，甚至吃出糖尿病也有可能。再来，你把他推出去，拈花惹草的几率又更高，出事怎么办？爸爸都不回家了，他跟儿子的感情不就愈来愈疏远？所以应该像杜甫那首诗说的，'随风潜入夜，润物细无声'，你要做得无声无息，让他很自然地就喜欢吃素。比方你本来煮四道菜，慢慢变成两道是素，两道是肉；再过一两个礼拜，三道是素，一道是肉。但是你要煮得很好吃，不然他一吃，痛苦得要死，那他不肯吃。所以一方面要煮素菜给他吃，一方面要在他不知道的时候，赶快去请教很会做菜的，马上恶补。'人有至心求道，精进不止，会当克果'，做菜也是这样。"

有个朋友是幼儿园的园长，她本来要离婚，后来听完课，有关单位打电话来说："轮到你了，可以来办离婚了。"她说不离了。她很感谢我们，亲自煮了一桌素菜给我吃。花了多久？一个礼拜。真的就像上五星级饭店一样，都是很有特色的菜，她一个礼拜看着食谱这样练出来。现在广东有很多幼儿园请她去演讲，她都无私地去讲，自己的幼儿园不再扩大了，希望别人也好。所以真的有这份愿心，很多东西都学得很快。你慢慢地去做，先生觉得吃素很好，接着你又把他带到我们中心来，一看，原来吃素的人这么多，气色也都不错，又跟他们交上朋友，大家互相鼓励，不就水到渠成？

好，这节课就先到这里。谢谢！

第七讲　身教最能感化人

尊敬的诸位朋友，大家好！

我们上节课讲到正己才能化人，这个化是自自然然地感化，不是很刻意地去做给他人看。做给他人看，人家都感受得到。记忆中，我在念初中的时候，有一天到学校打球，一进门看到一个非常熟悉的背影，那是我的校长。他正在巡视校园，看到地上的纸屑，很自然地弯下腰把它捡起来。他在捡的过程就深深地感动了我，他那份爱护自己的学校、爱护环境的心我感受到了。而当校长在捡纸屑的时候，会不会是为了要做给学生看？不是这样的心境。这个动作影响了我一辈子。从此以后，不只不可能丢垃圾，还会主动捡垃圾。

在推展传统文化的整个过程中，我们的老师都很习惯地看到纸屑就捡起来。这个动作，往往让看到的人很感动，那份感动可能胜过我们讲一个小时、两个小时的课。真正去落实、去做，这种身教才能感人。我记得我们一群老师在登长城的时候，也很自然地就把垃圾捡起来。我们在捡的时候，有个外国人拿着相机拍起来。这算是一道风景吗？

在一些外国人的印象中，可能中国人是很不爱干净的。这个中国人要打括号，什么时候的中国人？丢弃圣贤教诲的中国人。中国是礼仪之邦，讲礼的人不会污染环境，会恭敬人事物。所以这里所说的中国人是近代以来一些失去圣贤教诲的中国人。因为我们做得不善，而侮辱了几千年的祖宗，这是我们应该深深省思的。礼仪之邦，到现在居然会被外国人认为是非常脏乱，甚至无礼的一个民族，这种形象已经到了连中国人自己都没信心了。

我们那时候在庐江汤池，刚好到一个学校去。当我们在参观这个学校的时候，旁边的镇民出来，我们聊了一下。这位镇民对我们讲："你们不是中国人吧？"其中有一位老师就很激动，他说："我当然是中国人。"这位镇民说："你们为什么这么有礼貌？"你看已经到了同胞对我们自己都没有信心。不只这样，连祖宗的颜面都保不住，对下一代都教育不好，那我们学圣贤教诲，没有尽到本分。

印光祖师在民国初年叫我们修学一定从敦伦尽分开始做起。承传祖宗文化，光大祖宗文化，我们责无旁贷。而且刻不容缓的是洗刷世间人对中国人的误解——当然也不是误解，这也是我们做出来的，我们一定要重新振兴自己的文化。

有一群孩子，年龄都在七八岁，一共十个人，再加上四五个老师，一起到山东曲阜去，山东曲阜有孔庙、孔林、孔府。他们在孔夫子的墓前行三鞠躬礼，都站得非常整齐。当时有中国人、美国人，还有一百多个韩国人。说到韩国人，他们非常重视孔孟学说，他们从小学到大学、研究所，没有一年不读孔孟学说。很多的韩国人到十多岁，可能到了初高中，才了解到原来孔子是中国人；他们本来以为孔子是韩国人。他们非常诧异，因为从小就接受孔夫子的教诲。而我们中国人呢？一个妈妈带着小孩去逛街，看到了孔夫子像，孩子对妈妈讲："妈妈，这里有个圣诞老公公的塑像。"中国人自己已经不认识孔夫子了。

韩国人向联合国提出将“端午祭”申请为非物质文化遗产，说端午节是韩国人的节日，已经通过了；韩国人也继续申请，说孔夫子是韩国人的祖宗。所以话不可以乱讲。我在香港演讲时说到，假如中国人再不好好爱惜孔夫子的教诲，很可能五十年后，国际法庭会打一个诉讼案，孔夫子是韩国人还是中国人的祖宗？大家记不记得这一段？诸位朋友，谁会打赢？如果这个法官也很有学问，他说：“我重实质不重形式，来看看现在谁真正在力行孔夫子的教诲。”那很可能中国人会输。很多人看到这个报道很气愤。我说不用气愤，这真正是韩国人对我们的慈悲，是韩国人在唤醒我们民族的良知。我们不要空有外表，我们应该好好深入孔子的教诲，把仁义礼智信、温良恭俭让的人生态度表现出来，韩国人自然就不可能提这样的要求。

这些孩子到了孔林，在夫子墓前行鞠躬礼。结果非常微妙，本来墓旁有很多的游客，包括韩国游客、美国游客，当他们看到这些师生至诚地在那里礼敬的时候，不由自主地统统都退到一旁。你看正己、恭敬心提起来就感动身边的人，都不用言语。行完三鞠躬礼，旁边有个中国人感叹道：“难得现在还有这么讲礼的中国人！”这一幕会在这个人心中留多久？他很可能重新燃起对民族的一份使命感。这么小的孩子都这么至诚恭敬，那他一个大人也应该自我期许。

韩国人看到了，感觉也很不一样。确实有些韩国人很瞧不起中国人，他们觉得连祖宗都不恭敬，那是最折福的，忘恩负义。曾有一个中国的学者在韩国讲中国文化，居然在课程中对孔夫子不恭敬，用了不恭敬的字眼。当场所有韩国人马上站起来，跟他讲：“你没有资格在这里跟我们谈中国文化。”全体退席。你看这样的侮辱，居然在他国发生了。

当韩国人看到我们的孩子在礼敬孔夫子，他们生起了一种敬畏的心。当这些孩子要离去的时候，这一百多个韩国人马上走过来跟我们的老师讲："我们可不可以跟这些孩子拍张照？"这个照片拿回去，他们会怎么说？他们会说这群孩子都非常恭敬地礼拜孔夫子。这叫弘扬中国文化，弘扬要自己真正做出来！

刚好接近中午，这群孩子要去吃饭。去吃饭的途中，地上有很多纸屑跟烟头。这些孩子已经习惯了爱护环境，很自然地蹲下来捡。旁边有个老太太看了很久，这些孩子到底在捡什么？她不由自主地走过来，看他们在捡，自己也捡。捡了一个烟蒂，看了半天，确定真的是烟蒂，又把它扔掉。她本来以为在捡什么好东西，好像在捡什么宝贝一样，结果一看，还真的在捡垃圾。她为什么把它扔掉？我在想，离她的理想差太远。但是当她扔完，她的内心有没有震动？有！这些孩子还真的在捡垃圾，现在还有这样的小孩，会打动她的心灵。很可能她以后会教导孙子："你也要爱护环境，我曾经遇见过一群孩子这么爱护自己的家乡。"

这群孩子到了面馆，一进去看到老板，老板差不多六十来岁，就"爷爷好，爷爷好"喊了一路；坐好后，很多阿姨为他们服务，马上"谢谢阿姨"，整个面馆都是那种对长辈尊重的话语。吃完饭去付账，老板说："今天我请客。"你看小孩学了中国文化，对人有礼貌，到哪儿人家还会请他吃饭。这样的行为风范一定赢得他人的信任，往后工作也会遇到很多贵人提拔，这么恭敬的孩子愈来愈少。真正有本事、有智慧的长者都有一份使命感，要把他人生的智慧、经验传下去，但是现在受教的人太少。而一个孩子从小对长者有恭敬心，就有这种受教的态度。

最后老板看到这些孩子渐渐离去，还有点舍不得，看他们已经走了一段路，又喊了一声："你们下次来先通知我，我给你们包饺子吃。"所以，这些孩子力行圣贤教诲，当下就已经在感化身边的人。

还有一群二十岁上下的孩子，觉得应该先学做人，后学知识才艺，父母也很支持。这一群年轻人，志向也是"为往圣继绝学，为万世开太平"。所以我们的老师去教都觉得很欢喜，他们都是主动学习，这些老师觉得是"得天下英才而教之"。他们一共五十八个同学，那一天集体去做身体检查。到了医院，他们排得很整齐，而且每个人都穿唐装，有条不紊地上楼。因为脚步很轻盈，又没有讲话，所以沿路大家都觉得很好奇。现在很少看到年轻人是这种模样，就好像在看一道风景。

当这些孩子上楼坐好，旁边就有人走过来对老师讲："你们这些孩子是不是聋哑学校的？"现在这种年龄的年轻人到公共场合，有不顾别人大吼大叫的，有在那里开玩笑的，怎么会有这么安静的年轻人？他这么一问，孩子们都笑了。这个时代很颠倒，不正常的都变成正常，正常都变成不正常。年轻人应该守礼，在公共场所不可以吵闹是正常，现在反而觉得不吵的年轻人是不是有点问题。

所以这个时代我们很多地方都太颠倒了！现在家里要出去玩，先问谁？不是颠倒，是什么？应该先问爸爸妈妈、爷爷奶奶要去哪里。现在吃饭也颠倒了，哪里都是颠倒。我们小时候都是爷爷先上桌，哪有小孩先上桌的道理！爷爷落座以后，都是我们帮爷爷盛饭，这叫正常。现在假如有小孩子说"爷爷，您先坐"，那爷爷会高兴得不得了，我的孙子终于懂事了。

以前是我叫爷爷吃饭，菜快煮好了，爸爸也好，妈妈也好，“赶快去叫爷爷”。爷爷很喜欢下棋，很喜欢到处跟朋友聊天，但是我们有默契，我知道在哪些地方会找到爷爷，甚至礼拜几可能在哪儿。看到爷爷，“爷爷，吃饭了！”爷爷很高兴，马上就回来。当我这个话说出去，不只爷爷很高兴，旁边的邻居长辈都很高兴，虽然他们没说话，但是我可以感觉到他们露出笑容的喜悦。为什么他们很高兴？人都好善，看到这种天伦，也都觉得很欣慰，也很赞叹。

现在不一样了，现在都是爷爷奶奶找孙子找半天，好不容易找到了，把他叫回来，然后又要侍候他，一顿饭有时候要吃半个小时、一个小时。到最后，老人家说：“我的老骨头快不行了，还要陪他百米赛跑。”这个时代的种种现象值得我们冷静思考。“爱之不以道”，这是《资治通鉴》讲的，爱护后代却不教导正确的做人的道理，“适所以害之也”，会害了他。现在很多父母长辈很用心地教导孩子，还是被孩子抱怨。然后又看着孩子行为愈来愈不孝，愈来愈偏颇，自己又拉不回来，很是怨恨，“我费尽几十年的工夫，为什么教出这样的孩子？”这时候别怨，教育孩子不只要用心，还要有真实的智慧，而真实的智慧靠学习经典获得。

这群年轻人在医院里面，很多人很好奇，一开始问是不是聋哑学校的。接着又来了一个家长，他说：“这群孩子这么乖，我可不可以把孩子送来你们学校？”你看，还用不用去招生叫人家来学？不用！这个学校学生有五十八个，但候补的已经有好几十个。而且候补的学生来了，要先为整个学校服务，在厨房，在任何一个部门先做义工，要考核；真正有服务的精神，才考虑录取。那些孩子在家里本来都是王子公主，来了之后，开始能屈得下来，先好好地服务大众。

还有两个年轻的女孩走过来，对这些女同学讲："你们的动作、你们的那种仪容非常有气质，我可不可以跟你们学？"你看正己化人，这个化是自然而然。我们常常回想父母的一言一行，他们并没有告诉我们做人要这样。我的印象中，父母没有跟我讲过这样的话，可是在我心目中却有很多做人的准则，那是自然表现出来的，不是讲出来的。

我也曾经接触很多教育界的长辈，有些孩子也没教好，但这些孩子的口才都特别好，这些长辈就会觉得懊丧："这个孩子为什么都不听，教不好？"然后来找我母亲："你三个孩子挺乖的，你是怎么教的？"他们讲半天孩子都不听，可能觉得我母亲很会讲。其实我母亲口才很不好，她虽然教书教了三十多年，但假如今天底下有几个人坐着听她讲，她走上讲台一定双腿发软，她不敢在很多人面前讲话。我父亲常常跟我母亲说："奇怪，我们两个也不大会讲话，怎么生这个孩子这么会吹牛？"我爸爸忘了，他在教训我的时候，可谓辩才无碍，一句话接着一句话，真的讲得非常有道理。所以有时候被我爸爸骂完，我都很佩服他，真的把我训得心悦诚服。

为什么我父亲平常不大会讲话，训我的时候口才特别好？原因是什么？那真的是爱孩子的心，不是脾气的发泄。我父亲训我的时候，我感觉不到他脾气的发泄，都是一种义正词严。父亲这个精神我也有学到。我当了老师，训我的学生可以训到他们掉眼泪。为什么？因为他们会被我讲的话感动，一边挨骂，一边眼泪就掉下来。真的，父母爱孩子的心，孩子可以从父母的言传身教中感觉到。

父母并没有说，你做人一定要怎样，但在他们的身教中，已经潜移默化。所以当同事问我母亲怎么教，母亲都会说："我很笨，我也不会教，我也不会讲话。”很奇妙的是，我们中心有几位老师，他们都很付出，课程也都很认真地去讲，他们的母亲有一个共通点：都很老实。人家说，你孩子不错。她们的回答都是一样：“我是很差劲的人，我什么都不会，我不会教。”真的不会教，不会用嘴巴教，只会用自己的那份真心演给孩子看。他们的母亲跟人从来没有吵过架，侍奉公婆都尽心尽力，你看这种模范都深植在孩子的心中。

正己不是要求孩子，而是从自己真诚的心中流露出来。我记得我的父亲光是开车，就教给我非常多的东西。他在开车的时候，看很多人车开得很快，他不经意地说：“快也没快那五分钟，干吗那么急？”这句话我听了好多次。当我十八岁握住方向盘的时候，也不会开快车。看别人快，突然那句话就出来了，“快也没快那五分钟”。

我可以感觉到，父亲在开车的时候，都可以替旁边的人着想。我印象很深刻，有一次我闹脾气，父亲是不吃这一套的，他很有原则。你在那里耍赖就不理你：“好，不玩？我们回家！”那是自己造成的后果，没话说。父亲载我们回去，在一个路口，远远地，父亲看到对面来车，就马上停下来，让别人先走。我印象为什么这么深？刚刚我才无理取闹，让父亲这么气愤，可是才过了没几分钟，父亲马上可以看到别人的需求。我让他生气了，假如气还没消，很可能看到这个景象，加马力就冲过去了。所以我非常佩服我的父亲，虽然孩子无理取闹，但是他在开车的时候，还是为人着想。

我今天讲的这件事，父亲早就忘记了。包括下雨天，开车经过人群，他会很自然地减速。还有一次，下很大的雨，父亲回来的时候有点感叹。他在路上看到两个中学生在大雨中，没有雨衣，淋湿了，不忍心，马上停下车，跟她们讲：“脚踏车先停旁边，我载你们回去。”

当下社会风气比较不好，两个女孩也不敢上来。但这份同理心出来，心量就愈来愈宽广。

我们很多老师都做了母亲，回想当初生产的时候，非常欢喜雀跃，觉得很奇妙，这个小生命居然从自己的肚子里出来，还有一点佩服自己，居然能生出这个孩子。走到婴儿房，看每个小孩都很欢喜，觉得世界充满希望，这些孩子以后可以成为家庭乃至社会的栋梁。你看因为那份爱自己孩子的心，能体谅每个为人父母的心，希望每个孩子都好。同理，我们爱护自己的孩子，看到别人的孩子，会感受到他的父母也是时时挂念他。假如这些孩子都能学《弟子规》，那是父母很大的欣慰。同样是为人父母，我们希望别人的父母也能幸福安乐。真正落实《弟子规》，可以让所有父母过幸福的人生。

开车都是在教导孩子，不然什么时候？有个警察，他的孩子去上幼儿园，后来因为家里有事，老师送孩子回去。老师开车，到了十字路口，老师就停下车。这个小孩对老师讲："老师，你不用停在这里，你可以这么开。"十字路口会有个右转道。你看一个幼儿园的小孩教老师开车，向右转，走一个小小的弧度，再回到主道上。孩子没有是非善恶的判断，你做什么给他看，他就学什么，怎么可以不谨慎？很有可能这个办法已经给孩子的人生埋下危机。这样转弯危不危险？不只是自己危险，很可能其他路人跟开车人也危险。我们口口声声道德文章，结果连处处维护法律、维护他人安全都没有好好做出来，怎么可能让孩子接受我们的教导？所以开车要做好榜样。

儒家讲："道也者，不可须臾离也，可离非道也。"这种存心，一切处事待人都应该提起来。比如，当我们在开车的时候，是用劳力服务大众，这叫内财布施。开车的时候很守规矩，甚至让车上的人感觉到守法的重要；旁边、后面开车的人看我们红灯该停的都停；行人走过来，懂得礼让，让他先走。这种行为对于所有人都是法布施，是不是？

还有，开车的时候，踩刹车踩得很有技巧，不会刹得很急，车上的人好像坐快艇一样。开了二三十分钟，甚至只有十分钟，车上的人说："停车，我撑不下去了。"出去吐了。这种情况有。假如常常让人家晕头转向，那就没有做无畏布施。不只对车上的人，我们很守规矩，让路人不会感觉惊恐。你不闯红灯，都停下来，行人都感觉到你能守法，就不会很紧张。现在我们过马路，纵使是绿灯，都怕不守规矩的撞过来。

另外，开车的时候遵守交通规则，这就是持戒。开车的时候要不要很有修养？要忍辱！很多人开车，从头骂到尾，或者乱按喇叭，脾气很大。人家超车了，就连人家祖宗十八代都骂，很没修养！开车也是修忍辱，可以看出一个人的修养到哪里。

再来，精进。开车愈开愈稳是精进。知道走什么路可以节省时间，愈开愈纯熟，这都是精进。又把开车的这些技巧承传下去，教导别人，这也是布施。

还有，禅定。开车是不是禅定？禅定是不为外境所干扰。开车没有禅定功夫，常常这里看一下，那里看一下，车上的人提心吊胆。要很专注，专心致志是禅定的前方便。很多人开车，一边开一边回头讲话。还有的人更夸张，你让他不要回头，他说："你不用怕，我们有阿弥陀佛。"自己不专心开车，还要牵连阿弥陀佛。阿弥陀佛保佑不了，不守法的人随业流转。

最后，般若（智慧）。开车的时候，看一切了了分明，人家超车也不生气。看到人家超车，“建国君民，教学为先”，时时提醒自己的责任，这就是智慧。只要安住在布施、持戒、忍辱、精进、禅定中，当下就在道中，有这样的见地都是智慧。

这就是正己化人，化是自然而然。我们刚刚讲到这群年轻人到了医院，之后开始接受检查，照 X 光。进去的时候，医师脸上都没有表情，一脸无奈的样子。说实在的，当我们看到医生这个样子，要不要不高兴？要有同理心。“夫子之道，忠恕而已矣”，这个恕字特别重要。这是会意字，如其心，叫恕。我们设身处地，假如你去当医生，看到每个人都是病人，都是愁容，能笑得出来吗？

我常常坐飞机，那些空姐已经笑到有一点麻痹，眼神有一点呆滞，在那里“你好，你好”，我们会不会跟她生气？不只不会跟她生气，还感受到她已经很不容易。所以当她已经有点呆滞的时候，我们会给她一针强心剂，马上会看着她：“你好！”结一个善缘。那一次我从北京坐飞机到法国，有位空姐是我们同仁的女儿。我就告诉她，你每天可以广修供养，每个人来，你都用至诚的心跟他问好，给他一个笑容。你那份至诚的笑容印在每个人的心上，你就跟人广结善缘。你好好学《弟子规》，以后讲课的时候就有很多人来听，因为你跟他们结了善缘。

我们能体谅他人的心境，就不会计较。那一天我们还听一位幼儿园园长说，幼儿园的老师很难留得住。他在讲那句话的时候不是责怪，而是怜惜，因为幼儿园老师在学校可能要工作十一个小时。像我们，比方说教中学、教大学的老师，一个礼拜才八节课、十节课，其他时间可以看书，而幼儿园要从早盯到晚，这么辛苦的工作，已经相当不容易。从那句话，我们就可以感觉到这个幼儿园园长能留住人。

“你们怎么不好好干？”假如都是批评，能不能留住人？留不住。人家觉得没被理解，没有办法沟通，就离开了。能感同身受，你所接触的人会觉得跟你讲话怎么这么舒服？跟你认识才一个月，都好像快半年、一年。其实最重要的是那颗能替别人着想的心。

这些孩子看到医生没有表情，知道他们工作实在是太累了，一个两个给他们鞠躬，问好，检查完都说谢谢。第一个这样做，医生有点震撼；第二个、第三个这样做下来，医生的脸部开始放松；再来几个，医生开始笑了，也给这些孩子回礼。医生照完 X 光，会不会去打听哪里来的孩子？有没有在弘扬中国文化？有！本来那一天院长跟副院长都休假，在宿舍休息，因为这些孩子的出现，医院的同仁打电话给他们，说这些孩子很特别，叫他们过来。结果院长跟副院长还跑到医院来看这些孩子，不是来诊病，是来看这些孩子。学中国文化，确实气质不一样。后来这些孩子又坐公车回学校去。在公车上，每个孩子都让长者先坐，整个车子弥漫着这份恭敬。

化人不是去强迫，是自己先做，根本就没有去控制、要求。有个小孩念小学一二年级，他的爸爸来听课，老师说：“父母要先做，孩子才会学。”这个爸爸回去后，当天就跟他爸爸商量：“明天我出门，会跟您打招呼，‘爸爸，我要出去了’，您要跟我配合一下，因为孙子要学习。”他爸爸讲：“都几十年了，你出门从没跟我这么恭敬问候过。”但是为了孙子，他爸爸说：“好，没问题，我一定跟你配合。”这个爸爸隔天出门，也要带孩子去上课，就跟他爸爸鞠躬：“爸爸，我上班去了。”结果走到门口，儿子说：“爸爸，你是故意做给我看的。”你看，要骗小孩骗不了。假如不是至诚的心，一边鞠躬，一边余光还在那里瞄，我儿子有没有看到，那感动不了人。所以教导孩子，真的都要从真实的心流露出来，来不得半点做作、半点虚假。

《大学》里面有段话："物格而后知至，知至而后意诚，意诚而后心正，心正而后身修，身修而后家齐，家齐而后国治，国治而后天下平。""而后"两字就是化，叫感化，叫潜移默化，叫道法自然。这段话是真理，假如家不能齐，一定是身没有修。为什么身没有修？意没有诚，心没有正。可是为什么我们不能意诚、心正？因为我们没有格物，没有节制我们的欲望。自己都很贪心，怎么对人真诚？只想自己，都不想别人，真诚不起来。脾气很大，怎么对人真诚？脾气都降伏不了，很难真诚。真诚都提不起来，不可能修身。所以只要不能齐家、不能修身，就是我们不够诚意正心，我们格除自己欲望的功夫还不够。真正把欲望放下，时时能想到别人，就能身修家齐。

我们跟一位幼儿园园长接触，这个园长是汕头人。汕头人有个特点，很孝顺，所以汕头人很有福分，"百善孝为先"。因为我们留下很深刻的印象，所以还主动去汕头办了五天的课程。这个幼儿园园长也很有心，要教好她幼儿园里面的孩子。当她上完五天的课，特别高兴，她说："我现在终于找到能够真正让我幼儿园的这些孩子建立健全人格、正确人生态度的方法。我已经找到了，所以回去可以马上落实在我的工作上。"这是非常正确的学习态度，这叫功德。敦伦尽分、为人演说叫功德，都在自己的家庭、工作中先尽本分。假如到佛寺做事才有功德，那已经不叫功德，甚至还会有流弊产生。有时候我们贪着了，看不到真理。

广东梅县是很多客家人的故乡，他们那里有个古寺，有个园长常常去做义工，结果家里搞得很乱，幼儿园也没有带好，老师跟学生都没有带好。这个消息怎么来的？是听当地的教育局局长讲的："那个幼儿园园长不好好办教育，常常跑佛寺去，还说那叫有功德。”这句话是从教育局局长口中听到的，请问已经有多少人在传这件事？听到的人又会怎么看？那会变成误解，觉得那个佛不能学。所以真正修学一定从尽本分开始做起。

好，这节课先到这里。谢谢！

第八讲　从小让孩子扎好德行的根

尊敬的诸位朋友，大家好！

我们上节课讲到这个幼儿园园长听完课，当下就很欢喜，觉得拿着《弟子规》、拿着这些经典，可以好好地给孩子扎德行的根。为什么她能马上得这样的欢喜？很重要的，她确实是把这些孩子的人生放在心上，她有这份愿心。我们人生有了这个福分，能当园长，能当老师，能当校长，都要好好珍惜这个职位。因为每个职位的背后，代表一份责任。不是说我们当了老师，当了校长，得意扬扬，要人尊敬，这就枉费了这个位置。

有所小学的教务主任，一个三十多岁的年轻人，教学很认真，后来也升得很快，升到教务主任。他来听了五天的课，听完感叹道，他上大学四年所抄的笔记比不上这五天抄得多。五天记下来的好的经句、好的例子，胜过他读四年大学的笔记。那他四年在干什么？四年能学多少东西？现在的大学生在那里挥霍生命，我们看了很不舍。但问题是在成长过程中我们忘了教孝，忘了教他立定人生深远的志向。所以他一考上大学，没目标了，心里很空虚，就挥掷岁月。

这位教务主任提到了，第一点就是他笔记抄得很多，因为他已经有那份使命感，回去要把这些东西马上给老师们分享，然后再教学生。他有责任承担，学的效果就特别好。第二点，他抽烟十来年有了，这回他把烟戒掉了，他五天都没有抽烟。他觉得，还有这么多人都没有抽。很多坏习惯，都是觉得天下乌鸦一般黑，很多人都这样，不是我这样而已。结果看到一群人都不抽烟，给他很大的震撼。我记得到温州演讲，来了四五百人，听课都非常认真。有一天，有个男士过来，四十来岁，他跟我讲："蔡老师，在这里听课，我连要抽烟的念头都不见了。"他自己也觉得很惊讶，我还可以撑那么久不抽烟。其实人都做得到，只要那份善念被启发，对欲望的追求慢慢就淡下去，长善就已经在救失。很多为人父母的，生了孩子，觉得不能给孩子坏榜样，好多习惯都改了。

这位教务主任回去就跟校长商量，这个东西很重要、很好，接着又派了三位老师从广东长安坐车到上海。那几天是他们的假期，十月一号到七号，三位老师也很认真地听。回去后，这三个老师每个礼拜都开家长会。说实在的，教孩子不是第一重要，教家长、教老师最关键。你看我们今天到幼儿园教孩子一些规矩，幼儿园的老师不学，家长也不懂，那孩子愈学愈迷惑。奇怪了，每个礼拜来的义工老师都教我们"置冠服，有定位"，我也很想做，可是爸爸一进来，袜子都乱丢。孩子跟爸爸讲："置冠服，有定位。""小孩子懂什么！"把他的善根一下子扑灭了。

孩子为什么对长辈没有信心？真的，在我们成长的过程中，哪有对爸爸不恭敬的？从小都非常敬畏爸爸。而且那个敬畏是有增无减，年龄愈大愈恭敬。但现在的孩子，敬畏父亲的愈来愈少。你不能怪孩子，当他发现爸爸妈妈讲一套做一套，恭敬心就不见了。甚至包括学校的老师，要求孩子一大堆，自己都没做，言行不一致，孩子不可能打从心里尊敬我们。

有一所学校不断地推展不染头发的活动，学生染了一撮头发，老师就把它剪掉，搞了好几回合都没有什么效果。这些老师坐在那里感叹：“学生难教！”有位老师很有善根，突然抬起头来一看，学校的老师都染头发，然后叫学生不染，行吗？身教大于言教，他终于找到原因，原来就是老师自己不先做到。很多校长跟我们讲，学生很不爱干净，操场乱丢纸屑，怎么办？我说很简单，从明天开始，校长带头捡纸屑。校长听了，会不会干？假如真干，孩子看了很感动，马上跑过来：“校长，我帮您。”整个风气一下子就带动起来。其实很多人生的问题要解决很简单，我们把它想得很困难、很复杂，最简单、最直接的就是先从自己做起。

有位带班的老师，他每天就在那里盯，书没摆好，桌子没排好，桌子那么脏！每天变成警察，每天站哨，自己很累，学生也很累。到最后，可能学生都跟他玩捉迷藏。后来他也是在学习的过程中了解到身教比较重要，本来要叫孩子整理桌子，想起“教儿教女先教己”，就开始整理自己的桌子。结果很奇妙，他做了一会儿，突然发现几个学生也在那里整理桌子。他做了几次，整个班上整理桌子的风气就被带动起来。那段时间他们还去校外教学，他带着班上几十个孩子出去。他很自然地把地上的垃圾捡起来，回头一看，全班的同学都在捡纸屑，他很感动。学生走向前来，把他手上的纸屑都拿过去，说：“老师，这点小事，我们来就好。”所以，确实都要以身作则。

这位教务主任，包括那些老师，回去后就开始做，用一份真诚的爱心去教孩子，还跟家长做交流。真正这么做，家长都会觉得老师非常用心。很有意思，一开始办的时候，没有强求，来三五个。这种情况，我们不要动摇，那三五个都是最尊敬老师的人。这时候你用心地跟他们做交流，他们回去也把《弟子规》落实在家庭，他们的孩子德行跟成绩会提升很快，会成为班上的招牌。本来三五个人来听课，后来愈来愈多的家长都来参与，到最后带动整个学校的推广。

这所学校的校长认知很好，马上就跟老师们下了一道命令：全校开始教《弟子规》。老师反映说："不行，还要教英文，教别的一些东西，排不出课来。"现在一二年级的小朋友都学英文。不是说学英文不好，事有轻重缓急，做人没学好，学一些技能都是长傲慢而已。而且我们也要冷静思考，孩子从小学英文，以后的英文程度会更好吗？假如没有高远的志向，学到最后很有可能厌学。我的姐姐初中一年级才开始学英文，英文很差，后来到美国留学，也读了博士，到很多国家演讲都是用英文。现在的家长都很急，都怕孩子输在起跑线上。什么是起跑线？做人做事的能力是起跑线。

今天他做人做事都不懂，学更多的知识技能，学历更高，反而会毁了他的人生。真的，因为没有孝心、没有恭敬心，学历愈高愈傲慢。这个不能有侥幸的心态。而且没有孝心，到最后，离开父母、离开自己的国家都不愿意回来，这样的孩子太多了。家庭、国家对他栽培最大，但是他最没有感恩心，这很值得我们深思。中国有一句顺口溜叫"一年土，二年洋，三年不认爹和娘，四年不愿回家乡"。"一年土"，一年还很纯朴，有点土里土气；"二年洋"，西方那种奢华、赶流行开始污染，你教出这样的大学生干什么？那是气死自己用的。所以事有轻重缓急，先教德行比什么都重要。

老祖宗讲"士先器识而后文艺"。器是心胸气度，一个读书人最重要的是先有心胸气度，之后才学习文学、艺术。回想民国初年，很多年轻人把文言文丢掉，把中国文化丢掉，而这群人古书读得很多。

但他们读的是什么？读的是知识，并没有效法圣贤人。学历很高，学术地位很高，觉得自己比几千年的圣哲人还高明，亲手把文言文给废掉。你看这群人不是书读不好，是读了书，但是没有德行，变成文化的刽子手。我们不要再重蹈这样的路，过河拆桥。能够把公司给搞垮的，都是学历很高、在公司职位很了不得的人，这种人才干得了这种事。所以近年来企业家在那里唉声叹气，找不到好人才，其实再深入一点，是找不到有德行的人才。

有的家长心存侥幸，“那都是别人的孩子，不是我的孩子”，别人的孩子才会这样，我的孩子不会这样。错了，在诱惑这么严重的现代社会，没有真实的德行，真的可谓是“古来征战几人回”，年轻人不被财色名食睡困住的又有多少？当他被困住，父母每天提心吊胆，家里人统统提心吊胆；他当了丈夫，当了父亲，妻儿是度日如年，而他可能是硕士生，甚至是博士生。

所以这句教诲一定要记住，器是度量，识是智慧，有了可以看得很深远的见识，而后再学知识技能。在历史上，这句话一再被印证。范仲淹有“先天下之忧而忧，后天下之乐而乐”的胸怀，所以他的家道一千多年不衰，这样读书才有意义。秦桧读的书多不多？他读，但没有去力行。甚至很可能父母看他背书背得很好，马上跟老师讲：“老师让他多背一点，他太厉害了，他太不容易了。”却没有注意到，他到底有没有把这些经句，把孝道、师道、恭敬心、礼貌，落实在生活中？没有看到这些，只想着你赶快背，以后可以考上进士。秦桧考试都考得很好，之后还当上宰相，但是无德。一个人有高的学历、高的权位，却无德，会殃及社会、民族。

所以范仲淹有肚量。《三国演义》中，曹操很没肚量。但是他的才华高不高？才华很高，很会写文章。曹操逃难的时候，躲到他父亲一个朋友家里。父亲的朋友在那里磨刀，本来要杀羊煮一些佳肴给他吃，结果他疑心起来，觉得是不是要害他，就把他全家都杀了。后来才发现，他们并没有想要通风报信，并没有想要害他。这时候他不只没有忏悔，还说“宁可我负天下人，不愿天下人负我”。

曹操晚年患头痛，华佗帮他诊治：“我可以治你的病，但必须要开颅手术。”曹操马上想：“你要害死我是不是？”命人把华佗下狱，拷打华佗，华佗因为重伤不治而死。害了神医，结果是什么？结果是他的孩子得了重病，他在那里感叹，假如华佗还在，他的孩子就不会死了。他就这样眼睁睁看着自己的孩子死去，白发人送黑发人。而且，他把华佗给害死了，多少家庭都没有办法得到诊治，而且一些绝学失传。后来曹操头痛得厉害，也病得很重，就这样离世了。

曹操离世以后，他的孩子篡位，结果只延续了一代，到他的孙子，就被司马家族给篡位了。这个因果在我们历史上一再重演，你用不正当的手段拿来的东西，一定有人用不正当的手段抢回去。不只自己没了这个权力，还殃及子孙。司马家族一上来，不只把政权拿走，还把曹氏三族都杀了，诛了他三族。所以有肚量，可以造福子孙；没有肚量，会殃及子孙。

《易经》告诉我们：“积善之家，必有余庆；积不善之家，必有余殃。”到底我们的孩子会给家族余庆还是余殃，我们现在可要看得清楚明白。这时候取舍就出来了，德行最重要，其他次之。为什么很多家长听了这些道理还是不肯干？被自己的欲望障住了，被自己的虚荣障住了，“我现在假如教《弟子规》，到时候孩子成绩下降怎么办？”一直要求孩子有好的成绩，甚至逼他，父子、母子之间没有那种亲情，对孩子的人格养成都是一种创伤。到时候他长大了，拿到硕士学位、博士学位，但一辈子都不快乐，拿那个干什么？

有个年轻人，出国留学拿到博士学位，把那张学位证书寄给母亲就自杀了。“这就是你要的，我给你了，我也不想活了。”他的母亲现在在精神病院。其实说实在的，母亲何尝不希望孩子好？但是误以为逼他读书以后人生就好，孩子成长过程中人格已经偏颇、扭曲，都感受不到了。当我们教育孩子、爱孩子不用正确的方法，他会怨我们一辈子，我们也会怨人生不公平。能不能怨天？不能怨，还是我们自己智慧不够。所以历史给我们很深远的提醒。这是“器”，肚量。

再来，“识”，就是有智慧，看得很远。历史上最具代表性的周公，懂得制礼作乐。“移风易俗，莫善于乐；安上治民，莫善于礼。”礼能让人很恭敬、很有序地生活；音乐可以让人内心受到陶冶，愈来愈有修养，然后整个社会风气转变。我们想想，现在的音乐有没有让我们的社会风气愈来愈好？现在的孩子听靡靡之音。以前是圣人作乐，那些乐曲都是从圣人的心境流露出来，所以特别能摄心，让人的心马上就沉静下来。

中国的乐器也都是出于陶冶性情设计出来的。比方古琴，整个设计都是用天地的道理，所以中国的音乐跟天地万物融成一体。大家知不知道地球也是个有机体，地球也会出气？地球的鼻孔在哪儿，大家知不知道？在新疆。也有眼睛，地球的眼在天目山。接着大家就别问我了，我没有研究这么多。确实整个地球是有生命的，当我们去破坏它，整个地球的恶化就会加剧。

中国是宫、商、角、徵、羽五音，西方是七音，还有 Fa、Ti。大家来感受一下，Do-Re-Mi-So，是不是很稳？念到 Fa、Ti，感觉不稳，那个叫半音，半音就很容易挑动人的情识。中国都是全音符，让人听了心气和平。Fa、Ti 很多，乐曲会让人的情绪起伏不定。所以我们要建立理智不容易，小孩从小就唱那些情识重的歌，哪能建立理智？综艺节目搞模仿秀，五六岁的孩子在那里唱情歌，唱得整个眉头都皱起来。我们大人觉得好玩，但这样很可能毁了这个孩子，从小就被污染。你看孩子还没长大，家长没有深远的见识，不得了！

周公有这么深远的见地，才制礼作乐。所以周朝成为中国历史上最悠久的一个朝代，八百多年，这不是偶然的。反观另外一个历史人物秦始皇，靠武力统一天下，不知道杀了多少人。跟赵国打仗，赵军投降，把几十万赵军全部活埋，多少人怨气消不了！秦始皇死的时候，不敢发丧。因为一发丧，可能引发动乱，所以就载着他的尸体回去，还拿了很多臭鱼放在身边，让人觉得是鱼臭。他的死不敢对外宣布，所以是死无葬身之地。秦朝只有十五年就亡了，第二代被赵高给害死。所以人还是积德修善为好，不然很可能祸及子孙。

我们有了这样的认知，教育孩子轻重缓急就心里有数，就不跟人家比。真的，假如这个孩子是先学《弟子规》，先学孝道，他的成绩不只不会不好，还会提升得更快。山东烟台有个孩子，父亲离开了他们，母亲受不了打击，自杀了，幸亏孩子发现得早，赶快送医院。人生还是要冷静下来，面对一些挑战要无怨无悔地去突破，要想着还有个孩子，我应该尽这个本分。母亲脱离险境以后，他一个小学生对母亲讲："你一定要好好活下去，你要等我，我一定好好读书，以后我当医生，把你的病治好。"母亲得的是尿毒症。这个孩子至诚的孝心，让母亲很受感动，点点头说好。

这个孩子在小学的年龄，负担起整个家庭，除了打扫之外，还要服侍母亲，但他一点都不觉得苦。他做这么多的家务事，有没有时间读书？他读书的时间一定比别人少，但是他只要有机会就不浪费，好好地读。所以他上了初中，成绩都是名列前茅，参加全国的比赛都得奖。你看孝心起来，整个潜力都激发起来，怎么可能书会读不好？“孝悌之至，通于神明”，神明都会保佑孝子，“光于四海，无所不通”，孝道还通一个人的如来智慧德相。我们前面也有提到，一个孩子初一第一次月考总分 17 分，有了孝心，对老师有恭敬心了，后来考试考了 588 分。

刚刚我们提到如何去推广，一定是先从父母开始教起。父母有了正确的认知，才会配合老师教学。广东一所小学全校推展《弟子规》，过了一段时间，有报道说《弟子规》不好，说那是愚孝。《弟子规》哪有愚孝？“亲有过，谏使更”，哪有愚孝？很多人不了解，一味地批评。

这个校长是个女校长，她的先生看了报道，就拿报纸给她看。他说：“你看，现在有人反对，你自己要小心，不要走错路线，把你校长的位子都给弄掉了。”她对先生讲：“他有他的看法，我有我的责任，我要对孩子的一生负责任。”她这么讲，先生肃然起敬，他说：“我觉得你不只要当一个校长，你很适合去当国家领导人，这么有气概。”接着这个校长说，她常常听到旁边的那所中学每一次寒暑假过后都会有个高峰，叫堕胎高峰。她说：“明明我看在眼里，假如我不好好教孩子德行，以后也可能是这种下场，那我太对不起这个职位，我也很不忍心看到孩子以后是这样。”

这所小学孝的教育教得特别好。你看这个校长也好，教务主任也好，有没有正己化人？有！有一次校外教学，旅游公司载着学生出去。回来后，旅游公司写了一封信寄给学校，又写了一篇报道刊登在报纸上，主要是说这么多年来，他们从来没有看到过一所学校的学生这么有礼貌，孩子这份恭敬感动了很多人。他们还看到这些孩子爱护环境，还捡纸屑。所以他们学校被评为优秀，都是用一份真心做出来。确实，当我们好好地在家庭、工作中敦伦尽分，真的就是在弘传中国文化。

一开始我提到的那个汕头的园长，她回去后，也开始在学校推广。她也听到重点，要先从自己开始，以身作则。她本来就挺孝顺父母，可是《弟子规》讲，“兄道友，弟道恭，兄弟睦，孝在中”，她就很挣扎，因为她已经很多年没跟她哥哥联络。你看《弟子规》句句都是精髓，“财物轻，怨何生；言语忍，忿自泯”。兄弟姐妹不和，那将是父母一辈子的遗憾。我们还在那里沾沾自喜，“你看我给父母的钱比别人都多，我很孝顺父母！”父母哪里是看我们这些钱？甚至我们拿回去的钱，父母还帮我们存起来，以后留给我们。兄弟姐妹不和，父母每天都睡得不安稳，我们还在那里得意，觉得自己很孝顺，给的钱多。那是愚痴。

她也很老实，自己不做，叫别人做，很不好意思。她就提起勇气，去找她哥哥。到门口她下了车，哥哥刚好在庭院浇水，一看到她，愣住了，然后突然跑进房子。她也不知道发生了什么事。哥哥进去干什么？把嫂嫂叫出来。然后就听到哥哥说：“妹妹来了，妹妹来了。”说实在的，都很希望能和睦相处，就是没有人愿意跨出那一步，僵在那里都痛苦，这叫自讨苦吃。

二〇〇四年我到北京讲课，有一位女士，四十来岁，听完课，一直在那里掉眼泪。她跟妹妹也两三年没有联络，就因为一个吵嘴，言语没忍住，这两三年都没有联系。她忏悔，母亲都不知道担多少心！当天晚上回去，她就打了一通电话给妹妹。妹妹接到她的电话，连话都还没说，就已经哭了一场。你看她憋了多久？幸好是两三年就突破了，假如到五年，可能两个人身体都出状况。血脉都不通，都塞在那里了，怎么会不得病？《格言联璧》告诉我们："勿以小嫌疏至戚，勿以新怨忘旧恩。"不要因为小小的误会就疏远了我们的至亲；不要因为一点不愉快、冲突，就把父母、兄弟姐妹对我们的付出统统忘记。那是刻薄，很折福，人生要厚道才行。

哥哥把嫂嫂叫出来，嫂嫂说："妹妹，我去打电话，联络妈妈，今天我们一起吃饭。"嫂嫂马上想到赶快把婆婆接来，都感觉到老人很难受，就是不愿意跨出来。一个家庭只要有人做对了，整个家庭命运就转；假如大家都意气用事，整个家里都很难熬。后来他们兄妹感情愈来愈好。

除了兄弟姐妹，夫妻关系也很重要。她以前觉得先生没有她能干。女人假如瞧不起自己的先生，那也是自讨苦吃，僵在那里，夫妻关系也不会很好。说实在的，我们有执着，就只看对方的不好，优点都看不到。其实她先生很老实，她叫先生做什么，先生从来都是认真去做，她看不到先生老实，只看到先生的能力比不上她，障碍住她。上完课回家，她就从自己开始改起。以前都是先生帮她熨衣服，现在这种先生去哪里找？那一天，她自己熨衣服，还帮先生熨。先生看着她说："你今天有点不正常。"这时候她应该怎么样？能不能生气？不能。那也是人家憋了很久的话，敢怒不敢言很久了，让人家发泄发泄也是应该的。她跟先生讲："我以前很不正常，今天很正常。"你看一个幽默，整个关系多好！她说："以后我也会很正常。"

我回到深圳讲课，她先生跟她带着幼儿园几十个老师统统来参加课程，那种气氛就像家人一样。她先生也笑得很开心，对我特别好。这是夫妻关系转了。她的孩子也开始深入学习中国文化，因为母亲做出榜样来。所以我们的课，她的孩子统统来参加，也都很善良。

以前教师节也好、母亲节也好，幼儿园的这些老师，从来没给她送过东西，也没跟她说过感谢。结果就因为她开始推《弟子规》，非常在乎这些老师的学习，点点滴滴地用心付出，幼儿园老师都感受到。所以那一年的教师节，她一进办公室，愣住了，整个办公室都是感谢的卡片跟花。以前也是很认真，逼老师教学，这些老师跟她没有那么亲。现在是用心教他们做人做事的道理，这些年轻老师马上回馈。这位园长还到庐江学习。她真正做了，当地很多幼儿园都请她去演讲，她觉察自己的不足，主动提出要去充电、学习。

她跟员工的关系改变了，她这份爱心还延伸到幼儿园小孩的家人身上，常常跟家长做课程沟通，做教育理念的交流。有个父亲，前妻生了一个孩子；后来娶了一个太太，又生了一个孩子，这个孩子刚好在这所幼儿园。第一个孩子与继母处不好，都十几岁了，对立，冲突。这个父亲就很难受，就跟这个园长讲。园长听到母子相处不好，发了一个愿心：利用假期办一期青少年《弟子规》课程。那个孩子来了。但是已经五六年，这个关系没有办法处理，水火不容。这个孩子听课也很不进入状态。后来他走到幼儿园园长的房间，说："我这一辈子都会恨我的母亲（*后母*）。"然后园长跟他讲了闵子骞的故事，讲到孩子眼泪掉下来。孩子又说："纵使我对她好，她也不会对我好。"园长跟他讲："你只管做对的事，其他的你就别挂碍。"孩子点点头，回去真做。

回去后，他跟后母说："妈妈，我回来了。"后母真的不理他。后母去煮饭，孩子又到厨房："妈妈，有什么我帮得上忙？"后母又不理他。你看，憋这个气真是害人害己。孩子盛好饭，说："妈妈，饭我盛好了，来吃饭吧。"这时候铁石心肠怎么样？化了。后母回应说："好，我待会儿就来。"整个母子关系就从此化开了。家里的长辈，包括他的父亲，太惊讶了！所有的长辈都动用了，就是没有办法解决这个问题，现在因为这个园长，因为《弟子规》，整个家庭都救起来了。这个园长爱护了这么多的人。

好，正己化人。谢谢大家！

第九讲　福分的积累从言语开始

尊敬的诸位朋友，大家好！

我们这一次课程的主题是“如何经营无怨无悔的人生”。前面几节课我们讲到，要无怨于人生，首先要清楚宇宙人生的真相，种瓜得瓜，种豆得豆。事实上我们行善的过程也不应该抱一颗求的心，因为孝顺父母，忠于团体，忠于国家，忠于伴侣，乃至尽心竭力帮助兄弟、帮助朋友，本就是我们应该尽的责任。在做的当下还有希求，那就变成拿着天性、人与人的这种天伦做生意，感觉不痛快。无求反而做得心安理得，与人都是互相敬爱、互相尊重。所以很多时候我们的怨，所谓怨天尤人，很可能是有求的心。“奇怪，我行善了，我对他好，怎么都没得好报？怎么他都没有对我更好？”有求的心就产生求不得，最后才会有怨气。有句话说，“但行好事，莫问前程”，听起来很有道理，但做起来常常忘记。所以当我们的心有求，有怨，有了烦恼，马上回光反照，提醒自己那些都是该做的，怨跟烦恼慢慢就调伏下去。

连圣贤人都有可能遇到一些境界的考验，但是他们并不怨，甚至把每个逆境当作提升道德学问的机会，所以日日是好日，时时是好时，人人是好人，事事是好事。当我们念到这四句话的时候都相当羡慕，也相当向往。其实这样的日子应该是当下就可以契入，只要我们把希求的心放下，把一切境界当作老师，提醒我们还有哪些习气、烦恼没有放下。

当时楚国国君想见夫子，考虑重用夫子。夫子跟学生一行人前往楚国，在陈国、蔡国之间被军队包围，因为他们怕夫子去了楚国，楚国一强盛，他们刚好又在楚国旁边，很可能会危及他们。他们这样推断事情，确实是以小人之心度君子之腹。因为假如楚国真正重用夫子，夫子一定会强调敦亲睦邻，友善对待邻国，这是以和为贵的中国文化精神。他们不了解圣贤的存心，还迫害圣贤。夫子被困住，没有吃的东西，整整饿了七天，历史上称之为“陈蔡绝粮”。

我们在看这些历史故事的时候，也可以从中感受到我们跟圣贤人道德学问的差距。差距在哪儿？我们设身处地想一下，诸位朋友，假如我们饿了七天，心情会怎么样？我们会不会想，我都奉行《弟子规》的教诲了，都认真做了，怎么还让我饿肚子？这样就是有希求的心，有求回报的心，这也是贪心。夫子饿了七天，还是抓住每一时每一刻给学生教诲，并没有唉声叹气丧失信心，还是弦歌不断，弹着古琴，陶冶性情。

夫子的定功比较强，但是学生忍不住，子路站出来了。子路有怨气，有不明白，他就问夫子：“为什么我们立身行道，都是为国为民的存心，却落得没饭吃的下场？”夫子这时候也很冷静，对自己的学生讲，我们做这些事情都是应该的，并不希求什么结果。

夫子告诉我们：“作善，降之百祥；作不善，降之百殃。”这个道理在《书经》里面、在很多重要的经典都有提到。我今天做了好事，明天就要给我好的回报，甚至还有人做点好事，然后跑去赌博，说今天就会赢钱，这都是错解圣贤的意思。不会是我们做坏事还帮助我们，那不可能。做好事，就好像一颗种子种下去，还要其他条件配合，才会发芽，有土壤、阳光、水、空气，才会开花结果。这些条件，有时候短时间内就可以具足，有时候要很长时间才可以具足。我们这个善的种子种下去，也要有贵人，还要有大环境的促成，好的回报才会现前。

而且，当好的回报现前，更重要的是再把这个好的回报、好的福分布施给大众，不然善报来了我们又生贪着，不是又堕落了吗？一享福就忘了自己应尽的一些义务，恃才傲物，以至于弄权一时，最后落得凄凉万古。不只是被人抱怨、责骂，自己也堕落受苦。所以我们希求好的回报，不是为自己享受，而是为大众。我们的福就是大众的福，我们要广修供养给大众。假如行善的时候还有希求的心，祸根就在其中。

我们冷静来看，五千年历史所有弄权的人、所有欺压百姓的人，都有很高的权位跟财富。包括近代的一些政治人物、大商人，都不是普通的福，但是晚节不保的太多了。民国初年，曾国藩的外孙聂云台会集很多富豪在短短几十年间大富而后又大败的例子，写成一本《保富法》。很多相当有钱的人，富不过一代。“衰时罪孽都是盛时作得”，败下来那种凄惨样，不都是有钱有权的时候在那里耀武扬威造成的吗？当我们明白这个道理，不希求回报。做善事是本分，是希望能有更好的福分供养大众，所以得了要赶快舍，舍了又有得，得了又再舍。

所以，“作善降之百祥”，“百祥”不是今天种下去下午就结果或是隔天就结果，有可能是下个月结果，有可能是一年后结果，或者十年、三十年，甚至更久，都有可能。当我们行善非常认真、积极，就好像种一棵树，你多施点肥，多浇点水，它就会长得比较快。所以行善愈积极，改变命运的速度就愈快。抱怨命运不好，那是不对的。我们之前已经提过一个重点，“欲知前世因，今生受者是”。当我们明白了这个道理，遭受一些逆境的时候，欢欢喜喜，作还债想，就当那是我们之前欠人家的债。俗话说无债一身轻，都还完了，愈来愈轻松自在。

所以该还的赶快还，人家欠我们的统统不计较，不要了，甚至当人家来讨债，恶意对我们的时候，我们都要觉得很对不起他。当我们这样思维的时候，对一切逆缘欢喜接受。有了这份欢喜的态度，怨结会很快化解，大化小，小化无，甚至因为我们的这种心境让对方感觉你的修养很好，冤结转成了善缘。确实，当我们真正明白真相，所有人皆是我们过去的善友，与我们是一体的，这才是真相。

当我们行善快，改变命运就快。说到改变命运，耳熟能详的就是了凡先生的故事。了凡先生在十多岁的时候遇到了孔先生，孔先生是邵子皇极数的传人，算命算得很准。孔先生遇上了凡先生，就提到他是仕路中人，明年即进学，明年就可以考上秀才，怎么现在还在这里采草药，没去读书？原来袁了凡先生的父亲希望他学中医，可以养身，又可以帮人看病，又可以养家。他本来准备遵照父亲的遗志，但孔先生劝他应该求取功名。了凡先生回去报告母亲，母亲说你好好观察一下，让他先算一算，看准不准。孔先生算他县考童生十四名，府考七十一名，提学考第九名。他去读书，那一年考试居然三个地方考的名次完全没有偏差。所以孔先生不是江湖术士，是真正懂得数理，推算得非常精准。

因为孔先生算得这么准，就请他帮自己算一生的命数，结果算下来，只能当到四川一大尹，三年半赶快回来，没有办法考上进士；活到五十三岁，八月十四日丑时离世，当寿终正寝，而且命中没有儿子。此后，了凡先生就变得漫不在意，悠悠放任，反正命都已经被算准了，还有什么好担心，有什么好努力的？

不过袁了凡先生还是很有善根，有一年到北京（燕都）读书，回南京的时候路过栖霞山。栖霞山有一位高僧云谷禅师，他就去拜见。《弟子规》说“能亲仁，无限好，德日进，过日少”，这都是难得的因缘，我们有一颗受教的心，就有相当大的福分。

有这样一句话，“富在知足”，谁是最富贵的人？知足者。“贵在知退”，进退得宜，人家很尊敬我们。包括我们有很高的权位，都要战战兢兢，提拔后进，不能借用这个权力打击后进、打击部属，这样不能赢得别人的尊敬，甚至会被埋怨。所以真正的贵人不是位置很高的人，而是知道进退，懂得提拔、栽培后进的人，知道功成身退的人。我们对于这些道理要从实质的精神去契入，不要误解有钱有权叫富贵，这是表相的东西。

“福在受谏”，人生最大的福分在能接受别人中肯、正直的劝告，能接受劝告，很可能命运就改变了，很可能很大的劫难就化解了。了凡先生见到云谷禅师，刚好禅师在打坐，他就跟禅师对坐了三天三夜。云谷禅师问他为什么三天三夜坐下来都没有起妄念，他说人生命运都注定了，没什么好想的。云谷禅师哈哈笑了，说：“我本来以为你是英雄豪杰，原来却是凡夫，完全不了解命运的真相，不了解命运掌握在自己手上。”

我们要很冷静，学习圣贤教诲，一个很重要的基础，就是信心，对于圣贤每句教诲要有百分之百的信心，不可以怀疑，不可以这一句相信，另外一句就不信。假如是这种态度，那不是跟圣贤人学，还是跟自己的烦恼习气学。所以面对任何一句教诲，都想着如何做到，不想着我做不到。假如想着我做不到，那就不是跟圣贤人学习，还是在跟自己的分别执着打转。所以这个态度我们要时时提起来。《诗经》中明明就写着“永言配命，自求多福”，命运哪里会被算定，没有办法改？云谷禅师就给了凡先生说了这些圣贤教诲，包括佛家特别强调的，求富贵得富贵，求儿女得儿女，求长寿得长寿，但最重要的，要如理如法去求，只要多行善事就可以改变命运。

云谷禅师相当有智慧，了凡先生说他命中考不上进士，没有功名，又没有儿子，云谷禅师反问他，你觉得你应该有功名吗？诸位朋友，你们现在好像在听故事。现在不是在问了凡先生，现在是云谷禅师在问我们，回光反照，你们觉得自己应该有富贵吗？你们觉得自己应该有好的回报吗？假如我们没有好的回报，原因在哪里？原因一定在我们自己身上。依报随着正报转，一定是我们的心出了问题，这些境界才会不圆满、不如意。师长有一段话教诲我们：“诸恶莫作，岁岁平安；众善奉行，年年如意。”岁岁平安，年年如意，这是回报，你没种因，怎么得果？所以诸恶莫作才能岁岁平安，众善奉行，不断行善，种下去的都是善的种子，往后的人生结的都是善果，年年如意。

云谷禅师这么问，了凡先生毕竟也读过古书，知道多多反省自己。他思考了一下，回答说我福气本来就比较薄，又不懂得积功累德，个性又很急躁，度量又不大，甚至还拿着自己的才华去轻视别人、欺负别人、揶揄别人。从这里我们就了解到，人的福分在哪里漏得最厉害？口业。所以要“善护口业，不讥他过”。口为祸福之门，可以造很大的福，也可以造极重的罪。孔门四科，德行、言语、政事、文学，言语为什么会摆在第二位？可见它有多么重要！

大家再冷静看看《弟子规》，差不多有三分之一的内容讲的都是如何跟人应对。“见未真，勿轻言；知未的，勿轻传”，没有看到真相就讲，到时候损害了人家的名节，很可能人家想不开去自杀，那我们的过恶很难说。甚至这个口业造下去了，让人家家庭一辈子不和，那都太折福了。“知未的，勿轻传”，道理我们都不了解，轻易就跟人家讲，害得人家对宇宙人生误解了，断了人家的慧命，这个造恶都不轻。

“彼说长，此说短，不关己，莫闲管”。现在这个时代一定是团体一起做事，所谓众志成城，才能把事情办好，而团队最怕的就是是非人我，流言蜚语。子贡曾问夫子：“君子亦有恶乎？”君子有没有非常厌恶的人事物？夫子说有。这个厌恶绝不是跟人家对立、跟人家有矛盾，而是当有这样的人、这样的行为出现，对整个团体影响特别不好，产生很大的流弊，所以戒慎恐惧，不希望这样的事情发生。孔夫子接着说，“恶称人之恶者”，就是拿着别人的过失到处讲。那是不对的，那是破坏人家的形象，甚至断了他改过自新的机会，又让其他人对他产生看法，团体的嫌隙愈来愈多，那就失和了。他人有过失，我们应该是“善相劝，德皆建”“扬善于公堂，规过于私室”，要私底下跟他讲。

师公李炳南老师有一段很好的教诲，“见人有善，不嫉妒，要随喜”，不只不能嫉妒，要肯定、赞叹，甚至要帮助他、成就他。《论语》里面也讲“君子成人之美”，这个成人之美就是肯定、赞叹，就是协助他，“不成人之恶”。所以君子跟小人就在我们一念之间，肯定、赞叹就是君子，嫉妒就是小人。而且一嫉妒，对方不会有损失，很可能影响的是一大群人听闻圣贤教诲的机会。师长告诉我们，在修学的团体中，不能障碍他人听闻圣贤教诲。

“见人有恶，不批评”，因为我们一味地批评只会让他情绪化，闹得都不愉快。当初我们不是来搞破坏、来跟人起冲突的，这不是我们的发心。所以人要保持冷静，要提醒自己时时不忘初心。我们到这个团体来，就是为了自行化他，跟自行化他无关的事不干。相同的，我们成立家庭是为了追求幸福美满，结婚的时候没想着我就是来跟对方吵架的。有没有人就是要吵架所以结婚的？没有。所以不忘初心能让人保持冷静。相同的，跟领导起了一些冲突，不发脾气，因为那也不是我们的初心，我们是来尽心尽力回报公司、回报领导对我们的恩德，这叫“恩欲报，怨欲忘”。包括朋友之间，有没有交朋友的时候就说要跟这个朋友过不去的？没有这种心，所以应该珍惜这段朋友的缘分。

春秋时代的晏子是贤者，人家就很肯定他交朋友的态度，“晏平仲善与人交，久而敬之”。晏子很会交朋友，朋友交往得愈久，他愈尊重这个朋友。反观现在的情况，朋友交得愈久很可能我们愈随便，有时候都已经十点半了，可能人家都睡觉了，打电话过去吵到人家睡觉，觉得我们那么熟了，都什么交情了，没关系。不对！愈熟愈应该恭敬对方，愈熟愈应该想着对方对我这么爱护、照顾，恩德要时时记在心上，那份恭敬自然就会出来。

所以愈熟的朋友，甚至最亲近的先生、太太，都应该恭敬，都应该“人不闲，勿事搅；人不安，勿话扰”。甚至要借用对方比较隐私的东西，都应该尊重，“用人物，须明求”，不要让他找不到，担忧半天，我们才漫不经心地说那是我拿的。一次两次可能脾气还不会爆发，我们对人没有这份恭敬心，迟早起冲突。所以跟人发生冲突，我们都要反观自己，一定是我的恭敬心不够。

“见人有恶，不批评，要规劝”，我们在规劝的时候不要说我这个人就是比较正直，然后在大庭广众之下把他的问题讲出来。你说我都没有批评你，我是直接规劝你，对方已经气得牙痒痒，自己还懵然不知。人还是要柔软，要敏锐一点，应该是在私底下劝他，因为人情不可拂，人都比较顾面子，你不要把他的面子给硬撕下来，这样会撕破脸。所以要在没有人的时候私底下规劝，甚至还要考虑到对方对我们的信任，假如信任不够，能不能劝？我们不能只是拍着胸脯：“你能认识我这个朋友太难得了，因为我就是正直。”人情世故还是要懂得。很多人很善良，但是没什么朋友，就是不知道分寸。所以师公教我们要规劝或守默，信任不够的时候不轻易开口，规劝别人还要讲时节因缘。所以讲话是个大学问，要学。

《论语》告诉我们，君子“信而后谏”，相信了才劝谏，“未信”，还没有信任的时候，“则以为谤己也”，他会觉得你这个人是不是看我不顺眼？他误会你是毁谤他。真正信任，他觉得你是真正为我好，劝就没有问题。而且纵使劝，能不能一次把十大罪状都列出来？不行，要循序渐进。甚至要劝以前，还要说他最近有哪些真的做得好，“先美其长”，还要先夸个几句，让人家高兴。你不要一大早，人家都还没有睡醒，“我今天有一件很重要的事要告诉你”，然后他就很紧绷，“你昨天哪里做错了你知道吗？”这都不够柔软。应该是“先美其长”，先肯定他的付出，“盖人喜则言易入”，他生欢喜了，我做好事人家都有看到，他心情好了，则善言易入，你劝他的话就比较容易听进去。

所以，要伤害一个人很简单，你打下去就害他受伤了，但是要帮一个人很不容易，真是煞费苦心。我们冷静来看，身旁有很多好朋友都苦口婆心在劝我们、在帮我们，那是我们人生最大的财富，要珍惜。当他们来劝我们，我们可不能又摆一张臭脸，福在受谏。现在很多年轻人旁边还是有很多好的长辈，但年轻人太不受教，人家批评个一两句嘴巴就噘起来，所以长辈只好敬而远之，看你什么时候肯受教了再来提携。所以人生不要怨没有贵人，根源还是在我们谦卑、恭敬的态度不足。这是师公讲的，“见人有恶，不批评，要规劝或守默”。你看，这都跟口业有关系。

“见人错事”，这个事情错了，比方他端个东西走路有点急，把盘子、碗给摔破了，“不指责，要协助”。或者办理一些事情出状况了，我们又在那里批评半天，“哎呀，你怎么搞的？乱七八糟，你知道你这样造多少恶吗？”你愈讲他愈紧张，那不对。要先做好补救工作，都做好了，对方会感觉你非常替他着想，都是尽心尽力地帮助他。由于这份信任，我们再针对他做错的部分给他一些规劝，他会一辈子记住这件事，一辈子感谢你给他的这个方法，“人情练达即文章”。我们在团队中是为了成就团队，不能因为嘴巴的过失恼害人，甚至破坏团队的和谐跟工作。

我们刚刚讲到袁了凡先生，他说“时或以才智盖人，直心直行，轻言妄谈”，这都是口业的部分。所以人要积功累德，首先要从言语的过失开始治起。我们刚刚提到孔夫子说君子有恶，第一个已经强调。“恶称人之恶者，恶居下流而讪上者，恶勇而无礼者，恶果敢而窒者”，实际这些都是人际关系的忌讳。孟夫子讲“天时不如地利，地利不如人和”，一个团队要推展事业，人和是最关键的，而这四种人很危险，会破坏人和。

第二个，“居下流而讪上者”，他是部属，公然批评领导，君臣关系就颠倒了。我们冷静来看，父子也好，君臣也好，今天儿子在外面骂自己的父亲，会得到人家的尊重吗？那根本就是让人更瞧不起自己。相同的，部属骂自己的长官，不只不会赢得别人的认同，人家根本就轻视这个人。诸位朋友，假如你是老板，你是企业领导，看到一个人骂他的老板，你敢用他吗？不敢用。而且当下属不断批评、毁谤上司，整个伦常就颠倒了，没有秩序，这个团体就乱了。所以劝上也要规过于私室，不能在背后批评。假如这个批评的人本身职位也不低，那又影响底下的人，整个团队就散了。

这节课就先到这里，谢谢大家！

第十讲　在一切境界中历事炼心

尊敬的诸位朋友，大家好！

上节课讲到言语要非常谨慎，言语容易破坏团体的和谐。其中提到孔夫子说的“君子有恶”，就是对这四种行为要特别警惕。第一是“恶称人之恶”，第二是“恶居下流而讪上”，我们劝领导的时候有个心境，就是“亲有过，谏使更，怡吾色，柔吾声”，不能批评，大庭广众或私底下，都不是很好。“谏不入，悦复谏，号泣随，挞无怨”，那是无愧于自己的心。

当我们一再劝诫，不听怎么办？这都很值得我们思考。经典教导我们，“事君数，斯辱矣”，劝领导很多次，他都已经烦了，你可能就会被他羞辱，所以劝领导人劝三次左右就好。假如领导人的态度是完全不能听劝诫，我们不会批评他，当下我们会离开这个公司，这是读书人的气节。假如我讲的话你不听，忠言你不听，我继续留下来，那我是尸位素餐，我只是贪这个收入；读书人不是为了钱而效忠于人，是为了那份责任。讲的话领导不能接受，代表这个岗位上的职责已经没有办法尽了，所以不贪恋这个位置。

范纯仁是宋朝一代贤相，他曾经讲过“言不用，万钟非所顾也”，假如我的话君王没有听进去，纵使给我万钟的俸禄，我连头都不回一下。读书人那种潇洒、气节，不是为了名闻利养才尽忠职守。假如这件事情攸关整个企业，攸关整个朝廷的安危，劝了三次还不听，我们要离开。为什么？假如我们不离开，他做的是坏事，那就跟他一起造恶了，明理的人不干这种事情。很多人说老板叫我做假账，我不做，我辞职，那我没工作了怎么办？所以人真正相信真理、相信因果不容易。当你面对诱惑能够断然拒绝，保持正直、廉洁，后福无穷。

我们有位老师，公司老板要求他做些手脚，他非常正直，就把工作辞掉了，虽然收入不错，但他不干了。一辞职，马上就跟中国文化、跟推展圣贤教诲的因缘接上了，他是庐江第一批的种子老师，现在也负责一些部门的工作。辞职后接上的是圣贤的因缘，修学的朋友都聚集在一起。所以真正能舍，真正能抵住诱惑，后福无穷，大家别担心。你今天离开这个没有德行的领导，往后你会遇到更有德行的领导，因为你的福愈厚，因缘就愈殊胜。所以真明理的人，只想着但行好事，不会有忧虑、抱怨。

大家说“言不用，万钟非所顾也”很潇洒，跟领导讲了几句他不听，“哼，言不用”，就走了。这不能乱用，领导已经是非颠倒了，才是这个态度。领导态度很好，他是在跟我们分析，我们这个看法也不完全对，他也抓住这个机会跟我们沟通，甚至教导我们看事情要更有深度跟广度，结果我们固执己见，“你都不听我的”。领导道德学问大多比我们高，人家有雅量听我们讲，又回馈给我们一些看法，我们应该虚心地去体会、了解。不能只是想着你都不听我的话，就把这段沟通截掉了，甚至还出去说领导都不能接受别人的雅言，那就会造更多的错误。不在其位，我们很难体会到那个位置应该考量的方方面面。所以当上司很有雅量地跟我们沟通，我们要很冷静地看到原来他考虑的角度还是挺多的，这时候可不能执着上司就是不听我们的话。也不能说蔡老师说的，劝三次没有用就走，那多潇洒，挥一挥衣袖。所以，很多情况都要靠自己用心去体会才行。不是说今天学了一句圣贤教诲，就拿套子套上去，情况有差异，都靠自己冷静去观照。

第三，“恶勇而无礼”，就是做事很勇猛，但是不照规矩，往往很多人的情绪都被影响。在团体中做事情，再累都不苦，最主要的是人与人之间的沟通、情绪摆不平，那个特别累人。工作累，躺一下，明天又是一条好汉，但是没有分寸、不礼貌造成的情绪化，有时候要三天五天都还不见退下去，阻碍整个事情顺利发展。勇猛但是不懂讲话的分寸，这样不好。说话要有几分太和之气，不要很冲，一下子就让人家心跳加快。

第四，“恶果敢而窒”。果敢就是决定下得很快速，不犹豫，但问题是，决定往往都出于他自己的认知，而他的认知在理上不通。他觉得他是对的，所以马上下决定，也没跟领导报告，自己就干了，结果影响底下一群人。领导也很无奈，你也不是不认真，你也很努力，一下子就干下去了。但是团体里面做事情就好像开火车一样，你这个决定下了，“往右！”好，车轨往右，结果开了两百米，“错了，倒车！”要怎么倒？火车那么重，还要慢慢退回来，还要退到交叉口。所以当领导遇到下决定很快但是道理不明白的下属，一个头两个大，常常帮他收拾残局。帮他收拾又要顾及他的面子，那真的很累。所以一个人要掌握权力，带底下人的时候，首先最重要的一个条件:知见要正确。不要轻易让一个人掌权，掌权就是引领整个团队的思想观念；思想观念偏了，要再导回来很不容易。这是我们提到的言语的部分。

了凡先生知道自己度量不大，言语上也造恶很多，所以没有功名。当我们能从自己的心地去观照，就不会怨，就会把问题找出来，从根本转变命运。所以相信真理，我们能时时“行有不得，反求诸己”，在一切顺逆境界中历事炼心，把贪嗔痴慢给放下，感谢每个人来成就我们。放下贪嗔痴慢，放下妄想分别执着，我们的智慧、德能、福分就会早一点现前。所以一切人都在帮助我们智慧、德能、福分早一点现前。只有一个学生，其余的都是老师，都在补我们的不足。

夫子讲：“三人行，必有我师焉。择其善者而从之，其不善者而改之。”一切人都在成就我们。《弟子规》也说：“见人善，即思齐，纵去远，以渐跻。见人恶，即内省，有则改，无加警。”所以，当我们看到一个朋友起来脾气了，那他是我们的大贵人，他把我们最严重的问题一下就给点出来了，你马上去改，马上调伏自己的习气。觉得一切人真的都是老师，从今以后人人是好人，事事是好事。看诸位朋友的表情，好像不是这样。你看，有时候我们听师长讲课，这个道理很好，但是愈听嘴角愈往下沉，确实耳朵在听，但是都很自然地把它排到外面去。要随文入观！“一切众生皆有如来智慧德相”，我们办得到，不是办不到，不要又被自己给打败了，信心不足。

刚刚我们讲到了凡先生，云谷禅师问他，你自己觉得应该有好的回报吗？他开始反求诸己，原来命运不好是我自己造成的。命中无子，他自己就说了，“地之秽者多生物”，大地能包容各式各样的生命，甚至很肮脏的生命大地母亲都不嫌弃，还养育它们，“水之清者常无鱼”，水很清澈，养不了鱼。也延伸到我们身上，“人至察则无徒”，一个人对别人很苛刻，挑三拣四的，到最后会众叛亲离，一个朋友都没有。而且我们要很冷静的是，圣贤教诲应该守的是“严于律己，宽以待人”，严格是对自己，不是对别人，我们可不能颠倒成“严以律人，宽以待己”。我们常说别人颠倒，我们自己有没有颠倒？“严以律人，宽以待己”就是修学的方法颠倒了。所以至察应该是对自己，不是对别人，“水至清则无鱼，人至察则无徒”。

祖宗很多教诲都是从天地万物领受到的做人做事的道理。山川大地、花草鸟兽我们每天也都看到，奇怪，都没有感悟到这些做人的道理，为什么我们的祖宗看一切都常生智慧？有没有看到我们跟祖宗的差距？祖宗对天地万物尊重，而且用一颗谦卑的心向万物学习，哪有可能乱砍滥伐？正所谓“其智宏深，譬如巨海”，那种志向就像海一样辽阔，“菩提高广，喻若须弥；自身威光，超于日月”。我们看到日月，有没有只是想着好热而已？有没有想到自己的心地光明要像日月一样，照耀他人内心的昏暗？

“其心洁白，犹如雪山”，这些圣哲人在天地中时时处处能心领神会。我们到合欢山、到玉山爬山，看到雪，“我看到雪了”，就这样而已，有没有马上回光反照，自己的品德、节操要像雪一样洁白？“忍辱如地，一切平等”，假如我们想到这一句，脾气就没有了。你看大地，你每天踩，它都没有生气；养育万物，万物都没讲感谢，它还是欢欢喜喜。“清净如水，洗诸尘垢”，我们要像水一样洗去自己的污垢、洗去众人的污垢，让人干净。从这些经句我们学到圣贤人的心境是谦虚受教，往后的人生就会在天地万物中时时有所感悟。

了凡先生说到，第一个原因是他太爱干净，很多蚂蚁统统赶走，甚至清掉的时候给弄死了都有可能，伤害了生命，“宜无子者一”。“和气能育万物”，天地太和之气，结果他脾气很大，“宜无子者二”。“矜惜名节”，常不能舍己为人，都是做表面功夫，真正杀身成仁的事，跑得比谁都快，都不敢做，“宜无子者三”。“多言耗气”，太爱讲话，耗气，“宜无子者四”。“喜饮铄精”，喜欢喝酒，晚上喝酒，这都会伤害身体，“宜无子者五”。“好彻夜长坐”，晚上不睡觉在那里打坐，没能葆元毓神，没能保住元气，“宜无子者六”。“其余过恶尚多”，还有很多过恶。一个人发现问题所在，要解决问题就不困难。了凡先生痛改前非，“从前种种譬如昨日死，从后种种譬如今日生”。“血肉之身，尚然有数；义理之身，岂不能格天？”遵循圣贤人教诲的义理立身行道，一定可以改变命运。

当然，对治习气都有个循序渐进的过程，前十年了凡先生做完三千善，第二个三千善没几年就做完了，整个行善愈来愈彻底。所以后来没儿子变成有儿子，没有考上进士也顺利考上，甚至本来是五十三岁的寿命，了凡先生写这篇文章的时候已经六十九岁了，后来活到七十四岁，延寿二十一年。了凡先生一定希望我们也能好好地断恶修善，也只有这样，才对得起他给我们这么宝贵的表演。

这是讲到我们对于真理要坚信。作善必然能降之百祥，作不善必然会降之百殃。诸位朋友，当我们看到这句“作不善降之百殃”，能不能脑子里想着“那个人行恶，赶快给他恶报”？我们能不能这样存心？不行。作不善降之百殃，那是要反省自己的。当我们看到别人作恶，想着赶快给他恶报，这种存心也不是厚道。

看人作恶，我们应该赶快借一些机会让他迷途知返。当他能听进善言，能断恶修善，就好像千年暗室，一灯才照，千年的幽暗也可以去除。所以我们没有那种念头，希望别人受恶报。很多临终一念悔悟得善终的都有，甚至一念悔悟此生成就的都有，时时都要是成就别人的心。我们对人都是这份期许、这份信任，因为“本觉本有”，他所造的恶，“不觉本无”，不可以把它放在心上，跟它产生冲突。

子路讲，夫子，你说作善降之百祥，作不善降之百殃，为什么我们现在没饭吃？夫子又说：“为善无近名，为恶无近刑。”为善的人不是很短的时间就有好的回报、好的名声，而作恶的人也不是说明天就被警察抓起来，就被绳之以法，不是这样，都有时节因缘。夫子接着又说，我们立身行道也不是要人肯定，不是要希求好的回报。“芝兰生于深林，不以无人而不芳”，芝兰的芳香不是引诱别人来闻，它是自自然然，它的天性就会散发这个香味。“君子修学立德，不为穷困而改节”，修学立德是我们的本分，不会因为遇到某种境界而改变行善的态度，退了这份道心、节气。子路是闻过则喜，夫子把他不对的心态一点出来，马上欢欢喜喜恭恭敬敬退下去了。这也是我们要学习子路的地方，闻过则喜。夫子也把子路这份浩然正气给提起来了。

接着子贡来了。子贡说，夫子，我们是不是道德水平太高了一点？假如我们降低一点，是不是很多君王就能够接受？七天没吃饭，学生过来说我们标准定低一点可能就有饭吃了。诸位朋友，标准要不要降低一点？圣贤人都是看千秋万世。假如夫子把标准降低一点，到了汉朝，读书人又把标准降低一点，唐朝再降低一点，请问我们现在会降到什么程度？很可能都“人而不如鸟乎”，是吧？都不如畜生。所以，做人的真理是不能降低的。夫子听子贡这么讲，也没有直接回答，夫子很会抓住机会教育点启发学生，他没有正面回答，反而问了另外一个学生。他问颜回，你的看法跟子贡一样吗？颜回说，标准不可以降低，我们一定要扎扎实实把圣贤的教诲做出来、讲出来，这样才无愧于天下人；当政者不能接受，那是他的问题，不是我们的问题；假如我们降了，对不起天下人，也对不起后代子子孙孙。

夫子听完很欣慰，对颜回讲，以后假如你很有地位、很有财富，当你的管家我都愿意。我们要从这句话中听出来，一个好的老师，假如学生愿意受教，他会竭尽所能去成就这个学生，甚至不惜变成垫脚石。所以我们庆幸这一生能遇到师长老人家的教诲，师长讲课已经几十年，这份用心都在成就我们的因缘，讲的经典都是对治我们的不足之处。师长强调从《弟子规》开始学起，这跟民国初年印光大师提倡要从《了凡四训》《太上感应篇》《安士全书》这几部书开始做起，把做人的根本扎好的这份悲心是无二无别的。那时候直接学《了凡四训》还学得上去，到现在，很多人连孝顺的道理都不懂了，一定要从《弟子规》这个根本落实孝养父母、奉事师长。我们不能辜负师长对我们的这份护念。

孔夫子跟学生七天绝粮，后来脱困了，楚国派军队来解围。解围后，子贡跟夫子讲，这七天真是我们人生最大的不幸，我期望往后的人生不要再有这么倒霉的事情了。夫子马上对子贡讲，我的看法跟你不一样，陈蔡七天绝粮，真是我跟所有的学生最幸运的一件事。子贡傻了，都快饿死了，还是幸事？你看，那就是历事炼心，有没有真正的道德学问，真的看得出来。夫子接着说："君不困不成王，烈士不困行不彰。"（《孔子家语》）我们常说要难行能行，难忍能忍，才能把自己的道德学问往上提升。留名青史的这些圣哲人，哪个不是在艰难中历练，成就他的道德学问？孟夫子也讲："天将降大任于斯人也，必先苦其心志，劳其筋骨，饿其体肤，空乏其身，行拂乱其所为。"

为什么要这么做？"动心忍性，增益其所不能"，要增进他还不足的智慧、能力。赶快考验他，他成就了，他才有能力出来帮助人。不然空有那个愿心，结果能力都没起来，智慧、定力不够，到时候派工作给我们，做到一半，不干了，然后坐下来耍赖皮："不玩了！"那怎么行？做到一半，已经带动一群人了，那时候人家何去何从？走路走到一半，不想走了，后面一堆人，跟你那么久了怎么办？“你们自己看着办”，那太不负责任了。所以一定是智慧德能达到一定水平，才会派工作给我们。还没有派重要工作给我们以前会有很多的历练，要我们动心忍性。假如承受不了挑战，最根本的原因是慈悲心还不足，不愿意承担责任，不愿意提升能力，所以一遇到困难马上退回来。这时候假如能马上观照，我的慈悲心去哪里了？当下又能鼓足勇气面对困难、挑战，“君不困不成王，烈士不困行不彰”。

周文王演《周易》，就是被纣王关起来的那段岁月，他把影响中国最深远的《易经》阐述出来。假如周文王被关的时候怨天尤人，我们中国文化可能就差很多了。因为夫子是“祖述尧舜，宪章文武”（周文王跟周武王），以他们为表率。诸位朋友，我们听故事不能白听，对吧？所以我们现在禁得起磨难、挑战，这样的精神也将影响世世代代，子孙跟我们是一体不可分的。当下我们不能接受挑战，颓废丧志，后代就完了。这是我们从陈蔡绝粮得来的，行善是应该的，不是去希求回报。

还有个例子也可以让我们冷静来思考。明朝有个生意人赚了不少钱，临终对儿子讲，我能赚那么多钱，方法就是把我们家那个秤做了手脚，人家卖货给我，我都是重入，卖出去都是轻出。重入轻出，所以才赚那么多钱。父亲去世以后，儿子很有善念，把这个不公平的秤给毁掉了。过没多久，他两个儿子都死了。他不愿意跟父亲一样，做伤天害理的事情，但是两个儿子却死了。诸位朋友，假如是我们，会不会怨？我都行善了，怎么儿子都死了？所以在境界中可以考验我们到底是真信还是假信。

诸位朋友，多年前我准备重新考进小学任教。我们家对面那个学校，去考试的有 191 个老师，复试入围的有 21 个，我就是其中一个。离我们家才两百米，我如意算盘都打好了，这辈子就在那个学校教书，学生毕业以后随时都找得到我。我就去参加复试，进去以前，学校的工作人员说他们学校最缺男老师。进去后，三个校长坐在那里，看到我说："这次考试还有男老师进复试！"21 个人，其他 20 个都是女老师。我在那里想，十拿九稳。结果还是备取，也就是没有录取，也没有很伤心。后来高雄市几千人考，都还是进复试，最终没有录取。我也没有很难受，只是觉得这段时间为了考试，该做的事也没做，所以考完试的那天下午，我就开车去送杨淑芬老师写的《弟子规》书法课本。所以人为了求功名很累，最后确定没考上，我也很泰然，等着以后因缘的安排。

我虽然不难受，但是有很多人挺难受的，因为很多朋友非常照顾我，祝福我，希望我能够考上。可能是他们的功力太强了，一下把我打到大陆去了，过没多久就到海口推广中国文化，推展《弟子规》。所以，真的不能不相信真理，你只要好好行善，没有一件事是坏事。你有好恶的心，可能当下就生烦恼。当我们遇到境界，说怎么没有给我好的回报？一生烦恼，就随业流转。我们只是行善，不求好的回报，只是想着如何为众人，一切都自有安排，都没有坏事。所以一念之间，整个命运差很多，一个是随业流转，一个是圣贤照顾我们、栽培我们。

当下他生了烦恼，而天神也非常慈悲，看他那么难受，就托梦给他说："你还是要坚持人生的信念，好好行善。当初你的父亲本来命中就是大富之人，因为违背了做生意的公德心，用不正当的手法赚钱，财富已经折掉一大半，他自己不知道，还沾沾自喜。不仅如此，还有恶报现前，有两个破他财富的孙子来了。现在你把这个不好的方法去掉了，做生意都是凭着良心做，所以你们家的命运转了，你们家的两个灾星已经走了，接下来会有很多孝子贤孙到你们家来。”后来果然又生了孩子，都挺有成就、有出息。所以我们要坚定信念，“信心清净，即生实相”。

我们上次也提到，我们会怨别人，人一定怨我们。人与人的相处就像照镜子，你对着镜子哭，它也对着你哭，你对着镜子埋怨，它一定也埋怨我们。当我们行有不得，反求诸己，“我错了”，镜子也回应：“我错了。”镜子就好像是我们所面对的一切人事物的境界。能正己，就不会去指责别人、埋怨别人。由于正己，感化他人，人家无怨，甚至会起而效法、学习。

上次我们提到有位幼儿园园长，她从自己做起，夫妻关系改善了，孩子都来参加圣贤教诲的讲座，也都变得很乖巧。当然，因为她侍奉父母很孝顺，孩子本性就很善良。还有她的同仁，对她都很爱戴，甚至有学生的家长也因为她而改善了家庭。还有她企业界的朋友，以前常常一起喝酒、应酬，聊一些可能跟自己人生不很相关的事情，但是她学了中国文化，跟这些朋友聚会就不一样了，他们在那里漫天地谈，她默默地，不插嘴。朋友谈那些很无聊的话，好行小惠，对人生没什么帮助的，她没有回应，他们也就静下来了。他们问她最近在干什么，她说在学中国文化，在学《弟子规》。他们都很惊讶。她说学了之后觉得自己做太太没做好、园长没做好、妈妈没做好。大家听了都很吃惊，跟以前不一样了，现在是反省自己，不批评别人。

聊完，这些朋友送她，其中有一个跟她讲，好希望下次聚会把太太带来介绍给她认识，他也希望他的太太跟她一样，这样他的家庭就有福了。所以朋友聚会是难得的因缘，要互相成就智慧、成就德行，而不是互相增长贪嗔痴、增长欲望，甚至损伤彼此的身体，还让对方的家人担忧、难受、抱怨。不要让亲朋好友的家人抱怨我们，这样做人就太失败了。所以不只是想着朋友，也要顾及他家人的感受，这也是我们应有的厚道之处。

这节课就先上到这里，谢谢大家！

第十一讲　爱的原点是对父母感恩的孝心

尊敬的诸位朋友，大家好！

我们上节课讲到正己化人。夫子在《中庸》里面也告诉我们，"正己而不求于人，则无怨"。当我们只要求自己，而不是严苛地去要求他人，他人就不会埋怨我们，而且会很自然地被我们的德行所感化。这个"化"是自然而然，潜移默化。

我们都知道特蕾莎修女是一个非常有爱心的仁人，一位值得我们尊敬、效法的贤者。特蕾莎修女曾经提到，我们跟只是偶尔见面的朋友绽放笑容，笑脸相迎并不困难，反而朝夕相处的人，要跟他笑脸相对比较困难。不知道大家听了这席话是不是颇有同感？我们来感受一下。每天跟我们朝夕相处，在生活点滴中帮助我们、关怀我们的人，我们不能笑脸相对，他会不会有怨？我每天照顾你，你都摆一张臭脸给我看，你出去外面跟人亲得跟什么一样，他会不会不平衡？那铁定不平衡，跟家里人不亲，跟他人比较亲。人同此心，心同此理。

我们再思考一下，为什么跟亲人反而不能时时用一份欢喜的心面对？比方说跟父母、跟另一半，平常都很好，突然有一点摩擦，马上脸就很难看。也明明知道这样不好，但是一下子情绪转不过来。所以，我们真的认贼作父太久了。认什么贼当父亲？认烦恼贼，认习气，认贪嗔痴慢。一感觉到不能再认贼作父了，一回光反照，习气就能调伏。《弟子规》说“恩欲报，怨欲忘”，假如能做到这一点，保证每天都是欢欢喜喜地面对身旁最亲的人。都是因为怨忘不了，都记在心里，干扰情绪，所以恩提不起来。

师长常说我们纯净纯善的心中不要放人的过失。把别人的过失放在纯净纯善的心中，够不够傻？还要再傻下去吗？这段话我们都很熟悉，师长已经讲过好多次了，不止一次。我们要当师长的好学生，要学颜回，颜回是怎么样？不贰过。听懂这个道理了，当下就放下。当下放下，当下听话，依教奉行。师长特别强调培养儒释道承传圣贤教诲的学生，到底在哪里培养？师长说看哪里缘成熟，就在哪里培养。有这样发心的人聚在一起，师长会给他们指导。当然，这个地区也会成为弘扬儒释道的一个重要的基地。

听师长教诲要放下自己的习气、成见，有这样的心态，每次听师长讲课都会常生欢喜、常生智慧。当我们了解到纯净纯善的心绝不放人家的过失，马上眉头就开了。本来眉头深锁，都已经纠成两三条痕，马上就开了。诸位朋友，看我这里都没有了，以前也很严重，以前会怨天怨人，现在知道要反省自己，要扩宽心量，量大福大。

我们回到特蕾莎修女给我们提的这点。“己所不欲，勿施于人”，我们不愿意最亲的人不对我们面带笑容，反而跟那些没有朝夕相处、没有照顾他的人更亲，一般的人都受不了。所以我们这颗替人着想的心、报恩的心，要从身旁最近的恩开始。特蕾莎修女照顾的都是最贫穷而且病重的人，很多人看了关于她的一些文章都很感动，还有人坐着飞机赶到印度，对特蕾莎修女讲：“我们很佩服你，我们就跟着你干，你要我们开始爱谁？”特蕾莎修女对他们说：“你们回去吧！从你们身旁最亲的人开始爱起。”这都是明白人的教诲。

人的爱是有原点的。“君子务本”，不从这个根本、这个原点开始，爱都是假的，都是一时的慷慨激昂而已。爱的原点就是对父母感恩的孝心，从这里开始，再推演到兄弟、夫妻和其他亲人。孟夫子讲“亲亲而仁民”，首先亲爱父母、亲爱自己最亲近的人。这么近的人我们都提不起爱，去爱更远的人，很可能是我们逃避了，甚至还带点虚荣心。所以修学最重要的是不自欺，自欺就是虚伪，就跟真诚心相违背。修学的本体就是至诚心、真诚心。

“近处不能感动，未有能及远者。小处不能调理，未有能治大者。亲者不能联属，未有能格疏者。”格疏就是比较疏远的人也能变得很亲近。“知所先后，则近道矣”，这符合人情事理。近处不能感动，怎么可能感动更远地方的人？小处不能调理，一个人连开水都不会烧，以后可以经营一家企业，把团队带领得很好，大家相不相信？不相信。但是现在我们就是这样培养自己的下一代，扫地也不会扫，提水也不会提。上了大学还不会提水、洗衣服的很多，就希望拿到学士、硕士学位，拿到博士学位以后飞黄腾达。这是不可能的事情。连自己都照顾不好，还能够带领团队？那会笑掉人家的大牙。

有个大一的学生，衣服没有洗过，放一盆水，一包洗衣粉全倒下去，搅一搅，泡沫出来了，几下就把衣服挂上去。洗得真香，整件衣服都是洗衣粉的味道。真是令人叹为观止！这种人真的有。这种人以后有生活能力吗？而且我们要很冷静，当他被同学笑话，心里会不会想，我就是太笨了，我要赶快学？能这么想还不错。但是有的会怨谁？都是我父母害的，我连这个都不会做。甚至嫁到夫家被嫌弃了，她会怪妈妈没教她做这些事。所以我们愈不让孩子磨炼，以后他愈埋怨我们，他不会说爸爸妈妈真爱我，都帮我做好了，都不忍心让我累着。

我们教育孩子，不要走一条自己累得半死又让孩子埋怨的路。一定要懂得从小扎孩子德行的根，从小扎孩子独立生活能力的根。这样的问题往往学历愈高的父母愈容易忽略。这里讲的学历，不是学问。现在很多人是空有学历、空有知识，对做人处事的道理并不是很清楚。我听说过一对夫妻，都是大学老师，孩子在念高中，早上是被父母叫醒的，叫醒以后父亲帮他穿衣服、穿鞋子。有一次同事到他们家，看到了这一幕。妈妈拿毛巾帮他洗脸，擦完脸喂他吃饭，全部弄好了再把他送出去。那个同事说，你们要把孩子养成什么样子！

还有一个案例，孩子研究生毕业，父母刚好出门了，他没有烧过开水，那天自己烧开水。因为没有经验，烧着烧着忘记了。因为是冬天，窗户又没有开，水沸腾的时候把火给浇灭了，燃气泄漏了，他都浑然不知。一个研究生的生命就这样结束了，就因为没有做事的警觉心。这是谁造成的？谁让他的能力这么差？我们常常想到《资治通鉴》里面的一句话，“爱之不以道，适所以害之也”，你这样宠他，他走出家门谁再宠他？没有人会宠他，那时他要吃的苦可能更多。

有位老师把这个案例讲给他的学生，这些小学生就在那里笑。老师问，这是什么原因？这些小孩子反应也很快，说很可能父母都叫他读书，什么都不用做，父母太宠了；有的说他太懒惰……此起彼落，大家都在那里找原因，也找得很精准。接着老师突然反问一句话：“那你们会做什么？你们在家里会做什么？”我们要很冷静，现在的孩子，讲别人可以讨论一大堆，看自己呢？这都是问题。

我以前教书就很感慨，全班行为最皮的那个小孩，别人犯错，他可以揪出别人所有的问题，比我还厉害，他讲得可仔细了，但是他掌控不了自己的行为。所谓“工于论人者，察己常疏”，讲别人讲得很厉害的，自己的问题都看不到。所以当老师反问这些小朋友，那你们会什么，底下鸦雀无声，头低下来不敢说话。这个老师很有智慧，抓住这个机会教育点提醒他的学生。接着这个老师说：“我可不希望五年十年以后，媒体上说有个大学生或研究生，连鞋带都不会绑，连开水都不会烧，说的就是你们，那我一定看不下去。”这个老师这么一提醒，对学生有没有影响？从这个事例他会回光反照，我以后可不能变成别人的笑话。

我们从这个事情体会到，让孩子多劳动，对他的心灵会有很多的帮助、影响。以我自己来讲，我在家里是独生子，又是长孙，爷爷奶奶，尤其是奶奶对我非常疼爱。记得我在念初中的时候，假如我去洗碗，我的奶奶会过来。我的奶奶过来了，我的妈妈也会过来。我的妈妈过来了，我的姐姐也会过来。当然，假如我坚持洗还是洗得成，所以不能怪别人，还是我自己没有坚持。那时候没学《弟子规》，成长过程中还有很多做错的地方。做家事做得少，手脚就比较迟钝。有时候在团体中喊半天，“我能帮什么忙”，人家都懒得理我。会做事的，一看就知道在哪里下手，还在问，人家想，你别进来瞎搅和了。所以真的很有意思，你不常常帮忙，观察力就下降；常常拖地，看东西看得仔细。地要拖得好，边边角角都要仔细打扫。

我因为家事干得少，老天有眼，知道我还得多干。所谓“祸福无门，惟人自召；善恶之报，如影随形”，不只善恶之报如影随形，该干的事，你跑到天涯海角还得干。这是真的不是假的。我在家里干活少，我跑到澳洲，飞了几千里，都快上万里了，还得干。那时候差不多有七十来人，大家吃完饭，所有的碗盘，包括煮饭煮汤的那个桶子，统统要洗，所以一次洗个够。大家洗过那个桶子没有？煮七十人的，很深，幸好我身高还不错，不然快掉下去了。没做过馒头，去那里就做馒头，一做要做八百个、一千个。做了才知道，吃馒头很轻松，做馒头还是挺累的，所以以后馒头吃起来特别香。为什么？因为都想着那是人家付出的，味道真的不一样，有人家爱心的加持，还有我们感恩心的加持。

我记得那时候做馒头，很多师姐一做都是一两个小时不坐下来，我差不多维持十五分钟就不行了。我还得看看没有人，然后退到旁边坐下来休息一下，腰都快断了。没做过，在旁边看觉得很简单，没有真正做过那个事情都说不准。有句话说“不行太行行”，你不到太行山走过，怎么知道路不好走？那时候洗碗、做馒头这些事都做了，后来再看到厨房里的这些人，真是礼敬诸佛，太不容易了。在那么热的环境中，又那么欢喜地去做，不是普通人办得到的。

我们有位老师，他是在山东负责，这次回到安徽来学习一两个礼拜，结果课程给他的触动都比不上他看到的那一幕。哪一幕？他刚好经过厨房，看到很多师姐在那里洗菜，那时候安徽庐江的气温差不多四五度，就用可能只有七八度的水洗菜，而且坐下去不是洗三十分钟，一洗就是三四个小时，而且不是洗一天，天天如此。这位老师很感动，我们在那里学习，都是这么多人的无私付出来成就我们。习劳知感恩，你真正去做过才会感恩。这位老师也蹲下去一起洗，水很冰。当我们体验过了，对那些饭菜真的是时时都念着“五观若存，金石易化”。所以我们让孩子真正去劳动，他那份感恩心就能提得起来。

我到了海口，只身一人，做饭也要自己做，打扫也要自己打扫，缴什么费统统自己来，这才知道柴米油盐酱醋茶，要维持一个家庭真的不容易。所以当我第一次从海南回到家里，一开门见到母亲喊那一声“妈”，跟出去的时候一不一样？那可真不同。我姐姐到美国留学，回来以后做家事完全不用人家讲，都主动去做。后来我才体会到，真的在异国他乡更能感觉到家庭的温暖跟父母的付出。所以当父母的应该让孩子多参与家务，让他感受到家里人对他的付出。他到团体去也要叮咛他，在团队里面，也是多少人为你的生活打理，要常存感恩，时时用心在自己的岗位。这是要懂得感恩。

再来，要学会独立生活的能力。美国有一所高中，门口有一个雕像，是一只苍鹰。大家可能以为是“鹏程万里”，其实不是。在校门口用这个标志，是因为一个典故。这只苍鹰，它的理想是遨游五大洲、七大洋，很有志气，所以它都在那里研究如何飞得姿势优雅又省力。学习了很长时间，终于踏上旅程。结果因为只学翱翔，没有学如何觅食，不知道怎样找食物吃，飞了四天就活活饿死。孩子有再高的学历，连自己都照顾不好，身体铁定完蛋。很多大学生四年里把身体都不知道糟蹋成什么样子。所以不能让孩子连生活能力都没有，生活能力也是往后维系家庭幸福一个很重要的条件。

我在台南讲课的时候，有一位朋友很感叹，他说已经看到这场悲剧，不希望以后还有人重蹈覆辙。他主动把情况告诉我们。有一位女士，从小读书成绩都挺好，考上师大英文系，那算是很高的志愿了。整个成长过程都是父母给她送饭吃，无微不至，晚上还要载她回去。后来考上大学，读到大四就结婚了，嫁给了一个牙科医生。诸位朋友，假如是你女儿，出来就当老师，又嫁给牙科医生，高不高兴？人生别高兴得太早。看得不够深远，可能当初让我们觉得光荣欢喜的事会成为我们人生的痛处。你不会教她，往后会成为痛处。

我们有位老师的亲戚，大学毕业后在大学任教。一般人觉得很光荣，有个女儿在大学教书。但是这个女儿因为太会花钱，每个月还要伸手找父母要钱。去上大学还临时教她如何提水，这些活儿都不会干。如此，很可能往后女儿的人生有很多事会成为父母的痛处。

结婚后，这个师大英文系的女生啥都不会干，只会考试，又被宠得比较娇气，跟婆婆常常发生冲突。先生忍气吞声，到最后忍不下去了，到法院申请离婚，居然胜诉。申请离婚还能胜诉，很可能还是这个太太做出一些让人觉得不是很好的行为，让人家觉得过分，不然不会判先生胜诉。

婚姻出现问题，父母还常常感叹："我对她这么好，为什么她不听我的话？"这都是当父母的思考的盲点，对她好，她就会听我们的话？是教她懂得做人，她才会听我们的话。你一味地对她好，一味地宠她，她愈来愈以自我为中心，养成一些懒散的习惯，到头来你拉都拉不回来。父母在那里垂泪，女儿还是没有办法懂事，没有办法把为人妻的角色扮演好，所以父母的痛是一辈子。

现在这种情况很多，独生子遇上独生女，又生出第二代独生子女。有一幅漫画我们看了啼笑皆非：妈妈是独生女，她在干什么？她在看连续剧，看那些爱情剧；爸爸是独生子，他在打电脑；襁褓中的孩子哇哇大哭。当第一代独生子女遇上第二代独生子女，说："又不是只有你是独生子女。"这是现在社会的真实情况。还有很多真实例子，二十多岁当爸爸了，到医院去，不会照顾自己的小孩，不敏锐。妈妈说看一下孩子，她去厕所，结果孩子跟其他孩子混在一起，爸爸不知道哪个是他的儿子。我们听起来觉得很夸张，但是这种事确实不少，他们不会关心别人，因为从小都是以自我为中心。

有个南京的妈妈，女儿已经离了一次婚，又到婚姻介绍所去找。母亲说起女儿上次的婚姻，她是独生女，他是独生子，两边的条件都很好。什么意思？什么叫两边的条件都很好？“条件”两个字是什么意思？都很有钱，这太狭隘了。门当户对不是比有钱，是比家教、比阴德。比有钱，那都是比谁是老大，比谁更骄横，那没用。所以只有我们当父母的有智慧，把女儿嫁对了，下一代很可能就出圣贤。这个社会太需要真正有道德、有学问的圣贤人。

说到要出圣贤人，有好的下一代，我们要懂得“求子三要”。怎么说到这里来了？要讲的实在太多了，太多需要讲。求子三要，三件重要的事情：第一，保身节欲，以培先天；第二，敦伦积德，以立福基;第三，胎幼善教，以免随流。我们要求孝子贤孙，这是求得到的。我常常在想，我们整个中国文化没落了，这时候我们懂得修养自己的德行，很可能感来的都是圣哲人，只要我们有一份为国家、为民族的愿心，都会有很好的感应。所以现在生孩子心胸要宽广，不是为自己的家而已，而是要为整个社会、整个民族承传圣贤智慧。

“保身节欲，以培先天”这个相当重要，但我们往往不知道这个道理。身体受损了，很难生出好的孩子。要生好孩子，应该节欲最少一百天才对。

再来，敦伦积德。有百世之德者，即有百世子孙保之；有十世之德者，就有十世子孙保之；其斩焉无后者，到我们这一代都断了，德至薄也，子孙也是感应。所以我们要积德，以培孩子及这个家族福分的根基。

第三，胎幼要好好地教导，“少成若天性，习惯成自然”，以免随波逐流。这倒不是说会染那些杀盗淫妄，我们用错的思想观念教育孩子，也很容易让他随波逐流。所以要用对的思想观念，不要拿现在的一些理论，那些理论才几十年，根本没经长期证实。而这几千年承传下来的智慧我们不用，真的是入宝山空手而回。

有些父母看了一些书，让孩子从小多劳动，只要劳动就给钱，让他懂得理财。听起来好像很有道理，结果孩子为了什么而工作？都是为了赚钱，他那种为家庭付出的心、感恩的心、孝心还没提起来，先长利害的心。学如逆水行舟，不进则退，在哪里进退？心地。他的心地是愈来愈有道义还是愈来愈功利？由此看得出他的进退。现在他五六岁，你叫他拖个地得给他十块钱，过了半年，他会要加薪，那你得给他二十块钱，不然他会罢工。家庭不是谈利害的地方，家庭是谈付出的地方。

有个母亲用了这个方法，没一个礼拜状况出来了。她叫女儿帮帮忙，女儿连起立答话都没有，连“父母呼，应勿缓”都没有。母亲叫她帮忙把衣服晾起来，母亲说她很累了，女儿马上头扭过去：“今天我也很累，钱我不赚了。”“我也很累”，她已经了解妈妈很累了，但她完全没感觉，还说她不赚了，她只看到钱，再也看不到妈妈辛不辛苦。所以这个随流大家要谨慎。现在知识爆炸，大家拼命买一大堆书看，什么意大利的教学法、欧洲的教学法，还有俄罗斯的，每过一段时间换一个教学法，把孩子当什么？当小白鼠，当实验品了。所以“不听老人言，吃亏在眼前”。

我们这个时代，有多少家庭在那里感叹，费了那么多力，怎么都没效果？“家家有本难念的经”，真实不虚。以前几百口人住在一起，那么和乐的景象现在几乎看不到了。为什么几百人能那么和乐？遵从圣贤人为人处世的道理。为什么现在三口人都闹得鸡犬不宁？思想观念随波逐流了，都是竞争，都是计较。家里是谈付出的地方，所以一定要让孩子从小多做事情。

我们刚刚讲到南京这位妈妈，说两边的条件都很好。错了，应该是“娶媳求淑女，毋计厚奁”，找媳妇应该找贤淑善良的人，不是说有很丰厚的嫁妆；“嫁女择佳婿，毋索重聘”，这都是多么精辟的人生道理！替女儿找好的对象，一定是找有德行的，不是说对方很有钱，有很多的聘金。

女儿已经离了一次婚，彼此都是独生子女，统统不干活，整个家乱七八糟，后来在那里比谁脾气大，没办法，就离婚了。这位妈妈又说，这次婚姻我一定给女儿找一个更好的。什么叫更好的？一个母亲没有智慧，会把女儿糟蹋成什么样子！这个妈妈说，这次假如找到更好的，我可以雇一个保姆给他们，帮他们打理家务，或者给二十万嫁妆。诸位朋友，她女儿未来的命运我们能不能看到？能幸福吗？一点照顾家庭的能力都没有，不可能有幸福。

北京有一对年轻夫妻更妙，一结婚，把妈妈拉来，把妈妈变成牛马一样。所以当我们做牛做马，孩子还真把你当牛马。老人家累得实在不行了，要回家休息几天，给他们留言：你们两个回来后，第一件事做什么，第二件事做什么……写得很清楚，都写在一个本子上。结果隔天晚上儿子打电话给她：“妈，那个本子我们忘了放在哪里了。”言下之意就是你赶快回来吧。这个孩子也没学《弟子规》，“置冠服，有定位”，他都不会。东西都乱放，怎么经营好家庭？这都已经不是笑话了。

亡羊补牢，犹未晚矣。诸位朋友，刚刚讲的故事，我们的孩子以后会不会重蹈覆辙？我们不要听一听，哈哈哈，笑完，没事了。或者，我们的孙子会不会跟他们一样？这都是我们要引以为戒的地方。

所以，要让孩子懂得感恩，学会独立，这样他就可以建立自信。当孩子连这些基本的事都不会做，他在人群中会慢慢失去信心。几对夫妻一起聚会，孩子在楼上，突然听到“砰”的一声，一杯果汁倒了。两个母亲上楼去看。其中一家是请外佣的，这家的孩子只会在那里喊 Mary，其他都不会，啥事都是喊“Mary，赶快来”，傻在那里不知所措。另一家虽然家世也不错，但是都自己干，就看到这家的女儿不慌不忙进厨房拿抹布，儿子去拿拖把。两个人配合得很好，旁边那个还在那里喊 Mary。这会让人觉得怎么样？两家的孩子怎么差那么多！以后哪家的孩子成就会比较高？

好，今天就讲到这里。谢谢大家！

第十二讲 《弟子规》是根之根

尊敬的诸位朋友，大家好！

清朝有一个读书人，书读得很好，事业也相当有成就，大家应该耳熟能详——曾国藩，后代也很兴旺。曾国藩说他在宦海这么久，看到很多家族兴衰，这些当官的人家，能过一两代的很少。我们再冷静看看，近代这一两百年当官权力很大、弄权一时的，后代子孙很少过一两代，都很快败下来。弄权一时，凄凉万古。不只自己凄凉，连子孙都受累，“积不善之家，必有余殃”。

从事商业的人，假如还想家业绵延三四代不衰，一定要有勤俭的美德，绵延五六代的，不只有勤俭，还要有谨慎朴实的特质。这话很宝贵，我们都希望子孙绵延，家道不衰，这些特质种下去了没有？假如没有，家业兴盛不可能超过三四代。有句话讲，父母赚钱针挑土，用针把土挑起来，一点一滴积起来；不肖子孙花钱是浪淘沙，好不容易挑了一堆土，海浪拍上来，一下整个沉下去。多少大企业积累了几代的财富，在一代人手上整个垮掉。这样的例子不在少数，所以要勤俭。

还有谨慎，我们的孩子谨慎纯朴的特质种下去没有？而真正要绵延八代十代以上的要有孝悌的家风。孝悌的学问很大，假如再把孝悌讲下来，要讲好几个小时，我们下次的专题就讲孝悌好了。“尧舜之道，孝悌而已矣；孔孟之道，仁义而已矣”，尧舜教诲的核心就是孝悌，孔子、孟子教诲的核心就是孝悌再加上仁义的精神。

曾国藩又说，家风兴盛还是衰败，看三件事情比较准。第一，看这户人家睡觉睡到几点。闽南话说“日头照屁股了还在睡”，那都是衰相，因为睡到这么晚，整个人都懒惰了。再来，做不做家事，其实都是看勤不勤劳。第三，读不读圣贤书。“人之穷通，家之兴衰，皆于勤惰卜之”，这些人生的道理我们都了透了，人家说你好像会算命一样。道理本来如此。一个人困穷还是通达，一个家兴盛还是衰败，从勤不勤劳就卜算得出来。所以我们讲这一段也是提醒父母，孩子应有的德行、能力一定要帮他扎下去，不然以后人生觉得很无奈、很痛苦，他会怨我们。所以要想孩子无怨，一定要懂得这些道理，要让孩子觉得父母有这么高的智慧，才成就自己的德行跟能力。

有个年轻人写了一篇文章叫《“懒爸爸”》。你看这篇文章名字很有意思。他回想小时候学走路，跌倒了，爸爸说你自己爬起来；吃饭的时候不会用，爸爸说你自己学着用。再比如家里的东西哪里坏了，爸爸搬来工具，让他自己做做看，或者爸爸只做一次，以后都叫他自己干；不会拖地，爸爸也让他自己做做看。他的成长过程都是自己干过来。突然有一天，他说我终于明白，爸爸不会干的事我都会干了。其实爸爸不是不会干，是让他有学习成长的机会，陪着他走，而不是把他所有成长、学习的机会都剥夺。为人父母，该让孩子磨炼的还是要去磨炼。

我们回到正己化人。正己化人，上节课说到一定从自己身边的人开始做起。所谓“身修而后家齐，家齐而后国治”，身修、家齐都没做，就要做民族的救星，还在那里讲得那么大声，那人家很难接受，还会看笑话。有位太太三十多岁，她在新疆乌鲁木齐，先生也相当有成就，底下的部属有几千人。她觉得先生不够尊重她，可能是因为她的工作能力不够，没有赚钱，所以她也要去赚钱，让先生知道她的能力也很高。其实她误解了。夫妻一条心，黄土变成金。夫妻在那里比谁的能力高，谁赚的钱多，比到最后，结果是什么？夫妻是相辅相成，分工合作，哪是比高下？先生是天，太太也要当天，地怎么样？地没了。所以现在的孩子没有立锥之地，站都站不稳了。地没有了，孩子跌到哪里去？跌到欲望的深渊。

真的，孩子的心地受母亲的影响太大了。像我们家三个孩子，我两个姐姐，我们整个成长过程心灵都非常平稳，有母亲的温暖、关怀在，就觉得回到家里很放心。我记得常常一进门，就闻到热腾腾红豆汤、绿豆汤的味道。大家有没有闻到？肚子都饿了。对！时时母亲都在家里，那种对孩子人格的安定的力量太大了，好像没觉得什么叫天塌下来，面对很多事情都比较从容。母亲常常不在，很可能孩子的心灵不够安定，觉得太缺乏关怀。

我们的成长过程也看到不少同学喜欢嫉妒别人，人家对他好他就抓着不放，占有欲特别强。我们不要怪他们，那都是他们太缺乏爱。同学跟同学之间，有时候你跟别人好一点，他还会吃醋，还会跟你断交。你不要怪他，因为他太缺乏爱了，控制欲比较强。所以不只不能跟他计较，还应该多体谅。

所以，夫妻之间还在那里争天争地，到头来吃最大亏的是下一代。能够分工合作，先生负责家里的经济，太太负责把家里打理好、把孩子教育好，彼此深深感恩，家庭一定和乐，家和万事兴。

其实那位太太的先生并不是觉得她的工作能力不够，而是觉得她没有把心放在家庭，没有把公婆照顾好，可能心里有一些不舒服，但也没怎么说，她自己就理解成先生不尊重她是因为她没有赚钱，所以就跑到深圳去赚钱。她确实也很有工作能力，一下子就有不错的收入。工作了一段，突然有一天晚上，半夜两三点电话响了，是她父亲打来的。电话那头还有她的小孩在那里哭闹的声音。父亲对她讲，你的儿子从十点多我不让他看电视，哭闹到现在都没休息，怎么讲都不听，你一个月纵使收入十万块钱，那有什么意义？你不好好照顾你的孩子。所以我们为人父母的冷静来看，多赚点钱重要还是孩子的一生幸福重要？当孩子的人格已经偏颇，变成欲望的奴隶，又要拿多少钱才能让他回头？我们拿个天平来称，我们每个月多赚的几万块，跟孩子一生健全的人格比，哪个重？“至要莫若教子”，一定要懂得轻重缓急。

这位太太接完电话，一句话都没讲，也没有再解释什么，只跟父亲说明天就辞职。这位太太马上警觉到人生更重要的还是照顾好自己的儿子。由于她这一念当母亲的责任，也影响了很多人重视儿童教育、重视德行扎根教育、重视中国文化圣贤教育的承传；也因为她这一念对孩子的爱心，整个牵动起来，她现在是当地推广传统文化教育最积极的老师之一，做得相当好。她所做的就是只要求自己，正己，但是她的家庭乃至那一带的人都被她感动，甚至当地的幼儿园园长都被她感动，还带了二十个左右的幼儿园园长到中心参观。这些园长背后是多少个孩子跟家庭！所以，一个人善念的力量不可思议。不只她可以，我们都可以，“见人善，即思齐”，你看她在整个家乡把传统文化教育振兴起来。

她首先对婆婆懂得主动去关怀、爱护，每天都会做早餐，打豆浆，亲自给婆婆送去。其实婆媳问题并不复杂，也都在一念之间。我们举办了好婆婆好媳妇表扬会，深入调查她们的事迹，很有意思，发现好婆婆都有个共通点，就是把媳妇当自己的女儿看，甚至还跟女儿、儿子讲，大嫂嫁过来，我们应该更爱护她，不要让她觉得有生疏的感觉，要让她觉得就跟在自己家一样，不可以欺负嫂嫂。你看，都是这种心胸。媳妇真正嫁过来，能不能感受到婆婆这份关怀？一定感受得到，人的心都很敏锐。相同的，好媳妇都是把婆婆当自己的母亲一样侍奉。所以，心态对了，一家人就会相处得很好。

我们再深入了解，媳妇为什么有这样的心态？那是媳妇的母亲会教，都是交代她一定要对婆婆很好，可以不给我们买礼物，不可以不给公公婆婆买礼物；交代她不可以跟先生吵架，假如吵架，别回来哭，自己解决；交代她好好相夫教子。闽南话说，“拣田要拣好田底，娶某要拣好娘奶”，选田地要看土质好不好，娶媳妇也要看娘家教育得好不好。所以，真的都在我们的心态。

这位太太从深圳回去，非常用心地照顾婆婆，婆婆也慢慢感受到这份诚意。有一天婆婆在路上看到她，本来手上提着一些菜，把菜放下，过去就把她抱着。婆婆对她讲，你跟我年轻的时候很像，好胜，要强，就是这个个性，但是心肠很好。你看婆媳之间惺惺相惜那种感觉。有时候先生给她打电话，“妈妈今天又称赞你，妈妈又交代我不可以欺负你”。夫妻这种言谈，感觉很和乐。

她也很细腻地照顾先生，先生比较晚回来，她都会留盏灯，留些吃的。有一天半夜，先生坐在床边，她突然醒过来：“你怎么了？”先生说你帮我留的那盏灯、那些吃的我都看到了。先生很感动，感动到睡不着觉。这位太太很有意思，你猜她怎么讲？她说我都做这么久了你才看到。其实那是有一点撒娇，不是埋怨，夫妻俩情感愈来愈好。

她的先生是一个单位的领导，有时候难免情绪起伏，她都很懂得去安慰，给他一些很好的开导。因为她都很恭敬地给先生行礼，先生也被感染了，到公司做报告，一上台也给底下的同仁行礼，同仁都很惊讶。他说上台三鞠躬，接下来报告都好说，因为三鞠躬下去，大家都体会到那种恭敬心。他代表公司到国外去做一些交流，上台也跟这些外国人行礼，有个美国人过来跟他说，你是真正的中国人，真正懂得承传你们祖宗的文化。

先生工作能力挺好，难免会遭嫉妒，心情很不好。当先生把情况告诉她的时候，她不假思索就讲了一个字："让"。先生很震撼，自己烦恼一大堆，但太太脑子非常清楚，一个字就出来了。让，把这些功劳让给谁？让名于上，让功于众，把功劳统统让给众人，嫉妒、怨气慢慢就消下去了，甚至人家会很感动，你都不居功，还把功劳都给我们。人之所以被很多人批评，不知所措，就是没有做到这个"让"。让名于上，让功于众，让位于贤。人家比我们有德行，赶快让给别人。这个工作，他人可以做得比我们好，不贪恋，让更有能力的后进赶快上来承担、磨炼，这样才能息别人的怨。

先生有一天看连续剧很感慨，对她讲，虽然我事业做得那么大，但是我这一辈子的成就也比不上你承传圣贤教诲。这段话我们听了很欢喜，先生变成她最大的支持者。其实她的先生也可以成为承传中国文化最好的老师，只要他把我们中国文化的"孝悌忠信，礼义廉耻，仁慈博爱"在企业展现出来，把它演出来。这是实质的弘扬中国文化，让人家一进门就感觉到点点滴滴都是中国文化的流露。

珠海有一家银行门口写着什么？"导之以政，齐之以刑，民免而无耻；导之以德，齐之以礼，有耻且格。”这是最成功的管理学，要用德、用礼敬来带动整个团队的文化。最彻底的赚钱致富的方法是什么？大家一听眼睛都亮了。“有德此有人，有人此有土，有土此有财，有财此有用”，这种财富才能绵延不绝。无德无人才，纵使这个企业有再多的财富，很可能短时间就毁掉。

所以，今天承传圣贤教诲，不管我们从事哪个行业，统统可以做得非常彻底。我们做家庭主妇，就把孟母的精神演出来，功德跟古圣先贤都是无二无别，尽心尽力就是圆满；我们当老师，就把师德演得彻底；我们当医生，就把医德演得淋漓尽致。那都是承传中国文化的功臣。刚刚我们提到的这个老师正己，感化了家人，自然也感化了他们那一带一起来推展圣贤教诲。好，正己化人就先讲到这里。

我们提到的都是如何不怨，不怨天不尤人。诸位朋友，不怨天不尤人吃不吃亏？一点都不吃亏，这个世间没有吃亏的事情，也没有占便宜的事情，所以不用羡慕任何人。“公修公得，婆修婆得”，不要去占人家便宜。占人家多少便宜最后要连本带利地还，不只要还本金，利息都要还，还有物价指数波动都要算进去，这是真的不是假的。当我们真的明白没有占便宜的事，这辈子没有占人家便宜、欺骗人的念头。人明白这些道理，心就平了。没有占便宜的事，也没有吃亏的事。当我们这一生竭尽全力地付出，人欠你，天会还你，天就是真理。

清朝的纪晓岚写了一本《阅微草堂笔记》，其中提到有个老太太一生平凡，在农村度过了一生。这个老太太到了阎罗王那里，阎罗王非常恭敬地向她问好。旁边的人都很惊讶，你怎么对这个老太太这么恭敬？他说，这个老太太虽然没有做什么可歌可泣的事，但是她这一生为了家庭无私地付出，几十年从没有一个念头为自己着想。你看，平凡中见伟大。都是为婆婆、为先生、为孩子着想，为亲戚朋友着想，所以我对她非常敬重，而且她不归我管。说着说着，这个老太太走几步就升天了。

所以，这辈子真心真意地付出，能有好的回报。这辈子还埋怨，那是跟自己过不去，跟成就智慧过不去，那太傻了。这辈子谁怎样占我们便宜，我们都不跟他计较，老老实实敦伦尽分，闲邪存诚，跟成就没关系的事统统放下，不要计较，也不要攀求。只有一个目标，其他事情不生烦恼。

那时候在中心遇到一件事情，师长没来，结果有风声出去了，上海几十个同仁坐车过来了。同仁说师长没来，他们也不相信，就在中心门口安营扎寨，一堆不够还两堆。他们在那里坐下来，我们也要尽待客之道，我就走了出去。他们的领队跟我说："蔡老师，我是不怎么执着，我不是一定要见师长，但是他们比较执着。"一下就把责任统统推给别人。他是领队，假如他知见对了，也不会带一群执着的人来。我问这些同仁吃饭了没有，那时候已经下午五点多了。大家回答说不只晚餐没吃，中餐也没吃。他们一副壮士的样子，为了见师长，连中餐都没吃。我跟他们讲，师长说要从《弟子规》做起，他们马上说对对对，师长说《弟子规》是根本的根本。我接着说，你们没有做到《弟子规》，他们愣了一下。我说你们连中饭都没吃，"身有伤，贻亲忧"，你们没做到《弟子规》。

接着我跟他们讲，你们知不知道为什么没做到《弟子规》？他们问，为什么？我说因为你们被一个执着给障住了。哪个执着？就是"我一定要见师长"。这样算不算执着？"若心有住，即是非住"，我们执着要见师长，师长是恒顺我们的执着。而其实释迦牟尼佛给我们的教诲是什么？“若以色见我，以音声求我，是人行邪道，不能见如来”，由于这份执着，把我们的智慧德相给障住了。

我们修学也在迷，把师长当偶像；应该落实师长的教诲。我这么一讲，他们也马上接受，说：“对对对，这个应该的，不能这么执着。”我接着又说：“你出来的时候先生知不知道？”她说不知道。“孩子回来有没有饭吃？”“没饭吃。”你看，一下子都不管了，抛家弃子。家里的人回来，说搞什么，怎么都没人？所以印光大师提醒我们敦伦尽分，修学首先要把圣贤教诲在家里做出来，从自己的家人开始做起。第一个要礼敬所有的家人，第二个要懂得看到每个人的优点。

有个先生爱打麻将，太太跑过去骂，反而愈来愈糟。确实，沉溺于这些不好的欲望，真的就好像吸毒一样。有一次太太的手受伤了，不方便出去，她请先生去买药，结果先生一去不回，买着买着就打麻将去了。这时候我们也要感受到，很多人一染上赌博，赌瘾很难断，必须用真诚去感化他；你硬是阻止，不给他面子，很可能愈来愈糟。婆婆看到儿子不务正业，打他，边打边说：“你上有老，下有小，又有太太，你都不好好爱护，还去打麻将。”

后来太太来学《弟子规》，学了就知道要常常看先生的优点，还没学的时候满脑子都是先生的缺点，一看到他就烦。现在开始冷静下来看他的优点。有一天散步，走着走着就跟先生讲：“我们结婚后，有一次我妈妈来了，你对她无微不至地照顾。”先生愣了一下，因为那种称赞的言语太久没听到了。然后太太还说：“以前我做得很多不对的地方，请你原谅。”先生不对，她跟先生先道歉，先生很感动，慢慢打麻将的次数愈来愈少。

有一次先生又打得很晚。我们要了解，人改掉习惯有个过程，不能操之过急。十一点多了，一群人在那里打麻将，她过去了。先生看到她也很紧张，马上就站起来。结果太太跟同桌的人敬礼鞠躬，给他们问好，这么一问好，他们也打不下去了。刚好那个地方有个平台，太太居然站到台上去了，她对着所有的人鞠躬，对他们说："诸位朋友，你们的太太、你们的孩子在家里等你们，他们一定很担心，而且都已经十一点多了，你们也都辛苦了，赶快回去休息吧。"她讲的是柔软语，当下很多人真的回去了。就是这样善巧，这样"怡吾色，柔吾声"，把先生给感动了。现在这位太太也是我们中心的同仁。我们很多同仁都是很有来历的，都是对先生、对孩子态度转变很大，现在是我们同舟共济的好伙伴。

刚刚也跟大家讲到不怕吃亏，一定后福无穷。我们已经知道这个真相，还跟人家计较，说不过去。唐朝有一位太太，先生去世了，她必须赡养婆婆。婆婆眼睛瞎了，又很急躁、固执，动不动就骂她。她还是安心顺受，一点都不埋怨婆婆，对婆婆还是非常恭敬。她带着婆婆乞讨，一个女子乞讨已经很苦了，又要带着婆婆乞讨；侍奉一个瞎眼婆婆已经很难了，婆婆脾气又那么大，更难。行至苦至难之事，她却没有怨言。有富翁拿一百两叫她嫁给他，她骂这个富翁无耻，说他要夺她的名节，把他骂退了；很多年轻的男士拿来首饰、衣服，都被她丢石头给吓退了，非常有气节。最后她活到八十八岁，自自然然，坐着就走了。这个女士姓李，她的先生姓张，这个故事叫张李丐养。这是《德育故事》里面讲的。师长常讲，首先学什么？学吃亏，学不埋怨任何人，我们从这里开始做起。

好，这节课就到这里，谢谢！

第十三讲　修学就是放下分别、放下执着

尊敬的诸位朋友，大家好！

我们上节课提到修学一开始要学吃亏，也要明白人生的真相，没有吃亏的事情，也没有可以占人便宜的事情。面对逆境的时候，看起来好像吃亏了，但那都是了账。“随缘消旧业，不再造新殃”。“不再造新殃”就是没有占人家便宜的念头；先学吃亏，绝不占人便宜，就是“不再造新殃”的具体落实。

当我们想着“不再造新殃”，我们的念头是为自己还是为他人？这个很重要。万法由心生，假如我们是为自己，不想再遇到一些不好的事情，那还是有个“我”在；假如是不愿意恼害他人，希望通过自己依教奉行，行为世范，跟人家结善缘，这个心量就不一样了。

我们看每句经句、每句圣贤教诲，都要把这个“我”放下，要时时为人着想，时时扩宽自己的心量。所以学贵立志，志向要很远大才行。在这个当下我们表现出与人无争，与世无求的人生态度，让人家看到我们这样生活确实轻松自在，心向往之，这就真正是为人演说。演得好，就已经是现身说法；假如只说不演，人家说我们有口无心，人家心里不服，因为我们没有表里一如，这种人生态度和心量都会影响我们修学的状态。

为人演说，那要演得让人常生欢喜心。前面也提到，我们跟朝夕

相处的人很难时时以笑脸相对，反而对不常见面的朋友我们能够笑脸相迎。从这里看出我们还是情绪用事，还是有分别执着。智慧是被分别执着给障住了，面对一切境界，要把分别执着给放下。在佛寺，进到山门最先看到的就是弥勒菩萨，弥勒菩萨给大众最深的印象是什么？笑口常开。这也告诉我们，假如不会笑就不能进佛门。为什么？因为不会笑，可能会恼害他人，一张脸很严肃，都把人给吓退了。所以又有一句话说，“面上无嗔供养具”，我们什么时候广修供养？当下与人相处可以欢喜对人，笑口常开，这就已经在修供养。所以，修学不是打开经典再修，修学就是修正我们的想法、看法、说法、做法。什么时候修想法？时时刻刻。

“学如逆水行舟，不进则退”，我们觉得自己是在进还是在退？很可能觉得今年比去年好一点。但是我们觉得好一点，不见得是真的好，很多时候是错觉。我们可能思考的是一年、一个月，乃至一个礼拜，而事实上进退在一念之间。我们假如不能回到进退在一念之间，圣狂之分在乎一念，这一生很难有所成就。我们不从根本修，不从起心动念处下手，这一生只能跟圣贤教诲结个善缘。

不从这个根本，事实上习气是很难对治的，所以修学要有高度警觉，不然很可能会被自己给骗了——反正我都修十年二十年了，应该有进步。这“应该”二字不能轻易带过，一定要打破自欺这一关，修学始有商量处，而且须灼然见得自己满身的病痛，修学才有下手处。这个下手，就是修正我们的烦恼习气，就是从我们错误的起心动念处开始修正。

我们也可以很冷静地想想，一开始修学的时候那份利他心比较强，还是学了三五年后比较强？假如这三五年我们增加了很多常识，而那一颗利他、利众的心却远远不如刚开始的时候，其实我们是在退步。因为修学就是修这颗心，当真诚退了，很容易失去平等心。我修得比较长，他才刚进来，我还一副好为人师的样子，这时候慢心一起，不知不觉。心已经起妄了，当然是在退步。甚至我们可以长篇大论，但是不懂得回光反照：这一句我好像还没做，那一句还要再加油。一切言行，只要离开修身为本这个原则，那是在学知识，而不是在求智慧。这都是很重要的观照，所谓“不怕念起，只怕觉迟”。

师长常说心的根本——真诚、清净、平等、正觉和慈悲，这五心可以让我们观照自己到底是在进还是在退。修学的人，别人没有办法障碍我们，只有自己可以障碍自己，只有自己才骗得了自己。所以修学不要欺骗自己，自己的进退都在起心动念处，要时时觉照自己的念头，要在每个念头中“勤修戒定慧，息灭贪嗔痴”。这句话大家耳熟能详，但不能把它念成口头禅。我们面对一切境界，甚至起心动念，时时提醒自己放下分别执着。当我们用这样的心态来学习每句经典，那会很欢喜，因为分别执着放下了，很多障碍自然就除掉了。

我记得刚开始听师长讲课非常欢喜，觉得人生足矣，能遇到这么好的老师，什么都不求了。人一不求就自在，人生大部分烦恼都是因为求不得才产生的。师长的教诲我们就想着如何做到，从没想过做不到。当我们起一个念头，那个我做不到，其实就已经在退了。所以修学是当个明白人，不能自己都不知道进退。

错误的念头、妄念起来了，真的是兵败如山倒。你看一个“我不行”，整个情绪马上跌到深渊里了，爬不起来。也不知道要别人拉多久，可能拉一个礼拜，我们才好不容易转念了。我们真是对无常没有高度的警觉，一个错误的念头还要一个礼拜，那算我们福大。刚好这个礼拜离世了怎么办？那就不知道要去哪里了。所以我们对经句的领受真的要很敏锐。“一日无常到，方知梦里人”，无常什么时候会到？假如说三五年以后才会到，那还叫无常吗？“假如这个念头不对，无常马上来了，那我这一生不就白修了吗？”能体会到这一点，对自己的念头就不会放松，就会正念分明，就会依照印光大师所说的，“行住坐卧，穿衣吃饭，从朝至暮，从暮至朝……”

诸位朋友，这段话你们一定要背下来。这段话我们真正做到了，果能依此修学，决定可以成就。我念到这段很高兴，这段话才一百字左右，“无论在家出家，必须上敬下和，忍人所不能忍，行人所不能行，代人之劳，成人之美，静坐常思己过，闲谈莫论人非，行住坐卧，穿衣吃饭，从朝至暮，从暮至朝……若或妄念一起，当下就要叫它消灭，常生惭愧心及忏悔心，纵有修持，总觉我功夫很浅，不自矜夸”。印祖给我们做了非常好的表率。

印祖被公认为三百年来第一高僧，但他却自号常惭愧僧，给我们深深的提醒，不能有自满、傲慢的念头，要时时惭愧自己的不足，时时看到自己的过失。“只管自家，不管人家，只看好样子，不看坏样子，看一切人都是菩萨，唯我一人实是凡夫”。“诸恶莫作，众善奉行”。印祖给我们开示得这么清楚，我们在修学中还想着怎么办，有没有把握，怎么成就，那就愧对祖师大德。就好像父母明明把做人的道理讲得很清楚了，我们还到处问邻居、朋友怎么做人。

印光大师这段教诲有没有离开生活？“上敬下和，忍人所不能忍，行人所不能行”，有没有离开生活？三福、六和、三学、六度、普贤十愿，就在当下的生活、工作，当下的处事待人接物。整个修学的过程没有刻意，没有念头说这段时间很烦，赶快到某个地方，一年后我再出来。很烦，还要坐车到另外一个地方，才慢慢不烦，我也真的很佩服。“不怕念起，只怕觉迟”，我们还继续在那里很烦，在那里认贼作父，那不对。假如我们不知道，另当别论，明明已经知道了，还不用，还想着先到哪个山上，再来好好修学。当下我们有没有看到自己的执着跟分别？

自己已经执着了，还要把这个执着又告诉别人，讲给同仁听，这比骂人还凶。为什么？骂人，人家知道你不对；这种话语掺杂自己的分别执着，又带给别人，别人不知不觉就把我们的分别执着给吸收了。所以，“话说多，不如少”。言谈要随顺圣贤教诲，不能在言谈中又污染他人。所以我们时时要起一个觉照，我现在讲的话跟圣贤教诲相不相应，不然都在造恶。这都给我们很高的提醒。甚至每天睡觉前我们都可以问问自己，今天二十四小时正念多还是妄念多？今天所有的谈话有没有随顺圣贤教诲？

有个朋友到庐江来，他也期许自己“为往圣继绝学”。刚好那几天我们办活动，比较忙，我们就提出可不可以请他先帮忙扫厕所。当这个任务传给他的时候，他说，我是来学讲课的，我不扫厕所。诸位朋友，这个念头是什么？这个念头就是执着。自己有没有看到？执着不知道，傲慢不知道，修学、讲课跟生活脱节了不知道。我们讲课讲什么？讲如何服务大众，如何念念为人着想，如何放下我执，看到团体的需要。修学第一关不就是放下我执吗？我执放不下，又焉能劝别人放下我执？自己都不能提升，还能帮助别人？无有是处。所以真正有志于弘扬传统文化的人，真正用功处是把分别执着放下。我就是要学讲课，其他事我都不干，愈学愈执着就麻烦了。

他没去扫厕所，我们也不强人所难，给他广修供养、给他难行能行的机会，不干也没办法。后来这个年轻人说他想回去了，一切随缘，人家觉得这里没有温暖，我们也不强求。刚好我下楼遇上他，他也很客气，过来跟我说他想回去了，在这里也没有认识的人。我说，你没认识的人？你不认识我吗？我说你不错了，当初我到海口的时候，那才叫举目无亲，我假如像你这样，不就坐在海口哭了？

我到海口的时候，父亲提前跟我交代，去了要好好跟在杨老师后面，好好学个三年再说。知子莫若父，我父亲太了解我了，知道我墨水太少，要好好学习才行。但是人算不如天算，我被赶鸭子上架，本来想躲三年，结果才去了一个礼拜，上山东曲阜，杨老师看到整个文物被破坏得非常严重，当下就决定留在北京架设文化公益网，让全球有志于学习、推广、弘扬中国文化的志士仁人都有交流的平台。杨老师对我讲，你自己回去吧。诸位朋友，听起来好像在听故事，“自己回去吧”，现在假如杨老师派你去新疆，一个人干，我们会起什么念头？我们听这些大德的故事、听古圣先贤的德育故事要身历其境，不能一边听一边说，“那是他，不关我的事”，那都白听了。真是如此，我们什么时候放下分别执着，完全融入这个故事，以圣贤的心为自己的心，这叫真正练放下的功夫。我们可不能一边听故事一边说，“他行，我不行”，那已经在生执着了。

所以往往境界来的时候，我们才知道自己的念头是勇于承担还是退缩，是正念分明还是被境界打败。曾子有这样一句教诲：“士不可以不弘毅，任重而道远，仁以为己任，不亦重乎？死而后已，不亦远乎？”曾夫子告诉我们以推广仁爱大道为己任，这是非常深远、重大的责任。这个重不是压力很大，我们走弘扬中国文化的路有压力，那是自己有得失心。应该是随缘自在，尽心尽力，“岂能尽如人意，但求无愧我心”，不应该患得患失，那是变成自己的烦恼。“仁以为己任，不亦重乎？死而后已，不亦远乎？”这辈子穷尽一生弘扬圣贤文化。

师长有给我们勉励，“遵圣贤教诲，弘仁爱大道”。跟着师长很好的一点就是该怎么走师长都讲了，不用我们操心，不用我们写剧本，师长都给我们指引好了。这一生的价值、方向是遵圣贤教诲，弘仁爱大道，把自己的祖宗，这些老师、圣贤人的文化弘扬开来，承先启后，对得起祖宗，对得起后代。

我们刚刚讲到智慧被分别执着障住，什么时候破分别执着？时时刻刻观照自己的起心动念。弘仁爱大道，什么时候弘？当下能替别人着想就是弘，不是说把《论语》讲一遍才叫弘，那就是分别执着。所以当下能替人着想，就是为人演说，就是通过自己的一言一行、一举一动把圣贤教诲介绍给人。我们讲课，自己的动作、言语都没让人感觉到关爱，听众说你讲一套做一套，不只不能弘扬，还障碍别人学习，这都是要很谨慎的地方。有些老师台上很热情，一下台，人家很欢喜地过来请教问题，马上脸就板起来，把人家给伤害了还不知道。所以“言行忠信，表里相应”，这都是很重要的提醒。

有位师范大学的研究生，她有个习惯非常好，进到学校某个大楼的时候，因为门很重，所以当她把门打开，会很自然地回过头看看后面有没有人。假如后面刚好有人，她就不松手，请人家先进。有没有在弘仁爱大道？有。这个动作有没有承先启后？假如刚好开学不久，很可能学弟学妹看到学姐做这个动作，心里很温暖，她这个至诚的动作就把爱心传给了学弟学妹。而且，她也作而无作，她有没有说我常常帮人开门？真正打从内心自然去做的人，决定不会说。

真诚的人会不会到处跟人讲，我告诉你，我这个人就是很真诚？会不会？真诚的人帮人不露痕迹。他已经体会到同体了，哪里还会跟人计较我给你比较多，我有帮你？因为人跟我们是同体，同体的需要，马上就去帮助，没有念头说我在帮你，那已经不是同体了。有我有他就是分别，不是同体。比方说，我们曾经帮自己的后背抓过几次痒，记不记得？不记得。为什么？同体。而且还抓得很准，别人抓还要右边一点、左边一点，讲半天。所以现在帮助别人，这个也不通，那个也不通，那是我们同体的感受还不够强。能感同身受，一抓就抓到他的痛处，药一敷就敷到他的伤口上面。

再比方说，“我都借我哥哥三次钱了，我都帮过他几次了”。自己的哥哥还记得那么清楚，这个念头要反思。“伦常本乎天性”，伦常，父子、君臣、夫妇、兄弟、朋友；天性，用我们的自性生活。我们还有念头说“我对我妈妈比较好，比我姐姐哥哥对我妈妈更好”，那我们已经没有资格说我们对妈妈好。下属说“你看我比其他人努力，他们都比不上我，老板应该多赏识我”，你觉得他能算是忠臣吗？夫妻在那里计较，“你看我对我太太多好”，这个先生会是很好的先生吗？

所以当我们再想想古圣先贤，会生大惭愧心，何止不会计较财物，连生命都可以舍。杨香扼虎，一个女子，父亲被老虎叼起来了，那个当下她已经完全忘我，过去就把老虎给揪住了，然后老虎把她的父亲放下了。她在那个当下是完全无我的境界，只有父亲。因为她非常勇猛，所以老虎被她吓退了。

所以古代是“志士仁人，无求生以害仁，有杀身以成仁”，真的只有父母、只有妻子、只有兄弟、只有朋友的道义。为什么我们这些祖宗、古圣先贤修学成就那么高？因为他们在修学中国文化的过程中我执非常淡，甚至已经放下了，时时都是以道义存心。这个差距我们要感受得到。汉朝赵孝、赵礼两兄弟，弟弟被盗贼抓去了，要把他煮来吃，哥哥奋不顾身，说我的弟弟有病，你们还是吃我好了。包括夫妇相处，面对高官厚禄，如如不动，只想着这是我的妻子，我不能抛弃她。对得起自己的良心，才能真正做到无怨无悔。

刚刚我们提到要时时洞察分别执着，然后放下。孔夫子说："仁远乎哉？"仁爱之道离我们很远吗？"我欲仁，斯仁至矣"，道就在我们心上，根本就没有远跟近，当下即是。只要我这颗替人着想的心提起来，就在弘扬仁爱大道。刚刚讲的那个例子，那位研究生帮学弟学妹开门，是想告诉大家，道理要在生活中做，道要在生活中体证、契入。修学的过程，信、解、行、证，这个解不能照自己的意思，要依圣贤教诲去解。这个解要放下分别执着，真正去行了才会有所体证。

这个证也不离开信解行，是整个信解行，我们在行中有百分之百的信、解，我们相信了，事实上心境已经在解、行中了。师长讲，人最傻的就是在自己纯净纯善的心中放别人的垃圾、过失。我们相信师长说的，理解师长说的，我们行了没有？万法由心，当下境界一想，我都放下了，不就是行了吗？不是一定要等到有人来了，好，我好好来行一行。所以信、解也有行在，我们已经把这个道理变成自己立身处事的态度，就已经证入、契入圣贤的存心、境界。

孟夫子讲"爱人者，人恒爱之；敬人者，人恒敬之"，只要认真去做了，这个道理都会有体证，而且来得很快。这位研究生有一天走在路上，突然下起雨来，她没有带伞。跑着跑着，突然有人走过来给她撑伞，她表示感谢。这个人跟她说，你可能不认识我，但是我认识你，很久以前，我要进某栋大楼的时候，你帮我开过门。她帮谁开门早就不记得了，但是人家记得她。所以舍一得万，我们用真心的时候，每个人都记在心上。你用一颗真心对一千、一万个人，一千、一万个人会再用真心回馈给你。所以她真实体证了“爱人者，人恒爱之；敬人者，人恒敬之”。

我们念到这句的时候有没有百分之百的信心？但是很有意思，当用有求的心去做，感应不殊胜。我们不能每天在那里盯着，“我已经很爱护他了，他怎么还没有爱我？我已经很恭敬他了，他怎么还不恭敬我？”我们要了解，当我们开始对人家爱敬的时候，他已经被我们长期伤害了，以前我们都没有爱敬对他，人家还要疗伤调整一下，不可能一下子就感觉我们是爱敬他，甚至还会觉得你最近是不是吃错药了，担心你会不会有什么目的。观察了一段，“他真的改变了”，这时候感应就来了。还没有感应，那是有障碍，很可能是我们的过往给人家造成了不好的印象。这也不能怪别人，还是得怪自己，“行有不得，反求诸己”。

这个仁，事实上当下就可以做。我在前面也提到，我下楼的时候遇到那个年轻人，我就陪他走了走。我跟他讲，那时候杨老师让我自己回海口，假如我坐在地上哭，现在也不可能推广中国文化。然后他接着讲了一段话，讲了有三五分钟。我跟他讲，刚刚你从那儿走过来，直到走进这个庭院，其间我都没有接你的话，你有哪句是圣贤的教诲？他愣住了，回想一下，讲了这么长长的一段，一句都不是圣贤教诲，全部都是自己的意思，而且都在找退路、找借口。当我们只有一个念头，“我就是承担”，圣贤好加持，人家好提携、好教导；你拼命退，人家不会强人所难，也只能说“好好好”。

我们跟师长在一起，很多同仁来请教问题，师长都说：“好好好。”

我都替同仁觉得可惜。为什么师长一直说“好好好”？因为我们都有自己的想法还跑去问，还要逼老人家，说这是师长许可的。明明就是自己的执着，还去请教师长：“师长，这样可以吧？”都不是很虚心地请师长指导。师长看我们这么执着，你明明要往西，再叫你往东，反而让你生烦恼，可能下次碰面会不好意思，所以就只好恒顺你。因为我们不肯接受教诲，很多时候就得跌倒撞一个包，回来说：“师长，很痛！”师长说：“真的？”这次真的肯听，师长一定会跟你讲。

所以，我们不是真的跟师长学，不是跟圣贤学，我们很可能跟谁学？跟自己的烦恼习气学。明明跟自己的烦恼习气学，出去的时候都说跟师长学，已经学十年二十年了。讲这样的话要很冷静，我们真正依教奉行才能这样讲，不然到时候做出来还是分别执着，人家说他跟师长学这么久，怎么连做人的道理、应对进退都不懂？所以我们要给圣贤脸上贴金，要让师长引以为荣，很重要的一点，时时察自己的起心动念处是不是随顺圣贤教诲，不能随顺烦恼习气。

不怕念起，只怕觉迟。谢谢大家！

第十四讲　过圣贤人照顾的人生

尊敬的诸位朋友，大家好！

上节课我们讲到修学就是放下分别、放下执着。师长真的是时时护念我们，指导我们放下分别执着。我记得刚开始学的时候，师长讲到把经典变成你人生的剧本。这段教诲大家听过没有？我听到的时候很高兴、很轻松，都不用自己写剧本，自己也写不出来。当下领受这句教诲，看每句经典就是生活，就是工作，就是处事待人接物。

现在最缺的是什么？现在的人是非颠倒了，最缺的是先要知道是跟非在哪里。孝为是，不孝为非，要从德行的根本开始，不然连做人的根基都没有，更别谈此生成就。现在很多人道德沦丧，搞不清楚黑白、是非、善恶，这样的社会情境，一定要把《弟子规》弘扬开来。

师长提到，这几年接触了这么多宗教、这么多国家，深深感觉到宗教没有根，任何宗教都要建立在孝道的基础上，都一定要有孝养父母、奉事师长的根基。所以现在要大力弘扬孝悌、弘扬《弟子规》。

孝敬之心开人心地无穷宝藏，孝敬之心通每个人的自性。怎么开启自己的无量智慧、德能、福分？没有别的，从孝敬父母、奉事师长开始。《弟子规》讲"入则孝，出则悌"，悌的精髓就是恭敬心。"长者立，幼勿坐；长者坐，命乃坐"，对长辈、对老师恭敬。"或饮食，或坐走，长者先，幼者后。事诸父，如事父；事诸兄，如事兄。"这些经句真正领受了，心量就不断地扩宽。

我们也提到印光祖师的那段话，完全不离生活。这些大德说的话都是从自性流露出来的，离开生活不可修。“无论在家出家，必须上敬”，礼敬，“下和”，六和敬，“忍人所不能忍”，忍辱，“行人所不能行”，广修供养、精进。“代人之劳”，不是布施吗？不是广修供养吗？“成人之美”，不是随喜功德、称赞如来吗？“静坐常思己过”，不是忏悔过恶吗？“闲谈莫论人非”，口和无诤。有没有离开三福（世福、戒福、行福）、六和（见和同解，戒和同修，身和同住，口和无诤，意和同悦，利和同均）、三学（又称三无漏学，为“戒、定、慧”）、六度（布施、持戒、忍辱、精进、禅定、般若）、普贤十愿（一者礼敬诸佛，二者称赞如来，三者广修供养，四者忏悔业障，五者随喜功德，六者请转法轮，七者请佛住世，八者常随佛学，九者恒顺众生，十者普皆回向）？

真正明白了这个道理，每天穿衣吃饭、每天工作处世都能行圣贤的教诲。每一天都不白过，会不会有欢喜？一定有。我们为什么没有？修学跟生活脱节了，今天工作比较忙，想少读一部经典，生烦恼了，不了解工作就是在礼敬诸佛、就是在称赞如来、就是在广修供养。对，当下即是。当下肯放下烦恼习气，当下肯放下师长常讲的十六个字，“自私自利，名闻利养，五欲六尘，贪嗔痴慢”。当下敢承担，提起“但愿众生得离苦”，提起“遵圣贤教诲，弘仁爱大道”。

那时候我去教书，身体比较累，但是内心很欢喜。不只教书，任何一个行业都可以修圣贤之德。我们看到学生，“礼敬诸佛”，看到同事、校长，都是礼敬的态度。

再来，“称赞如来”。一个孩子有孝心了，我们循循善诱，肯定他，引导他，他善良的本性不断地被引发出来。我们的同仁尽忠职守，现在这个时代，默默耕耘的人可能没被看到，做表面功夫的有，扎扎实实做的比较少。这时候我们对他说，教育界就是有像你这样的老师，才能教出整个民族、社会的栋梁之材，都是默默耕耘做出来的。那个老师本来改作业都快没电了，突然听你这么称赞，他的那种使命感、荣誉心都来了，“好，继续干”。不管在哪个行业，不管在讲堂还是在企业，看到尽忠职守的人我们都要给予至诚的赞叹。

再来，“广修供养”。我们每天教书是内财布施，又把古圣先贤的教诲告诉学生，法布施。把这些道理告诉他们，他们的人生少走冤枉路，少走错路，走错路会有非常多的恐慌、懊恼，这叫根本无畏布施。真正的无畏布施不是一时解决他的痛苦而已，是从思想观念把他导正，思想观念正确了，命运掌握在他手上，对命运没有恐惧。我们每天可以广修供养，不只对学生，对我们的同事，我们有好的资料马上欢欢喜喜地给他。而且不只是供养他，还供养谁？供养他的学生。大学校跟小学校不大一样，大学校是去了两三年，可能只是认识同年级的老师；小学校，从校长到同仁，没有一个不认识的，气氛特别温馨，有好吃的东西一定是全校老师一起吃，好不热闹，就像一个大家庭。

我第一年教书是在小学校，回味无穷，第二年在大学校，不同年级的老师走过来，你对他笑一笑，他还不是很习惯，那时候跟其他年级不太熟。我们都很清楚有缘千里来相会，人跟人相遇不容易，要知缘，要惜缘，要造缘。造缘就是创造更殊胜的缘，互相成就，我们要有这个存心。从概率来讲，人跟人能碰在一起都是奇迹，都是几十亿分之多少。既然是这么殊胜的因缘，我们要好好爱惜，怎么可能摆一张臭脸？那不愿意。

而且，诸位朋友，地球上动物的数量是人的多少倍？全世界最大的原始森林亚马孙丛林，里面某一种蚂蚁的总数就可能远远超过人的总数。一棵大树下的一窝蚂蚁有多少？数都数不尽。这还只是其中一种蚂蚁，全世界蚂蚁的总数不知道是人的多少倍，更何况物种那么多。所以人身难得！这一世相遇，很难得！我们表演给他看，让他接触圣贤教诲，这才是知缘惜缘。有了这样的心境，跟人就会有一种亲切感。

我到大学校去也希望跟全校比较熟一点，怎么熟？佛陀讲人与人相处要用四摄法，先布施。有一种饼干没有加防腐剂，没有加任何化学成分，非常健康的胚芽饼。这个胚芽饼也是有来历的，从很多事物中真的都可以看到，“人有至心求道，精进不止，会当克果”。当初有个师姐找到一家糕饼店，她说要做出没有加任何伤害人体的调味料的饼干，老板说不可能，做不出来，一口就回绝了。她在那里求了很久，老板实在拗不过她，说：“纵使让你去跟里面做饼干的师傅见面，他们也不会帮你做。”那个师姐真的进到做糕饼的现场，跟师傅讲了她的想法，师傅很生气：“这种饼干是做不出来的，纵使做出来也没人吃。”“不然就做做看，没有人吃再说。”还是拗不过她那种耐性、坚持，真的做了。他们想象会很难吃，结果淡中有真味，愈嚼愈香。

其实不只是饼干。蔬菜不用化肥、不用农药，吃起来都有菜的原味。用一大堆农药、化肥，水果都没有原来的那个真味，好像吃什么就是甜甜的而已。

饼干做出来很畅销，那家公司基本上其他都不卖了，光这种饼干就已经做不完了，常常缺货，因为去买的人都一箱一箱搬。我比较提倡健康饮食，所以拿给学生吃的东西也要健康，不然就白讲了。我去买了胚芽饼，送到每个年级，开早会的时候我拿给他们吃。他们吃了觉得很好，有的给孩子买，有的给学生买。小孩成长的过程容易肚子饿，有的父母没有做早餐，就拿一些钱给孩子，也不清楚孩子到底有没有买早餐，甚至拿到网吧玩了都不知道。有时候九点多、十点，孩子饿得脸色都发青，因为他没有吃早餐，这时候我就拿几块饼干给他吃，给他止止饿。后来大家都要订，结果我就变成送货的，开着车子搬个三四箱，很快乐。本来很少打招呼的同仁，我亲自把饼干送到他的教室，他说谢谢，下次在学校看到我，远远就跟我打招呼了，这段缘就愈来愈深厚。慢慢地，人家觉得你还挺热心的，就很乐于跟我们交流，这时候中国文化很自然地就可以介绍给他。所以我们真去应用中华文化，真正会有受用之处。

我们广修供养不只是对学生，也对我们的同仁。比方现在每个礼拜六、礼拜天都有读书会，来了一百个老师，我们把最宝贵的经验讲出来，利益这一百个老师，也利益这一百个老师背后的学生，这个因缘就这样结下了。甚至您教孩子、教学生、教孙子，教得很受用、很宝贵的经验也可以跟我们讲课的老师讲，老师又可以把经验供养给大众。

我曾经讲过很多小孩子德行很好的例子，后来有个女士写一封信给我，希望我把她家的一段故事供养给大众。说的不是她家的小孩，是那只黑猫，我真的啼笑皆非。她说这只黑猫居然做到了“父母呼，应勿缓；父母命，行勿懒；父母教，须敬听；父母责，须顺承”。这位女士非常慈悲，她是提醒我们，我们教的孩子可以不如黑猫乎？不要教得连黑猫都不如了。她说她家那只黑猫，当它妈妈在骂它的时候，它都非常恭敬地听；吃东西的时候，一定是等它妈妈吃完了它才上去吃，“或饮食，或走坐，长者先，幼者后”。讲到这里，我们都觉得很惭愧，以前都比不上这只黑猫。所以，什么时候可以广修供养？时时刻刻都可以。

再来，“忏悔业障”。每天教学有不当之处，有起情绪之处，赶快反省，赶快检讨，赶快修正。每天早上念《弟子规》一次，提醒自己，晚上反省自己，教学的能力、德行就不断往上提升。

再来，“随喜功德”。每天看到同仁好的地方，看到任何人好的地方，都肯定、赞叹。当我们把闵子骞的故事讲出来，孩子的善良被打开了，说不定你教的学生哪个就是范仲淹再来。你那个故事一讲，他醒过来了，有没有可能？有，那种心境、那种精神就接通了。所以圣贤教诲在当下的生活都可以马上去落实，有了这样的心境，“学而时习之，不亦说乎”。

我们很多朋友德行很好，所处的逆境比我们多很多，但都突破了，他不用跟我们讲什么，我们就生惭愧心，我们就生赶快向前的心。比人家差太多了，他把我们的惭愧心给唤醒，他把我们那种承担责任的心给唤醒。

一开始我们讲到修学要先学吃亏，世间没有吃亏的事。我们这辈子与人无争，与世无求，看起来好像吃亏了，事实上有大福。历史上有非常多的圣哲人留名青史，他们不是刻意做给人家看，那不是从至诚，不是从天性、天伦流露出来；他们觉得理所当然，不觉得有功劳可言。许哲女士受到全世界的肯定、爱戴，但她觉得我也没做什么，那都是我应该做的，我没什么功劳。人家赞叹她是新加坡的国宝，她笑一笑，说我只是一个会扫地、爱做工的普通女性而已。所以真正伟大的人都从平凡中见出来，不是要一些虚名，要一些丰功伟业，他一定都是老老实实不断把仁爱的心散播开来。

做人的五伦大道本乎天性。明朝有个人叫吴子恬，娶了一个太太姓孙。吴子恬的母亲去世比较早，父亲又娶了妻，后母生了一个弟弟。后来父亲去世，后母就把千金藏起来，又把田产分成三份，比较好的那两份分给她自己还有亲生的儿子，最差的分给了吴子恬。吴子恬很生气，就要去找后母。可想而知，假如他硬要，会发生什么事？一定会吵架，会变成世间人的笑话。家里只要争吵起来，这个家纵使有钱，败相已露。《朱子治家格言》说：“伦常乖舛，立见消亡。”很多教诲我们可以反着看，“家和万事兴”，家不和呢？很快家就会败丧下来。伦常只要发生冲突，凶兆就出来了。

吴子恬的太太很贤德，马上阻止他：“你不要去跟婆婆要钱，这样不好。”吴子恬平息下来，就从他自己不好的土地开始干起，任劳任怨。他的弟弟分到比较多的田产，比较多的钱，却染上赌博，一下子就把钱给败光了。不只自己的花光了，连他母亲的钱也都败掉了，母子俩到了流离失所、流浪街头的地步。诸位朋友，假如你是吴子恬，你会怎么做？我们会不会在那里高兴，老天有眼，你看这个下场真好？旁人这样说，人家不会觉得怎么样，自己的兄弟变成这样，我们还这样说，那会给旁人看笑话，再怎么说都是母子、兄弟。

你看，有个好太太真的旺三代，先生很多的危难，甚至很可能让他一生名节扫地的危机，太太都能化解。太太马上让他去把婆婆、弟弟接回来，用心奉养后母，又教导弟弟如何做人处世。说实在的，后母跟弟弟非常无礼，没有分寸，他们知不知道错了？知道，人的良心都在，只是良心拗不过贪欲而已。今天已经落得这般田地，吴子恬夫妇不计前嫌，还尽这份孝道、悌道。弟弟非常感动，浪子回头，后来兄弟处得很好。吴子恬生了三个儿子，三个儿子都中了进士，很不简单。进士是全国的考试，录取名额不多，而他们三个孩子都考上了。我们想想，他们不是官宦之家，是农民，为什么下一代这么显赫？都是这份孝悌、这种德行感召来的。所以吃亏是福，这是非常深切的人生哲理，我们要懂得去领受。这是明朝的一个例子。五伦但尽本分，别无所求，这真正叫安分守己。对方怎么对我们，我们不管，我们只管自己应该做什么事情。

宋朝有一位女士叫邹瑛，她是妾所生的，哥哥是夫人生的。她的母亲脾气比较大，常常虐待她的大嫂。这个小姑善体人心，假如母亲给她大嫂的食物太少，她会把自己的食物拿给大嫂；假如母亲派很多重活给她的大嫂，她会默默地去帮她干。那种感觉会让大嫂心中非常温暖。甚至母亲责罚大嫂的过失，她还会说我也有错，让母亲减轻对大嫂的责罚。诸位朋友，现在这样的小姑多不多？假如有，那她的子孙会很兴旺。人没有吃亏，人欠你，天会还你。

邹瑛后来到了年龄，就出嫁了，嫁到一个书香门第，相夫教子，家人跟外人对她都非常赞叹。她生了一个孩子，才几个月，抱回家，大嫂很高兴，就把这个孩子抱到自己的房间。也不知道为什么，这个孩子掉到火炉里面，因为烧到额头，小生命夭折了。婆婆非常生气，准备责罚大嫂，邹瑛马上赶过来，说："妈妈，是我自己抱到大嫂房间去的，不关大嫂的事。"她把此事归为自己的过失。大嫂很难过，饭完全吃不下，邹瑛讲："大嫂，我前几天做梦，就已经梦到这个儿子跟我无缘。他将会死去的事，我已经梦到了。"她有没有做这个梦？那种善解人心到这种地步，太不容易了。她劝大嫂吃饭，安慰大嫂，说你不吃我也不吃。大嫂勉强吃了，她才跟着大嫂吃。邹瑛后来活到九十五岁，生了五个儿子，四个中了进士。作善降之百祥，人真的没什么好挂碍的，只问耕耘，不问收获，福分自自然然会来。但是我们能不能以有求的心去处世待人？不行，以一颗至诚的心把人生的道义、情义、恩义时时放在心中，电视、电影里面的好戏就会搬到我们自己的人生来上演。

我有个朋友，我遇到她的时候是她人生最低潮，真的，父母的不幸，自己很多的人生挫折，我听了她的叙述觉得没有遇到过比她苦的人。怀胎十月，临产的时候胎死腹中，都是那种人生很大的伤痛。但是从头讲到尾，我没有听到一句对人的责备，只听她常常补一句："都怪我没智慧，都怪我没做好。"我深深感受到，她虽然受了很多的挫折、苦难，可是她那颗善良的心没有丝毫改变。我们面对这么善良的人，真是两肋插刀都要帮忙到底。

我是在补习班认识她的，她现在教学教得很好。她本来是读文科的，对数理不熟悉，我觉得这样的人一定要帮，就每天拉她学物理、学化学，搞得她对我是又敬又恨。没办法，时间紧，就一直逼她学。后来她考的成绩也不错，补习班还请她回去讲课，还教大家怎么好好学习。因为她吃素，大家想着吃素怎么成绩这么好，所以陪着她一起吃素。也真是，以前读书人都知道考功名以前要斋戒，多吃素，多积阴德，因为能不能考上跟阴德有关。所以人真的有肯吃亏、肯无私付出的心，那会是圣贤人照顾的人生。

好，这节课先到这里。谢谢！

第十五讲　修学两字信条：真干

尊敬的诸位朋友，大家好！

我们上节课提到几个事例，不管是在古代还是在现代，确实肯吃亏，确实心地善良，都会感来好的因缘、好的回报。人生能无怨，人生能坦然面对，人生能敦伦尽分，都会有很好的未来。所以师长常常告诉我们，好好地用这一生来修学，咬紧牙关。这是非常好、非常中肯的劝告。我们想想，为什么要咬紧牙关？要咬多久？如果要几十年，我们会不会觉得好辛苦？当我们觉得很辛苦，其实还是“我”在作祟。当我们了解到咬紧牙关是把习气给对治、调伏，不再因为习气而生烦恼，能为别人着想，就能够不断地要求自己、克服自己。假如还是我执、自私自利没有放下，觉得很辛苦，很可能一辈子不见得能对治习气。假如扩宽了心量，对治自己的习气就有勇猛精进的态度。

我们修学以来，不愿意再有任何人因我们而生烦恼，因我们而对圣贤教诲失去信心，所以时时提起初心，“众生无边誓愿度，烦恼无尽誓愿断”，有了这份自我期许，在对治习气的时候就不会退缩、懈怠。也由于不退缩、不懈怠，真正三年五年依教奉行，习气慢慢调伏了，我们就是自由的人，不会再被烦恼习气给控制，变成习气的奴隶。所以真肯干，咬紧牙关，不需要咬一辈子，可能三年五年就得利益了，无所挂碍。一来，我们没有做烦恼的奴隶；二来，也不怕自己的习气又去恼害他人。然后可以把自己对治习气、勇猛精进的经验随缘跟大众分享。所以经典都是当下可以力行、可以受益的，经典就是我们人生的剧本。

“敬于佛者，是为大善”，诸位朋友，我们读到这句的时候内心有什么感受？这个“敬”重实质不重形式，不是每天磕五百、一千个头就叫“敬于佛者”。它表现在我们百分之百地恭敬、依教奉行，念念觉照自己的起心动念。“截断狐疑”，对圣贤教诲没有怀疑，信、解、行，自然就有体证。

“拔诸爱欲，杜众恶源”，这个社会为什么冤冤相报没完没了？都是我们的习气、欲望作祟，所以这一生要无所欲求。消除贪念，这一生能与人无争，与世无求，那就真正开始拔诸爱欲。对人没有控制、占有的念头，跟人就不对立了，也不会跟人起冲突；只有一个态度，就是成就对方。有了这样念念为人的心，就不会跟人结恶缘。所以整个经句我们在当下都能够真干。

修学两字信条，就是“真干”二字。我们有没有真干？什么是真干？不自欺，不夹杂，这是真；真正努力，不自恕，不懈怠，这是干。我们不能说要真干，但是不了解真干的意义所在。真是不自欺，起心动念是觉还是迷、是真还是妄，时时能观照到。不夹杂，起心动念、思想观念随顺圣贤教诲，而不是随顺烦恼习气，这是从念头上不夹杂。再来，修学的方法也不夹杂，一门深入。

师长到法国联合国教科文组织参加卫塞节的活动，庆祝佛陀两千五百年来对这个世间的贡献。活动邀请师长参与，并分享修学的心得。师长的分享，最重要的一点就是他跟着三位老师学习的宝贵经验跟心态，没有师道的承传，修学很难成就。有一部经典里面说，为什么很多人修学得富贵谐偶、吉祥如意，但有些人命运没有改变，甚至更糟？为什么同样修学，回报不一样？因为修学的心态不一样，能得富贵谐偶、能改变命运者，最重要的就是跟随一个明白的老师，有修行的老师，受他的教诲，遵守他的教诲，“明师受戒，专信不犯，精进奉行”，好好依老师所讲的赶快去做。

假如我们从师长最常告诉我们的十六个字开始放下，精进奉行，就会得欢喜，得很大的利益。师长怕我们对经典的领会有限，老人家还用一个“菩提心”帮我们延伸，让我们好理解。菩提心就是真诚、清净、平等、正觉、慈悲。我们看到这些教诲的时候都会非常感动，因为背后都含摄着师长对我们无尽的关爱、护念，时时刻刻想着让我们得真实利益。包括师长那一段“修学的基础是三福，待人依六和，处世修六度，遵普贤愿”，师长把整个佛陀的教诲、行持最重要的几个行门挑选出来，直截了当，让我们就从三福、六和、三学、六度、普贤十愿来落实。我们能精进奉行，这是真干。

师长讲课最常提起的一些例子，都是最重要的，我们可不能听太多次了变成左耳进右耳出。经典提最多遍的就是最重要的，师长的教诲亦是如此。师长常讲他跟李炳南老师学习的三个条件，诸位朋友，记不记得？三个条件，师长守了多久？十年。我们的程度要守几年？我们还是守一辈子比较稳当。这三条叫师承，没有这三条就没有师承。六祖惠能大师在《坛经》里面也指出，没有无师自通。大家冷静看看，现在很多人，他们有没有讲他的老师是谁？他说我可厉害了，我比释迦牟尼佛还厉害，那个完全没有师承。很多讲课的老师，念念感恩老师的教诲，这才是有师承。

虽然我们没有跟在师长旁边，但是看电视的时候如对目前，这叫至诚感通。不能说我没有跟在身边又不能问，这都是我们自己在分别。孟夫子跟孔夫子学习，孔夫子也不在了；蕅益大师跟莲池大师学习，莲池大师也不在了。这个时空本来就是假的，有至诚的心，整个心与心，我们跟孔夫子、跟古圣先贤频率就接上了。所以印光大师常说“诚敬”二字，这是最妙的修学态度，这是第一个。

第二个，看的书要师长同意。有时候听说某某人讲得不错，大家就印发了，也没有确定讲得对不对，大家一窝蜂。这个心地很好，但是，要不要有警觉性？要。你要问一下这个人说的跟师长的教诲相不相应。真的，有时候一些知见我们没有办法判断，但是它马上会影响我们，而且都是不知不觉。知见的污染不容易提防，人家叫我们去喝酒，叫我们去做那些纵欲的事情，我们知道不行，可是知见里面掺杂分别执着，不容易认出来，所以这时候还是要老实一点，师长讲某某大德的东西可以看我们再看，不要自作主张，污染了都不知道。我们同仁之间也要有警觉性，没有师长印证的教诲，不轻易拿给别人看，不然善心行恶事是有可能的，“宁动千江水，不动道人心”。

第三个，以前所学一概不承认。我们跟师长学习的心境是要放下以前的东西，不可以觉得自己有什么，应该倒空自己，虚心受教。不只是一开始学习的时候要这样，这一辈子学习，面对师长都是这种心境，不能觉得自己已经有了什么。弘一大师晚年说到，他是“一事无成人已老，一文不值何消说”。弘一大师一生有这么高的成就，自利利他，都觉得自己什么都没有做。我们还觉得自己有学什么，有做什么，其实已经染了名闻利养的心。你说我有利他，那也是我们的本分，我们做利他的事情，都是众人一起努力。我们是生怕自己螺丝钉的这个角色没有做好，把利益众人的事给搞砸了，这是我们不愿意看到的，我们都是战战兢兢，如临深渊，如履薄冰。

事实上我们做弘扬文化的事，那也是圣贤的护佑和福荫。真的，我们炎黄子孙都在享祖宗的福分，能做些什么都是祖宗的阴德在庇荫，哪能说我们帮人家做了好多事情，不能有这个念头。而且那是我们应该做的，不求有功，但求无过。春秋时代晋文公在外流浪十九年，颠沛流离吃尽苦头，身边有几位大臣陪着他度过这段岁月。其中有个臣子叫介之推，晋文公饿到昏过去了，没东西吃太久了，他把自己的大腿肉割下来熬汤，止他的饥饿。他连自己的身体都能供养给君王。

当晋文公回到晋国当上君王，跟在身边的大臣开始争功，“我的功劳大，你的功劳小”，当下介之推一句话都没讲就离开了。他为君王付出的时候是不是为了功名？不是，都是自性，君臣道义的流露。现在争来争去，他觉得很羞耻。他讲了一句话：“窃人之财，犹谓之盗，况贪天之功，以为己力乎？”一般拿人家的东西就叫作偷盗，何况是贪上天的功劳，说是自己出的力？今天晋文公能顺利回国，那是他祖宗福荫，那是多少大臣流血流汗，我们怎么可以在这里论功？

把这个事例拿来观照我们的人生，你说我有成就，在那里扬扬得意，没有祖宗、没有父母、没有老师、没有这么多朋友的相助，我们何来今天？所以人生假如起个念头，“我很了不起”，那已经颠倒了。有多少人尽心竭力在付出，帮助整个因缘的促成。还有师长，师长讲课这么多年，这么宝贵的教诲，才让我们今天有这么好的修学机会和环境。所以确实，我们没有念头说自己有学到什么，自己有什么了不起，一定要把这个慢心放下来。

以上这三条攸关我们能否承传师长的教诲。这个不夹杂就是依据一个老师，一门深入，长时熏修。

我们要为人演说，目标要定高一点。假如没什么目标，或者目标很低，要精进都困难，甚至得过且过都有可能。《了凡四训》说："一日不知非，即一日安于自是；一日无过可改，即一日无步可进。"假如目标定得高一点，对治自己的习气就会精进。不夹杂，这才叫真。

再来，干是什么？不自恕，不宽恕自己。不能说我已经不错了，这个念头就不是真干的态度。念头错了，"不怕念起，只怕觉迟"，对治自己的习气是赶尽杀绝，不能客气，这是不自恕。再来是不懈怠。我们这辈子能听闻圣贤教诲，无有遗憾，此生足矣，不再跟人计较任何东西，做任何事情，一定是跟此生成就有关才做，无关的不做。诸位朋友，我们现在所做的事跟此生成就有没有关系？敦伦尽分，一定与此相关。我们每天在哪个工作岗位、在哪个角色为人演说，都与此相关。但是张家长李家短，无关。

所以我常常跟一些同仁共勉，我们每天只做几件事情。第一，听经典。因为道理明白了信才会深，理明信深，信深了愿才会切，信不够深，愿常常飘来飘去。理明信深愿切行专，愿切了，就非常专注，不打闲岔。所以听经典重要。释迦牟尼佛四十九年都是讲学，因为理真的明了，信自然就深，自自然然主动去奉行，就不用父母、不用老师催着赶快修、赶快努力，那不是一个修学人的样子。修学人是自动自发，不需要人家催，不待父母、老师要求我们才干。理明都要通过听闻经典。

第二，读经典。读经典就是亲近圣贤。师长也常说有事情的时候敦伦尽分，专注去做，没事的时候不打妄想，赶快提起经典。还有就是我们刚刚提到的，有事情来，该尽什么责任，尽心尽力，不逃避，在自己的本分、工作上修六度、修普贤愿，都不离开此生成就的方向、目标。所以一天中，敦伦尽分，尽心尽力，听经典、读经典，其他的不做。这就是不懈怠、不夹杂。

我跟朋友讲到这里，他们也觉得很有道理，但接着会有朋友说：“蔡老师，你讲得很有道理，但我们还是很想跟你拍一张照。”诸位朋友，跟师长拍一张照跟此生成就有没有关系？闪光灯还把师长闪得眼睛有点花。照完我们很可能还拿着照片炫耀：“你看，我跟师长照过相。”名闻利养起来了自己都不知道。我们曾经遇到过有同仁跟师长照相，洗出来还到处送人，恼害众生。你把跟师长照的相片拿给人家，人家往哪儿放？所以修学人的心要清净，依教奉行是实质，跟师长照相很可能心都起贪着了。他说，虽然你讲得很有道理，不过我们还是要跟你拍张照。这时候怎么办？要不要跟他们拍？有时候要恒顺众生，不然他回去后生很多烦恼怎么办？但我还是没跟他拍，而是马上使出我的法宝，就是傻笑。我跟他讲：“先吃饭了。”我赶快带他们进去吃热腾腾的面，后来也很自然，他们就没有这么执着了。所以我们很冷静地看自己每天的生活，到底有没有跟此生成就相关，不要再打闲岔，这样才叫真干。

我们这几天所谈到的都是人生不要埋怨他人，要懂得吃亏。同时，要很冷静观照的是我们一言一行、一举一动有没有让人生烦恼。我们不怨人，可是我们所做的事让人咬牙切齿，让人家生很大的烦恼，这也不好。我们也不能让人怨恨，要让人生欢喜心。不只我们自己要无怨地面对人生，也要让身旁所有的有缘人对我们都是无怨，甚至都是欢喜、感恩、感动。如何让人无怨？我们冷静想想，他人对我们有怨是结果，原因出在哪儿？万法唯心，原因还是出在这颗心。

怨是呈现的结果，我们细细想想，人为什么形成怨？源头在自私，我们只为自己想，不为人想，我们所接触的人就不平了，不平再发展，怨气就出来了。我们只看到怨，却不知道怨的源头在哪里，那解决不了问题。怨再发展变什么？就变成恨了。“息灭贪嗔痴”才能真正让人对我们无怨。“勤修戒定慧”，这个戒是时时替人着想，那样不可能跟人家结怨。

奉行六度，第一个就是布施，放下贪心。所以这个六度度谁？六度是度自己，给人财施、法施、无畏施，但更重要的是对治我们的贪心。布施对贪心，持戒对恶业，忍辱度嗔恨、嫉妒，精进度懈怠，禅定度散乱，般若度愚痴，都是度我们的贪嗔痴。假如我们脾气很大，人家也会埋怨。假如我们愚痴，比方不懂得怎样好好教导孩子，孩子该学的都没学到，以后会怨你，“都是你没教我”。我们的愚痴也造成孩子人生的障碍，也会受到孩子的怨恨。包括我们当老师的，把学生的观念都教错了，到时候他人生有很多无奈，会怨我们。

“师者，所以传道、授业、解惑也。”我们知道了人生最重要的是把做人处世的根基扎好，跟学生相处的这几年，我们把这些宝贵的智慧、经验赶快告诉他们。有位老师很会教学生，他跟学生讲，我的学生踏上社会一定是最受欢迎的人。他这么一讲，学生的耳朵都竖起来了。老师接着说，因为我的学生懂得处处为人着想。这个老师很善巧，做人很重要的态度两句话就装在学生的心田。而且更重要的，这个老师一定先把为学生着想表演出来，学生感觉到老师的用心。因缘成熟了，老师再讲这句话，学生在底下会点头，“对，你看老师这么为我们想，我们都很爱戴他”。

所以要让人无怨，我们要无贪、无嗔、无痴，还有无慢。一傲慢，就会让人家觉得很难受，跟人家结怨。所以修学人要谦退才是，“上善若水”，要像水一样，大海都是在最低处。当我们傲慢的时候，人家会想，那个不是学《弟子规》的吗？还这么傲慢？反而产生怀疑。我们看到人愿意来听闻圣贤教诲，真的就像呵护婴儿一样来呵护他，“如保赤子，心诚求之”，不愿意去障碍他人，要让人无怨、无贪、无嗔、无痴、无慢。

再来，不能怀疑他人。人与人之间很多怨恨，就是觉得他不信任我。有的父母跟子女关系处得很不好，很可能就是父母从小对这个孩子不信任，瞧不起他，可能比较疼爱另外一个孩子。这都是感情用事。对大儿子好，对小儿子不太好，小儿子会怨我们一辈子，大儿子就得好处了吗？所以人真的不能意气用事，不能感情用事，一定要用智慧，悲智双运。你宠爱大儿子，他一定很傲慢。曾经有个人家生了两个儿子，大儿子功课比较好，小儿子功课不太好，这家就特别宠爱大儿子。不只对儿子是这种分别心，对邻居、朋友也很刻薄，人家到他们家的屋檐下避雨，都把人家赶走，心胸很狭隘。心胸很狭隘的人没福，后来大儿子读了好的大学，结果发生意外，淹死了，父亲伤心欲绝。所以我们能时时积德，最重要的是庇荫子孙，不能用这种不平等的心对待自己的孩子，对待众人。

好，这节课先讲到这里。

第十六讲　做孔夫子的好学生

尊敬的诸位朋友，大家好！

我们上节课提到要让人对我们无怨，最重要的是从心地开始转变，去掉贪嗔痴慢疑。《弟子规》说，“财物轻，怨何生；言语忍，忿自泯”，这两句话就把家庭中，人与人之间最常发生冲突、埋怨的两个重点点出来了，多半是因为财物的问题，或者因为嗔恨心，脾气对治不了。所以一个家庭能够不为财富计较，冲突就减少了，甚至带头不计较，整个家风都会很好。还有言语忍，不吵架，很多长者不乱骂人，反而更有威严。

有位老太太，家里的人假如做错事了，她就不吃饭。她是整个家族最德高望重的老人，她一不吃饭，全家人都很惭愧、紧张，犯错的人马上道歉。比方有谁回来比较晚，她也不骂人，她就到路口去等，很晚了也在那儿等，人回来了，自己再缓缓走回来，下次都不敢晚回来。就用自己的关爱当榜样，给这些后代子孙看。比方大嫂跟小叔发生口角，我们会怎么处理？这位老太太一定叫自己的儿子去跟大嫂道歉，这都是人生的智慧。因为大嫂是嫁过来的，假如老太太不只没叫自己的儿子道歉，反而跟儿子、跟小姑一起责备大嫂，这个家庭就麻烦了，嫌隙就出来了。但是当婆婆的叫自己的儿子去跟媳妇道歉，媳妇会很感动，婆婆这么替我着想，把我当自家人看。

宋朝有位女士叫崔少娣，夫家总共有五个兄弟，她的先生排行第五。前面四个哥哥都娶了太太，这四个嫂嫂常常吵架，甚至还会打架。她还没有嫁过去以前，亲戚们都很担心，过去以后不知道会多惨。她也笑笑，没说什么。诸位朋友，假如是你女儿，对方有四个兄弟，娶的太太每天吵架甚至还会打架，你敢不敢把女儿嫁过去？假如女儿是学圣贤智慧的，已经可以转境界了，那就没什么关系。古人只问自己有没有做对，不会去看人家的过失。

崔少娣嫁过去以后，有什么好吃的都先给嫂嫂，吃饭的时候都请嫂嫂先吃。一般人都比较贪心，但是她不计较。我们不跟人计较就不冲突，我们跟人计较就对立，要恒顺众生。比方婆婆安排一些劳动，崔少娣就说这个活儿比较难做，我刚来的，我来做。一般人都觉得少干点活儿好，但是她主动帮助其他嫂嫂做事。一般妇人比较喜欢谈是非，“好馋”，那些嫂嫂过来说另外一个嫂嫂不好，或者谁不好，她也没有回应，只是笑一笑。很有意思，一个巴掌拍不响，我们今天批评谁，对方假如没接话，我们就不好意思再讲了，人都有良心。假如人家批评人，我们也一唱一和，那就陷进去了。只要我们不搭腔，他一定讲不下去，觉得人家修养这么好，他就不讲了。她不回应，慢慢地嫂嫂就不来跟她讲这些了。

再来，“喜听”，都喜欢听张家长李家短。仆人也过来跟她讲其他主人怎么怎么样，她就训斥仆人，然后带着仆人去跟嫂嫂道歉。诸位朋友，这么做好不好？你说这样太狠了吧！“待婢仆，身贵端，虽贵端，慈而宽”，这个慈还含有教导的意思。父母的慈爱最核心的就是教育孩子，那才能让他一辈子受用。今天仆人跟着她，改天有可能嫁人，假如喜欢谈是非，喜欢传张家长李家短的习惯没有改掉，那她对不起这个仆人，她没有尽君亲师的本分。一定要把她教会了，她以后为人媳妇才会有幸福的人生。所以一来教导她的仆人，二来她把仆人带到嫂嫂面前，说她都讲你怎么怎么样，我叫她不能讲。这么做，嫂嫂会觉得我做的坏事人家都知道，她也会不好意思，会收敛。

一般人贪小利，喜欢逃避工作，好听谗言，崔少娣都很有智慧地去应对。有时候她抱着嫂嫂的孩子，突然小孩撒尿了，尿在她的身上，当下她欢欢喜喜帮他换尿布，一点嫌弃的表情都没有。如果孩子撒泡尿，“哎呀，怎么这样！”你这个嫌弃的表情他的父母看了会很不舒服，人同此心。

有位朋友还没结婚以前，他的朋友带小孩到他住的地方，小朋友拉了大便，他说他们走后好几天他都觉得很臭，走过去都闻到那个臭味。后来他当了爸爸，孩子拉大便他都不觉得臭。他从这里开悟了，悟到什么？都是自己分别、贪着的心，自己的孩子再怎么脏都不嫌弃，别人的孩子就嫌弃，这样怎么能跟人相处融洽，让人无怨？视别人的孩子就像自己的孩子，那你一定赢得非常多的亲戚朋友推心置腹的情谊。真正会教孩子的父母，那真是视众生如子女，视子女如众生。

你看范仲淹尽其全力帮助亲朋好友、帮助穷人，但自己四个孩子只有一套完整的衣服，谁出门谁穿。这样照顾他人，自己的孩子比较吃苦，但是孩子可以直接感受父亲那份仁慈之心，他这份仁慈就直接传给了孩子，这叫有智慧。我们只疼爱自己的孩子，别人的孩子都不管死活，这样的态度传给孩子的都是私情私欲，以后也不会念父母、念长辈的恩德，我们只是增长了他好恶的心。“宠子必骄，骄子必败”。一切都要用智慧，不然花一大堆精神，孩子没教好，他怨我们，我们也怨他，一点都不懂得孝顺，所以“爱之不以道，适所以害之也”。

崔少娣都从自己要求起。我们从崔少娣跟嫂嫂相处的过程看，她的内心时时都放着做人的分寸，也放着古圣先贤最重要的教诲。假如她的内心没有“人之初，性本善”的信念，她撑得下去吗？她坚信人一定会被感动。她也相信“行有不得，反求诸己”，要求自己，正己自然可以化人。结果才过了一年多，四个嫂嫂感叹道：“五婶大贤，我等非人矣！”五嫂真是大贤，我们四个真不是人。她们觉得跟她比起来，实在是太差劲了。所以，“愧之，则小人可使为君子”。“三争三让，天下无贪人矣；三怒三笑，天下无凶人矣”，这两句话崔少娣做得非常彻底。而且她是时时抱持着“德未修，感未至”的信念。人家争，我们不跟他争，让他，慢慢他就不好意思了；他很无礼，我们不跟他计较，还对他笑一笑，天下无凶人矣。这个例子给我们很好的启示。

明朝也有个媳妇，姓冯。冯氏嫁到吴家去，婆婆脾气很大，常常骂她，甚至有时候还会打她，但是她非常谦逊，默默承受。她也替婆婆着想，婆婆是她先生的继母，嫁过来以后就抚养几个继子，自己没生孩子，所以年老了觉得没有一个自己的孩子，难免有些怨气。她很能体谅对方，冲突就不见了。所以我们要调伏怒气，首先很重要的，转怒为恕。中国字非常微妙，怒，心变成奴隶了。我们一发脾气，自己都掌控不了，正念也不知道去哪里了，又认贼作父了。这时候要赶快回光反照，怒转成恕，就差那么一点点，把这个棱棱角角削掉。恕就是如其心，感同身受。

说实在的，我们心中还跟任何一个人有对立，就已经不在恕道了。我们受持圣贤教诲，孔老夫子一生的教诲，核心是“仁”字，仁爱。仁爱就是不能有自私自利的心，这个心是忠，没有私心。忠就是真诚，对他人要恕，要宽恕，所以仁爱就表现在时时宽恕他人，替人着想。“夫子之道，忠恕而已矣。”所以时时都有一颗宽恕别人、替别人着想的心，这是孔老夫子的好学生。恕心养到极处，一个人宽恕的功夫真正到了极点，见世间人都没有过失，为什么？“先人不善，不识道德，无有语者，殊无怪也”，因为没人教他。

我们这一代真是炎黄子孙最悲哀的一代，已经失去圣贤教诲好几代了。这时候说我爸爸没教我，然后爸爸说我爸爸也没教我，继续往上追，有没有意义？这个时代不要怪任何人，身为炎黄子孙，我们都有责任，只怪我们自己没有尽早立身行道，尽早把我们祖宗、圣贤人的风范演出来，让大家起而效法，转变家风，转变社会风气。这才是我们应有的态度。

“以祖宗之心为心，天下无不和之族人”，我们的祖宗是尧舜禹汤、文武周公，他们看到我们这些炎黄子孙变成这个样子，难不难受？很难受。手心手背都是肉，他们最希望看到的是那些懂事的子孙赶快把迷失的同胞引到正途，而不是看着子孙在那里互相指责，“我对，他们错”。当我们了解了，对任何人犯错都是一种包容，甚至都会很不忍心，因为他们在糟蹋自己，他们在泯灭自性，我们不忍心他们这么做。

《三字经》前面几句话对我们的人生太有启迪了，“人之初，性本善”，这个信念坚定了，跟任何人不会有对立，因为我们坚信他性本善。“性相近，习相远，苟不教，性乃迁”，都是因为没有得到好的教化。所以这时候我们是尽一切可能，用我们的身教去扭转他人生的劫运、厄难，表演得好，他可以被我们感动。所以恕心养到极处，真的见不到任何人的过失。这颗宽恕的心都提不起来，修学就是有名无实。我们不愿意做个有名无实的圣贤弟子，所以在一切境缘中，我们无贪、无嗔恨心。

婆婆这么对待冯氏，她没有抱怨，甚至邻居看不下去了，替她抱不平，当下冯氏阻止了他们。邻居本来是替她说话，她马上阻止，告诉他们，我的婆婆没有错，是我自己德行不够好，是我不够孝顺，你们不能批评我的婆婆，也不能说她不好，扬她的恶。她把这些邻居都劝退了。邻居回去后会不会说这个人真不领情？不会。邻居回去冷静下来，会说她真是有贤德。

先生有两个弟弟，也娶了太太，三个媳妇都被婆婆虐待，另外两个觉得活不下去了，要自杀。冯氏把她们给劝回来，说我们同心协力，好好侍奉婆婆，用这颗真心去感动婆婆。冯氏像姐妹一样爱护她们，她们也像对待母亲一样对待大嫂。经过一段岁月，婆婆被三个媳妇感动了。而且说实在的，下一代看到母亲这份至孝，会效法、学习，家道从此兴盛起来。所以一个好媳妇能够扭转一个家族的命运，我们常说的娶一个好媳妇旺三代，真实不虚。

只要我们以这些圣哲人为榜样，时时观照自己还有没有贪嗔痴慢疑的心，有的话转过来，慢慢就不会跟人结冤仇。

我们讲到如何经营无怨无悔的人生，无怨是不怨人，也不让人怨我们。还要无悔，我们想想，人生如何了无遗憾，无悔？有句话说，“平心则无偏，尽心则无愧”，这两句话就把无怨无悔的根本心境点出来。如何让人无怨？公平地对待他人，不可以私心，不可以贪欲。历史上很多例子大家都耳熟能详，有的七世八世，甚至十三世都住在一起，合族几百人，甚至上千的都有。他们为什么能那么和乐地相处？最重要的就是这个平心，平等对待一切子孙。

明朝郑濂家七代同堂，人数超过一千人，皇帝很佩服他。皇帝自己家里可能都搞得乌烟瘴气，他们家居然一千多人这么和乐。皇帝颁给他们“天下第一家”的称号，赏赐了两颗大水梨。其实也是给他考试，看他怎么分这两颗大水梨。郑濂回去后，不慌不忙吩咐抬两个大水瓮过来，然后把水梨击碎，让梨汁渗到水瓮里面，“来，每个人都喝一碗”，很公平。这个公平教导了所有的子孙，他的亲生儿子也同样是一碗，他学到的是父亲的无私；离他已经好遥远，可能是侄孙，“我们跟这个长辈离那么远，他对我们还是一样爱护”，感恩戴德，所以整个家族就很团结。这是七代同堂。

元朝八代同堂的张闰，“张闰无私”，他们家也是一样，很公平，所有媳妇纺织出来的成品统统放在一起，不用计较谁织得多，谁织得少，这是我织的，那是她织的，没有那种分别心，大家一起努力，共享。不只是织的东西共享，谁的孩子哭了，只要哪个媳妇听到，就把他抱起来哺乳，都是自己的孩子，一样照顾。人家可以八世同堂，那样团结。所以，平心则无偏，这很有味道。

再来，尽心则无愧。我们尽心尽力了，那就无愧于人。但尽心还不够，还要加上智慧。尽心尽力，但方法不对，人家怨不怨我们？还是会怨。所以人生要无悔，要真有智慧，再加上尽心尽力，“岂能尽如人意，但求无愧我心”。

再来，“行百里路者半九十”，要很谨慎，要用谨慎的态度来修身、来齐家、来奉献社会，立名于一生，失之仅顷刻之间。一辈子尽心尽力修身齐家，替社会做了一些事，结果一不小心堕入财色名食睡，瞬间名誉扫地，会抱憾终身。不只自己，所有疼爱我们的人这辈子统统抱憾终身。

孟夫子讲：“事孰为大？事亲为大。”人生第一件事，侍奉父母，报父母的恩。“守孰为大？守身为大。”假如不能对我们的身体、德行战战兢兢地保护，到头来“身有伤，贻亲忧；德有伤，贻亲羞”，贻亲羞比贻亲忧更难受。身体生病了三天痊愈，父母就不担心了，但是名节受损，很可能一辈子父母都没有好日子过，他会觉得很遗憾，我的儿子最后怎么犯案了。所以当我们德行受损了，很可能是父母乃至老师，还有其他爱护我们的人一辈子的痛。所以“守身如执玉”，对待自己的名节就好像拿一块玉石，非常谨慎，生怕掉到地上。

湛江有这样一个事件，海关集体贪污，除了其中的一个主管。他刚好是我们一个老师的朋友，他很感慨地讲，其实大家贪污的时候他也动心了，心想假如贪了这一笔，孩子念大学的费用都有了，进去关个几年，应该划算。哪有算盘这种打法的？有时候人一愚痴，真的会犯下没有办法回头的错误，会走上没有办法回头的路。他动心了，但是当下起了一个念头，我爸爸是小学老师，现在已经退休了，一生视名节比命还重，假如我贪污被抓了，可能亲手把父亲的人生给毁掉。就因为这颗孝心，让他没有踏出那错误的一步。后来东窗事发，很多同仁被抓进去。他说，就因为这份孝心，化解了我人生的危难，我现在还能在除夕夜、中秋节跟我的家人团圆，和和乐乐享受天伦。所以人生要很谨慎，“一失足成千古恨，再回头已百年身”。

当他分享这一段的时候，我们也冷静想想，他那个如意算盘打错了。真正犯案，他的孩子，他的妻子，一辈子都抬不起头来，大学毕业又有什么意义？至于贪来的钱，不肖子孙花得可凶了。很多贪官的孩子到国外留学，花钱跟流水一样，父亲被抓了，他们在国外一点都不伤心，一点也不感谢父母。因为钱来得太容易，整个人生都被欲望控制，都是贪婪。还有，贪污来的钱给他，他会尊重你吗？他瞧不起你。我们的身体、我们的德行是父母的，是儿女的，是所有爱护我们的师长、朋友的，都是一体。怎么能够不谨慎，不时时自我提醒、自我期许？这是一个比较好的例子，及时转念了。

另外有所知名大学的某个学院的院长，还是城市规划委员，就因为好色，到色情场所被抓了，地位统统没了。四十多岁，本来前途似锦，就因为不谨慎，搞得身败名裂。这一败，国家几十年的栽培统统糟蹋了，而且父母、妻儿以后怎么面对人生？还有，他是一个学院的院长，他有几千个学生，又怎么跟学生交代？学生对老师起信心不容易，但要毁了信心却很容易。从事教育工作的人一定要洁身自爱，因为我们的言行可能攸关整个教育界的名声。

我们干任何一行都要对这一行负责。今天有个医生贪钱，很可能整个医学界的名声都会受到很大影响。所以我们跟大众是一体的，我们跟父母、亲朋好友一体，我们跟整个行业一体，跟我们的同胞一体。今天我们出去做错事情，把同胞的面子统统丢光，甚至侮辱整个炎黄子孙。所以一定要谨慎，才能让我们这一生没有后悔，也让他人对我们没有怨言、没有后悔。

人生要无悔，首先要做对抉择。人生踏出的脚步大小不是最重要，方向踏错了，白努力几十年，也会后悔。所以首先要会抉择，而抉择要有高度的智慧，我们从智慧开始提升。人生的路首先要分辨正确，路走错了，再怎么努力都是枉然。“路休不看就走，人休不择就交，话休不思就说”，这个看当然是用智慧去看，择人生的路、择朋友、择言都要有智慧，要谨慎。“事休不算就做”，人生路走错了，朋友交错了，老婆娶错了，先生嫁错了，话讲错了，事业做错了，搞得鸡飞狗跳，这不能怪别人，还是要先反省自己。

我们能选择利他的事业、服务人群的事业，行行都可以出状元。假如只是那颗贪婪的心，哪边赚钱快，就在那里汲汲营求，到头来一定会摔得很惨。这颗贪心一定会接到一些贪婪的人，跟他们聚在一起，到时候厄难可能就会现前。

抉择要有智慧才行，而获得智慧要通过学习中国文化。那时候我开始接受师长的教诲，我都不急，没有说“赶快，我要往右，我要往左”。因为我已经撞得满头包了，没智慧，才几年，换了十几个工作，心太浮躁了。不急着要干什么，先增长智慧，很妙！当你的心静下来了，真正依照师长的教诲——师长最常讲“为众生”，这个太好用了，就像一把尚方宝剑。假如有什么事情想不通，在那里烦恼，这把宝剑可以出鞘。这个信念起来了，就知道该怎么做了。往往都是没有想到这句教诲，在那里转半天，是非人我搞半天。所以这把尚方宝剑可以斩断我们三千烦恼丝，以后要干什么，只要为众生就对了。这样的信念提起来了，也没有去攀求，机会自己来了，为什么？我们这颗愿心真的起来，缘分自然感应。今天我们刻意去攀，智慧又不足，攀到的都是随业流转。不贪了，不为自己了，真正希望人生能为这个社会做一些事情，满了我们的愿。

那时候我在台东池上乡住了七个月，人的妄心、急躁的心很不容易调伏，调了五个月左右才慢慢平和下来，心稍微有点亮起来。那五个月每天读经典，慢慢地，心比较安定了，机会就来了。当地有所学校，老师请了两个月的产假，那一年政策规定大学毕业才可以代课。政令一改，整个池上乡找不到半个大学毕业生，结果我从高雄这么远跑到那里接到这个缘，去教一年级的小朋友，教了两个月。

教的时候是蛮累的，但很踏实，觉得这一天没有空过，躺下去很好睡，一觉到天亮，隔天又是一条好汉，继续努力。人生空过很难受，也在那个当下感受到孩子是很受教的。我看到一些蚂蚁死了，就把蚂蚁埋了，学生看到了，“老师，你在干什么？”一年级孩子都很天真。我说入土为安，我把它们埋了。结果隔没几天我就看到几个孩子围在那里，很认真，煞有介事，不知道在干什么。我说，你们在干什么？回答说我们在埋蚂蚁。觉得这个工作很有意义，就回来考师资班。一路走来，感觉都很平顺，都是老天保佑，老天安排。所以路要怎么走我们不操心，好好提升智慧，一切交给上天安排，那是真正最轻松、最自在的日子。人生最高的享受，就是用一颗真心来跟圣贤人交感，来跟自己的人生交感。

“人休不择就交”，朋友对我们影响很大，所以交朋友也要很谨慎。今天我们定功还不够，有些朋友有坏的习性，我们也会被感染，也会随波逐流，这时候我们得敬而远之，不能勉强。等我们定功到了，再来帮助这个朋友。我们说“男怕入错行，女怕嫁错郎”，事业，还有伴侣，都是一辈子重要的抉择。所以今天在那里担心孩子以后的家庭能不能幸福、事业能不能发展得好，都是打妄想，你烦恼那个有什么用？能否现在提升孩子的德行、智慧，让他有能力抉择好的配偶、好的事业？没有智慧跟到不好的领导，被带坏的很多。现在的年轻人进入社会三年，是比之前更单纯，还是更复杂了，还是更懂事了？这都是我们要谨慎的地方。所以，与其在那里烧香祈福，希望孩子遇到好事业、好对象，不如提升他的智慧跟判断能力。

如何提升孩子的智慧、判断能力，我们下次再说。谢谢大家！

第十七讲　真正提升孩子的智慧跟判断能力

尊敬的诸位朋友，大家好！

我们上节课讲到人生要无悔，必然要做对人生的抉择。人生踏出脚步大小不是最重要，方向最重要。而要踏对脚步，必然要有智慧，所以智慧就显得格外重要。我们常说到底要往哪里走，就是要靠智慧来判断。上次我们提到“路休不看就走，人休不择就交，话休不思就说，事休不算就做”，对人、对事、谈话都需要理智跟智慧来做判断。

我刚入社会那段时间，没有很好的智慧判断人生的方向，换了不少工作，撞了满头包。后来冷静下来，还是得先静心，先增长智慧、经验。很有意思，当我们的心非常急躁，事情就看不清楚，自己的过往以及习性毛病都看不清楚；真正静下来，人生几十年的岁月就好像一场电影，一幕一幕演出来了。所以先调伏急躁的心，好好学习古圣先贤的教诲，这是当务之急。

假如我们没有足够的智慧，很可能每个判断、走的每段路，都会造成人生很多的遗憾、后悔。后悔，后悔，都是做了以后才来悔。那段时间静下来，慢慢听师长的教诲，看经典，这些宝贵的智慧就是帮助我们去判断是非善恶。所以路到底要怎么走并不复杂，“欲知将来如何，且问现在功夫”。时时都是善心善行，一定可以广结善缘，可以跟圣贤的磁场接上。

万法由心生，能感是我们的心，所感就是我们人生的境界，所以未来的人生如何，要问自己的心地。假如真的是善心，那就但行好事，莫问前程。很多人在做了，可是遇到一些境界觉得不如意，就灰心、生怀疑，行善真的会有好报吗？那就很麻烦，因为这一念心就是迷惑，境缘本身没有好丑，是我们起了得失心。

举个例子来做说明。韩国曾有几部剧造成轰动，最主要的原因是把父子以及君臣这些伦常、天伦拍出来。人都有一份善心，所以看这些剧就把自己本性的善良给唤醒了。比方说《商道》，每次林尚沃出远门回来，见到母亲，第一个动作是什么？马上给母亲跪拜问候。我看到这一幕眼眶都会泛泪，现在这么一讲都有点作用了，但是我现在有点功夫，只让它在里面转，不会掉下来。我很感动，感动在哪儿？当那个礼行下去的时候，内心是体会到这段时间不知道又让母亲操了多少心，所以行这个礼，希望母亲多多宽心。这些礼仪都是从内心做出来的，我们可以感受到其中传递出来的做人的态度。

像《医道》，就把师道演得相当彻底。许浚是韩国的神医，他为什么能成为神医？是因为他学得很多技术吗？究其根源，得力于师长告诫他要做心医，就是对病人无私的爱心，时时感同身受，人饥己饥，他的痛就好像自己的痛一样，有了这份心才能真正成为一个好的医生。老师为了成就他的医术，连自己的身体都捐出来供学生研究。许浚时时都想着，老师连身体都献给他了，假如他没有尽心尽力提升医术，为人治病，那对不起老师，所以他不敢懈怠。

我们在修学的道路上不退转，很重要的一点就是时时想着上报四重恩，能够感念父母的恩、师长的恩。我们现在还是幼儿园，一年级还没有念上去。诸位朋友，怎么才有资格念一年级？师长常讲，放下自私自利，放下名闻利养，放下五欲六尘，放下贪嗔痴慢，这样才可以升一年级；不然不只不会升级，还会留级。留级还不错，一不小心还会降级，堕到哪里去了都说不定，所以要很谨慎。

我们今天闻圣贤教诲，假如不为众人做榜样，很可能我们的行为会让人家对圣贤教诲产生反感、误解，这些我们都应该提起高度的警觉。师长这些教诲，我们不能觉得都是讲给某某人听的，不关我的事，句句我们都是当机者，这样才能真受益。“自天子以至于庶人，壹是皆以修身为本”，这个修身为本就是遇到一切境界，看到人家的善马上学习，“见人善，即思齐；纵去远，以渐跻”。

我们常念一句，“学如逆水行舟，不进则退”。我们要很冷静什么时候在进退。我们想说今年比去年好，那是进退。其实更细的是这个念头是不是正念，是觉还是迷，就有进退。所以假如我们在这个念头上不晓得进退，那一个礼拜也不可能有进步。为什么？一个礼拜从哪里堆积起来的？一天从哪里堆积起来的？从每个念头中。

师长常跟我们说，修学要从根本修，从念头上修。所以我们看到善人做善事，起一个念头，觉得我不行，这已经是不信了。一切人皆有如来智慧德相。我们应该起而效法，应该跟他有同样的心境。你的心境跟他的那份善心完全相融，功德也没有高下。信为道元功德母，遇到境界对自己没有信心，功德母不见了，根基没有了。所以在修学的过程，往往不是被境界打败了，是被没有信心给击退了。“见人善，即思齐”，我们有没有这个态度？

“见人恶，即内省，有则改，无加警”。见到人家的过失，我们要反省的是我有没有跟他一样，我也要赶快改。接着要清净、要放下，能不能把别人的过失时时记在心上？记在心上叫着相，下次遇到他，他能不能感觉到你对他有看法？能。因为我们已经戴着有色眼镜了，你已经有执着传递给他，他觉得你看他怪怪的，就开始胡思乱想，然后你们之间就变得很复杂。任何人的过失是刹那生灭的幻相，不能把它放在心上，那叫不觉本无。要坚信本觉本有，每个人都是人之初，性本善，应该坚定地相信他是有本善的。我们跟他有这个缘，应该为人演说，把对的做出来，启发彼此的善根。有了这样的态度，我们时时想着给人做榜样，警觉性就起来了，谨慎的态度就起来了。

人的谨慎态度一起来，就不容易后悔。往往就是粗枝大叶，粗心大意，不该说的话说出去了，事后在那里后悔，话讲出去了怎么办？不好收尾。有了谨慎，人生的后悔会愈来愈少。

“见人恶，即内省”，这个省，除了我有这个缺点要改以外，纵使对方的缺点我们没有，也应该内省是我的德行还不够高，假如我的德行够了，他应该会被感动。“德未修，感未至也”，时时以这样的心境期许自己，也不容易起慢心。时时以圣贤为榜样，不容易起慢心；时时以师长为榜样，不容易起慢心。

佛陀在世的时候，有个杀人魔王不相信这个世间真的有圣人，他起了怀疑的念头。打听好佛陀会从这个地方经过，他就埋伏在那里准备挑战佛陀。我们想想，为什么他会有这个态度？很多人随顺习气，又看到很多社会现象，心里会想天下的乌鸦一般黑。我们也有责任，因为我们是那些乌鸦之一，假如我们有好的表现，他就不会有这种念头。现在是整个社会有这个信心危机，相不相信人有真实的德行？很少人相信。他们为什么会怀疑？根源很有可能是我们学圣贤教诲的人说一套做一套。只要有一个学圣贤教诲的人说一套做一套，他可能就全盘否定。听到一件这样的事，他就信心动摇了，更何况是常常听到，这个心就退得更厉害。所以众人对圣贤教诲没有信心，我们要反求诸己，要反省自己，不能怪别人不相信，因为我们没有演出让人家相信的境界。假如别人不相信，我们还骂他没有善根，那我们没有反求诸己的觉照、觉性。所以在动念之间，我们都要相当冷静才对。

这个杀人魔王看到佛陀走过去了，马上往佛陀的方向冲过去，结果他跑得愈快，他离佛陀愈远，他非常惊讶，怎么会有这种境界？都跑得筋疲力尽了。我们想想，为什么他跑得愈快，却离佛陀愈远？诸位朋友，佛是什么？佛是我们的真心。当他起了念头要伤害一个圣哲人，他离他的真心愈来愈远。上气不接下气，都快跑不动了，突然佛陀回头看着他说：“仁者，你止步吧！”佛陀称呼他什么？仁者。佛陀对杀人魔王还是这么尊敬，还是相信人之初，性本善。我们没有佛陀的智慧，有没有资格去看众人的不好，去批判众人不好？我们跟佛陀的差距就出来了。

《坛经》中六祖怎么称呼他人？也是仁者。神秀大师写了一首偈：“身是菩提树，心如明镜台。时时勤拂拭，莫使惹尘埃。”五祖看了以后说，真正能用这首偈时时受持观照可以不堕恶道，但是并没有开悟，就没有把衣钵传下去。弟子们统统诵持这首偈，六祖惠能大师在柴房舂米，也听到了。因为六祖心地清净，一听这首偈，他开悟了，他说我也有一首，也要到现场去写。刚好有个人是江州别驾，他说可不可以麻烦别驾你帮我写上去？这个别驾看他是岭南人，看起来好像也没读什么书，态度就有点傲慢：“你怎么能写？”六祖说：“下下人有上上智，上上人有没意智，若轻人，即有无量无边罪。”假如在修学的过程中轻视后学，轻视他人，这就堕落了。傲慢让人家难受，或者让人家对圣贤教诲反感，这都是问题，我们都要很冷静。六祖惠能大师下下人，虽然他的社会地位不高，但是他有高度的智慧。所以不可以轻视任何人。

佛陀、六祖对任何人没有轻慢的心。六祖说上上人有没意智，纵使社会地位很高，但不见得有智慧。地位高，那是他的福报，人修福不修慧，福是大麻烦，叫祸福相倚。比如，福报现前，当了大官，享大福，时时要提醒自己，这个官位最重要的是它背后的责任，而不是耀武扬威，肆无忌惮，随顺自己的习气做事情。

我看过《菜根谭》，一位好朋友送我的。我打开第一页，非常震撼，第一页第一句就写着："弄权一时，凄凉万古。"不只他凄凉万古，甚至后代子孙都很凄凉。诸位朋友，你遇到过秦桧的后代吗？有没有哪个人告诉你，说他是秦桧的后代？一个人造恶，整个家族都蒙羞，甚至跟他同姓的人都很尴尬。

南宋之后好几百年，有个读书人到杭州岳王庙讲了一句话，"人自宋后少名桧"。整个中国自南宋以来，没有人拿秦桧的桧取名字。你们有没有遇到过？有意思，都不敢跟他取同样的字。"我到坟前愧姓秦"，这个读书人说，我站在岳王墓前都觉得很丢脸，很惭愧跟秦桧同姓。应该是让人家觉得与有荣焉，这样的人生才有价值。

所以弄权一时，确实是凄凉万古。《了凡四训》告诉我们："有百世之德者，定有百世子孙保之；有十世之德者，定有十世子孙保之；有三世二世之德者，定有三世二世子孙保之；其斩焉无后者，德至薄也。"所以要对得起祖宗、对得起子孙，最重要的是积德修善。

有段话在历史上很有名，出自魏征写给唐太宗的一篇文章《谏太宗十思疏》。如何让朝代兴旺不衰，他提了十点很重要的建议。古代这些大臣劝谏很有智慧，不会一开口就说："皇帝，你这里不好那里不好。”魏征很聪明，他跟唐太宗说：“我不想做忠臣，我只想做良臣。”唐太宗有点纳闷，你为什么不想做忠臣？魏征马上说：“忠臣都要杀头，我不想这么死，我做良臣就好了。”唐太宗笑一笑，心里想，杀了他我不就变暴君了吗？

古人讲话很有艺术，点到为止。为什么点到为止？因为皇帝的水准也不低。假如皇帝古书都没读过，你怎么点他也听不懂。这个时代，“人不学，不知道”，是学觉悟，学圣贤经典叫学，不是学历很高叫学。我在大学讲课的时候，问大学生一个问题：请教一下，你们觉得自己是小学的时候德行好，还是现在的德行好？有时候讲话要点到为止，看他们头低下来就懂了。我们要很冷静，人生读书是增长德行智慧，为什么读了十多年，德行反而下降了？这叫不叫学？这都是值得我们为人父母、为人老师深切反思的重点。

学在中国字里面叫觉，学觉悟，学智慧，学德行。现在的学校不是学觉悟，是学什么？学知识。知识学了一大堆，心性假如没有提升，长傲慢。他读三四年级，学了一些科学知识，问妈妈：“你知不知道牛顿发明什么定理？”妈妈说：“不知道。”“妈，你怎么连这个都不知道？”他觉得懂这些知识就是了不起，他不了解做人更重要，不了解学问就是提升心性，他反观自照的能力没有。所以一个人学习的成就从哪里看？从他的悟性看，不是从他的学历看。假如只是传授知识给孩子，他傲慢一起，悟门就阻塞了。这都需要很冷静地反思。

读大学那四年，心中有没有一份孝心？心中有没有一份回馈社会的心？这都是我们要看的地方，不能只是看到一年一年积累的知识而已。假如空有知识而没有德行，我们之前也提过，有才而无德是什么？是毒品。我们现在都在抓看得到的有形的毒品，事实上没有德行而有很高的学历和才华，可能对社会的毒害面更大。

有一次我坐出租车回家。很有意思，司机跟我聊起来，他说他看到很多大企业家，还有很高政治地位的人，做出很多危害大众的事情，所以他觉得学历不是最重要，德行最重要。我听了很欣慰，这些当父母的省觉到了。他跟我说，前几天到书局去找这些古书，希望能把这些做人的道理教给小孩。我听了很感动。结果他找到哪一本书？他找到《弟子规》。真是太巧了，他自己去翻的，他以前也没听过，他就觉得这本书谈的道理很好，就买回去了。过没几天我就坐上他的车子，我们就聊起来。聊完很欢喜，我袋子里面有一些书跟碟片，我就送给他，也把师长的网站介绍给他。

真的，人有善愿，因缘接着进来。人只要有善心，就能感来善的因缘。当家长都真正认知到德行重要的时候，就不会教出硕士、博士毕业，居然连父母都不愿意见的孩子，也不会有学历很高、地位很高、官位很高，却没有德行，带坏下一代的人出现。

魏征写给唐太宗的这篇文章，一开头就说："求木之长者，必固其根本；欲流之远者，必浚其泉源。"要让树木长得高大，长成参天大树，根要扎得很深很牢；要让河水流得很深远，最重要的是有源头活水。"思国之安者，必积其德义"。我们常念一句"君子务本，本立而道生"，君子找到做人处世的根本，本立就是根扎好了，养分吸收得好，自然茁壮成长，开花结果。本立道生，什么道生？品德提升了，家道能够绵延，甚至整个社会风气起来了，伦常大道都能够力行。通过自己的行为示范，移风易俗，化民成俗。从自己修学、积德这个根本，道就生了。包括从事教育工作的，班上的风气氛围起来了，这都在这句经教的范围之内。

中国古圣先贤这句经句，小到个人家庭，大到国家、民族、天下，都在其义理之中。从这句话，我们可以深刻感受到古圣先贤很谦卑，都跟谁学习？跟天地万物学习。我们每天看到树木，怎么都没开悟？看到流水，觉得吵死了。孔夫子一看到流水，马上说“逝者如斯夫，不舍昼夜”，给他很深的启示。他觉得流水一去不复返，时间也是一样，我们应该珍惜才对。

“是日已过，命亦随减，如少水鱼，斯有何乐。”真的，人有那份谦卑的心、反省的心，见天地万物都有体悟。我们今天体悟不出来，那是我们跟这些圣哲人的心境差太远。所以一个人有谦卑的心，天地万物都是老师。诸位老师，我们现在坐在这个椅子上面，它有没有跟我们喊重？你看它默默工作了多少寒暑，它也没有跟我们要薪水。我们现在帮家里人做点事就要邀功，那比它们差多了。它们都默默承受，牺牲奉献。

“忍辱如地，一切平等”。大地让我们停车，有没有跟我们要停车费？没有。我们把最污秽的东西撒到大地上，大地不只没有一句怨言，还把它转成有用的营养。我们要不要像大地一样会转？转过往的错误成智慧，让后面的人得到启示，不要再走我们的冤枉路，那就学到了大地的精神。

圣哲人都是从这些眼所视、耳所听中得到启发。子夏曾问孔夫子，三王，这些圣人为什么能够参天地？《三字经》讲“三才者，天地人”，告诉我们要把天地的德行做出来、演出来，才不枉一生做人。子夏问孔夫子这个问题，孔夫子回答，要参天地，最重要的是“奉三无私”，奉行三个态度，跟三个事物学习，学习它们无私的精神。“天无私覆”，天哪里会说谁在底下它不愿意，叫他离开，我不保护你；“地无私载，日月无私照”，日月平等地照亮每个地方。所以最重要的精神，就是我们要把自私放下，真正把人的品德力行出来。“奉三无私”就时时提醒我们观照念头有没有自私自利，这样才不愧于这辈子做人，目标是演出天地的完人，不断提升自己的德行。人要立远大的志向。

魏征讲的这几句，从树木、河川让我们感受到源头最重要。诸位朋友，我们的家道要承传百年、千年，源头在哪里？源头就在我们身上，我们的德行能不能庇荫百代，现在就推得出来。范仲淹在家门口种了两棵松树，取名叫君子树，并写了一句话：“清荫大庇，期与千年。”我种的君子树不是让子孙在底下乘乘凉而已，而是我的德行风范要成为他们的榜样，承传千年不衰。范仲淹那时候就有信心，期与千年。所以我们已经有家室的要反思，我能让子孙绵延多久？

一个家庭假如做得不好，下一代说我爸爸就是这样，你干吗还要求我？那就没得说了。假如榜样很好，他时时想着我爸爸做得那么好，我不能太丢脸。范仲淹、曾国藩的后代，他们心里都想着我是圣哲人的后代，可不能辱没祖宗，有这样的使命感。一个家是这样，一个朝代也是这样。

一个朝代的命运，差不多前两三个皇帝就决定了。周朝为什么能绵延八百多年不衰？因为开国的这些君王都是圣人，周文王、周武王、周公，所以后代就想着不可以丢脸。秦朝传了几代？第二代，十五年就亡了。为什么？秦始皇这么暴虐，第二代说我爸爸这么干，我也跟着这么干，当然一下子就结束了。所以一个朝代的命运、一个家族的命运都跟祖先息息相关。

“以慎重之行利生，则道风日远”。态度要很慎重，注意我们的起心动念跟一言一行，因为往后还有很多晚辈来继承。假如我们不够好，那他们学到的是不好，圣贤教诲很快就衰下去了。诸位朋友，圣贤教诲能不能再衰了？已经到谷底，不能再衰了。否极泰来，要靠我们的愿心，要那份定位。我们的德行，一定要成为后世子孙的榜样。真的，有这样的态度，圣贤教诲才有可能振兴起来。所以我们应该有一份期许，也就是孟夫子说的“当今之世，舍我其谁”，都跟我们有关系。谢谢大家！

第十八讲　学一句做一句才是真学

尊敬的诸位朋友，大家好！

我们上节课讲到不可以轻慢任何人，因为本觉本有，众人皆有佛性。他不对的行为，不觉本无，我们不可以执着，不可以放在心上；跟他对立，跟他闹矛盾，这样一种心境就可能跟对方结恶缘。纵使是一个杀人魔王，佛陀还是非常尊重他，称他仁者。佛陀回过头来对他说："仁者，你止步吧！"印度古语的止步跟止恶，音是相同的，所以用中国话讲，叫一语双关。佛陀跟他讲，你止步吧。也是劝请，你止恶吧！放下屠刀，立地成佛。

其实造恶之人，他也不愿意这样，谁喜欢自甘堕落？谁喜欢自讨苦吃、自掘坟墓？为什么还是造恶了？因为他被习气控制住，无法自拔。所以真正体会他那种良心的折磨，不只不会有对立冲突，提起的心是宽恕、爱护，以及如何让他从歧路转到正确的路上来。这个时候纵使我们在监狱里服务，我们的心境都是让这些服刑人员能够转恶为善，转迷为悟。

非常欢喜的是，我昨天到龙潭女子监狱讲了一堂课。我们深刻感受到，现在这些狱警的心境就像妈妈、老师一样，希望这些服刑人员的思想能够转到正确的方向，能够存善心、行善事，这样才能真正转变她们的命运。而不是说你错了，我要好好处罚你，不是这样的心境。假如只是讨厌她们，她们犯错了就得接受惩罚这种心境，那和她们是对立的，把她们关很久也不见得悔改。可是我们这份善意出去了，会让她们感动。

海口也有很多服刑人员，我们现在都是讲《弟子规》，给他们这些古圣先贤的教诲。还有几位老师长期住在监狱里面，朋友打电话给他："你现在在哪儿？""我现在在监狱里——讲课。"话要听完，不然会吓一跳。长期陪着这些服刑人员一起学习，一起成长。这些服刑人员写道："我们本来觉得我们是社会的垃圾，人见人厌，现在居然被这些警官捡起来，像父母一样呵护我们。"所以他们的生命产生了动力。人为什么自暴自弃？因为他没有人生的动力，人生的动力就在爱这个字。当他感觉到有人爱护他，他不愿意再让爱他的人伤心，他就会奋发图强。所以一个人放弃自己，自甘堕落，换个角度讲，就是他生命成长的过程没有感受到真正的爱。那值得我们家庭，我们整个社会教育、学校教育反思。自暴自弃、自寻短见的人多是内心没有生命的动力。

有个服刑人员才二十岁，因为偷窃被关进去了。我们冷静来看，"二十岁就犯罪，怎么这么不懂事"，讲这些对自己、对别人有没有帮助？没有帮助。有果必有因，她为什么这么年轻就犯罪？可恶之人必有可怜之处。一了解，这个孩子九岁就离开家，前后被卖了好几次，十一年统统在外流浪。我们听到这一段都觉得很伤感，假如那是我们的孩子，我们又作何感想？我们就不会只看到她偷窃这个行为，看到的是她因为长期失教，生命中没有温暖。

她在监狱遇到一位张警官，这个女警第一天看到她就关心地问："你还缺什么生活用品？"她长期得不到温暖，很冷漠，马上回答："我什么都不需要。"假如换作我们，可能会怎么样？我的爱心你都不领，算了。这个时代很多的孩子长期缺乏爱，他的冷漠是在掩饰他已经太缺乏爱了。遇到这样的人，我们应该更加仁慈才对。

学生问孔夫子有没有哪个字可以终身奉行，夫子回答：“其恕乎。”“恕”，会意字，上面一个如，下面一个心，如其心。你能够站在他的角度感受他的苦，你就知道怎么帮他。往往是感受不到他的心境，我怎么要求他，他就得怎么跟着我走。这种是控制占有，而不是“如其心”。

这个年轻人说不要，张警官也没有继续追问，因为她也很有经验，像这样长期在外流浪的孩子哪有什么东西。隔天她就拿了牙膏等日用品，放在她的面前就走了，也没有多说什么。对于一个长期没有得到关爱的人，这一幕对她的心是一种冲击。她很感动，马上脑子里想什么？警官一个月收入也没有多少，她还这样关心我。这样继续相处下来，这个年轻人有了一股动力。现在她已经出狱了。她曾经写道：“这段时间，只要想到这个阿姨对我这么关爱，就觉得假如不好好改过自新，会伤了阿姨的心。”

生命动力形成了，张警官给予她的每句教诲她都记得很清楚，对她每句信任的言语她都放在心上，她愈来愈有动力。张警官期许她，你是很上进的人，没有人能够阻止你进步，你是很有爱心的人，你是很热忱的人，这些话都留在她的心上。有一次母亲节，张警官也忙得没有注意到，这个年轻人跑过来，很腼腆地说了一句“母亲节快乐”，还亲自做了母亲卡，用电脑打出来。有这份爱心，这份恭敬的心，学什么都会很主动。她的善心被启发了，后来自愿当什么？她是偷人家东西被抓进去的，她说要去做一个反扒手，因为她特别有经验。除了这些经验，更重要的是她有一份心，抓到这些年轻人的时候，她都能感受到他们的家庭困境。

我到监狱去的时候，典狱长也说服刑人员大部分来自不健全的家庭。所以我们这个感同身受的心要出来，生命的动力就从这里产生。面对犯错的人，我们都要有这份同理心。前面讲的那个故事，佛陀不只没有轻视那个人，还称他仁者，劝请他，你止恶吧！他马上觉得这几十年来违背良心，可苦了，当场跪下来痛哭流涕。

我的一个学生给我人生的启示很大。他才六年级，常常违反校规，会打人，会骂人，甚至还有偷窃的情况。后来犯了大错，被老师给训斥了一番，很落寞地坐在那里。刚好那节我没课，我走过去陪他坐了一会儿。这个孩子跟我说："老师，我很想死。"我们都懂自杀的一些道理，自杀是大不孝，有机会也要把这些道理跟有缘人讲清楚。一切境界来，我们应该作还债想，无债一身轻。把这些道理真正弄明白了，人生就没有痛苦。

善缘是相互成就，可不能在那里缠绵悱恻，不然善缘会变成什么？堕落。恶缘，那是我们过去对不起人，所以甘愿接受，不起嗔恚心。当我们有这个心境，很可能恶缘会转成善缘。时时期许我们像大德一样，"涕唾在脸上，随它自干了，我也省力气，他也无烦恼"。口水这么一擦，可能就打起架来了。

古代读书人也有这个境界。唐朝有个宰相叫娄师德，他的弟弟当了一个地方的刺史，也算是很大的官。兄弟两个相见，大哥就告诉弟弟："你看我们现在官位这么大，要很谨慎，不然嫉妒、毁谤都会来。"弟弟就跟哥哥讲："你放心好了，我一定会忍住脾气，会战战兢兢，谦卑待人。假如人家朝我吐口水，我都不会跟他生气，我会自己擦一擦。"哥哥说："我最担心的就是这个，你还去擦；连擦都不擦，让它自己干。你一擦，他不就难受了吗？”

你看，接受古圣先贤教诲的，修养真的都很好。人生有了这样的认知，咬紧牙关，随缘消旧业，该还的债统统还了，不再造新殃。不要再跟人计较，不要再跟人过不去了，“何不于强健时，努力修善，欲何待乎”，不能再等了。

诸位朋友，我们听到这一句，咬紧牙关，此生成就，很振奋。然后一想，还要好几十年，会不会又很害怕？修学人最重要的是老实，处逆境，随恶缘，不起嗔恚，这个态度时时保持，咬紧牙关咬多久？不用咬一辈子，咬个三年五载，观照的能力起来了，不容易被境转。慢慢地境不转我们，我们就怎么样？就能转境了。这个时候贪嗔痴慢伏得住了，无所挂碍。

师长叫我们做早课，记得刚开始，师长让我们念四十八愿。我也没想那么多，智慧不够就老老实实地念。念了几个月，突然有一天早上有一点体会，原来师长叫我们念四十八愿，就是要我们把四十八愿变成自己的愿。不是念到最后，早上骗佛菩萨一次，晚上又骗佛菩萨一次，变成应付早晚课，那不对。有应付的念头，那就是迷，就是执着。修学，一切时要从真实心去做，不能有应付。每一句经文读诵的时候，也都是诚于中，形于外。“纵使身止诸苦中，如是愿心永不退”，这样就能很快地契入圣贤境界。我们不可以懈怠，因为我们晚契入境界，很可能身旁的人就要堕落了。我们可以很明显地感觉到现在堕落的速度比较快，这个愿心我们时时要提起来。

佛陀这个故事给我们很大的启示，这个杀人魔王，佛陀都用至诚的言语把他的良心唤醒。因为曾经伤害过很多人，所以很多人看到他就拿石头砸他，他常常都是遍体鳞伤，但是他一点怨恨都没有，因为那是自己做来的，不能怪别人。如是因，如是果，他反而感激这些人。他是各国通缉的犯人，各国派兵来抓他。那时候的人尊重圣人，虽然他们来了，但是都没有动手，因为佛陀在旁边。他们想先看看佛陀的意思，顺便也来朝圣。佛陀说："你们大家看看，这个沙门像个杀人犯吗？"大家看一看，不像，因为他已经转恶为善，转迷为悟，修得很好了。大家跟佛陀有默契，也没说话，就撤了。

所以我们不能轻慢任何人，甚至是十恶之人都不能轻慢，他一念觉醒都可能有很高的成就。再来，这个故事给我们一种观照，面对恶人，我们能不能把他的良心唤醒？我记得有一次跟师长见面，师长讲了一句话让我们印象很深。师长讲："学佛就要学释迦牟尼佛。"诸位老师，这句话要会听，学佛就要学释迦牟尼佛，请问我们有问题的时候问谁？问经典，依法不依人。现在我们一有问题是不是问经典？很可能到处问，问一个不够，还问好几个，问到一个头两个大。而且都是去问那些很可能跟自己一样有烦恼习气的人，因为有那种认同感。那种认同感很危险，为什么？因为很怕听到忠言。

六祖惠能大师说："苦口的是良药，逆耳必是忠言。"《弟子规》也讲："闻誉恐，闻过欣，直谅士，渐相亲。""改过必生智慧"，六祖每句话都很重要，"护短心内非贤"，袒护自己的过失，心已经开始堕落。我们要依循圣贤教诲，不能乱问，真正期许自己不断跟圣贤看齐。师长告诉我们学佛就要学释迦牟尼佛，学儒就要学孔子，一定要直截了当地跟圣人学习。

圣人的风范是连杀人魔王都能够用一份至诚心把他唤醒，所以今天身旁的人我们没有办法劝谏他们，没有办法唤醒他们的善，就要反省我的德行还不够，还差很远。《了凡四训》有句话，"德未修"，怎么样？“感未至”。我们看古圣先贤，他们都是无悔的人生，为什么？他们尽心尽力无愧于人。佛陀面对杀人魔，他尽心尽力，无愧于这个因缘，无悔。大舜，继母跟父亲想方设法害他，他没有怨恨，只是反省我做得还不够好。邻里乡党都已经愤愤不平，做父母的太不像话了，来谴责他的父母，他去阻止，说不是他们的错，是我的错。舜做到了，他成为圣人。

所以古圣先贤已经告诉我们就要这么学，父子关系，君臣关系，夫妇关系，朋友关系，兄弟关系，都只问自己有没有做对，不责备对方的错，应该是自己做对让对方感动，他们都是榜样。现在是朋友亲人还没像大舜的父母一样，我们就受不了，我们就被贪嗔痴转了，那我们就结恶缘了，没有办法成圣成贤。所以一个人至诚的心、反省的心就把一个家转了；不只把一个家转了，把一个国家的风气都转了。大舜的子民一想到大舜的父母这样他都懂得孝，我父母对我好我还不孝，那太不像话。所以他的风范让子民自我反省。

春秋时期的闵子骞，后母没有用心照顾他，他没有怨，他的心上还是父母兄弟，他没有自私的心。他帮父亲驾车，天气很冷，冷风飕飕地吹。后母用芦花给他做衣服，两个亲生的孩子用的是棉花。芦花做的衣服看起来很蓬松，父亲想，你穿那么多衣服，还发抖，很生气，就拿鞭子抽他。这么一抽下去，衣服给抽破了，芦花飞出来了。父亲才知道，原来是后母虐待他，非常生气，回到家里就要把后母给休了。而当下闵子骞就是那份“都是我的错”，转了一个家的命运。假如后母对他不好，他记恨在心，很可能还插一些话让父亲更生气，把后母给赶出去。

慕贤当慕其心，我们能感受到这些圣贤人对家庭、对人的心境都是一份成全。闵子骞不只没有怨恨，还诚惶诚恐跪下来："父亲，你不能把后母赶走。母在一子寒，母亲在，只有我一个人寒冷；母去三子单，母亲走了以后，两个弟弟都要一起受冻挨饿。"时时想到家庭，又想到兄弟。因为那份至诚，父亲脾气就下来了。后母这样对待他，他不只没有怨，还时时为她，为她的孩子着想，当场她的良知也被唤醒，之后对待他就像自己亲生的孩子一样。

孔夫子在《论语》中提到，闵子骞家庭的那种和乐跟团结，任何人都不可能给进谗言，他那份至孝人家看了感动，都不敢乱进谗言。今天人家还会进谗言，我们要反省，说明我们家人所传递出来的不是那份团结和乐。所以家庭受影响，不能怪别人进谗言，"谗不自来"，谗言不是自己来的，"因疑而来"，我们自己心上有怀疑、有对立了，人家进谗言才进得来。家庭是这样，企业团体都是这样。真的，遇到任何境界都应该"行有不得，反求诸己"。佛陀、大舜、闵子骞这些圣贤人用至诚的心、尽心尽力的心，无愧无悔于任何人，这就是无怨无悔的人生。

前面我们提到许浚，为什么他研究医术非常努力用功，都不会退？因为他能时时想着师长的恩德。我们也提到修学人要时时念四重恩。诸位朋友，父母恩要报，谁是我们的父母？我们听闻圣贤教诲，确实是稀有难逢的机遇，我们的态度是什么？是知缘、惜缘、造缘。造缘就是我们依教奉行，人家说那个修学人很好，非常有德行，对人很有爱心，都来学。这是造缘，依教奉行是造缘。

惜缘，珍惜这个缘分，学一句做一句，这叫惜。每天读很多部经典，但没有几句落实，这不叫惜缘。真学了，体会到了，我们就去做，这才是真正念到心上了。经典都是宇宙人生的真相，我们不能听了宇宙真相，还随顺自己的分别执着，那就很难得利益。我们有没有真信？假如没有真信，这些彻法底源的道理最后会变成左耳进右耳出，到头来不落实的话会变成玩弄经典、消遣经典。所以每句体会得，要用这个心境去立身处世。父母恩我们要用这种心境去领受。

师长恩。有一次我在礼拜的时候，突然觉得很惭愧，老师对我们不疲不厌，我们还不听话，还在这里堕落，流了忏悔的眼泪。当我从事教学的时候，我自己带这些小孩，不会责怪他们怎么讲都不听。讲一次不听，讲两次都不听，讲五次还不听，我没有资格骂他们，因为我自己也没做好。

佛陀不疲不厌，讲了一辈子，四十九年。我们刚刚讲，学佛要跟谁学？这句话有没有放在心上？“得一善则拳拳服膺，而弗失之矣”，放在心上时刻都不敢忘。一遇到境界要发脾气了，一想不行，不能发脾气。志向真正提起来了。颜回好学，我们的学习态度像颜回一样，就得很大的利益。释迦牟尼佛有这样的耐心，我们也要学，对大众、对学生也有这份耐心。

我们再进一步思考，一佛出世，千佛拥戴，千佛是不是一千尊佛？不是。佛陀来演说宇宙人生的真相，这个大事因缘要有多少古佛、多少圣贤人来做配合！我们怎么回馈这么多的恩德？“不如坚勇求正觉”。提升智慧，能帮助众人，那才是真正回报师长恩。有了这样的心境，不容易退转。

国家恩。中华民族的文化都是历代圣贤人承传下来，一代不传，后代子孙就接不上。所以有全世界唯一五千年不衰的文化智慧是我们的福分，承传也是我们的使命。冷静来看，我们这一代传得怎么样？现在要找孝子都不容易了，要找到很尊敬老师、很用功学习的学生都不好找。

中国文化有三股最重要的力量：孝道、师道，还有因果。现代人对因果的态度愈来愈薄弱，造恶都没有顾忌了，所以堕落得很快。孝道、师道没有了，人的本善启发不了。所以，我们假如没有把文化承传下去，国家的恩德我们都没有报，我们对不起祖宗，也对不起生生世世的后代子孙。对不起后代，对不起祖宗，后代就要埋怨我们，我们就不可能过无怨也无悔的人生。

人到了中晚年，假如孩子没有教好，会后悔当初人生的轻重缓急没有取舍清楚。家如是，民族亦如是。我们现在不把承传圣贤教诲、承传民族文化的责任扛起来，到晚年，我们也会后悔当初没有义无反顾地为人演说。看到人心堕落，我们也不好受。所以要过无怨无悔的人生，就应该承担责任，尽心尽力去做。这是国家恩。

众生恩。我们整个成长的过程，多少亲朋好友照顾提携，甚至老师的一句鼓励都成为我们人生的动力。这份对我们的至诚信任，我们要放在心上，不忍心让所有信任我们、爱护我们、帮助过我们的人，到头来对我们的所作所为感到遗憾，那就有愧了。一想到这么多人都在帮助我们，我们希望他们这一生都能欢欢喜喜，我们的道德学问提升了，他们会觉得那些付出太值得了。

真的，看得到的、看不到的大众对我们的帮助，我们都要记在心上，不敢忘怀。曾有一对老夫妻到我们中心来，捐了一些钱，里面还有五角的、一块的，都是一些小钞。虽然捐的不是很多，但是尽其所能，还把当季收成的谷类运给我们。他们说很新鲜，诸位老师辛苦了，要吃好一点。从河南坐了好几个小时的车，把这么重的东西送来，还把积蓄捐出来。我们的老师说：“您二位就留下来吃顿饭。”这对老夫妻说：“不行，我们要留下吃，又增加了中心的负担。我们不能再增加你们的负担，我们马上就走。”连一顿饭都没有吃，又坐车赶回去了。这样的老人家太多了。

东北还有老人家每天吃咸菜，吃白粥，把省下来的钱寄到中心来。还有上海的一些教授和一些社会地位比较高的，师长说生活够用就好，他们真干，一个月花很少的钱，把省下来的钱拿来支持弘扬圣贤教诲。他们是用至诚的心，我们应该尽心尽力做好我们的工作，这样才无愧于他们的恩德。

所以，能时时念四重恩，我们的道心不退。我们能时时期许自己勇猛精进，无愧于这一生能闻圣贤教诲。

这节课就先谈到这里，谢谢大家！

第十九讲　如何感召善的因缘

尊敬的诸位朋友，大家好！

假如贪嗔痴慢的习气不除，所修一切善行都只是福报不是功德，所以修学改习气重要。

诸位朋友，我们讲了不少故事，故事能不能白听？我们不能听久了，觉得师长讲课很好听，还说出故事集，很喜欢看。每个故事，心中都要有真实受用，“见人善，即思齐”。我们能早一点有真实的功夫，太多跟我们有缘的人就能早一点得利益。我们跟众人是一体的，我们早一点成就，众人就早一点得利益。我们这一颗众生无边誓愿度的心很切的话，不容易懈怠。

前面我们提到韩国的神医许浚，老师尽心尽力栽培他，所以他感师恩，不敢懈怠。后来他赶着要去考医官，半途住在一个客栈里。有个乡下人，他们那里比较偏远，没有医师，听说很多医师要进京赶考，就跑到这个客栈来，希望能找到医师去他们的村落帮忙看病。很多医师心里就想：我是要考试的，假如去帮忙看病，到时候没赶上考试怎么办？所以绝大部分都比较冷漠，不理他。许浚遵循老师行医的精神，能感同身受，知道病人都是很痛苦的。老师给予他教诲，也不是说出来的。

我们跟孩子讲，你要有爱心，这样他能有爱心吗？假如我们口口声声讲爱心，但是看到别人需要，“走了，走了，别管”，那样会起反面效果。孩子说妈妈这么讲，做事却这个样子，反而不容易尊敬我们。

在我的成长过程中，父母没有告诉我们要有爱心，但是我们很自然地就主动去关心别人，那就是身教，没有用言教。同学们到我们家来开同乐会，父母都很好客，我们感受到了。有时候在鞋柜上面放了一些信件，一看是什么先天心脏疾病协会的，父亲会固定寄一些钱。父亲没有告诉我们对人要有爱心，但是他的所作所为，让我们内心都有很深的感动，身教直接影响孩子的心地。父子之间是这样，师生之间也是这样。

我也曾经跟大家分享过，有一次跟我母亲回外婆家，在路上车子不小心掉到水沟里，导致排气管有点摇晃，撞坏了。我外婆家在弥陀，我们每年都回弥陀去。高雄有个乡叫弥陀乡，大家有没有听过？很有意思，当初考试，我要考高雄，我跟同学讲：我不是到弥陀，就是到观音。高雄有个观音小学。结果真的心想事成，我去了观音小学。我小时候都是回弥陀家。

下了车，母亲把车费付给司机，额外又拿了五百块钱给他。当我母亲做这个动作的时候，我心里很感动，想到的就是母亲觉得养一个家不容易，我们家比较宽裕，所以主动负担他修理的费用。我们也可以不额外拿钱给他，但母亲还是拿了，所以我很感动。那就已经在教化我们。后来从事教育，会跟家长分享身教的重要。我问我妈妈这件事，她记不记得？早就不记得了。很多朋友听了这个故事，带孩子坐出租车，心想：“车子怎么不坏？我可以多拿五百块。”学，不能从行迹上学，要从心地上学。要从真实的心流露出来，孩子的心骗不了的。

许哲女士的那份善心也是母亲启发的，她的母亲也活到一百多岁。她小时候家里也不是很富有，吃的东西也很粗糙，但是只要有穷人来了，来乞讨，母亲很自然地就把他们本来要吃的食物拿出去。他们年龄很小，心都清澈，看到母亲这样做，内心很感动。所以他们兄弟姐妹都是善人，弟弟做了牧师，一个姐姐、一个妹妹也是终生都在做善事，这样的家庭其乐融融。许哲女士办养老院最主要的支持者就是她的姐姐。助人为快乐之本，这个家庭一谈起来都是如何帮助别人，磁场非常好。

我们刚刚提到许浚能感同身受，也不是老师用嘴巴教的。他刚开始学医的时候，跟着老师柳义泰去看病人，病人家里很穷，根本没钱。病人被牛撞到了后背，爬不起来，躺了很久，整个后背长褥疮化脓了。已经病成这样了，再用东西去吸可能会痛得不得了，当下老师二话不说，直接用嘴巴帮这个病人把脓吸出来。许浚第一反应是觉得很脏，但是静下来一想，老师时时都是代病人的苦。这一幕深深扎根在他的心中，那比讲一千句、一万句更有用。所以听到这个乡下人说到村里面这些病人，他马上说：“好，算算时间应该赶得及。”然后就去了这个村庄。

看了几个病人，挺有效果的，整个村其他病人全部都涌过来。时间一天一天过去，本来还有一两个人陪着他，后来怕赶不上考试都走了，只剩下他一个人。最后眼见快赶不上了，有个人引他走另外一条比较近的路，却又把他带去他的母亲那里，他实在很无奈，但是这个人很孝顺，说：“我母亲眼睛都瞎了，你一定要帮她看。”并答应他说：“我给你一匹马，你一定可以赶得上。”帮这位母亲医了眼睛，那个人真的带来了一匹马。没想到那匹马是偷来的，麻烦了，官府一来，连他都抓起来了。这下更着急了，没有办法考试了。到了官府没多久，突然来了一群人，被他治疗的病人统统都来了，说："大人，你不能关他，他是个好医师。"全部都在衙门帮他请命。官府了解了情况，原来他是这么好的医师，还帮助这么多的村民，马上把他放了，真的给他一匹马。

他上了马，最后有没有赶上？没赶上。人生会有很多曲折，不见得会一帆风顺，任何挑战，只要有一个态度：但行好事，莫问前程。只要我们都是做好事，人生一定会愈来愈圆满。纵使有一些境界来了，你都不要当坏事看，它不是坏事，它甚至是成就我们的好事。可是假如我们执着了，很难受，我都做那么多好事了，怎么是这样？那麻烦了。烦恼一起来，圣贤帮你都提升不上去，就会变成随业流转，所以愿心重要，愿心不退就得护佑。

许浚已经好几天没睡觉了，骑着骑着从马上摔下来，睡着了。等醒过来，又上马。到了考场，考试已经开始了，门已经关起来了。他非常沮丧，为什么？因为他属于比较低的阶层，假如能考上医官，他自己、他的孩子、他家庭的命运都能变。假如不能考，家人会非常失望。虽然很沮丧，但他下一个念头是什么，大家猜猜看？他下一个念头并不是回家，他心里想的是那些人不知道病情好转了没有。既然不能考试，他又回到村落给他们复诊。

柳义泰医师有个儿子，医术也不错，进了考场，考上了。喜讯传回家，刚好许浚的太太也在那里帮忙。官府来人了，祝贺柳义泰两件喜事。第一件喜事就是他的儿子考上了医官；第二件喜事，是那个地区的官员很感许浚的恩德，救了那么多村民，所以写了封信给他的老师柳义泰，说你教学生教得真好，这么有仁慈之心。

听儿子考上了，柳义泰本来很高兴，又听到许浚是因为路途上医治病人没进考场，马上回头问他的儿子："当时你在不在？"儿子说："在。"他说："你没有资格当医师。"柳义泰是一代神医，他教学生最重要的就是这颗爱心。他跟儿子说："你考上这个医官也没什么意义。"许浚的太太就在旁边，本来在埋怨先生怎么没有考好，突然了解到原来先生是因为去帮助病人才误了考期，也很引以为荣，很佩服先生。先生回来，不只没有责备，还帮助先生用心地学习、读书。

许浚曾经医好了一个大官，这个大官问他要不要钱，他说不要。结果这个大官说我帮你写份推荐函，你以后去考医官，拿这个推荐函十拿九稳。许浚心想，十拿九稳，我家的命运才能变，所以真的接了推荐函。这叫靠关系。消息传到老师耳里，马上叫他拿出来，当场就要把它撕掉。许浚很着急："不能撕，不能撕。"师长把它烧了，对他说："你不是我学生。这个名利心，不可能让你成为好的医师。"老师把他逐出了师门。

他本来也很埋怨，后来慢慢反省，真的是自己错了。他进京赶考，帮助了这些病人，师长很欣慰，又重新让他回来跟着学。塞翁失马，焉知非福，所以只要行的是善事，好的因缘真的会来。假如没有这件事，老师可能不会重新收留他，可能医术就很难突破。这都要深深思考。

我有个好朋友是学书法的，曾经请教过很多有名的书法老师。诸位老师，什么叫很有名？就是见他一次要缴很多钱的。但是真正的名师不是用钱可以请得到的，要用什么？用至诚恭敬的心，受教的心，还有利益大众的心。有这颗利益大众的心，才能提升学问，去帮助别人。这个朋友钱都花光了，都快身无分文了，反而在这个时候遇到好的老师。因为他有那种使命要承传文化，所以真的就遇到了影响他最深的书法老师，不只不要他的钱，还让他在家里住。说到这里我就想起来，我在杨老师家住也没给钱，白吃白喝。老师还在冰箱上面放了一个皮包，怕我没钱的时候又不好意思开口，她跟我说："你没钱自己拿。"然后马上头就转过去了，给我留足面子，都非常细腻地关怀我们这些晚辈。

真的，当我们有一种使命感要承传文化，要帮助社会的时候，真正有学问、有才华、有德行的老师会无私地教导我们。所以希望自己的孩子能遇到这么好的贵人，不是赚一堆钱，给他们准备补习费，真正的因是孩子那份至诚恭敬的心，自然会感来这些因缘。因为这些有道德学问的人都在找学生，怎么都没有谦卑受教的后辈可以提拔？许浚就是这个因缘，他医了这些病人，又回到了师门。

这个朋友遇到了他的老师，教了一段时间，老师跟他讲："我今天要把我这一生很重要的一些体悟告诉你，但是假如你的德行不好，那我是害了你一辈子。因为这些体会，可以让你在很短的时间写出很好的书法，你可以得到很多名利。而当名利来了，若没有德行，你一定会随波逐流。"老师这段话，他不敢忘怀。所以虽然他书法写得很好，但是常常义务去教别人，正常教学收费也很低。短短几年就得了好几个大奖，但他很低调，不去炫耀。

这就告诉我们，任何世间的才艺都要建筑在德行的基础上。许浚有这份德行，老师才愿意把更高深的医术告诉他，不然把这些医术告诉他，他都拿去谋财，不就毁了学生一生吗？许浚因为坚持这份善心，赢得老师的教诲，之后不只考上医官，还成为御医，官做到最高位。他以卑微的身份，最后获得这么高的人生成就，还传了一部有名的医书叫《东医宝鉴》。

其实他的人生并没有很复杂，他只有一个心念，我就是要做善事，就是要好好帮病人医病。他有没有说五年后要赚多少钱？有没有说十年后要开什么车？都只是一份善念去做。天道无亲，常与善人。假如你相信是这样，我们的人生就变得很单纯。只要行善，只要路是善路，尽心尽力去走，就会愈走愈宽广。这就是用智慧、用善心走我们的人生。

这节课先讲到这里，谢谢！

第二十讲 《弟子规》是看清一个人的标准

尊敬的诸位朋友，大家好！

我们上节课讲到人生路时时存着善心，去力行善行，该是我们的福分自然就会到来，但行好事，莫问前程。本来没想到去教书的，没起过这个念头，因为有一份使命感，缘分还是会帮你安排，不用操心。那时候我到台东休息了一下，因为感受到人生先有智慧最重要，不要急着横冲直撞。方向都错了，忙了几年徒劳无功，身心很疲惫。所以我到台东去，青山绿水，把心静下来，好好思考自己二十多年来的过失。

很有意思，心静下来，慢慢就能洞察到自己的思想哪些错了，做法哪些错了。每天学习，读经典，这样持续了几个月，就有因缘来了。好的因缘心静下来才会来，心很浮躁的时候结的都是不如意的缘，恶缘比较多。

当地有所学校，女老师生产，要请两个月的产假，找不到人代课。为什么找不到人代课？因为那一年政策改了，本来高中毕业就可以代课，改了以后变成大学毕业才能代课。整个池上乡找不到一个大学毕业生，就找到一个从高雄坐车几百公里，跑到台东去的大学生。所以这不是偶然，我们真有那份善心，上天一定会安排好事给我们做，现在该做的事太多了。如果发愿了，但是没有安排，可能是我们那个心不够真。假如安排你去干了，干到一半，“我不玩了，我不干了”，那怎么办？所以要发真心，如此一定能感应。

他们来找我，我有一点害怕，因为没有心理准备。叫我去带一年级，小孩身高只到我的腰而已，那么小。我怕不知道怎么带，就回绝了。过了一个礼拜，他们又来了，实在找不到。我心里想，人家都这么困难，不能拒人于千里之外，就答应了。去教了几天，很累，真的很累，因为心理有负担。孩子的人格，还有安全，都要担心。虽然不是很重的活儿，但是心理上要时时关怀这些孩子，所以会比较累。

我以前都想，妈妈当老师，有寒暑假真好，别人也这么讲。但是我自己真正去带了，才了解到那其实只是缓和一下而已，几个月带着学生，心理压力是很大的。真正去教书了，对我妈妈更佩服，要带那么多学生，回家还要带我们三个孩子，要照顾整个家，真不容易。

带了几天，真累，不过心里感觉踏实，觉得做的这个事真正能利益孩子、利益这个社会，就决定回去后考师资班。上天很慈悲，连我的补习费用都帮我准备好了。代课两个月，获得的钱可以付补习班的费用。不只补习班的费用，连考上以后的学费都准备好了。

回去备考，离考试还有四个多月，我心里也不担心，为什么？既然要走，就是一辈子走下去。第一年没考上，再考第二年，第二年没考上，再考第三年，人下了决心心就定了。很多人准备到后面，心想假如考不上，我要干什么？被自己的想法搞得心里很乱。考试最重要的是心，心能稳定，才能十拿九稳。

我整个准备考试的过程，心都没有浮动。不只是补习了这些知识而已，每天还固定听师长讲课，因为听师长讲课心就很静，读书的效果特别好。四个多月后顺利地考上了，接着又读了一年的书，然后教了两年的书。教了两年，感觉自己中国文化的底子太差了，所以就到澳洲学习。你看也很有感应，就遇到了杨老师，给我很好的启迪。杨老师教导我中国文化，不是教我很多篇经文，而是把这些圣贤人时时为人民的那颗心真正让我感受到了，杨老师讲的这门课是德育故事。我每次听德育故事，眼泪都会止不住地流，感动他们的德行，感动他们的孝悌忠信、礼义廉耻的精神。这份感动，让我决定效法古圣先贤的精神，承担起这份责任。

后来从澳洲回到台湾，又教了半年的书，接着就准备考试。我出去以前把教师辞掉了，现在又回来参加考试，看能不能考上哪一所学校。第一次考试刚好就在我家对门，如意算盘都打好了，假如让我考上，我一辈子都在这里，这样学生毕业了，人生遇到一些问题，一定找得到我。先笔试，191 人考，全部都是有教师资格、至少大学毕业的准老师。一考刷下来，最后 21 个人进复试，只有一个男生。真正写文章，女生还是比较厉害。我进考场的时候，三个主考官说："今天还有男生？"他们学校很缺男老师，我在那里想，十拿九稳。结果进去坐下来，主考官问我：你有没有行政经验？有没有得过奖？可以帮学校去参加什么比赛？我没什么才华，这些我都对不上，遇到克星。

问了这么多问题，就没问我一个问题：你有没有爱心？当老师最重要的一个条件是什么？不是去帮学校办活动，那是次要的。学校最主要就是作育英才，可不能搞到最后学校一大堆奖状，但学生没教好，那又有什么意义？第一次考试我就这样伤心地落选了。有进，但是备取。去考高雄也是备取。到最后，我爸爸要去看榜单，我都叫他别去了，每次都有希望，每次都失望，我很不忍心。后来真没考上。假如考上了，我现在在哪里？就在抱小孩，晚上都会被小孩的哭声吵醒，后面的缘就接不上了。所以没有好坏，统统交给老天安排，我们就认认真真、尽心尽力活一天尽一天本分最重要。

我没考上，有朋友跟我说，你看你这几年修学，居然连个老师都求不到，你要好好反省。对，他讲得也没错，真的没考上。可是我们反观自省，对得起众人就好了，不见得要人家认同你，这叫“人不知而不愠，不亦君子乎”。人生一定会有人不了解你，这个时候不要难受，要很清楚自己的起心动念是不是真正为人着想，在做好事。

没多久，杨老师就说海口有个因缘，就带着我到海口去了，一下子让我接上了这个缘去推展中国文化。这算是抛砖引玉，我这块砖头抛出去，现在有很多好老师，比我优秀的老师出来了，所以我这块砖要回去修一修。因缘确实都是我们的愿心在招感，我也没有去求，我求的就是为众人，至于怎么安排随缘。所以那时候没有考上，我没有难受。那几天为了考试，该做的事没有做。我赶快载了杨老师写的《弟子规》书法本去送人。再做这些事，自己很高兴。付出都很高兴，有求的时候就很难过，所以人生要放下得失心、有求的心，该是我们的自然就是我们的。

以这份善心坚定地依教奉行，去走我们的人生路，敦伦尽分，闲邪存诚。我们所做的一切，都不是为了什么福报。不去求福报，人生就过得很单纯。没有依照古圣先贤的道理去走，自己可能还有很多想法，会动不好的脑筋，这样就不好，所谓人算不如天算。有一个医生，行医就为了多赚钱，这就没有遵循行善的原则。很多病人来了，缴不出医药费，他就不给看病，而且给人看病还收红包。他就这样一直做下去，同部门很多新进的医生也染上这个坏的习性，都要红包才肯给人家看病。后来他出了车祸，这是真实的事，撞得面目全非，送到这家医院，送到他那个部门。结果因为看不出他是谁，又没有人来缴费，那个部门所有的医生都不诊治，就这样拖过了救命的时间，死在了医院。他的亲人后来知道了，哭天抢地。

其实我们要了解，那是果报。那些缴不出钱的病人他都不给看，家属当下也是哭天抢地。当他的家人失去他，在那里哭天抢地的时候，能否感受到那些家属的感受？欲令智迷，人有了欲望，真的无法感受别人的苦痛，结果感得这样的下场。所以人生真的时时都要爱敬存心，爱人的心，敬人的心，这样的人生路才对。

现在很多家长教孩子：别人的什么事别帮忙，帮人才是傻瓜。我曾听一个长者讲，一个三年级的孩子，进门跟妈妈讲："我们班今天发生了一件事情，一个同学的便当翻了，我就跟其他同学把我们的饭分一点给他，我是分得最多的，我拿最多给他。"这个妈妈打了一下他的头："你怎么这么笨、这么傻！那是妈妈付钱的，你还分给人家？"教孩子自私自利。

孩子这个自私心真的形成了，他以后到职场，朋友一定很少，到时候不知道要吃多少苦。父母没有智慧，不只会毁了自己的人生，连孩子的人生都会障碍。有个爸爸跟女儿讲："你看到任何人躺在马路上，出车祸了都不要管，不关我们的事。"这个教导，孩子学到什么？学到冷漠。最起码我们可以赶快打电话叫救护车。孩子冷漠了，请问他会对谁冷漠？难道只是对路人冷漠吗？冷漠的心形成了，对一切人都冷漠。真的是人算不如天算，有一天他的太太跟女儿走在路上，看到一群人围在那里，她们过去一看，一个人躺在血泊中呻吟，伤得很重。这个女儿马上想到爸爸说这不关我们的事，准备走。结果那个躺着的人看到她们两个，整个状态不一样，伸手去拉。她一看那个动作更害怕了，太太带着女儿赶快跑了。那个人就是这家的父亲，他看到自己的女儿，赶快要拉女儿救他。太太回家没多久就接到医院的电话，先生不治而亡。

我们这个心地是因，会感好的跟不好的果，学问就在时时保持这颗本善的心。因果教育对于我们整个做人处事，以至于文化的承传相当重要。以前的因果教育是城隍庙教，做恶事得恶的下场，一看印象深刻，不敢造恶。很多城隍庙都有对联，比如“人亏人天岂亏人”，人跟人会互相欺负，人会亏人，天不欺负人，会照顾人。你行好事，上天一定会庇荫你，天岂亏人？“人骗你”，人跟人互相欺骗，但是城隍爷不骗你,“我不骗你”。作善降之百祥，作不善降之百殃。还有，“阳世所为，越理欺天皆由己”，都是放纵自己做坏事；“阴间报应，古往今来放过谁”。天网恢恢，疏而不漏，我们对因果不能有丝毫怀疑。这副对联还有一句横批，叫“你又来了”。所以这句话给我们很高的警醒。

人世间没有什么吃亏的事，只要真实地做善事，人欠你，天会还你。纵使一个善念都有好的回报。《了凡四训》中，我们很熟悉一个故事。卫仲达，他那时候当官，有一天做梦被抓到阴间审判。善恶录把他的善恶都记载了。你看我们起心动念、一言一行，自己有时候忘了，但是都记录了。我们了解到这个真相，警觉性要很高，要守住正念。一大堆的恶录，一个房间都快要塞满了。卫仲达说，我才四十岁，怎么有这么多恶？阎罗王告诉他，不待你做，起了恶的念头都有记录。善录，就一卷，跟筷子一样粗细。一称，恶录盈庭反而轻，小小的善的卷宗反而比较重。卫仲达很惊讶。打开来一看，原来皇帝要建三山石桥，很大的一个工程，成千上万的家庭可能都受影响，劳民伤财，卫仲达就跟皇帝谏言不可以干。卫仲达说，可是我谏言了，皇帝并没有采纳，怎么会有功德？阎罗王说，因你这一念心是为万民着想，所以福报很大。假如皇帝采纳了，你的功德、福德更大。所以我们一颗心，“利在一身勿谋也，利在天下者谋之。利在一时勿谋也，利在万世者谋之”。要有这种心境，为自己的不要去计较，利益大众的要尽心尽力。自己一时的福报不要去求，要求的是千秋万世后代子孙的福报。这都是心量要扩宽。

我们上节课提到，要用智慧来选择人生。这些因果的道理都可以让我们的人生朝着行善的方向去走。“路休不看就走”，我们会判断了，走对路了。“人休不择就交”，我们交朋友一定要“亲附善友”，亲近好的朋友，“如雾露中行”，就好像走在早晨有雾的森林里面，“虽不湿衣”，衣服好像没有湿，但是事实上露水时时都在滋润，“时时有润”，正所谓近朱者赤，近墨者黑。有能力判断好的朋友，以至于好的对象，这都需要智慧。假如判断错了，很可能毁掉一生。很多人工作到四十几岁，也挺有成就的，结果用错一个人，把他的钱全部卷走了，还让他负债。这样的打击太大，一蹶不振，“我怎么这么倒霉，遇到这样的部属？”这个时候怨天尤人有没有用？要反求诸己，我们看人的智慧不够。面对人生的这些因缘，一定要有智慧，有判断力才行。俗话讲“男怕入错行，女怕嫁错郎”，不只行业要选对，跟的领导人都要会看，要跟有德行的，不能跟没德行的，不然到时候做错事统统进监狱了。

有位女老师，讲课的时候都会跟大众讲，找对象一定要找孝子。

她为什么讲得这么坚定？因为她自己就是找到一个孝子，她觉得人生很幸福，所以劝这些还没结婚、想结婚的人判断标准就是孝。还没结婚以前，她跟先生同在一个公司，先生的妈妈也在那个公司。有一次公司举行抽奖，先生上去抽到一条金项链，底下的同事就开始起哄："赶快戴，戴上，戴上。"同事的意思是叫他给谁戴上？就是叫他女朋友上去，给他女朋友戴上。所以人很无聊，净干这些起哄的事。真的，有时候乱起哄，可能就让人家糊里糊涂结婚去了，也糊里糊涂离婚去了。这种事不能干，一定要让好朋友学习圣贤教诲，让他自己判断，婚姻要很慎重。很多人就是在起哄中真的跑去结婚了，你们有没有遇到过？所以玩笑不可以乱开。

同事在下面起哄，这个女老师在台下忐忑不安，她很期待戴到自己脖子上，又很害怕假如不是自己多没面子。她先生说："戴就戴。"他马上叫他妈妈起来。这个女老师当下想要挖一个洞钻下去。虽然很难受，心里又想，最起码他还挺孝顺的。所以这个面子放下了，还是稳住情绪，对他的行为很认同。嫁给了他，先生真的对家很负责任，她要出来推广中国文化，先生还有婆婆都很支持。她想，就是因为家里有孝道承传，对文化很认同。所以这个孝道是判断标准。

包括从很多生活细节，都可以判断一个人的人品，我们都要会看。有个人到国外留学，交了个女朋友也是华人。有一天等红绿灯，因为他闯红灯习惯了，一看没有车，就拉着女朋友要过马路。女朋友说："红灯不可以闯。"他说没关系，硬把女朋友拉了过去。过了马路，女朋友很沉默，他也觉得这个气氛不太一样。女朋友说："我们分手吧！"他吓一跳，我做错什么事了？她说："你连红灯都敢闯，还有什么事不敢做？"就这样跟他分手了。这对他的打击也不小。

也对，连交通法都不守，以后还会守什么法？经一事长一智，他以后都不敢闯红灯。回国后，又交了个女朋友。有一天又等红绿灯，女朋友拉着他说："走。"他已经有了一次教训，红灯不可以闯，要守法，就在那儿等。后来过了马路，女朋友不大高兴，跟他说："我们分手吧！"他说怎么会这样？我不闯红灯也要分手？女朋友跟他说："你连红灯都不敢闯，还能做什么？"所以判断力很重要。第二个女朋友跟他分手，对他是福还是祸？这是他的福。假如真的结婚了，太太时时闯红灯，儿子可能很危险。只要真正依遁道理做事，祸都能够化掉。所以还是要有判断力，要守法，要依照天理做事。

选择对象、选择朋友其实不复杂，一本《弟子规》就能判断。假如你觉得这个人不错，把《弟子规》介绍给他，看了很欢喜，那他很有善根，就是很值得交的朋友。假如他一点兴趣都没有，只想赚钱，那我们就要谨慎。假如谈的是这样的对象，以后你嫁给他，帮他干什么？帮他算钞票而已，帮他赚钱。有一个先生很勤劳，勤劳好不好？勤劳要看心地上的动力在哪里。死要钱的人也很勤劳，二十四小时可以工作十六小时，他也很努力，可是满脑子都是名利。

这个先生很勤劳，从外地回到家乡，马上去拜访客户，没有先去看自己的父母。这样的人心里都是名利，对父母都不念恩，对妻子儿女会在意吗？看人要看得深。怎么看人，古圣先贤有些重要的教诲。孔夫子说："视其所以，观其所由，察其所安，人焉廋哉，人焉廋哉。"能从这三个角度看人，纵使再隐瞒也隐瞒不住。视其所以，就是看他在做什么；观其所由，看他做这件事的动机，或者这个人这几年在干什么。视其所以，是看他现在在做的动作；观其所由，是看他的动机。察其所安，是他做这件事是什么样的心境。比方我们叫学生扫地，同样在扫地，有的学生觉得我可以帮班级付出，做得很高兴。虽然是老师交代的事，但他是欢喜做的，他安住在尽本分上。有的学生虽然在做，但嘴巴翘得很高，“真烦”，做完不高兴，所安不一样。所以看人要看得比较深入一点。

我们要很冷静，欲知人者先自知，都看不清楚自己，怎么可能看清楚别人？连离我们最近，跟我们二十四小时相处的自己都看不清楚，焉能看清楚别人？学圣贤教诲，心外无法，莫向外求。能把自己的优缺点看得清清楚楚，才能看清楚别人。每一次做什么事情，我们的心境看清楚了没有？心有没有偏离真诚、清净、平等、正觉、慈悲？真正去尽我们的本分，有没有察我们的心，孝顺父母心里很踏实，而不是应付？我们在工作中尽忠职守，也觉得很欣慰，而不是应付？自己能照得清楚，自己的心地就像镜子一样清净，照别人也能照得很清楚。所以，可不能全部精神都看别人好或不好。

说实在的，人与人都是磁场的感应。《易经》说“方以类聚，物以群分”，我们闽南话叫“龙交龙，凤交凤，稳龟交洞憨”。所以真正有智慧的人不是攀缘，而是提升自己的德行，自然就感来好的人。这个教诲，孔夫子也说了，“为政以德，譬如北辰”，就像北极星一样，其他星都围绕着它运转。有了德行，好友就自然吸引过来。很多年轻人觉得沮丧，我怎么都交不到好朋友？继续这样想就交不到好朋友。提升德行，提升爱心、恭敬心，好朋友就能感召来。

《大学》有句话讲得很好，“有德此有人”，有了德行就能感召好的人，“有人此有土，有土此有财，有财此有用”，中国人把这个次第先后点得非常清楚。一般人看到这个句子会想，这是当官的、当领导的学的。中国文化是很圆融的，小到个人、家庭，大到国家、天下都用得上。我们不要因为分别，这么好的教诲当面错过。有了德行，才能感来有德行的人来到我们家庭；男士有德行，感来好的女子组成家庭。有人此有土，在古代，土就是你很有德行，用在治理地方，百姓很信任你；用在家庭，就是组成家庭，夫妻一条心，黄土化成金，有财，家道兴旺。这个财不只是钱财，还包括好的子孙，好的人才也会从家庭里面出来。

范仲淹生了四个儿子，四个儿子都有很高的成就，其中有一个还做到比自己位置还要高的正宰相。他们家有好的后代。有财此有用，财富用在哪里？要用对。用不对，这个钱财就在这里；用对了，能够庇荫后代子孙。这是一个循环，钱财用对了，感来更多有德行的后代子孙。范仲淹的家道承传到现在。润泽德本，他的财富用在哪儿？用在帮助大众。所以后代子孙的德行又上来了。

所以人生正确的经营，就是把才华、财富都用在提升自己的德行上，润泽德本。范仲淹去世的时候，义田是一千亩，到了清朝，他的后代子孙发展到多少亩？四千亩。范仲淹虽然离开了，但是他的那份德行，子孙继其志，将其承传下来并发扬光大。这个循环，给我们人生很大的启示。不管经营家庭，还是企业团体，最根本的是先提升自己的德行。有了德行，好人坏人我们一接触就感知到，也能感应来一些志同道合的有缘人，有德此有人，有人此有土。这个土用在企业，就是我们的发展机会，市场。有土此有财，真正赚到钱财，真正有德行，又能把这些好的经验承传给其他同仁，人才愈聚愈多，用在社会国家，这样就对了。

今天先跟大家分享到这里，谢谢！

第二十一讲　如何让家业、事业永续经营

尊敬的诸位朋友，大家好！

我们上节课讲到“人休不择就交”。人生所交的朋友、所跟的领导、所用的部属，乃至所要组成家庭的对象，都要用智慧来判断；假如判断错了，很可能人生会有很大的遗憾。所以，先有智慧显得相当重要，而智慧要通过学习才能建立起来。学习，是学觉悟，不是背了很多的知识就一定是觉悟的人，这都是我们要很冷静来体会的。

现在的社会状况是高学历高失业率，高学历高离婚率，高学历低生活能力。我在好多年前看到一篇文章，标题是“知识的高才生，生活的低能儿”。这些都很值得我们从事教育的、为人父母的冷静思考。学觉悟是处世待人有智慧，在生活中能够独立自主。假如孩子没有处世待人的能力，甚至没有生活能力，他这辈子会很遗憾，也很后悔，而且当真正遇到挫折的时候，他很难反省自己，他会说我爸爸怎么没教？我妈妈怎么没教？我的老师怎么都没教？到时候我们为人父母、为人老师的耳朵会痒。这就是学生在唠叨了。这么重要的能力，怎么我学了十六年、十八年，乃至更久，却没有学到？之前我们也提到，一个大学生连开水都不会烧，水溢出来了，火熄灭了，瓦斯外泄，自己宝贵的生命都留不住。这不只是自己的遗憾，还是所有家人、朋友的遗憾。

这些例子都值得我们深切反思，孩子一生应该具备哪些能力，才能让他家庭幸福美满，事业长久发展？君子务本，本立而道生。这个道是家道，是事业之道。我们看到离婚率这么高，看到中小企业的寿命这么短，那都在警诫我们。结婚的时候大家欢欢喜喜的，亲朋好友聚一处，我们绝不愿意看到二三年后又是悲剧收场。很多所谓“进步”的都市，离婚率直逼五成，两对就有一对离婚，结果人还没警觉，还继续追求名闻利养，追求一辈子都带不走的东西。而夫妻相处不好，留下的大多是下一代的遗憾，下一代的教育问题，下一代的人格问题。

我曾到监狱去讲中国文化，跟他们交流。从这些监狱长、这些领导的介绍中，深刻感受到误入歧途的人大半来自不健全的家庭。人生有两股力量在那里抗衡、较量，一个是爱的力量，一个是欲望的力量。假如从小被爱护，懂得孝顺父母、友爱兄弟，“孝弟也者，其为仁之本与”，他有孝悌的精神，就有仁慈心，有仁慈心就会尽他的本分去服务大众，这就成为他人生的动力。假如没有爱的动力，就会衍生欲望的动力，都要去满足欲望，那就很危险。当欲望满足不了，就很容易铤而走险。这些误入歧途之人足以引起我们的警惕，现在的人不是缺乏知识的教育，而是缺乏德行的教育。

我们也看到，中小型企业的平均寿命是多少？有数据说是 2.9 年。一个公司开了 2.9 年就倒了，感觉真的像胡闹，一开始就倒下来了。我们要了解，企业还有员工，还有资金，而资金很可能是从亲朋好友借来的，企业一倒，很多家庭都不安。今天的人，讲好听一点叫有企图心，讲不好听一点叫好高骛远，不懂经营企业的道理，不知道经营企业就像建一栋大楼要把地基打好，不然根本建不上去；建了三五层，根本没地基，晃一晃就倒下来了。

“德者本也，财者末也”，德行才是地基、根本，钱财是枝末。这一句对人生的启发相当大，而这些觉悟的智慧都在经典所表述的真理中才找得到。现在是知识爆炸的时代，绝大部分的知识跟真理是不相应的，但是年轻人不懂，觉得这都是新的知识，读圣贤书的人都是一些老前辈，甚至还笑他们老古董。现在的书都是教什么？不是教增长自己的德行，然后感来有德行的人，而是教如何在一年之内赚到第一个一百万、一千万。教赚钱，引发的都是欲望、私欲，让下一代走上不正确的思想道路。这样的书籍充斥书局。我们为人父母、为人长辈有没有教导孩子应该先建立德行？

中小型企业的寿命愈来愈短，我们要能感受得到这些数字，对我们整个社会、家庭都有很大的影响。有很多年轻人创业好高骛远，倒下来后，甚至父母的退休金都赔了；还要父母帮他签名借款，倒下来了，父母已经六七十岁，还要上法庭接受审理，那会让父母的晚年不胜唏嘘。真理才真正能让我们的家业、事业走得平稳。

现在一般人想创业，第一个念头，觉得最重要的条件是什么？钱。可谓本末倒置。你看婚姻找对象，先看对方有没有钱。真的，没有德行，有钱都很傲慢，你跟他结了亲家，以后有得累、有得苦。中国人讲门当户对，不是在经济上，而是在人生态度、价值观、修养上。这些认知现在愈来愈淡薄了。

愈是从利害去找对象，愈不稳定。我们曾经讲过，“以利交者”，用钱财来结交的亲家或朋友，“利尽而交疏”。人生都有起伏，我们经济上出现瓶颈的时候，交情可能就淡下来了，甚至就不认识了。“以势交者”，用权势来结交朋友，“势倾而交绝”，你没有地位的时候，人家都不来找我们，也不来帮助我们了。所以用钱、用地位结交的朋友靠不住。“以色交者，华落而爱渝”。假如是用美色来结交的姻缘，美色随时都在变化，改天看到更漂亮的，那就靠不住了。但是“以道交者”，是用道义结交的，“天荒而地老”。中国的经典，往往一句就足以把人生的根本讲清楚，但能否受益，就看我们愿不愿意依教奉行。我们的人生走得坎坷，不能怪祖宗圣贤，因为他们已经给我们讲得很清楚。我们不愿意受持，那是当面错过了这么大的福分。

中小型企业平均 2.9 年就倒了，大型企业七八年就倒了，可能影响的是上千的家庭。全世界企业前五百强的资产都是上千亿，这么大的公司，平均寿命四十到五十年。这个数字就已经告诉我们，现在的富有过不了几代？以前是说三代，现在一二代都过不了。以前的人做错事还会惭愧，所以富不过三代；现在的人做错事，还觉得别人都是这样，我为什么不能这么干？所以现在是富不过一代两代。这都是因为人不学不知道理。

我跟大学生交流的时候，有个大学生就问我留学的问题。我说你要学什么？他说要学经济。我说学经济很好，你学经济干什么？他说我要让国家更富有。他有雄心壮志，企业经营得好，可以利益社会。我就问他，你要到国外学经营企业，你清不清楚国外那一套道理能让企业持续多久？你愿不愿意学可以让企业绵延二三百年不衰的？你要学二三百年的，还是学一代就败的？他说当然学二三百年的。我们甚至还有一套学问，经营企业五千年都不会倒，这在国外都学不到。大家有没有看到过五千年不衰的企业？有，中华民族！真的除此一家别无分号。其他民族文化都接不上。结果中国人失去民族自信心，这么好的东西很少人学。

我们要很冷静，现在这些最畅销的理论，还没经过几千年，还没被印证是不是真理。在这个世间假如我们不冷静，真的会随波逐流。曾经得过诺贝尔奖的经济学家，都有可能是制造社会混乱的一个重要因子。“企业唯一的目的就是赚取利润”，这句话在这几十年被经济学院奉为圭臬。企业唯一的目的是什么？利益。完了，只要能得利益，伤害消费者他不管，伤害整个大自然他不管，只要我赚到钱就好。之前高雄高屏溪排放废水，省的可能是几十万块钱而已，可是多少人可能因此而得癌症？河川要再回到往昔的清洁状态，可能要花上千万上亿的整治金。人一念私利造成大众多少损失？无法估量。中国古圣先贤知道人的私欲不能扩大，一扩大对大众的伤害太大，所以不能争利。

但问题是这些圣贤人的教诲没落了。为了利益，几十亿年甚至要更久才形成的地球，这么美好的生活环境，居然在短短的一二百年，已经搞得科学家呼吁：人类再不爱惜大自然，很可能五十年、一百年后地球不能住人。其根本原因在人的自私自利心愈来愈重。有些美丽的地方短短几十年的经济发展，被破坏成什么样子？假如没有注意环境的保护，结果是什么？结果是下一代都没有好的生活环境。我们又得到什么好处？我们也没得到好处，我们这样恣意破坏大自然，农药愈喷愈多，到头来农药谁吃下去了？还是自己吃下去了。为了自己的私利赚取的钱，到头来还是留不住，可能都花到医疗上去了。所以人不能不读圣贤书。

《大学》又告诉我们，“货悖而入者，亦悖而出”。财货是违背人的爱心而赚取的，一定也会很快地出去。现在为什么奇怪的病很多？可能跟这些农药，这些激素、抗生素吃太多有关。这都是为了满足私利，造成整个社会的危机。所以最大的魔王就是自私自利的念头、自私自利的心。任何增长自私自利的理论，我们都要冷静面对。而真正找到根本的教诲，我们要好好地依教奉行，进而弘扬开来。我这么跟那个大学生讲完，他就有点犹豫还要不要留学。我想他还是会去，因为没有深入理解，信心会动摇。

我就举了一个例子，清朝有一家企业叫同仁堂，比美国建国还早一百〇七年，它已经三百多年了。诸位朋友，现在全世界有哪家企业三百多年了？同仁堂为什么能够绵延三百多年？很明显，从它取这个名字就知道。“同仁”，同修仁德济世救人，从仁爱的心出发，面对所有客户。这就是它创立的精神。只要这个精神持续保持，这个企业不会衰。就跟一个家族一样，范仲淹的家族承传了他的仁厚之心，承传了他“先天下之忧而忧，后天下之乐而乐”的胸怀，所以家道绵延不衰。其实这一点都不复杂，事业成就都是由心生。万法由心，侥幸不得；因地不真，结果一定不会好。同样，为什么一个朝代会败？败在没有继续奉行祖宗教诲。

据《经济观察报》2003 年 9 月 1 日“同仁堂故事”报道：发生萨斯（SARS）的时候，政府规定这个药只能卖九块钱，但同仁堂的本钱是十一块，所以每卖一服药，就亏两块。亏钱的生意有没有人做？有人做。有仁慈心的人会做亏钱的生意，为什么？社会很可能会发生一些突如其来的灾难，这个时候企业取之于社会要用之于社会，要承担起这个社会责任。社会有了需求，我们袖手旁观，那是积财伤道，伤了自己的福分、德行。历史上天灾来了，饥荒来了，很多有钱的大员外马上开仓放粮，救济人民，这是古风。当下同仁堂决定不只要亏钱卖，还要加班加点。本来是生产药酒的生产线，生产药酒是最赚钱的，把它停掉，统统生产对治萨斯的药。

这样下来，他们总共卖了三百万服药，亏了六百万。但是那一年同仁堂的营业额增长了百分之三十多，它们亏了吗？不会亏。时时为人民着想，人民就支持。“爱人者，人恒爱之；敬人者，人恒敬之”，这才是真理。你跟他人计较，他人也跟你计较。这个企业的创办人有德行，他是用仁慈之心来行医，来经营企业，所以感来的也是志同道合的人。“有人此有土”，这个土就是市场;“有土此有财”，赚到了钱。财要用在哪儿？用不对，就伤自己的德行，伤了德行，后面就不会良性循环了，就倒了。所以用在哪儿？用在员工的生活上，让他们没有后顾之忧；用在服务大众上，用在社会的需要上。这么用，所有员工以在这个企业为荣，这个企业是真正服务社会。有这种使命感，人才就愈聚愈多，这是一个很重要的循环。

往往关键在这个用，很多朝代的创始阶段英雄豪杰都来了，把天下打下来了，没过多少年，朝政整个败下来，因为用错了。创业的时候还比较清醒，一掌握权力了，骄奢淫逸都来了，骄傲，奢侈，放纵欲望。用在自己的欲望上面，这个循环就断了。魏征说过一句很重要的话：“竭诚则胡越为一体，傲物则骨肉为行路。”意思就是说，竭诚的心，不同民族都能团结在一起；假如傲慢起来了，自视甚高，连亲生骨肉最后都会形同陌生人。所以关键就是我们真正有了成就，能否想到这都是大众努力成就的，不是我一个人的功劳，用就用在员工，用在社会大众。

这个循环往往没有从根本开始，都是先要有钱，所以没赚多少马上就花掉了，根本不可能永续经营。所以从家庭到企业，这段教诲都可以给我们很大的启示。再来，经营讲堂也是这个道理。假如先想着赶快有钱，盖很大的讲堂，没有根本，这个钱一用下去，最后结果是什么？大家在那里争权夺利，乱七八糟。社会大众一看，圣贤教诲不能学，这是以身谤法，这也不是我们愿意见的。

孔夫子说，“人能弘道，非道弘人”。人有德行才能真正弘道，所以不怕没有庙，只怕没有道。“有人此有土”，有了德，感召很多的人，利益大众的机会就来了。机会一来，“有土此有财”，大家有没有在赚钱？有，都在积累资粮，提升德行。用在哪儿？用在为人演说。学习都很认真，都在提升自己的境界，积累资粮就给社会最好的榜样。人家一看，学圣贤教诲的人都能敦伦尽分，都家庭和乐，应该让我家里的人都来学。这么一表演，是不是让社会大众都来听闻圣贤教诲？大家智慧开了，有德行，这个良性循环就转动起来了。

所以真的，我们刚刚所讲的一切道理都没有离开一本书——《大学》。《大学》讲 :“物有本末，事有终始，知所先后，则近道矣。”这段话告诉我们什么是本，不可以舍本逐末。本末倒置，一事无成。再来，事有终始，好的开始才能有好的结束。好的开始是有德行，而且在整个过程中要不断循环，不能只是开始好，要不断提升，不进则退。很多领导人，很多夫妇，一开始状态不错，但是假如没有持续学习，没有好好经营，到头来还是会由盛变衰。所以有好的开始，还要用心经营，才会有好的结束，这叫慎始慎终。假如最后结果不好，以前好的开始很可能变成大家心里的遗憾。我们不愿意见到这样的情况，要让它愈来愈好。我们的德行提高了，也会让我们的家庭、所处的环境愈来愈殊胜。

《论语》说“里仁为美”，能居住在有仁德之心的环境中，那是很美好的。我们读到这句，是不是要去哪里找呢？不是，要从自己开始，我们有仁慈心就会把大众的仁慈心唤醒。很多人学了中国文化，回到自己的社区开始主动捡垃圾，每天早上也好傍晚也好；开始主动组织自己的孩子，还有比较熟的邻居的孩子，一起读经典，落实《弟子规》。关怀邻居的小孩，关怀他们的家庭，把这颗爱心传递开来，慢慢地其他社区的一些家长也来参与。所以经典我们不要求别人做到，首先要求我们自己去落实，这叫转经。把经典真正转成我们的处世待人、工作生活的态度。一定要转，假如每句经句都跟我们的生活无关，我们不是转经，我们是被经转。被经转就很麻烦，会傲慢，你看我读那么多。转经，落实学而后知不足，会愈来愈觉得自己做得还不够好。所以真正学的人会愈学愈谦卑，这才是正确的，愈学愈察自己的不足。

比如，经典都读了很多遍，修学最重要的诚敬心没有起来，那是在进步还是在退步？进与退都在这一念心。师长曾说某部经典要念三千遍，大家很精进，很多人真的念了三千遍。一位同仁去跟师长说："我已经念三千遍，接下来怎么样？"师长笑着说："再念三千遍。"不能把三千遍变成交作业。我们小时候回到家里，作业写完了就可以玩，那个字都不能看，那不对，应付就不是真正在学习。

读经典的过程中，这些道理真正随文入观，放在我们的心，转成我们的生活，这叫转经。三千遍读完还是没有受用，还被经转，为什么？走到哪儿都告诉别人："我已经读三千遍，我还念过一天五部。"真正读进去，察自己有很多不足，哪有可能去跟人家比，还跟人家炫耀？这个风气一带动起来，都在那里比谁读得多，读到最后读得可快了。最重要的是读到心里面。

家庭也好，企业也好，甚至我们经营讲堂，都应该警惕这些重要的环节。印光大师七十岁才被人发现，积得非常厚，很有德，一下子感召非常多的人，弘化只有十年，却被认为是这二三百年来影响最大。所以做什么事急不得，欲速则不达，都应该照着这些道理做，有始也要善终。再来，要知道做事的轻重缓急、先后次第。有心弘扬文化，不是急着课要怎么讲。有这个念头，麻烦了，脑子里都是怎么讲课，不见得能回到修身。只是想要讲课，没有观照自己的行持，慢慢心行就不一致了，讲得天花乱坠，很可能一些小的过失自己察觉不到。

师长告诉我们，做到的人能说，能说的人不一定做得到。这些话都给有志于此的我们很大的提醒，做到的人都是自己的心声自然流露出来的。师长也说过，做到再说是圣人，说了能积极做到是贤人，说了做不到是什么？是骗人。我们不能笑一笑，觉得跟我们没关系，那是讲给弘扬文化的人。我们的分别执着随时都会起。谁不要演说？你当父母不演说，怎么教好你的孩子？所以这些教诲跟任何人都息息相关。假如我们在听的时候生了分别，就把它当耳边风了。我们是父母，整个家风不就是我们在演说？我们是主管、是企业家，整个团队不就是我们在演说？这是责任。真的有德行，整个团队的人都有福气，都有大福。

“君子如祉，乱庶遄（chuán）已”。君子真的是人民的福祉，只要他为人演说，很多的灾乱很快就能够止息。这句跟大家讲过没有？我们接受圣贤的教诲，一定要有个态度，每句经教要直下承担。假如觉得那都是讲给别人听的，心的执着分别当下就起来了。师长提到圣贤所讲的一切经典都适合现在的人，讲的都契我们当下的机。假如我们在读这些经典的时候说，这是谁谁谁学的，反正都不是我们学的，那就是横生分别执着。

经典里面说“应无所住，而生其心”，修学是不是奉行这一句？

这句话什么时候可以做？我们怎么会学不来？工作中，处世待人中能不能做？可以。你要跟人和和乐乐的，和睦相处，不能看人家的不好，不能执着，不能分别。你一分别，我跟他好，跟你不好，矛盾冲突就起来了。所以这句“应无所住”，就是放下我们的分别跟执着，至诚相信“人之初，性本善”。对人懂得礼敬，懂得肯定，懂得称赞，都是在无所住的心境中生恭敬的心，生利益他人的心。有了分别执着，怎么利益他人？做任何行业，都是服务大众，都是生起这颗慈悲的心、利益他人的心。所以这些经句，句句都可以当场受用，当下就可以力行，依教奉行。

有了这样的态度，面对儒释道三家的教诲，每一句我们都是当机者。有了这样的心境，往后再读任何一本经典感觉都不一样。我们再来看这一句，“君子如祉，乱庶遄已”。“君子”，谁要当君子？不能一念君子，就是谁谁谁，不是我。要当人民的福祉。“乱庶遄已”，什么乱止住了？家庭的乱可以止住，团体的乱可以止住，社会的乱，以至于民族的乱，都可以止住。

我们接下来再研究这一句。好，谢谢大家！

第二十二讲 《弟子规》从头到尾都在止乱

尊敬的诸位朋友，大家好！

我们上节课讲到“君子如祉”，君子就是有道德学问的人。有了君子，乱能够很快地停止，转成好的境界。所以父母学了古圣先贤的教诲，家庭的命运能够转变过来。乱从哪里开始？我们解决问题就好像治病一样，中医治病要治根本，不能只治表相。今天孩子在那里吵闹，你说：“不要吵，再吵我打你。”乱有没有止住？表面止住了，事实上没有止住。今天离婚率很高，我们赶快办未婚先修班，花很多钱办这个班，效果会怎么样？不见得会很好。因为处世待人的态度从家庭中形成，已经自私自利了，到了二十几岁要结婚，你一下子要让他变成很讲道义，不是那么容易。所以都是在心性中下功夫，所谓少成若天性，习惯成自然，那是真正有智慧。

就跟治病一样，真正高明的大夫是治未病，不是治已病。历史上有个神医叫扁鹊，他把很多重症病人都给治愈了。人家称赞他的医术高，他说我的医术不是最高的，我大哥的医术比我好。在人还没有病的时候，就告诉他如何调理，所以都不生病。再来就是我的二哥，人家一有小病，他马上能诊断出来，很快治愈，医术仅次于大哥。接下来才是我，我都是人家病得很重了才帮他治好。人家说我妙手回春，这么重的病都能治，其实我的医术并不比我的大哥二哥好。

治病如此，教育也是如此，所以中国人说“蒙以养正，圣功也”。为什么《易经·蒙卦》给我们这样的人生启示？蒙有延伸的意思。孩子小的时候都很天真、无邪，要长他的正念、正气，蒙卦提到“捍其外诱，全其真纯”。财色名食睡的欲望要让他懂得节制，不可以肆无忌惮地发展下去，要保存这颗本善的心。

讲到这句，就想着是对孩子，我们都不用，我们没有“捍其外诱”的态度，怎么帮孩子“捍其外诱”？我们对这些欲望的敏感度都不够，怎么可能引导孩子？我们都没有办法时时观照自己的心有没有偏离真诚、清净、平等、正觉、慈悲，又怎么教导孩子有这样的观照能力？每句经句都跟《大学》里的一句教诲很相应：“自天子以至于庶人，壹是皆以修身为本。”根本很重要，每句经句都要找到根本。所以师长这一两年特别强调八个字，“修身为本，教学为先”。没有这个本，教学也没用，因为教学最重要的核心是身教。

我们现在懂了这个道理，“全其真纯”就是抓到了教育最重要的本，启发孩子这颗善良的心。有了这样的认知，家里的乱能止得住。往往是孩子染上习气了，家里人染上习气了，家里才会搞得乌烟瘴气。所以怎么止乱？《弟子规》从头至尾都在止家庭的乱。“父母呼，应勿缓”，孩子没有对父母的孝敬心，这个家就乱了；没有感恩心、孝敬心，不只会把自己的家搞乱，还会怎么样？还会把所处的公司搞得乱七八糟。我们做人有个原则，自己的孩子在自己家乱便罢，不要搞得人家家里乌烟瘴气。假如我们没把女儿教好，嫁到夫家去搞得人家家里鸡犬不宁。闽南话这一句是很重要的提醒：“宠女儿难入别人的家教。”所以，我们要看得比较深远一点，孩子的心性是他人生最根本之处。

我们的孩子到公司去，啥活儿也不会干，也不会体察客户的需要，领导觉得你怎么这个都不会，这个都想不到？就是那颗体贴的心、替别人着想的心没有提起来。这样的心境从哪里开始提起来？从对父母的关怀，“冬则温，夏则凊”。现在企业找不到好的服务客户的人才，因为大部分人从小没有养成那颗时时体恤父母需要的心。能时时体恤父母的需要，自然能体恤客户的需要，以至于当官，都能体恤人民的需要。古话说“忠臣出于孝子之门”，不只是国家，企业用人都应该以这句话为圭臬。假如他不孝顺，你大大起用他就很危险，因为没有孝心，长的就是自私自利的心。改天他为了利益，很可能翻脸不认人，你对他的栽培他都忘了，只想着我这一笔捞了，一辈子都不愁了。

真正有智慧判断的领导人，团队的乱就能止住，“乱庶遄已”。刚刚讲的都是智慧的判断，用人要会判断，用人的判断也在这个“孝”字。“不爱其亲而爱他人者，谓之悖德”，已经违背德行；“不敬其亲而敬他人者，谓之悖理”，违背礼节恭敬。这些经句是在《孝经》。人生的判断，依循真理才不会错。连父母都不亲爱而去爱领导，那叫有利可图，他不是真正爱这个领导，是爱权力、财富。不恭敬自己的父母而敬他人，违背恭敬心的原则。这句话就告诉我们，孝敬的心、感恩的心都是从对父母的孝开始形成的。

有个单位明文规定，是孝子才提拔。诸位朋友，我们有没有听到哪个部门、哪个企业说孝子才提拔？你看历史这么好的借鉴我们都不会用，汉朝举孝廉，两个字就把用人的标准点得清清楚楚。孝，德之本是孝；廉，清廉才不会贪污。做人做事最重要的精神就是孝廉这两个重要纲领。具备了这两个德行，当官不可能偏到哪里去。我们现在用人不见得是举孝廉，先举什么？学历够不够高？都看学历不看德行，能用到真的人才吗？现在都强调民主，所以领导也跟主要干部一起讨论，大家同意了才通过。我们现在要很冷静，什么叫民主？民主是时时以人民的福祉为最主要，这是实质的民主。从政者念念为了人民的福祉，而不是为了自己的选票，或者名利。真正的民主没有为自己名利的念头，有了这个念头，纵使有民主的制度也不能真正为人民谋福祉。假如想着四年以后就不关我的事，那在这四年会做出什么事情很难预测。所以真的，制度不见得能从根本上解决社会问题，教育才行。读圣贤书，懂得如何爱民，才有可能真正为人民谋福祉。

路易十五是法国的一个皇帝，他在位的时候骄奢淫逸，人家劝诫他不能这么干，不然朝代延续不下去，后代不知道会变成什么样。结果路易十五说："我哪管死后洪水滔天。"我死了以后，洪水把整个国家淹没了，也不管我的事。为人父母怎么可以有无后的观念？反正我享受到就好，下一代我管不了，那完了。为国家长治久安打算，为国家培养更多有德行的人才，这是有后的观念。我们对整个民族也要有这样的态度。路易十五这样说，他的儿子结果是什么？路易十六就上了断头台。所以这些道理都相当重要。

我们刚刚讲到民主的观念。表现最淋漓尽致的民主，是尧舜时代。尧帝时时刻刻"存心于天下，加志于穷民"。他看到那些贫苦的人，觉得都是我的责任；看到有人饥饿了，是我让他饥饿的；看到有人寒冷了，是我让他寒冷的，我的福报不够；看到天灾，是我的德行不够才感来这样的灾祸，所以我要忏悔；看到有人被关起来了，是我没有把他教好，时时都把人民放在心上。"仁昭而义立，德博而化广"，尧帝有这颗仁慈之心，天下人都重道义，这份德行教化了天下的人；

尧帝的子民，以不如尧帝的德行为羞耻。“德博而化广”，古圣先贤做得到，我们也要有这份期许，要向他们学习。

尧帝在位的时候这么爱护人民，这叫民主。他不单是当下要让人民有好日子过，连他离去都希望人民有好日子过，所以他要帮人民找好的接班人。找了好久，找到舜的时候，他都已经七八十岁了。然后还观察了舜二十年，把女儿嫁给他，仔仔细细看清楚他是不是真正有德行的人。二十年后，把天子之位让给了舜，还辅政八年，总共培植大舜二十八年，然后舜继续为人民开创好日子。尧把天子位让给舜，这是真正时时以人民的福祉为第一，这是民主的真正精神所在。所以配合爱民利民的存心，制度就可以彰显。

明白了这些道理，“建国君民”，建立国家，建立家庭，治理人民，照顾家人，最重要的是哪件事？教育，“教学为先”。教育就是教德行，而德行的源头是孝道。教育的“教”字，左边是一个“孝”字，我们老祖宗造字已经把根本点出来了。

这个单位的领导提了这个建议，主管都来了，一起讨论不孝的人都不能升迁。结果底下很有意思，有人欢乐有人愁。谁欢乐？孝顺的人很高兴。谁愁眉苦脸？不孝的人。但是很有意思，全票通过，没人反对。这个有味道，纵使不孝，也知道不孝不对，不敢反对。这个领导去拜望了他所有部属的父母，有的居然一两年没有回去看过他妈妈。能不能忙到一两年都不回去看妈妈？这样的人不可以提拔。有个人官也当得很大，在上海买了七栋房子。上海一栋房子就够贵了，他有七栋。但他的妈妈跟他智力比较低下的弟弟，住在五十年代那个摇摇欲坠的破房子里面。假如我们是领导，这样的人你敢不敢用？怎么敢用？这个人后来因为贪污被抓起来。“不爱其亲而爱他人者，谓之悖德”。那都是自私自利的心，工作提升的动力不是孝心，不是仁爱心。所以用人要看得准才行，不然用错人，到时候贻害人民、贻害整个地区都说不定。

我曾在媒体上看到，有个地方官员被抓起来了，人们知道以后，就开始放鞭炮，整夜鞭炮声都没有断。当官当到这样实在太过分了，闽南话说的“真没有分寸”。为什么现在的人居然能做出这样的事？“人不学，不知道”，没学伦理道德，没学因果，弄权一时，凄凉万古。我们今天有地位了，要对人民负责任，对自己的员工负责任。

所以提拔人不可不慎。那怎么看？从孝道看，从他的态度看。“大事难事看担当”，领导提拔主管，不是凭自己的好恶，要想到那是一份责任。“顺境逆境看襟度”，看他能屈能伸的态度。“临喜临怒看涵养，群行群止看识见”，遇到大事难事看他是愁眉苦脸还是勇于承担，看他是否认可曾子说的“士不可以不弘毅，任重而道远”。甚至大事难事来了，他还会说谢谢主管给我考验和信任。顺境逆境看他那种韧性、耐力。“临喜”，一个人很高兴，就很容易随口答应别人。“事非宜，勿轻诺；苟轻诺，进退错。”“临怒”，发怒的时候能不能止得？怒气不能止住，很麻烦，一发怒，很可能人和受损，要再弥补不容易。甚至面对一些重要人物还发脾气，那更糟糕。临喜临怒，看他的涵养够不够。“群行群止看识见”，跟大众相处应对进退都很得体，代表他见过世面。这都是看人。

这些经句在我们的古书里面其实很多。《四库全书》要让几台货车来载，我怎么来得及翻？大家不用操心，一本书就搞定了。一本《弟子规》能学得深入，拿来观照自己，自己很受用，自然看别人就很清楚。所以《弟子规》是显圣镜，这个人都做到了，很有修养；这个人都没做到，照妖镜马上照出来。但是我们要记住，想要照得清楚别人，得先照清楚自己。

以前看过一个剃须刀的广告，也给我们很大的启示。盥洗室里有个老军官在刮胡子，旁边有个新上任的军官，新官上任三把火，在镜子面前雄赳赳气昂昂的样子。这个老军官就随口讲了一句话："要刮别人的胡子，先把自己的刮干净。"这句话很有意思，用孔夫子的教诲来说，"其身正，不令而行；其身不正，虽令不从"。自己真正做到了，我们的孩子、下属自然效法，你不要求他，他都能自动自发。我们自己都做不到，其身不正，只是靠自己的地位在压，人家终究不会服气，虽令不从。没有德行，我们在的时候，孩子看起来像绵羊；我们一踏出家门，他就失控了。或者我们带班的，自己在的时候学生都很乖；请假两天，代课老师都快发疯了。或者当主管的，你在的时候部门好像挺好，你不在都不知道他们会在背后搞什么。所以不可能用权势来领众，最重要的是德行。学习几千年的圣贤智慧要抓住纲领，这本《弟子规》是很好的纲领。

这个领导就是用孝来抉择好的部属，慢慢地一群孝子就聚集起来，就是这个地方的福祉。"君子如祉，乱庶遄已。"这个领导人的做法，媒体也很好奇，就来采访他。现在的节目不找一个意见不同的，好像觉得节目的张力不够，所以又去找了一个专门研究孝道的学者。听说这个领导是用孝来选择部属，这个学者说："我们看事情，私德跟公德不要混在一起。"他对父母怎样你别管，只要在工作上负责就好了。什么逻辑？因为他是专家，所以不知道已经讲给多少人听了。你看，没有圣贤教诲，人的判断力不见了，似是而非的说法一大堆。

我们再来深刻体会，为什么一个研究孝道的专家，居然说私德跟公德不能混在一起？问题就在他不是真正的孝子。研究到最后自己都没有真做，怎么能体悟真理？所以真理不是研究出来的，也不是想出来的，真理是做出来的。

他真是个孝子，他有可能说这种话吗？不可能。他是个孝子，他对人的恭敬心从哪里来？从对父母的恭敬心来。他对人的那份细腻的关怀从哪里来？他在家里对父母就很恭敬、很照顾，这种关怀别人的心很自然就延伸到对亲朋好友。哪有对父母不关怀，对别人关怀的道理？人立身处世的心境，都是从家庭延伸出来的，“少成若天性，习惯成自然”。一个人谨慎的态度从哪里来的？就从《弟子规》这句“身有伤，贻亲忧；德有伤，贻亲羞”。一个人对身体的谨慎，乃至对自己一言一行、品德的谨慎，不也是从孝心延伸出来的吗？大家细细去推敲，一切善心确实都是从孝心引发出来的。真的，我们要有判断能力，不能人云亦云。纵使专家的话也要冷静，他是自己真做了，还是只是研究出来的而已？而且他再怎么专，也比不上五千年的经验，还是要听老人言，五千年的老人。

孔夫子在《孝经》里面讲：“不爱其亲而爱他人者，谓之悖德；不敬其亲而敬他人者，谓之悖礼。”德行、恭敬的心都是从孝延伸出来的。我们要当孩子的好老师，要先用德行演出来；要帮孩子找很多善知识、好老师，让他们的德行去引导孩子，这个很重要。假如长辈没有正确的人生观，很可能会误导晚辈。

我考上正式老师，遇到长辈，他们第一句话都问我：“你当老师不错，一个月赚多少？”国家兴亡，匹夫有责，我们整个社会风气怎么败下来的？就是我们每次遇到年轻人都问一个月赚多少，引导年轻人首先考虑的是什么？钱。所以社会风气败坏我们难辞其咎。读医学院，为的是什么？是救死扶伤！引导要慎于始。假如他读医学院的过程，妈妈都提醒他，你知不知道巷口那个阿明，现在当医生一个月赚多少？你自己看着办。那他那几年读书，想的是什么？他能真正学到救死扶伤的学问吗？以前的医师是希望病人这次看完，以后别来了。“但愿世间常无病，哪怕柜上药生尘”，但愿世间没有病痛，哪怕我的药柜上的药都盖上一层厚厚的尘埃，我都非常快乐。这才是当医生的存心。

当律师，维护社会正义，希望家庭没有冲突，人与人没冲突，这才是当律师的初心。假如当律师的以钱为主，今天怎么没人来离婚？怎么没兄弟来打官司，害我没生意做？哪还得了！假如当老师的都是以利为主，工作之外又出去补习，甚至学生不到我这里来补，就少教他一点，那天下大乱。就因为当老师的这个谋利的心，师道毁了，人愈来愈不尊重老师。

当老师的没传道授业解惑，还把师道给毁了，会去哪里？我要当老师以前，听师长讲过一个故事，所以比较有警觉性。有个医生伤了人的性命，堕到十八层地狱去了，他很不高兴，在那里跺脚：“气死了，我又不是故意的。”你看都已经堕到地狱了，还死不认错，没有反观自省。但是这也不能怪他，要怪我们读书人没有把道理告诉他，假如听过“行有不得，反求诸己”，他就不会在那里跺脚了。跺了一会儿，突然听到底下有声音：“老兄，你别跺了，灰尘都落在我身上了。”他吓一跳，地狱不是十八层吗？怎么底下还有人？他就很好奇：“你是干哪一行的，怎么堕得比我还深？”底下传来一个声音：“我是当老师的。”

这个故事很有道理，医生当不好是断一个人的身命，老师当不好是断一个人的慧命。一个人能闻圣贤教诲，可能不是一生积累的因缘，而是累世积累。我们断了他的慧命，他不知道要多久才能再遇到。人生态度不对，以后又把孩子教错了，那我们贻害的是人家的子子孙孙。假如我们教的学生以后还当小学老师，你把他教错了，他又要教几百个学生，我们的过失大不大？不过，不要这个故事讲完，大家都不敢当老师了，要勇于承担。最重要的是有这颗慈悲心，就不怕事情做不好。要勇于承担，纵使方法技巧还不纯熟，学生都能感受到我们这颗替他着想的心。所以一般教学前五年，跟学生的感情都很好。当然这一颗爱心继续保持下去，学生一辈子都跟我们处得很好。

有个老师在搞告别式的时候，学生来了一千多人。据这些学生回忆，刚开始接触老师的时候觉得老师很凶，都很怕。但是一个月过去，两个月过去，他们感到老师虽然很凶，但讲的都是对的，真的是为他们好。学生从学校毕业，每次开同学会一定把老师请去，对老师说：“您再骂我们几句，再给我们讲讲道理，提醒提醒我们。”他们已经感受到老师那份爱护他们的心。所以这个老师每年不知道要参加多少次同学会，因为他的学生一届一届都毕业了。这位老师这一生非常有价值。师者，传道、授业、解惑，我们要把这份精神传下去。

当长辈问我当小学老师一个月赚多少，我马上笑着说：“您怎么没问我班上学生有多少个？”一个班有三四十个学生，那是三四十个家庭。假如我们认真负责，那三四十个家庭的心都安下来了，父母很放心；假如我们不认真教，那三四十个家庭忐忑不安，每天就在忧虑孩子有没有受到好的教诲。我们当老师的，应该体恤家长的心情。孩子是他们的骨肉，是他们的心头肉，他们信任我们，交给我们，我们应该尽我们的本分。长辈听我这段话也频频点头，“对，对，你讲得对”。对的事大家都可以接受，但是需要互相提醒。尤其修学人，假如念头还是利害、名利，就枉费这一世遇到稀有难逢之因缘。所以一定是要敦伦尽分，把自私自利的念头放下。

谁在影响整个社会的价值观？每个人都在产生影响，所以我们一定要期许自己给社会正面的影响。以至于我们坐在车上，都是在给予大众正确的价值观。老人家上来了，我们马上让座，这就是在利益社会，而且是用身教在利益社会。现在很多妈妈带着孩子，票还没买好，叫儿子赶快去抢位子，那还得了！孩子从小就是自私自利。

刚刚我们讲到这个专家说私德跟公德要分开。研究孝道却没有真正体悟经典的义理，那是做研究而不是真实学问。《孝经》，他研究孝道的可不可能没读过？不可能没读过。他有没有读到心里去？没有契入。

教学为先，把做人正确的态度教给下一代，刻不容缓。从我们自己做起，从我们的家、从我们的团体开始，把这些正确的道理做出来、演出来。这是我们从择人跟大家做个分享，路要看，人要选。

再来，“话休不思就说”。三思而后言，三思而后行，话不能讲得太快。没有深思熟虑，自己高兴或生气了，话一下子就出去了。一言既出，驷马难追。所以谨言、慎言对我们的人生就很重要。谨言的态度从我们自己开始，也要传递给孩子。现在很多节目主持人揶揄他人，搞人身攻击，小孩也很会学，所以伶牙俐齿的很多。大人都知道那样不对，但在那里捧腹大笑，孩子在旁边陪你笑，他能不能分辨这是错的？所以谨慎的态度要提起来，谨言从我们自己开始提起。

这节课就先讲到这里，谢谢！

第二十三讲　言语从心地去学

尊敬的诸位朋友，大家好！

我们上节课提到言语要谨慎，因为一言既出，驷马难追。假如我们的话说错了，别人把它放在心上，很难受，可能会造成人家终身的遗憾，我们也不愿意造成别人这样的障碍。所以要懂得三思而后言，谨慎面对自己所讲的每句话。言语是心声，心平自然言语就能平和，所以调言语也要从根本调，就是调心。心能净、能平、能安，自然言语就不会伤人，就不会造成自己跟他人终身的后悔和遗憾。我们这次的讲题是无怨无悔，懂得言语，懂得讲话，也能减少人生很多的遗憾。

如何心平、心净、心安？跟任何人没有对立，心就平了；跟任何人没有矛盾、没有冲突，心就安了；跟任何人没有怀疑，心就净了。对每个人没有怀疑容不容易？我曾遇到一个朋友，那时我在安徽，草长得比较高，我们一起去剪草。她跟我提到，接触了学《弟子规》的这些朋友，他感觉到“人之初，性本善”。我们听到这句话高不高兴？但是要注意，高兴了八风就动了。所以他人对我们肯定的时候，我们更要诚惶诚恐，所谓“闻誉恐”。因为这个信任是众人的努力得来的，能否保持下去，也看我们往后的表现。赢得大众的认同、信任，我们更要战战兢兢，如临深渊，如履薄冰，不然行百里路半九十，到头来该做的事没有做好，可能又让一堆人丧失信心。用这种诚惶诚恐的心，不求有功，但求无过。所以他人相信，不只不能够得意忘形，更重要的是呵护大众的信心，因为信心不容易建立。

我跟这位朋友讲，不只是遇到学《弟子规》的人要相信“人之初，性本善”，这辈子遇到任何人都应该相信，这才是真信，才能真正心清净。人一怀疑，就不清净，言语就有可能让别人不舒服。所以调言语从心开始调。

当他人不信任我们，也不要太难过，我们更应该做出值得人家信任的行为。很多人因为人家不信任，难受得不行。难受是不理智的，浪费时间。什么是君子之风？《荀子·非十二子》中说:“君子耻不修，不耻见污；耻不信，不耻不见信；耻不能，不耻不见用。”这三句很值得我们来观照、反思自己。这段话出现最高频率的是“耻”字。我们在《了凡四训》里面也读到，“耻之于人大矣”。羞耻心对于一个人的道德学问影响很大，“以其得之则圣贤，失之则禽兽”。假如一个人时时能有羞耻心，这辈子能成圣成贤；假如一辈子提不起羞耻心，那会降级，会日沦禽兽而自己都不知道，所以羞耻心很重要。

羞耻心用白话讲，就是觉得很不好意思。到底不好意思在哪里?这个羞耻也要羞耻对方向。假如没有钱觉得很羞耻，追求名闻利养去了，不会进步。什么才是真正懂得羞耻？我们来看这三句话。第一句,“君子耻不修，不耻见污”。羞耻的是自己没有真实的修学,“见污”就是被人家误会、毁谤。没有好好修学，君子觉得丢脸，人家怎么误解我，我不在意。我们现在很可能颠倒过来，自己没有好好修学，又不喜欢人家批评，耻的方向不对。没有“德日进，过日少”，那才应该羞耻。人家不了解我们，不需要羞耻，不需要难受。

“耻不信，不耻不见信”。羞耻的是自己没有做出让人家信任的行为，而不是要求你相信我，好像人家不相信就很难受。最重要的是自己做出诚信的行为，做出值得让人信任的行为，而不是去求人家信任。我们现在是人家不信任我们，那就很难受，那个难受是打妄想。我们做出诚信的行为，依教奉行，人家自然信任。

“耻不能，不耻不见用”。羞耻的是我的能力太差了，应该不断地锻炼自己、提升能力，以便利益大众。所以羞耻的是自己能力不够，而不是人家不给我们官做，不给我们位置去服务大众；别人不给我机会，不羞耻，不难受。尤其弘扬圣贤教诲，真有本事，一切自有安排，根本不需要操心。所以正确的羞耻心都是要求自己提升，耻于没有好的修学，耻于没有诚信的行为，耻于没有好的本事，而不是人家不信任我，人家怎么都不用我。那是好面子，君子不是这样的，一定是耻于自己的道德、学问、才华没有提升，这样的方向才是对的。

曾国藩的弟弟考试没有考好，也不是考进士那类考试，就一般的小考，在家里痛苦了好几天。跟我以前很像，初一英文考九十八分，哭了好一段时间，一直哭，都止不住。因为那时候不知道怎么做君子，结果做成小人。我打电话给爸爸，爸爸说：“什么大事！九十八就九十八，有什么了不起！”我爸爸觉得没什么事，就让我的得失心缓和下来。及至大学考不好，也在那里哭，我爸爸说：“考不好，有信心再考一年就好了，没什么好哭的。”我爸爸那种很豁达的态度，一下子就把我的眼泪止住了，就觉得自己大惊小怪。真的，父母有正确的人生态度，对孩子的影响很大。因为父母得失心很轻，慢慢地我也放下了。

初中的时候，有几个同学整整三年都是同班。毕业的时候，有位女同学给我写纪念册。她画了一张图，一个小男生眼泪一直流。初一的事，已经三年了，她还记那么清楚，给人家的印象很深。这种羞耻心不是正面的羞耻心，那是好面子，那时候是怕没有编到特优班。假如我们成长的过程都是这种得失心，纵使拿到硕士、博士了都很脆弱，禁不起挫折。我们要看到孩子内心的状况，不能只看到分数、学历而已。真正爱护孩子要从他的心地、健全的人格入手。

家里来消息说这个弟弟没考上，郁郁寡欢，曾国藩就写了一封信给他。信里说到君子处在这个世间，要有“民胞物与之量”，万物都要爱护，有心包太虚的心境；要建“内圣外王之业”，修养自己然后利益天下的百姓。这样的人生才“不忝于父母之所生”，让父母觉得没有白白生下我们，让父母觉得生这个孩子很光荣。然后才“不愧为天地之完人”，老祖宗告诉我们，做人的定位是“三才者，天地人”，成就自己的德行才不枉这辈子做人。

曾国藩写给他弟弟的信，一开头那个心量多大！弟弟一看到这几句，马上觉得我怎么这么丢脸，比起大哥的心量差那么多。接着曾国藩又说，羞耻忧虑的应该是“德之不修，学之不讲”。这句话是孔老夫子说的，他最忧虑的是自己的道德没有修好，学问没有好好地研究，又没有给大众讲授；“闻义不能徙，不善不能改”，闻到道义的事情没有马上效法，缺点没有马上改过来。这么多人信任我们，我们应该时时想着还有什么人没有受到我们的庇荫、恩泽，这才是君子所忧所耻。哪还有时间关心一个人有没有升官，自己的荣辱得失，君子没有时间顾及这些。曾国藩给弟弟的那段话，世间君子都应该有这个态度、这种观照，成圣成贤一定是在这个做人的根基之上。

我们要时时要求自己提升。对待任何一个人，我们都相信他，因为“人之初，性本善”，现在他行为不好，那是“苟不教，性乃迁”。他本善的心并没有改变，他现在是被习性控制住，我们应该信任他，然后引导他断恶修善。假如我们不信任他，他就不可能接受我们的协助，因为我们戴着有色眼镜看他，他就全身不舒服，看到我们就赶快跑了。所以遇到任何境界都要信任别人，别人相不相信我们，说实在的，不能强求，这样就豁达了。

曾子，他是个大孝子，跟母亲很有默契。有一次曾子到山上砍柴，刚好有朋友来访。以前朋友来访，可能走路都走了几个礼拜，甚至走上一个月的都有。朋友这么远来了，曾子的母亲担心让朋友白跑一趟，急得直咬手指头。曾子马上觉得心绞痛，他想一定是家里有事，就赶回家里。母子有这样的默契。

可是有一天，有个朋友告诉曾子的母亲，你儿子杀人了。他母亲想我儿子品德这么好，不可能杀人。确实有个人杀人了，跟曾子同名同姓。第一个人来，他母亲很坚定地说不可能是我儿子。过了没多久，第二个人来了，说你儿子杀人了。他母亲说不可能，但是心里有一点怪怪的。过没多久，第三个人来了，又说你儿子杀人了。他母亲就有点惊吓，赶快出去问个究竟。这么有默契的母子，信任都难免动摇。所以，任何人不信任我们，我们都不要挂碍，好好地修自己，日久见人心，何必难受？何必花一大堆时间解释？假如能够马上化解，也有它的急迫性，需要的话还是要解释。但是解释了也没什么用，那就不要刻意，该怎么走怎么走，路遥知马力，日久见人心，自自然然。

为什么《论语》第一句就提到“学而时习之，不亦说乎”？已经告诉我们是一切时、一切处都在学。接下来就提到“人不知而不愠，不亦君子乎”。要成为君子圣贤，人家不理解我们，我们不难受，有一般大众不知道的见地。现在的家庭最需要的是什么？现在最急迫的是什么？建国君民，教学为先。大众纵使不了解，我们先做，不抱怨任何人。有这样的见识，才能有举世不为我去做的志气；有了这样的志气，才能契入人所不能而我独到的境界；有人家不能到的境界，才能有遁世不见知而不悔的气概和境界，人家都不了解，我们也没有任何挂碍，没有任何后悔，坦坦荡荡。当初林则徐到广东虎门禁鸦片，也有很多的障碍，但他无所畏惧，当仁不让。

人与人的信任是门大学问。我曾在书上看到一段孔夫子跟学生的故事。夫子带着学生要去楚国，遇到陈蔡绝粮，大家记得这个公案吧？整整饿了七天。子贡很有办法，他突出重围，跟当地人换了一点粮食回来。孔子交代颜回煮粥给大家吃。七天没吃东西了，现在终于可以喝粥了。煮粥的过程中，水蒸气升腾上去，以前都是土房子，土变得有点湿润，掉到粥里面。颜回马上拿勺子舀起来，怕土扩散开来，整锅粥都不能吃了。舀起来，扔掉又很可惜，怎么办？颜回就自己吃了。这个时候子贡刚好走进来，看颜回居然在那里偷粥喝。他们也是几十年的老同学了，看到这一幕，子贡心想："颜回，看你平常一副君子的样子，原来遇到这么紧急的时候，你也先下手为强。"他没说话，出门去找孔子。

到了夫子那里，子贡的口才很好，有没有可能直接对孔夫子说，夫子，颜回偷粥喝？他讲话很有艺术，他问孔夫子："仁人廉士遇到一些瓶颈挫折、遇到一些困境，会不会改变气节？"夫子回答："会改变气节就不能算是仁人廉士。"这是子贡问的第一个问题。接着子贡又问了第二个问题："夫子，颜回是不是仁人廉士？"子贡很厉害，问话一环扣一环。夫子斩钉截铁："我观察颜回很久了，他是仁人廉士。”那是师生之间的信任。第二个问题问完了，真正想说的说出来了：“夫子，我刚刚明明看到颜回偷粥喝。”当下夫子怎么回应？夫子会不会说不可能？那不就跟子贡对立起来了？子贡说是亲眼看到的，这个时候夫子予以否认，那是不是子贡也很难受？夫子你怎么都信任他，不信任我？所以在这个应对中，夫子有高度的人情练达。子贡一口咬定我亲眼看到的，夫子没有直接回应这句话，而是说：“我想可能另有原因。”

每个故事中的应对都会影响到后面的整个人和。夫子认为另有原因，子贡听了也不会很难受。当下夫子站起来，走出去，其他学生有的跟了过去。夫子很自在地走到厨房，他会怎么讲？他会不会对颜渊说，你怎么可以给我丢脸？这些圣贤人，纵使被误会了，都不愿意解释，他会去承受，不希望让人家难堪。所以夫子怎么问？那都是师生之间的信任。夫子说：“颜回，我昨天梦到了我的祖宗。已经被困了七天，祖宗可能要帮我脱困，所以我希望先拿粥来祭祀祖宗。”颜回马上回答：“夫子，不行，这个粥不卫生。”夫子很清楚颜回对祖宗很恭敬，所以不管是什么原因，只要已经喝过这个粥，他有没有可能再拿来祭祖宗？不可能。所以只要夫子这么讲，颜回一定会把原因讲出来。

颜回把原因讲出来，夫子会怎么做？会不会回过头来说，子贡，你搞什么？不会。“原来是这样”，他也没有瞄子贡，只是淡淡地说：“哦，好，那就不用了。”然后就走出去了，其他学生也跟着走了出去，就留下一个人在那里。所以，夫子真的是温良恭俭让，都给人家留面子，不让人难堪，这都是讲话的艺术。假如夫子讲话很强势，可能子贡或者某个学生会觉得很难受。这个故事也给我们启示，师生之间，还有师兄弟几十年交情，这个信心到哪里；也让我们想到《弟子规》的一句话，“见未真，勿轻言”。纵使是亲眼看到，都不见得是真正的情况。人跟人本来没事，就是因为这样的误会，交情搞砸了都有可能。所以心不能急躁，不能对人怀疑，要好好地去搞清楚状况。纵使真的是对方做错了，我们也不要用指责的态度，应该用帮助的心，再续朋友的缘分。

我们办课程的时候，差不多十个学员我们会派一个辅导员，一个队有一个辅导员来带。有个辅导员带队伍的时候走在最后面，照理说应该走在前面。有个老师看到这一幕，过去对他说：“辅导员要走前面，你怎么走后面？”这个辅导员说：“因为我感冒，怕传染给人家。”这个老师一听，觉得很不好意思。我们看到了，先想着你怎么这么不负责任，但其实他还是为这个队伍着想。人家可能是善心，可是我们有可能误解他。

“见未真，勿轻言”，不是见到了那个影像、那个情景，而是真正见到了人的心境，这才看得准。所以看人不容易。《论语》里面讲，家里人禀告孔子马房失火了，夫子第一个念头是有没有人受伤，并没有问马有没有受伤。假如重视财物，很可能问：“我的马有没有受伤？”夫子对人很关爱，所以他不是先问财物，是先问人有没有受伤。

汉朝有个读书人叫丙吉，是个忠臣。汉武帝末年，汉武帝被蛊惑了，搞得整个皇室不安，连太子都受到陷害，自杀了。汉武帝还杀了自己很多的子孙，满城风雨。丙吉在监狱里面任职，他偷偷把汉武帝的曾孙保护起来，让他免受伤害。汉武帝又听人说，监狱里面有天子的气息，居然下令把关在里面的人统统杀掉。

这个时候丙吉站出来，说任何一个无辜的人都不可以滥杀，更何况是自己的子孙。丙吉豁出去了，连牺牲自己的命都在所不惜。这股正气把汉武帝的理智唤醒，马上反省，收回成命。丙吉保护的汉武帝的曾孙，最后当了汉宣帝。汉宣帝小时候是丙吉救的，可是这件事丙吉都不讲，觉得尽忠是他的本分，不邀功。后来真相传到汉宣帝耳里，对他非常感激，对他的德行更加感佩。丙吉也靠自己的本事做到了宰相。

有一天丙吉走在路上，看到有一群人发生冲突，而且已经有人流血了。属下通报地方官已经去处理了，丙吉点点头："好。"继续走。走着走着，看到有一头牛躺在地上喘息，好像生病的样子。丙吉主动过去了解情况，这头牛是不是得瘟疫了？一了解，因为这头牛不守规矩，乱跑，主人追它，追得它气喘吁吁。丙吉松了口气就走了。

他的部属就有点意见。以前的人读过书，心里想孔子是问人不问马，我们这个宰相是问牛不问人。其实，都只看到表相而已。"见未真，勿轻言"，假如这些部属回去说，我们这个宰相怎么关心畜生，不关心人，那就已经是毁谤。但是部属跟他挺有默契的，还会主动问他为什么这么处理。丙吉说："我是一个宰相，假如民间发生了冲突，我去管，那会造成什么情况？本来是县太爷处理的事，结果变得麻烦了，太守要出来，其他一些官员也要出来，全部都很紧张，那不是弄得人仰马翻？既然当地的官员已经过去处理了，我就不要把事情搞得更复杂。"所以都是用理智在处理事情，不能当宰相了，什么事都管，那变扰民了。以前皇帝出巡，那不得了，要花多少人力物力。

那为什么问牛？假如一头牛生病了，有了瘟疫，很可能会传染其他牛。传染开来，死去的牛太多，生产受到影响，人民可能就要挨饿受冻了。所以关心牛是关心人民有没有饭吃，这个事情大，要很谨慎、很敏锐。从表相上看，好像跟孔夫子不一样；从心地上看，那是真正学到孔夫子的学问，就是这颗仁爱的心。

讲了这几个故事，也让我们对于信任他人有一些思考。不怀疑人，不疑虑了，心才能净；不对立，心就能平；不要有矛盾冲突，心就可以安。真正修学的人，“凡是人，皆须爱”，没有对立，人跟我们都是一体，只是现在他迷了，他难受了。比如我们胃痛了，我们没有一个念头还骂它，甚至还拿拳头揍它。我们一定是用各种方法让它赶快好起来，没有对立，没有矛盾，没有冲突。所以已经了解宇宙人生真相，就应该循着真理立身处事。

所以心态对了，我们在言谈中就不容易出差错。时时也要有一颗利益他人的心，不然话说多，不如少。言多必失，话很多的人往往容易后悔，因为话说出去收不回来。讲话要很谨慎、很厚道，“凡一事而关人终身，纵确见实闻，不可着口；凡一语而伤我长厚，虽闲谈戏谑，慎勿形言”。这是厚道的态度。假如这件事关乎人家终身名节，我们一讲很可能断了他改过的机会，甚至他会自暴自弃，寻短见都有可能。这个时候要帮人掩盖过失，让人有改过自新的机会。纵使我们亲眼看到了，也不要轻易挂在嘴上。假如这句话会伤到自己憨厚的心，纵使跟人开玩笑，都不应该随便。有时候朋友多年交情，一次吃饭搞人身攻击，结果打起来，甚至闹出人命的都有。所以言语的态度相当关键，要时时体察自己的心有没有占别人便宜，有没有挖苦别人，有没有时时保持我们这颗利人的心、厚道的心。

言语确实最容易损阴德，也最容易积阴德。“道人善，即是善；人知之，愈思勉”，这个言语就积大功德，让大家都懂得行善。我们讲话要时时真正利益大众。

这节课我们先讲到这里。

第二十四讲　言语是大学问

尊敬的诸位朋友，大家好！

我们上节课提到言语都应该厚道，是一份利益人的心。要时时观察自己的心境，是否是正确的处世态度。《弟子规》里面有一些经句，“勿谄富，勿骄贫；勿厌故，勿喜新”。这个“勿”就代表这是不对的态度行为，当我们做出来，会让人家感觉很难受，甚至觉得这个人很没有人格。当一个人去谄媚有钱人、谄媚高官，那我们不想跟他为伍；看到没钱的人就显得很傲慢，这也会让人感觉很没修养。所以言语不要有谄媚，不要有傲慢。我们学《弟子规》，每一句都应该从心地去学。“勿谄富，勿骄贫”告诉我们，不管是言语还是行为，都应该是离傲慢、离谄媚的态度。

《弟子规》句句都是从心地去学，我们的生活处世就会有很大的受用。我们一切时、一切处都是从根本修，从根本来观照。人容不容易傲慢？真的，人假如不学圣贤教诲，太容易傲慢了。比方身高比人家高一点也傲慢，鼻子比人家尖一点也傲慢，眼睛比人家大一点也傲慢，甚至住同一层楼缴的管理费比人家多也傲慢。这个傲慢，假如我们不谨慎地观照，看不出来。有所监狱里面有个犯人，已经关了五年。新犯进来，他马上抬头挺胸跟他说：“我告诉你，我可是已经关了五年。”关得比较久也傲慢。关得比较久要觉得很丢脸！人要傲慢是一切都傲慢，所以要调伏贪嗔痴慢。

你说我都不去谄媚高官。我们在讲堂看到名声比较大的人，就过去跟他有说有笑，看到其他人就摆个苦瓜脸，那也是谄媚。看到同仁欢欢喜喜，回到家里马上变一张臭脸，那也是。所以谄媚、傲慢的习性我们要很谨慎地去观照。有句话提到，“面谀之词，有识者未必悦心”，“谀”就是谄媚。当面谄媚人，有见识的人未必会高兴，他一看这个人特别会谄媚，都来攀关系，反而要疏远一点。“而背后之议，受憾者常若刻骨”，背后议论他人，说他的不好、是非，之后他在别人那里听到你怎么说他，他会觉得很痛苦，就像割他的骨一样。明明我们交情还不错，你居然背后这么讲我。完了，这个冲突可能一辈子都不一定能化解。所以言语真的要厚道才行。

朋友相处，言语是大学问，要懂得互相劝谏，互相赞叹肯定。朋友会把一些隐私跟我们诉说，听我们的意见，但是仅此而已，我们不能讲出去。朋友规劝，所谓交浅不言深。“力微休重负”，力气不够大不要去扛很重的东西。“言轻莫劝人”，交情还不够，人家对我们的话不够重视，不要轻易去劝人，先把我们自己做好。人家信任愈高，劝的机会也愈成熟。

关于劝谏，《弟子规》讲，“亲有过，谏使更”，这句经文含摄很多劝谏的智慧。“谏使更”，这就代表着我们劝人的目的是什么？希望人家改过向善。假如劝到最后是意气之争，那已经跟我们的目的背道而驰。假如劝人劝到跟人家吵起来了，那是我们的问题，不是对方的问题。劝人劝到人家恼羞成怒，我们说这个人真没善根，以后一定堕落，那是我们自己修养不够，不了解适可而止。总不能劝人劝到人家恼羞成怒，要懂得察言观色。

“谏使更”，是真正要利益对方，希望他能改过，这个目的、这个初心不能忘。怎么劝？“怡吾色，柔吾声”，“谏不入，悦复谏”，这都是好的态度、好的时机。看这些经文，本来觉得这段很有道理；慢慢再看，这一句很有道理；再继续深入，每个字都是关键。这样感受，经文就很有味道了。“悦”，对方心情比较好的时候劝，这就是时机。“复谏”，不厌其烦反复劝，代表我们要很有耐心。

劝到什么程度？“号泣随，挞无怨”。纵使劝到亲人误解我们，甚至恼羞成怒骂我们，我们还是没有怨言。这真是无怨无悔的人生态度。有个父亲已经六十多岁，居然要娶他们家的保姆，保姆才二十岁。假如是我们的父亲，我们要怎么办？要不要劝？你们怎么都没反应？这件事情攸关整个风俗，能不谨慎吗？儿子坚决反对，不管父亲怎么打他还是继续劝。结果当地的报纸怎么报道？说这个儿子真不体谅父亲，父亲有他婚姻的自由，儿子怎么可以干涉父亲的自由？这个世间是非善恶都颠倒了，六十多岁老人娶个二十岁的女孩，有没有为对方着想？男女结合是爱，不是欲，应该设身处地。

《了凡四训》讲到有一个老翁老年无子，有人送了很年轻的女子给他，他拒绝了，又把她送回去，这个积阴德很厚。刚才说到的这个儿子是真正替他父亲着想，父亲一生清名，假如真的娶了这么年轻的人，背后不知道多少人要说他，到头来他就难受了。因为儿子坚持，父亲最终没娶。过了没多久，这个父亲感谢儿子，他说：“儿子，没有你当初坚决反对，我可能做了一辈子都会后悔的事情。”父亲事后冷静下来，体会到儿子这片苦心，甚至也体会到要为这个女孩着想。现代的这个孝子，他演出了“号泣随，挞无怨”。

劝谏里面包含心态，包含时机，包含方法、耐性，是一门学问。

所以讲话也要学，到哪里学？在《弟子规》里面，光是讲话的学问就占了快三分之一；孔夫子的教诲分四个重要的科目，德行、言语、政事、文学，言语排在第二位。这是劝谏。

以前的文人容易相轻，互相看不起，那就是慢心没有降伏。而当我们慢心没有降伏，就只有个读书人的名，没有真实的学问。所谓学问深时意气平，怎么还会瞧不起人？人家觉得学习道德学问的人，讲得那么好听，结果私底下还互相瞧不起，反而不尊重圣贤教诲。应该是互相肯定、互相赞叹才对。

中国人讲，分寸要拿捏好，赞叹太过了也不恰当，要中庸、适度。尤其讲堂里面年轻人比较少，一看到年轻人来了，这些长辈就大赞特赞，赞叹到最后年轻人都不知道自己有几两重了，这会变成以善心行恶事。我之前遇到一个年轻人，他比我小很多岁，看起来也很庄严。我看到他很感动，小我那么多岁，就已经认真在修学，我就赞叹了他几句。过了一个多礼拜，有件事情他的做法不是很恰当，因为虚长几岁，我很坦诚地、态度也很随和地提醒了一下，这件事情我们应该注意什么。结果我刚提出来，他的脸马上变得很难看，我才警觉到我赞叹错了。真的，好话听太多，不好听的、逆耳的是忠言，忠言听不进去了。那我们是不是把年轻人给赞叹到不好的道路上去了？

我还听说孩子五六岁，批评的话都听不进去。在他五六岁以前，长辈的赞叹是在害他还是在帮他？都要很冷静。现在很多大人赞叹小孩，说你怎么这么了不起，怎么比爸爸还行，比奶奶还行。我们听了很紧张，这个赞叹太过了，难怪现在的孩子批评都听不进去。他才这么小个儿，他有什么了不起？他还有长长的人生要学习。要肯定他，进而期许他，但是不能赞叹得让他起傲慢心。

赞叹的标准是，跟性德相应的可以赞叹，不能赞叹才华能力。一赞叹才华能力，他一定傲慢。你说这孩子很孝顺，懂得帮妈妈的忙，你赞叹的是他的孝心，他会更想把他的孝心好好展现。你说这孩子懂得替别人着想，很好，他被唤醒的就是那份爱心。可是我们说："你画画画得真漂亮，怎么这么厉害。"你看我画得这么漂亮，他就认为人家都比不上他。所以我们要从孩子心地上去体察，要从人与人很微细的影响去看。

我们在讲堂对年轻人给予肯定："你能够遇到师长，有心弘扬圣贤教诲，我们这些长辈给你肯定，但是你一定要好好保持这颗心不退转，把师长的教诲好好去力行。"这样讲他会不会长傲慢？不会，甚至会更期许自己依教奉行。但是假如我们没有强调你的心不可以退，你要依教奉行，一窝蜂地五六个人上来："真不简单，真了不起，我都不如你。"完了，他整个头都晕了。我们是希望保护他、成就他，保护他那颗善心、清净心。但是称赞过头了，很可能增长了他的傲慢心。所以年轻人修学我们给予肯定，但是要很注意，是护念他的道心，不是护念他这么年轻就能来学。那就变成只看到他的外表，只看到他的年龄而已，没有看到他的心地。假如我们没有这个警觉性，年轻人出来弘扬传统文化，真的就像以前的诗说的，"古来征战几人回"，到最后没有几个人活下来。所以师长说四十岁以前不能讲课，定功还不稳。年轻人定功还不稳，一赞叹摇摇欲坠，连根拔起。

曾有几个台大的学生也来学习，三十多岁出去讲课，结果没几节课，不只没有度人，反被人度走了，这边赞叹来赞叹去，然后就昏头了。真的，我出来分享中国文化，分享《弟子规》，事后想想，师长不知道操了多少心。大家要爱护我们这些出来的年轻人，赞叹不可太过。赞叹声排山倒海而来，我们受不了。大家爱护我们，最重要的是提醒我们这个心不退，有哪些做得不到位的地方，这才是真正的爱护。我们今天能够为圣贤教诲做一点小小的贡献，都是无量因缘成就的，不是我们年轻人能做出什么来。觉得有功劳，已经堕落了。应该感谢这么多人的支持，让我们有历练的机会，要念众生恩，不敢丝毫懈怠。可是赞叹太多，很容易觉得自己有什么，所以赞叹也是门学问。我们年轻，习气确实还很重，出来讲课都是靠着师长教诲的至诚感通，我们还有一段很长的路，要对治自己的习气，要提升才行。所以在团体中长辈对晚辈的赞叹，要时时谨慎一点。

回到前面所讲的，朋友相处，不言家丑。朋友信任我们，把家里的一些事情跟我们讨论，我们不可以跟别人宣扬，这会很伤朋友的心。“背后之议，受憾者常若刻骨”，很可能几十年交情就化为乌有。我们想想，朋友之间讲话要注意这些，夫妻之间要不要？要。父子关系，君臣关系，人与人的关系，都要注意如何劝谏，如何肯定赞叹，如何不言家丑。夫妻之间也要不言家丑，太太假如把先生的不好讲给别人听，这段婚姻就很麻烦了，难免会有很多冲突产生。这是我们讲到的言语应该有的谨慎态度，“话休不思就说”。

最后一个要用智慧来判断，“事休不算就做”。一件事情，我们必须谨慎面对，不可轻易答应人家，“没问题，这个我来搞定”。话不可以讲得太快。“事非宜，勿轻诺；苟轻诺，进退错”。要做一件好事我们随喜，但是好事也要有时节因缘配合才能做得成。我们草率地答应了，结果半途而废，很可能不欢而散，甚至留下很多的遗憾，这样就变成善心行恶事。所以要慎始慎终。

我们不轻易答应，答应了要尽心尽力把这件事做圆满。做不好，我们还解释那时候比较忙，那都是多余的。所以答应一件事，要“度德量力，审势择人”，这八个字可以帮我们谨慎地做好考量。第一个，衡量我们的德行，“有德此有人，有人此有土”，有了好的德行才能感召人来。德行不够，事情不能轻易接。

再来，衡量自己的能力，也衡量大众现有的能力够不够承担这件事，不够不要勉强。这就是不攀缘，要随缘。我们有两分力就接两分的因缘，慢慢能力提升了，再接更殊胜的缘。假如只有两分力，硬接五分的缘会怎么样？会压垮。刚刚我们讲到“力微休重负，言轻莫劝人”，这都是很重要的人生提醒。孔夫子也说不可以“知小而谋大，力小而任重”，那都是很危险的情况。后面这两句是在《易经》里面，孔夫子也是这么提。

度德量力，审势择人。审势就是整个时节因缘、整个社会的状况适不适合这么做。我们要恒顺众生，现在行不通，不可以硬干，应该体谅别人。

成事在人。一定要有很多好的人出来，才能把事情办好。现在是众志成城的时代，不可能一个人就能把事情做好，所以找好的人就显得重要。因为一个好的人出现，就能带动一群有心的人进来；一个不好的人进来，也可能把很多相同习气的人都带进来。所以以前这些圣王择人都非常谨慎。之前有没有跟大家提过，“舜有天下，选于众”？大舜治理天下，他用心地去看世间有哪些有德行的人。“举皋陶”，这个有德行的人来了，不仁慈的人统统都走了。因为他们知道皋陶来了，他们就没有生存的空间，“不仁者远矣”。“汤有天下，选于众，举伊尹”，把伊尹找出来当宰相，其他没德行的人自然就走了，“不仁者远矣”。欧阳修曾拿这句话劝谏皇帝，皇帝要把范仲淹贬到比较偏远的地方，欧阳修马上站出来，“皇帝，这使不得，假如把范仲淹贬走了，那是让一堆人的心都冷了，让小人得势，可要考虑清楚”。所以为政最重要的在得人、择人，而能够得人、择人，最重要的是我们有德、有智慧判断。

我们这几节课提到，要有智慧才能下对人生的抉择，包括人生路、所交往的人，以及所讲的话、所做的事。有了智慧判断，人生就不至于留下后悔和遗憾。除了要有智慧，还要尽心尽力去做，尽心则无悔，尽心则无愧。我们已经尽力了，没有愧对人，也不会觉得后悔。

我有一位长辈，他们兄弟姐妹常常一有空都回家陪母亲，把很多应酬给推掉，一家和乐，连孙子都聚在一起。这位母亲去世的时候，我去祭拜老人家。去了以后很感动，感动在哪儿？他们兄弟姐妹都很孝顺，尽心竭力陪伴、照顾母亲，他们的下一代都很有正气，而且个个书都读得好，都不用催，因为孝道传下去了。母亲离去后，这位长辈说：“我这一生没有遗憾，因为我已经尽了我的孝心。假如我没有好好尽孝，母亲这么突然离开，我可能会抱憾终身。”古人说“树欲静而风不止，子欲养而亲不待”，“为人子止于孝，为人父止于慈”，对父母时时尽这份孝心，最后可以无憾。

山东有个孝子叫田世国，母亲得了尿毒症，要用透析法洗肾。透析之后不能喝水，长期不能喝水，很难受，整个人瘦了一大圈。家里人就商量好，在母亲面前不喝水，因为这会增加她的痛苦。甚至吃有水分的水果，都不在母亲面前吃，非常体谅。母亲生病的过程，田世国还有他的弟弟妹妹，也是竭尽一切力量找寻好的方法解除母亲身体的痛苦。母亲虽然患了这么重的病，他回到家里的时候，还是到菜市场买他喜欢吃的菜做给他吃。纵使已经病得那么重了，母亲还是念念为孩子着想。他觉得假如不能替母亲做些什么，那是人生莫大的遗憾。后来了解到唯有换肾才能真正解除母亲的痛苦。而适合母亲的肾脏找不到，必须是她最亲的人才有比较高的把握。兄妹三人统统表示要把肾捐给妈妈。田世国是长子，他对弟弟妹妹讲，弟弟的身体比较差，他的血型各方面比较适合母亲，他坚持排在第一个。

捐肾的名单里面是四个人，除了他们兄妹三人以外，还有田世国的妻子，她要把肾脏捐给自己的婆婆。我们也很感动，这个媳妇很孝顺。不只是媳妇这么全力支持自己的先生，连岳父岳母都是全心全意支持他。所以我们看得出来，他的太太这么孝顺、懂事，谁教出来的？原来是她的父母教出来的。闽南话讲，“拣田要拣好田底，娶某要拣好娘奶”。媳妇好，最主要是她父母也很会做人。但现在要找太太，有没有看她的爸爸妈妈怎么样？比较少，可能大多是看他们家有多少财产。财产靠不住，富贵转眼空，有钱人一下子倒下来的大有人在，而有德行、有家风的会愈来愈兴盛。所以为了子女一辈子的幸福，应该看得深远一点，不可以太短浅。

历经百般周折，很多情况都克服了。田世国回忆那天早上他躺上手术台，觉得整个身心都非常舒畅。还没有躺上手术台之前，他很害怕不能把肾脏捐给母亲，躺上手术台准备接受手术的时候，他觉得身心非常轻安，终于可以用自己的身体去让母亲身体健康，这也是尽点为人子的本分，这是孝子的心境。为人子止于孝，这会让整个人生了无遗憾。

大连有个孝子叫王希海，在他二十多岁的时候，父亲中风了。他本来有个很好的工作，结果遇到这个变故，他当下决定不去了，他要全心全意照顾父亲。一个二十多岁的大男人，要照顾一个中风了、相当于植物人的父亲。他一肩扛起，照顾父亲二十五年，二十五年都是尽心尽力。记者去采访他的时候，看到房子外面晾了很多床单被单。记者问他："这些用品多久洗一次？"他说："我每天洗。"记者就很好奇："一个礼拜洗一次就好了，为什么要每天洗？"他说："虽然床单没有湿，但是它一定会有水汽。假如没有每天换，水汽就会伤到我父亲的皮肤。我父亲已经这么难受了，我要尽我全力，不让他再增加一点难受。"坚持每天换床单，换这些用品，一个大男人这样细腻。

他的母亲在一旁说："这个儿子孝顺，我都做不到。"她自己都不大敢去做什么事？帮老人家吸痰。父亲中风了，没有这个能力，所以王希海每天拿着吸管帮父亲把痰吸出来，整整吸了二十五年。每过三十分钟左右，就要帮父亲翻一次身，不然会得褥疮。这些做一个月、两个月还不难，整整做二十五年，没有至诚的孝做不到。

有一次父亲发烧了，怎么治都治不好，他心里很焦急，找不到病因。一天晚上做梦，梦到自己爬楼梯，爬着爬着掉下来，然后就醒过来了。他想，从楼梯摔下来一定会伤到脚，莫非这个梦在告诉我父亲的脚有毛病？你看都是想着父亲。他赶快仔仔细细检查了父亲的脚，发现长了一个小的肿瘤，是良性的。因为那里发炎了，所以父亲才会发烧。把炎症处理好，父亲的病就好了。

真的，孝悌的心能感应，《孝经》里面说"孝悌之至，通于神明，光于四海，无所不通"。孝悌的心真正提起来，神明都护佑。孝的榜样能让天下人效法，光于四海；无所不通，潜能都会激发起来。王希海带着父亲到医院做检查，医生问他："你父亲中风多久了？"他回答："二十多年。"医生听完很生气："你骗我。"不相信，然后就出去了。过了没多久，这个医生回来了，捧着高高一摞病历，流着眼泪。他为什么觉得王希海骗他？因为检查了他父亲的身体，他父亲的身体非常光滑，皮肤很有弹性。医生说，这怎么可能是卧床二十多年的人的皮肤？但是看到厚厚的病历，深深被感动，天下还有这样的孝子，做得这么细腻。

这个医生告诉这些护理人员："你们都应该跟他学护理，他才是专家，他这种火候我们都赶不上。"一个大男人为什么护理做到这么细腻？因为那份孝心把他的潜能都激发出来了，无所不通。所以什么最重要？启发孩子的孝心，启发孩子的爱心，那是对他一辈子最重要的工作。《孝经》告诉我们，"夫孝，德之本也，教之所由生也"，孝是道德的根本，教育应该从这个地方做起。处世待人都能尽心尽力，尽好我们的本分，这一生了无遗憾。

为人子止于孝，为人父止于慈。我们下一次再来谈为人父怎么做才是真正的慈爱，怎么成就孩子的道德智慧。

今天就先到这里，谢谢大家！

第二十五讲　学儒就要学孔子

尊敬的诸位朋友，大家好！

我们又见面了，这次的讲题是“如何经营无怨无悔的人生”，能够无怨无悔，那是时时心胸坦荡，心胸泰然。无怨无悔的人生一定是从我们的心感悟出来的，心中有怨有悔，不可能走出这样的人生格局。有怨有悔自己痛苦，不可能去利益他人。之前跟大家的分享讨论中提到，很多圣贤人一句话就把道理讲得很透了。比方佛陀讲的“欲知前世因，今生受者是；欲知来世果，今生作者是”。圣贤的教诲不用多，一句话，至诚的心信受奉行，人生的问题就化掉一大半。

真正明白因果不空、因果相续的真相，遇到哪件事情能埋怨？有没有哪件事能埋怨？没有能埋怨的，都是自作自受。这一句自作自受不见得是坏事，种恶因当然得恶果，种善因就得善果。真正深信因果，确实没有任何埋怨。不只没有埋怨，还会欢欢喜喜，因为每天都可以把债给还掉。大家有没有还债的经验？比方跟银行借了五十万，这个月领了薪水还了三万五万，看到那个数字一直减少，觉得身心愈来愈轻松，无债一身轻，所以还债是好事。这个世间没有坏事，我们觉得有坏事，那是我们的执着，是我们生贪着，喜欢顺境，不喜欢逆境。而逆境也不是真的逆境，还是自己的好恶心造成的。境缘无好丑，好丑起于自己的心。

人生的怨和障碍不是别人造成的，是自己造成的。有了这份感受，那真的对一切人无怨。佛陀是忍辱仙人的时候，遇到歌利王割截他的身体。诸位朋友，我们这一生有没有遇到这样的恶缘？佛陀遇到这么艰难、这么恶劣的因缘都没有生烦恼，我们还有什么好烦恼的？态度决定一个人修学的成就，不是说等我成就了，这些习气再来改，那颠倒了。心态决定了我们往后的发展，万法由心生。

当时我们建立中心推展中国文化，师长对我们的教诲也是斩钉截铁，第一句话讲道:“我们是学儒，我们不是儒学，学儒就要学孔子。”孔夫子说举一反三。学儒就要学孔子，学道就要学老子，学佛就要学释迦牟尼，都直截了当，从存心去学习。当我们是这种心境、这种定位，孔夫子的行持我们时时领纳在心中，以他对人的温良恭俭让时时来要求自己，我们的一言一行有没有温和善良、对人恭敬、勤俭廉洁、懂得退让？我们有没有这个心境？

孔夫子说 :“诗书之不讲，礼乐之不习，是丘之过也。”我们对孔夫子恭敬，所以不直接念出夫子的名号，这个“丘”字念“某”。圣人有没有怨任何人？有没有怪任何人？夫子是至圣，他把天下人的过失都归结到自己还不够努力，要尽心尽力。诗书没有人好好地来讲学开显，让大众领受，礼乐的教化没有去实践推行，这都是我的过失。夫子这样的德行，尚且如此反省自己，我们当弟子的焉能再去责怪他人、责怪社会？这就不是夫子的好弟子。当我们对任何人没有责怪、没有怨恨，心才能平。心平天下才能平。所以都要从我们这颗心开始做起，效法圣贤人的存心。

释迦牟尼佛面对割截他身体的人没有一点怨恨，因为那都是还债，都是过去的因造成这个果。假如我们过去不跟他结恶缘，现在他会来跟我们结恶缘吗？不会。所以真正的原因、真正的过失在我们，不在对方。因为我们过去的过错，他现在跟我们结恶缘，他又得堕落。他恶意对我们，他又堕落了。请问他的堕落谁造成的？对！真正明白道理的人不怪人，只怪自己没有智慧、没有慈悲。当忍辱仙人有高度的智慧，跟歌利王冤仇到此为止。歌利王这么恶劣地对忍辱仙人，他没有怨，所以这段恶缘到此为止。不只如此，再开的是成就对方的善缘，这就是我们要学的地方。不只没有怨恨，还是念念成就对方的真诚，所以转了这个缘。

忍辱仙人说："我假如成道了，第一个度你。"我们想想歌利王的心境，他知不知道他错了？他当然知道他错了，只是他的嗔恨心伏不住。其实很多做坏事的人都知道自己错了，可就是忍不住习气。有没有人说吸毒是对的？是可以利益苍生的？被亲人发现他吸毒，一定都很紧张，"我错了，我错了"。良知还在，但是定力不够，成了习性的奴隶而已。我们想想，有没有人自甘堕落？还是想改，但是没有遇到好的缘、好的老师来教导。

前面我们举了佛陀遇到杀人魔王，杀人魔王伤害了这么多生灵，就因为佛陀感化、引导、教诲了他，他成就很高，所以不能轻视任何人。这都是我们在故事中要形成的一种人生态度。故事听完了，傲慢真的放下了，身心轻安。我们常常不高兴在哪儿？看这不顺眼，看那不顺眼。傲慢习气是折磨自己。人有没有傻到要折磨自己？不能再这样傻下去，拿着习气折磨自己，又折磨别人。害人害己的事不能做。

而且傲慢一定让人很不舒服。我们是圣贤的弟子，我们一傲慢，影响人家对于圣贤教诲的印象，所以傲慢、贪嗔痴真的要时时观照、对治。时时"勤修戒定慧，息灭贪嗔痴"，才能有点欣慰，不求有功，但求无过。贪嗔痴慢的习染没有好好调伏，造恶可能自己都不知道。真正利益他人，对自己的习气要赶尽杀绝，不可以丝毫放松，但对别人不可以傲慢，要厚道三分。这个顺序不能颠倒，不然人家会埋怨我们。

圣贤人说“严于律己，宽以待人”，结果我们现在修成什么样？宽于待己，严以律人。这就特别危险，常常看到别人的过失。“工于论人者，察己常疏”，每天只看到别人的过失，自己的过失一定会疏忽。假如我们的家人是这个态度，看别人很准，都看不到自己的问题，你是什么感受？一个人只讲别人，自己都不改，我们当下心情怎么样？会不会咬牙切齿？内心是不服，埋怨。当我们真正能严于律己，对治自己的习气，人家会感受到、会看到；对人又宽容，他可以感受到那种德风的温暖、温馨，自然而然，桃李不言，下自成蹊。人家感受到学圣贤教诲确实会让一个人真的变得善良、恭谦，让人如沐春风，这个缘就会自然形成。道法自然，我们要正己，进一步化人，而不是我们没有对治习气，刻意地去拉人来学中国文化。

听圣贤人的教诲重在力行，重在当下就转变心态。所以诸位朋友，我们当下有没有契入无怨无悔的人生？你看一句，一句就可以进了。我们有时候会说：“我才刚学一年，放不下是正常的。”假如有这个想法，这一辈子都放不下。为什么？这个念头又是执着，明明是来学放下执着的，结果愈学愈执着。

这一句“欲知前世因，今生受者是”，就代表我们要为自己的人生负完全的责任。所有恶的缘分都是因为我们之前犯下过错，冤冤相报没完没了。我们听到这句，什么心境？赶快逃，离群索居，谁都不想见，明明长辈到家里来了，都视而不见，让人家觉得这个人行为举止怪怪的。修学最重要的入门功课，放下我执，放下自私自利，这是头关。这一关没打破，我们一年级都上不去，还在幼儿园，都是留级，甚至还要小心降级。这个降级是事实，我们要依教奉行，高度警觉，不能再随顺习气，要好好珍惜修学的机会。

再有，人的怨为什么那么多？不知足，知足就能够常乐。我们为什么乐不起来？不知足。不知足比较好听，讲得比较直接一点叫贪心、计较。贪心、计较，才会有苦，才会难受。所以“人生解知足，烦恼一时除”。奇怪，我在念这句的时候觉得很欢喜。听了这句话，当下没有觉得身心畅通，说明这句话留在哪里？真的，“学佛一年，佛在眼前”，那个时候真的很专注地听;听了愈来愈多次，“学佛二年，佛在天边”，右耳进左耳出；“学佛三年，佛化云烟”，不只听不进去，都是讲给别人听。“人生解知足，烦恼一时除"，假如我们真正去体会知足那种心境，懂得放下欲望，放下贪着，当下就会轻松许多。

我们常跟很多朋友交流，他们来的时候，脸上乌云密布；聊两句，真的听进去了，一下子想通了，马上额头发亮。乌云密布跟朗朗晴空，都在一念之间。所以要离苦就要知足。这一生已经遇到圣贤教诲，光是这个因缘，人生知不知足？这辈子再怎么苦都值得，再怎么受折磨都没关系，反正咬紧牙关才几十年，此生可以成就。师长给我们这些教诲，念起来精神饱满，正气凛然，哪还有什么怨？还有什么难受？能遇到修学的机会，确实这一生不求什么，也不跟任何人计较什么，随缘消旧业，不再造新殃。

咬紧牙关，很多人念这句的时候，还皱着眉头，可能在想要咬多久。还是我执放不下，还是要舒服一点，怕咬太久。真正老实听话，三五年整个身心都会有很大的提升。师长的教诲你一句听了，你一句肯放下，就在不同的世界。师长常说要把自私自利、名闻利养、五欲六尘、贪嗔痴慢放下。真的放下，整个人生的感觉不一样。所以修学没有受用，没有欢喜，那是因为我们没有依教奉行的态度。

依教奉行铁定有感受，当然这个感受如人饮水，冷暖自知，有时候讲也讲不清楚，必须自己去做了才知道。我记得师长有一次讲五十年修学体会，一开始就说几十年前刚到香港，高楼大厦还没这么多，现在真是变化太大！以前的最高楼现在已经排不上名次了，那时候的老同仁现在没剩多少人。所以人生无常，要提高警觉，时时放下怨恨、悔恨，才能轻松，要有这种心境。我们修学人，此生成就有没有消息？这个消息要问谁？心里还有怨，那一定没消息；心里还有贪，还有计较，那一定没消息。心里不贪、不嗔、不痴、不慢、不疑，就会有消息。

师长还说："当人不为自己，当人什么都不要了，他什么都得到了。"师长讲到这里哈哈笑，笑得非常喜悦，很欢喜。笑完对大家说："你们不懂！"这真的是冷暖自知。师长修学已经五十六年，讲课四十九年，师长把利益人给我们表演得非常透彻，统统没有为自己。师长讲我们不懂，最重要的是我们没有依教奉行，没有真正把自私自利放下。真正放下了，我为人人是因，感得的果是什么？人人为我。

诸位朋友，现在有没有人人为我？对，这叫勘验。每句经教我们要不要勘验？要。不勘验不知道自己在什么境界，不勘验很容易变成消遣，这样的心态是需要调整的。庐江汤池我们第一届种子教师，三百多人挑了差不多三十位，他们放下了工作。他们有的在大学教书，有的当校长十多年，还有的是在机关当主管，还有开店的，很多行业的都有。他们舍下自己的工作，投入弘扬中国文化的行列，有舍有得，大舍就大得，不为自己了。到了中心，穿的裤子、戴的手套、吃的大米来自神州大地各个地方……人人为我，为什么？因为这颗心发出来，人们都能感知到。当我们是真发心去利益大众的时候，大众对我们比对他自己还要好。

我们在跟很多同仁交流的时候，大家常常会讲："师长做得到，我们不大可能，我们很难。""那是师长，不是我们。"请问这一念是觉悟还是妄念？这样的念头多不多？这一念有没有跟真诚、清净、平等、正觉、慈悲相应？师长行，我们不行，佛陀讲的一切众生皆有如来智慧德相，已经化为云烟了。听师长教诲，又顺着自己的意思做注解，那更多是入了分别执着，会愈学愈执着。

我们要感受到师长的一片用心，都是为了成就我们这些学生，成就我们这些后学。有没有哪个老师听到学生说，我们这辈子一定不可能超过老师，一定比不上老师，哈哈大笑的？反而会很失望。因为老师一定是把几十年的精髓、经验全盘托出，一定是念念想着我走的弯路学生别再走了。当学生感受到老师这份至诚至爱，用至诚恭敬的心领受过来，就能青出于蓝胜于蓝。

有一位老师修学很精进、很认真。有一次他把心得体会跟师长讲，讲完总结了一句话，他说："经典不离生活。"这句话有没有道理？这个见地不错。师长停了三五秒钟，接了一句话："经典就是生活。"不离生活是硬拉上来，还有分别执着在里面。不离生活就是好像有点拉近了，还觉得自己干得不错，比别人好一点。经典就是生活，那是没有分别，没有执着，当下即是。一切时一切处，心不离真诚、清净、平等、正觉、慈悲，而不是硬拉来真诚、清净、平等、正觉、慈悲，就是这样的心境。

行不离三福、六和、三学、六度、普贤十愿。我们听了普贤十愿，广修供养，礼敬诸佛，当下我们的念头还是“好吧，我试试看”，为什么？我们当下有没有把执着放下？这个心境、心态都值得我们好好勘验、观照。很多人问如何笑得灿烂，其实不难，知足就能笑得灿烂，觉得这辈子无憾，遇到这个机会，遇到师长的教诲，我们已经是全世界最幸福的人。你们也要把幸福的心境表现在脸上。人家看到你，觉得好像欠你钱，这不行，不能通过。

我们修学人首先要怎么样？要笑口常开。当然大家听完课，不要出去见人就笑，人家会误会这群人是不是有点问题。面上无嗔，不是叫你见人就傻笑，而是一片祥和之气去待人。面上无嗔供养具，口里无嗔吐妙香，讲的都是正知正见，都是给人信心，给人欢喜。所以什么时候依教奉行？当下我们这份和气、柔软的言语就是在依教奉行。

有句话说“生则决定生，去则实不去”，生活真正跟圣贤教诲相应了，当下都是圣贤人的心境，频道就接上了。还会担心这些问题，就是还没有把频道接好，临时要接那个频道怕接不到。假如每天都是这个频道，心根本不会慌张。确确实实经典就是我们的生活，一定要把每一句实践在我们当下的生活、工作。

六和敬首要就是见和同解，一定要有正确的价值观、人生观。这样就能家和，就能团体兴旺。而见和同解，首先就要好学，把学圣贤教诲的风气带动起来，从我开始做起。

这节课先跟大家交流到这里，谢谢！

第二十六讲　孝心是生命的原动力

尊敬的诸位朋友，大家好！

我们上节课提到了，确实要用心去体悟，从生活中去感受、去观照。我讲话比较客气，点到为止。现在很多人修学，说知道要慈悲、要爱人，但就爱不起来，这是真的不是假的。小孩子怎么会爱不起来？小孩一两岁，根本不认识，没有三分钟玩成一团。他们还要不要交换名片？还要不要先客套半天，然后才开始试探、交流？都不用，心很真诚，没有分别，一下子就融在一起了。

有两个孩子在一起，前面那个孩子走着走着跌倒了，跌倒的还没哭，后面的先哭了。为什么？孩子感同身受的能力特别强，别人跌倒了，他感觉到他很痛，所以哭了。孩子很天真，甚至布娃娃掉水里，他也会哭。我们会不会哭？我们觉得愚痴，布娃娃又没生命，哭什么哭。孩子的心不分别如此，那种心很细腻，很能感知，乃至父母有不愉快，小孩都可以感觉到。有对夫妻吵架，孩子还在襁褓中，还没有一岁，哇哇直哭。夫妻俩看孩子哭成这样，争执就稍微放下，看着那个孩子。孩子两只手这样打手势，夫妻俩就很纳闷，慢慢靠到孩子面前。孩子还是继续，到夫妻俩头跟头靠在一起，孩子表情才变得柔和。所以孩子都可以感知到，父母一定要和乐；假如父母不和乐，孩子心里就会非常难受。这是我们用心感知别人的能力，感知父母的需要。

有个母亲带着小孩行拜师礼，先给孔老夫子像行三跪九叩礼。这位母亲感觉到古圣先贤的威德，还有这些宝贵的教诲，忍不住泪水哗哗直流。母亲在那里掉眼泪，后面这个三四岁的孩子，也跟着哭得止不住。老师们很好奇，就问他为什么哭。孩子的答案很简单，说妈妈哭了。跟母亲、跟家人是一体的感受能力，这个心境我们都有，可是现在用不用得出来？家里人已经烦我们烦死了，都快得抑郁症了，我们还说："有吗？是我害的吗？"浑然不知。

你看以前曾子对母亲那份孝心，母子连心。曾子上山砍柴，刚好有朋友来找他，母亲也不知道他多久回来。这个故事中，我们最重要的是去体会每个人处世的那种心境，特别宝贵。朋友来找曾子，假如母亲私爱太重，你们等就好了，我儿子回来再说。以前的人很厚道，她看到别人走那么远的路，再让别人等，心里会很难受，所以希望孩子赶快回来。以前的人都是这种心境，宁可自己吃亏，绝不让别人吃亏；宁可自己难受，也不让别人难受。这就是古风，就是厚道。自己怎么委屈都没关系，就希望亲朋好友能好。有这样的心境，子孙一定昌盛。因为人欠你，天会还你。

曾子的母亲焦急了，不能让人家等，急得咬了自己的手指。这么一咬，曾子马上感觉心痛。真正孝养父母的人，都有这种感悟跟感受。假如我们没有，那就要反省这个孝心不够真切，这是我们本有的能力。曾子觉得家里一定有事，不然不会心脏突然不舒服，所以马上就赶了回来。看到母亲，跪下去："母亲，家里是不是发生什么事情？"其实说实在的，一个孩子担心家里面，跪下来跟父母讲话反而心比较安。真的，有时候跪着讲话比站着舒服。我之前看《商道》，看到这一幕眼泪常常会掉下来：林尚沃每次出远门回到家里，第一个动作是什么？拜他的母亲。他在什么地方拜？一般是在屋里。这都看到做人的含蓄，当着人的面跪下去，好像是在标榜我很孝顺，所以除了一些祭典仪式，很少在大庭广众之下行礼。一般对父母的孝敬也都有含蓄在，都是进屋了，恭恭敬敬跪下去行礼。

请问林尚沃的心境是什么？我也是出门在外的游子，隔几个月，甚至更长时间，跟父母见面的时候，那种心境就是这段时间不知道又让父母操了多少心，那是一种惭愧、内疚，还有一种感恩的心。

我们刚刚讲到曾子跟他母亲的故事，有很多地方值得我们用心去体会。我们感同身受的能力、爱人的能力，就是从孝道，从这个爱的原点扩充。我们现在不会用心，整个学习的过程没有用心，而是用什么？用脑，都是意识心多，都是知识的积累，一大堆知识全塞进来。诸位朋友，请问我们学了十几年的数学，用了百分之多少？那太少了。我们学的物理用了百分之多少？世人共争不急之务，一辈子受用的人生道理没学多少，太贫乏了，连孝道都没有启发。

诸位老师，诸位朋友，我们整个求学的过程，哪一段时间有好好地体会孝道？有没有老师告诉我们，同学们，父母很辛苦，回去要帮父母分担家务，洗洗衣服，做做饭？遇到过这样的老师的举手？那是有福之人，遇到了好老师。这就是传道，传孝道，传道、授业、解惑。什么是教育？我们做教育的要冷静思考这个问题，不是知识的传授而已。只是知识的积累、灌输，到头来连感同身受、孝心都提不起来，这样的人生到底是在进步还是退步？我们不会用心，还是照着旧的方法教，那下一代比我们更惨，愈来愈冷漠。这都是很值得我们冷静思考的问题。

有位老师到中学去讲课，这所中学的老师、校长很着急，孩子才十三四岁就谈恋爱。这个风气太麻烦，那么小的年纪都没有定力、理智，一下子情愫都起来了。现在青少年被情情爱爱、被欲望困得无法自拔的大有人在。这都是我们的下一代。我们有责任承传祖宗的教诲，不能把下一代给毁了。我当过几年小学老师，就是因为看到一届不如一届，觉得不能袖手旁观，不然这辈子不知道会有多少人怨我们。当我们的学生长大了，会抱怨，为什么我的小学老师都没有教我这些做人的道理，害我撞得头破血流，还摸不到人生的正路？我们会有愧于为人师表，会抱憾终身，断人慧命比断人身命还严重。

我听说现在的学校开运动会，全校齐唱“老鼠爱大米”。面对这样的情况，我话都说不出来。要记住，社会乱，我们决不乱。社会再乱，只要我们不乱，它终有一天会平息下来。一个人不乱，五十个人不乱，下个月会变成多少？好人不变心，好人会愈来愈多。所以不管社会怎么乱，有件事情可以肯定，就是我不会乱，境界转不了我们，我们就能转境界，要有这种气概，舍我其谁的气概。

刚刚我们提到的是下一代用心的能力愈来愈差，也讲到情爱、欲望太早污染了我们的下一代。我们去中学演讲，校长、老师说，一定要叫他们不谈恋爱。诸位老师，假如是你，你会不会讲？我们的老师一上去，感觉火药味很重。为什么？因为所有的学生都知道，这个老师是来教训我们不谈恋爱，脸就很难看，都跟台上的老师较劲儿。这很微妙，那个意念马上就传到讲台上面。刚去的时候就感觉到这种气氛，就跟校长沟通，可不可以改个题目？这个题目，没上去就快招架不住。校长说不行，现在这个最严重，要讲。老师就说，不然改一下好了，敌对太严重了，讲不下去，他们都不愿意听。

我们的老师说，改成如何谈恋爱。这叫“先以欲勾牵，后令入佛智”。你让他产生抵触，他说这也不行那也不行，那我不干了、不学了。我们要学习圣人的智慧，洪水来了，挡得住吗？大禹的父亲鲧直接用围堵，没有效果；大禹是用疏导，水势很强，顺势而为，不跟它正面冲突。这个老师一上去，“今天跟大家谈的是如何谈恋爱”，马上热烈的掌声就响起来。在这个时代，真正让人接受还是要顺势而为。接着就说如何谈恋爱，古圣先贤教导我们很多，“关关雎鸠，在河之洲，窈窕淑女，君子好逑”。你要找到好的伴侣，可以侍奉父母，祖宗也很放心，还可以旺三代，举了很多例子。

这位老师讲得很用心，讲了一段，底下的学生说：旺三代关我什么事？你看那种心，现在的孩子连自己的后代都感觉不到，糟糕不糟糕？只感觉到什么？我想要吃什么、用什么，只想到自己的欲望。这个时候怎么办？变化球又接了。旺三代不关我的事，漂亮最重要。这是谁害的？从家里开始反省。当爸爸的假如经常评判这个长得很漂亮，那个长得很漂亮，会误导孩子；要重德，重贤德而不是美貌。我们家长的价值观都在影响小孩。母亲很贤惠，父亲很尊重自己的伴侣，孩子以后找对象的标准是什么？就找母亲那种，都是潜移默化的。学生说漂亮比较重要，怎么办？好，你们要漂亮，那就找漂亮的。那你要找三年看起来很漂亮的，还是要找六十年看起来都很漂亮的？当然要六十年的是不是？

长得很漂亮，但是没气质，一讲话让人从椅子上面跌下来，那个美貌能撑多久？皱纹慢慢出来了，那你还爱吗？所以要一辈子看起来都很有气质，让人家如沐春风，很舒服。有这种气质的女孩子，她能漂亮六十年，漂亮一辈子，要找这样的对象。他们说对，讲得很有道理。那你会找吗？你有判断力吗？你能看得出她有这么好的气质吗？你要学习判断，所以你要读《弟子规》，要学习中国文化。他们说对，要学会看人。老师接着又说，你学会看人了，找到了，人家不要你，因为你水准太差，你的德行跟人家差一大截。虽然你看得懂她很好，可是人家说门不当户不对，把你甩了，你唉声叹气也没用。真正要追到一辈子漂亮又有德行的女子，最重要的是提高你的德行。怎么提高？现在好好读书才能提高。

孔夫子告诉我们，“为政以德，譬如北辰，居其所而众星共之”。为“政”是管理众人之事，小到家庭，大到国家天下，重要的是有德行。“北辰”有几个说法，其中一个是说北极星，繁星绕着北极星，以它为中心。“居其所”，最重要的就是敦伦尽分，把自己的本分做好。我现在是个学生，我好好地学习，我恭敬老师，我友爱同学，这就是“居其所”。为人和蔼，做人有道义，自然感来同质性的好朋友，这叫方以类聚，物以群分，就是这么自然的道理。我们德行提高了，感来的不管是同性还是异性朋友，同样都是好学的人、有德的人。

而且我们要了解，十多岁这个成长阶段，心性不稳定，价值观也不稳定，很可能这个时候是这么想，过了半年一年想法又变了，是不适合谈感情的，像朋友这样交往就好了。等价值观确立，能为对方负责，才适合走入婚姻。提早谈了感情，到时候又觉得两个人个性、价值观不同，就在那里难舍难分，缠绵悱恻，苦了自己，苦了对方。现在一大堆高中生、大学生谈恋爱，到最后轻生的太多了。钱债好还，情债难还，那真的会搞得精疲力竭。要谨慎，分寸要拿捏好。你“居其所”，一大堆好的对象都来了，到时候你再很冷静地去选择。你现在就要好好提升德行，好好学习。诸位同学，要把恋爱谈好，就是现在不要谈恋爱。学生觉得你讲得有道理，视野被打开来。

理事无碍，事事无碍。我们一般会说，现在的年轻人怎么听得进去？障碍从哪里来？自己。因为我们急着要讲道理，要说服他，要他照着我们的意思做，才产生对立。假如我们能体会他的心情，为他设想，循循善诱，还是可以引导过来的。

刚刚讲到了重点，现在的孩子用心感受的能力不足，甚至都不想下一代，也不想父母。太多的孩子花的都是父母的血汗钱，他无动于衷，花到父母已经愁云惨雾了，他都感知不到。我们为人师者，假如没有把孝教给学生，那对不起这个职业。

孔夫子说："夫孝，德之本也，教之所由生也。"这是太深刻的教诲，德之本在孝，教育一定要从这里开始。我们老实地修身，为人演说，会产生很大的效应。我们在推广的过程中，很多老师认知到了，开始引导孩子在家里关怀、照顾父母，不管是在德行还是在学业上，提升都非常明显。本来在班级里是敬陪末座，结果教了差不多半年，成绩名列前茅。所以圣贤的教诲就是保持这颗本善的心，也就是孝道，然后进一步拓展本善的心。孝是本善的心的原点，孝道扩展就是仁爱之心，所以才说"孝弟也者，其为仁之本与"。

我们找到了问题的根源，为什么不会用心？为什么连别人的感受都体会不到？因为孝心还没开。孝心开了，仁爱的心自然就会开。我们要从根本解决问题，我们跟父母之间没有这份至亲的亲爱。孝心、感恩的心，可以算是生命的原动力。有了这种心境，生命就不会了然无趣，不会觉得没有目标，相反，会有源源不绝的毅力、耐力。说到这里，我想起我父母那一辈，包括我三个叔叔、一个姑姑，他们兄弟姐妹五个读书从来不用人家催。现在生一两个还得陪伴，甚至还要拿个棍子才能让他们坐下来。问题是身体坐下来，心也不见得坐下来。很多人都说现在教育愈来愈普及，教育有没有愈来愈普及？人不学，不知道，我们被自己骗了都不知道。

我记忆比较深刻的，我在秦皇岛讲课，我问了一个问题：你拿了最好吃的东西，第一个念头是什么？前面一个三十岁的年轻人，不假思索说赶快吃下去。那也对，他也蛮诚实。现在更麻烦的是什么？只会讲标准答案，但是事实上都不做，那个比这个还严重。直心是道场，不可以掩饰。当我们对老师、对善知识掩饰，人家帮不上忙。明明知道我们的问题，可是我们又掩饰，只好顾及我们的面子不点出来。所以真的，当我们不真诚还掩饰，入宝山很难不空手而回。

那时候在澳洲，很多同仁去请教师长问题，“我觉得怎样怎样”，自己很多想法。明明就是自己想去哪里，却来问师长好不好。师长跟我们说不好，我们会怎么样？不高兴。后来还是去了，回来不敢见师长，不好意思。这样师生关系不就愈来愈疏远吗？师长知道你的心很坚定，不挡你的路。所以很多人请教师长，师长都是“好好好”。我们要很敏感，当我们请教师长，师长只是“好好好”，那就是师长早知道你心意已决。真心诚意地请师长指导我们，指出我们的问题所在，真有这颗心，老人家一定会给我们很宝贵的意见。态度不可以掩饰，我们目前的心境、境界是什么样，要讲出来，不然人家不可能帮得上忙。甚至把自己的境界讲高了，人家把我们看高了，很多情况就不可能跟我们有很好的交流。

所以这位男士说赶快吃下去，也有可取之处，就是不隐瞒。隔几排有个中年女士，她说给儿子吃；坐在最后排的一个老人家，七十来岁，她说给父母吃。我们冷静来看，这个老人家为什么坐后面？听课，很多时候都是老人家坐后面，为什么会这样？老人家是什么样的心境？年轻人多听点、多学点，这对他们的人生很重要。从老人的这种态度，我们就可以看到，老人家是为后代子孙着想，那我们有没有为父母、为老人着想？他们都为我们着想，我们都没有为他们着想，这就愧为人子，愧为晚辈。

这三个回答让我们深思，谁的学历最高？三十岁的年轻人学历最高，他接受的知识、科技的教育比较多。但是谁比较懂得做人？老人家。很多老人不识字，他会说我很没有文化。坦白说，谁没文化？是年轻人没文化，不是老人没文化。老人怎么会没文化？我们从她每天的举手投足，所做的每件事情就知道她很有文化。她为人媳，任劳任怨，一句抱怨都没有，我们有她这种文化修养吗？她教导、照顾她的孩子，那样辛苦，从来不喊一声累，她觉得把孩子教好是本分，没有抱怨，没有喊累这个念头。正是当母亲的这种无怨无悔的心境，才成就了子孙的兴盛。有没有一个母亲做点事就开始抱怨，我被你们拖累了，你们这些拖油瓶，害得我都不能出去逛街，打扮得漂漂亮亮？这样的家庭能旺吗？

夫子在《易经》中给文化下了一个定义："观乎人文，以化成天下。"处事待人，其风范能化民成俗，这才是有文化的人。今天我们读到硕士、博士，到哪个公司都傲慢得不得了，让同事都觉得很痛苦，这哪里叫有文化的人？有文化的人一定是让人如沐春风，春风化雨。我们要真正明白教育是教做人的道理，教育一定是上行下效，"教者，上所施下所效；育者，养子使作善也"。没有老祖宗把这道理打开来，我们一辈子很可能糊里糊涂，浑浑噩噩，都不知道教育的问题出在哪里。

怎么教育？我们下节课再来谈。谢谢大家！

第二十七讲　善为玉宝一生用

我们上节课提到教育的问题，也提到“欲知来世果，今生作者是”。我们的后半辈子，其实都跟当下所种的因息息相关，乃至我们现在所做所想，直接影响后代子孙的命运。所以我们想对了、做对了，这一生不会后悔，甚至我们的后代子孙也不会后悔，也不会埋怨，因为我们跟后代子孙是一体的、不可分的。为什么中国文化的核心是个“孝”字？“孝”字上面一个老，下面一个子，“老”是指上一代，上一代还有上一代；“子”是指下一代，下一代又有下一代。过去无始，未来无终，是一个整体。

我们会为后代着想，会为子孙着想，整个为人处事就会很谨慎，不会草率，一个念头都不会轻忽。因为很可能这个念头错了，就把后代子孙的路给带错了。我们看历史上范仲淹的一念，“先天下之忧而忧，后天下之乐而乐”，把子孙带向了千年不衰的家道。所谓“善为玉宝一生用，心作良田百世耕”，一个人把什么当宝，其实就已经影响了他跟后代的命运。真正有德行的人觉得善是宝，没有德行的人觉得钱财是宝。你看我们的中国字，“贪者近贫”，这个贪跟贫穷没有两样。当我们是贪婪的心，子孙一代比一代贪，那这个家族的命运凶多吉少。善才是玉宝，才是真正的宝贝，我们一生去奉行，留与子孙做好样子看。

范仲淹的一生垂范后世，到现在已经超过一千年，后代子孙都很兴旺，我遇到很多都是当老师的。那天我们在平镇高中上课，来了一位长者，这位长者非常认真地在听，还抄笔记。我们这些晚辈看到这样的长者，都是肃然起敬，我们一看他整个相貌，就知道一定是很有成就的。我也不认识这位长者，只是他的态度让我印象深刻。后来课程结束，请这位长者上台致辞。原来这位长者是桃园县的范副县长，我刚讲完范仲淹，范副县长接着跟我们说到，他是范文正公的后代，刚好给我们做了表演。确实我们亲眼看到范公的后代，很多在各行各业都是表率。

我们从范副县长前面几句话，深刻感受到他们的家教非常好。他们称先人的名号范文正公，代表对祖宗非常恭敬。由于这份恭敬的心，就不敢做出不好的、有辱祖宗的行为。范副县长说，他没有给范文正公丢脸。他也确实尽心尽力为这个社会服务，造桥铺路，有关交通方面做了三十六年，做了一辈子公务人员。范公的风范呈现在我们面前，“见人善，即思齐”，我们也应该有这样的志向。范公心存仁爱，把人民放在心上，把天下兴亡为己任的心境传给后代子孙。《义田记》是一位姓钱的读书人感范公的德行写下的文章，里面提到“公既殁”，范公虽然已经去世，他的子孙“修其业，承其志”，学习范公的德行，继承范公利益天下、利益人民的志向，就好像范公还在一样，“如公之存也”。

由此我们可以体会到，人的身命有结束的一天，但是精神可与日月同光。只要这份精神发自于一个人的至诚，可以名垂千古，就好像他还活着一样，还影响着他的子孙，乃至人民。我常常跟朋友说，范公精神是长存的。不只是范家的后代受到影响，我们也受到影响。当我们受到范公这份精神的感召，起而效法，实质上我们也是范公的子孙。确实范公立身处世都是为天下人，不是只为自己的子孙而已；假若只为自己的子孙，不可能有这么崇高的品德、风范。范公在的时候，义田是一千亩，到了清朝，子孙发扬光大，义田增至四千亩，“如公之存”真实不虚。文章中又提到，范文正公留下来的是什么？唯以“施贫活族之义，遗其子”。救济贫穷的人，把家族的困难当作自己的困难，让家族都能过得很好，把这份道义留给子孙。

我们再来看，善为玉宝一生用，不只是一生用，世世代代的子孙都奉行这个道义。范公这样的行持，我们再往源头去找，就可以深刻感受到，一个圣贤人的出现，最主要的原因是有好的父母。一定有好的母亲，才能出圣贤人。真的，历史上留名的这些圣哲人，都有非常贤惠的母亲。我们想象一下，范公才两三岁，这么小的年纪，父亲已经去世，母亲带着他，族人不愿意奉养他们母子。本来范公还有个哥哥，族人把他的哥哥接走，但是他太小，族人不愿意照顾他，孤儿寡母那个情景是多么凄凉！我们的人生有没有范公这么惨？这么不好的人生际遇，是用什么样的心境去面对？

从这里我们就可以感受到范文正公母亲的德行，太不容易了。假如这个时候他的母亲有埋怨、有悔恨，能不能出范公？出不了。有埋怨、悔恨，孩子成长的过程身心就不健康。我们当母亲的，假如对人生有怨，都会影响后代。很有可能我们对公公婆婆不满，乃至对小姑小叔不满，对先生不满，会造成孩子对爷爷奶奶、对叔叔姑姑、对父亲有看法，这样会在无意中害了孩子。所以要谨慎，这份怨会传下去。当孩子从小对人就有埋怨的心，请问他这一生会快乐吗？我们不学、不提醒、不了解，都不知道孩子的人格、心灵受到什么不好的影响，感知不到。

我母亲常会跟我们提到一些我们都已经忘记的事，因为记性差不多五六岁才长。母亲说，她带我们三个人，又要教书，真的太累了。我以前没教小学的时候，听到很多朋友都说，小学老师最好，又有寒暑假。其实那是不了解教小学的那份辛苦，我真正去教了才知道不轻松，因为关系到几十个孩子的安全乃至人格，有心的老师会很希望把孩子规矩教好，品德教好。当对孩子尽力的时候，三十几个人，我母亲那个时代，一班都是五六十人，这么大的班，每天在这些孩子身上要全神贯注，怎么可能不累！回到家里又有三个孩子要带，又有公公婆婆要照顾，整个家族要照顾。我母亲嫁过来的时候，姑姑、叔叔都还在念书。想想那时候的生活情境，就能感受到母亲扛的责任确实是很重的。

母亲太累了，爷爷看得出来，他就会赶快叫我母亲先去休息，明天还要教书，他来帮着看孩子，他来摇摇篮。还是在哭的话，爷爷也想睡了，就躺下去用脚摇，摇着摇着，也不知道是孩子先睡着，还是爷爷先睡着。那种情境我们虽然没记忆，但是话从母亲的嘴里讲出来，我们心里也很是感动。也说到我们出生的时候，身体不太好，不好养，姑姑、叔叔在医院看顾我们，看我们病得很重，都在旁边掉眼泪。母亲的这些叙述留在我们心中的，都是对这些长辈的感恩，都是告诉我们这些长辈对我们的照顾。孩子心中时时就是一份感恩、一份温暖，就不会看这不顺眼，看那不顺眼。我们的人生态度直接影响下一代，可不能忽略了我们的一言一行，乃至一个念头。真正修学，才能真正把孩子教好。

我们再回到范公母亲所处的情境，孤儿寡母陷在这样的境地，家族却抛下了他们，一般来讲，一定会埋怨。但是范公的母亲并没有丝毫埋怨，在孩子成长的过程中，时时都叮咛他父亲对他的恩德、家族对他的恩德。后来范公显达了，马上去照顾他的家族。范公的继父姓朱，他对继父家族的照顾，不亚于对自己本族。所以，范公一生都生活在感恩的世界里。孤儿寡母曾被遗弃，但他没有任何怨言，反而生起的是什么态度？自己人生吃过的苦，不让族人再尝这样的滋味。

这就是我们的人生应该效法的态度。我们的人生曾经吃过的苦头、走过的错路，不应该再让我们的后代子孙，让我们的学生重蹈覆辙，心胸更宽广的，不应该让其他人重蹈覆辙。我们有没有这样感同身受的心、人饥己饥的心？"以祖宗之心为心，天下无不和之族人"，我们能以尧舜禹汤文武周公的心来面对人生，那天底下每个人都是我们的同胞，都是我们的族人。如此，哪个族人的苦痛我们能够视而不见？唯有这样宽广的胸襟，这一生才会无悔。当我们看到社会这么乱，社会有很多的需要，而我们却视而不见，事实上我们的良知已经一点一滴地灰暗下去，没有放光明。

那天我们在平镇高中，有一位校长上台讲了两段话，让我的印象非常深刻。这位校长非常有爱心，他们学校本来有很多学生辍学。我们感受一下，当一个辍学的学生出现，请问背后是多少人的担惊受怕？我们不能说那不是我儿子，就毫不关心，毫不在乎。一个学生辍学影响的是整个社会，当他在该读书的时候没有好好受教育，踏入社会再被污染，很可能犯罪，会让整个社会都不安宁。我们是成人，有没有这样的远见来带动整个社会重视这些事情？一定要让辍学的孩子回到学校，让他受到好的教育，受到老师的爱护。一个孩子只要有爱，就不容易走上歧路。

有个学生，行为也是常常出状况。有位老师又看到他犯错了，他在学校可能很有名气，老师把他叫过来，准备指出他的问题，劝诫他。这个孩子走过来，有点爱理不理的样子。可能很多老师一看到他，都是骂他一顿，他已经被骂皮了，当下那个态度不是很好。这位老师很有爱心，看到这个孩子身上比较脏，想到可能是家里对他照顾不足。孩子的行为偏颇是结果，原因出在哪儿？许哲女士有句话很让我们的心灵震撼，她说没有坏的孩子，只有缺乏爱的孩子。这是把人生的道理讲出来，哪有人自甘堕落？他只是缺乏了生命的原动力——孝心、爱心。

这位老师马上问了一句话：“同学，你早饭吃了没有？”这是很柔软的言语。这个孩子愣了一下，眼泪就掉下来。这样关怀的言语，在他的生命中可能久违了，太久没有听到这样的言语。老师看他一直掉眼泪，就带他去吃早餐。我们要让孩子有好的转变，很重要的是好好爱护他，不是好好教训他。好好爱护他，他感受到了，建立了那份信任，他就不愿意让我们失望；假如感受不到那份爱，感觉我们好像都是在控制他，看他不顺眼，可能就会对立。这位老师后来常常关怀这个学生，只要是这位老师讲的话，这个学生就非常用心地去实践，品德跟成绩也有很大的提升。这是马来西亚的朋友告诉我的真实故事。

听到这样的故事，我们为人师也应该效法这种爱心，乃至为人长辈都要有这种心境。很有可能一个孩子虽然缺乏父母的爱，但是他的伯伯，或者叔叔，或者舅舅，哪个长辈特别爱护他，承担了对他的教育，这份爱心孩子感受到了，纵使父母不负责任，这个孩子还是会有成就。只要有真正爱护他的人，他的生命就会有能量、有动力。诸位朋友，你身旁有没有这样的朋友？我就遇到过这样的长辈，父母并没有好好照顾他，但有长辈的爱护，他还是很有成就。甚至送到孤儿院的孩子，假如院长、老师很有爱心，也会出很多好的孩子、好的人才。

刚刚我们提到了这位校长，他致力于把很多辍学的孩子找回学校，好好教育他们。做了很多的努力，也颇见成效，很多家庭也非常感谢他。这位校长上台说到，社会愈乱，我们愈要站出来。社会的乱象让我们看到我们在这个时代应尽的责任。当我们生起的是责任心，人生没有埋怨；就是因为没有以天下为己任的心，所以到处埋怨。官员腐败，骂；地上纸屑很多，骂；排队插队，骂。只在那里批评、抱怨，这样的人生没什么意义。应该是看到乱象，马上想到我们有责任。

我的记忆很深刻，上一次回来坐出租车，司机年龄跟我相仿，孩子还很小。他就感叹政治人物没有德行，学历再高也没用，强词夺理，用他犀利的口才，是非善恶不分，把整个社会搞得乱七八糟。真的，好口才、好学历不一定能够利益人民。这个司机说，因为这些现象，他感悟到德行比学历更重要。看到这些社会现象，他是反思我们应该怎么经营家庭，怎么培养下一代。总不能我的下一代学历很高，结果变成危害人民。孔夫子有段话提到，“弓调而后求劲焉”，做弓箭，要先把弓调整好，然后再让它更有劲力；“马服而后求良焉”，这匹马驯服了，再去调整它跑的状态。假如不服从，很暴戾，这匹马不能骑，会把主人给摔死。

“士必悫（què）而后求智能者焉”，一个读书人一定是先要善良，再求很多技能。这个“悫”是指善良。“不悫而多能”，不善良却有很多的才能，就像豺狼虎豹一样，“譬之豺狼不可迩”。“不可迩”，就是不能接近他，他太危险了，他会祸国殃民。所以，如果只重学历，不重品德，都是在培养什么？培养豺狼。有好几个案例，被员工一卷十亿不见了，三十亿不见了，上百人、上千人的大公司就毁于一两个人手上。而这一两个人都是学历很高，脑筋很聪明，但是没有德行。我们在帮社会培养什么人才？出租车司机这番话，给我很深的省思。国家民族要兴旺会有征兆，叫“国家将兴，必有祯祥”。确实我们的国家民族要兴旺了，为什么？连出租车司机都觉醒了，都知道教孩子要教德行。

这个司机去书局找书，你看多有心，拿着一本一本的经典翻，看哪一本教孩子规矩最适合。诸位朋友，你猜他找到哪一本？他找到《弟子规》，人有至心都会感应。《弟子规》算是我们中国几百种家教、家训的集大成。他觉得这个教得太好，“首孝悌”，从做人最重要的孝悌精神开始教。我看他的表情，好像没有听过我们的演讲，刚好我的包里面就有一些讲课的光碟，我就顺便送给他，连师长的网站也告诉了他，这个缘就接上了。社会出现乱象，我们不是抱怨，跟着一起乱，是要看到我们自身的责任。

如果孩子在读高中，正要考大学，我们有没有对他说，“建国君民，教学为先”，你以后真正想利益社会，要当老师？有没有这样教孩子的？孩子要有气概，这一生才能活出格局。这位校长讲，社会愈乱，我们愈应该站出来，没有难不难做的事，只有该不该做的事。这句话讲得太好了，哪有难不难的事，难跟容易是自己的心造成的。该做的事，纵使比登天还难，我们也一往无前地去干，这才是无怨无悔的人生。岂能尽如人意，但求无愧我心。也唯有难行能行，难忍能忍，才能够感动天地，感动众人，才能扭转乾坤。现在劫运都到了家庭里面，杀父害母的现象都有了，这个劫难被我们遇上，当今之世，舍我其谁，我们应该去承担。

经典里面讲到一个故事。有只鸟叫欢喜首，这只小鸟所居住的森林失火，它非常着急，快速飞到海边，含起一口海水，又赶紧飞回去，就这样一来一往奋力灭火。天帝看到这个景象非常纳闷，化身跟它交谈："你这样救火，怎么可能把火灭了？"欢喜首说："我相信只要我奋力灭火，一定能把火给灭掉。假如我在灭火的时候不小心给烧死，那我下一世再来灭火，直到灭掉为止。"表面上看，它救不救得了火？好像救不了。但是它这份至诚，天地万物都会感应，所谓"万类相感，以诚以忠"。天帝看到它这份至诚不懈的心，当场就降下大雨，把这场火给灭了。我们现在处在社会道德比较缺乏的时代，有没有欢喜首这样的心境？有这样的心境就能真正走出无悔的人生。

而这样走下去，心作良田百世耕，后代子孙乃至不相识的，这份精神都能唤起他们那份善心。天津有位老人家叫白方礼（1913—2005），一辈子踩三轮车赚钱。后来七十多岁回到故乡，看到很多孩子在乡间游荡，没去读书。因为自己没读过书，感受到没有文化的痛苦，所以看到孩子不读书，他心里很难受。这种心境就是做人的原味，不忍他人再受同样的苦。他去了解状况，原来这些孩子家里没钱读书。当天晚上翻来覆去睡不着，隔天一大早，他把孩子叫过来，告诉孩子他的决定。他一辈子积累了五千块人民币，二十多年前也不算小数目，他要全部捐到小学，让孩子读书。

孩子一听，一辈子的积蓄捐出去，以后怎么生活？一个老人七十多岁，把一辈子的积蓄统统捐掉，他还觉得这样比较快活、比较踏实。孩子阻止他，他说这是我的钱，你们别管。他到学校去，结果没有学校肯收他的钱，因为那是一个老人全部的财产。他捐钱还要说服人家收他的钱。后来有个学校收下来。他回家以后第二次对家人宣布：从今天开始，我要重操旧业，赚的钱我都要捐给学校，要支持读不起书的孩子。

又踩了十五年左右，踩到都快九十岁。整个过程中，一天最多也只能赚五十块钱左右，就这样日复一日，三百六十五天都没有休息。往往每餐都是在三轮车上吃的，啃着馒头，喝着白开水。天津冷的时候零下十度都有，在这么冷的天气，老人家都没有休息。他都已经七十几、八十几，为什么这么有体力？那是浩然之气。有一天到了晚上十一点多，老人家还没回来，家里人着急，找了一宿都没找到。隔天早上老人家回来了，问他昨天晚上去哪儿了，他说接到一个客人，去的地方比较远，他踩了一宿的三轮车。家里人说你不要命了，一夜都没睡。老人家微微一笑，也没做任何解释。

老人把赚到的钱捐到学校，学校都非常感动。举办感谢仪式，上台的统统是西装笔挺，结果轮到老人家，却是一件军大衣披在身上，非常纯朴。老人站上来，底下师生一开始愣了一下，下一刻便响起一片热烈的掌声。有学生回忆，当老人家把助学金颁到他的手上，然后跟他握了一下手，他说握手的感觉一辈子都不会忘。老人家的手非常粗糙，他感受到老人家是竭尽全力地在帮助他们，这份精神感动了他。

老人帮助了三百多个大学生，捐款超过三十五万人民币。这三百多个大学生，没有一个不从事公益事业，有的是全职。你看这个老人家的精神感动了多少人！这样的生命是不朽的，精神一直传递下去。后来真的踩不动了，老人家有没有放弃？他把自己的房子卖了，拿着这笔钱在火车站前租了个店面，卖一些吃的，卖一些行人需要的物品，再把赚的钱拿来助学，帮助这些学生。

家里人要一起来做，他说你们别来，我这不是赚钱，我这完全是奉献的。所以他找谁？找他救济过的大学生一起来做，也做得非常好，继续帮助这些学生。又做了几年，政策变了，火车站前面的房子统统拆掉，要修路，他没办法做生意了。这么多状况，老人的心没有任何退缩，他依然拿着便当盒在火车站门口帮人家看脚踏车、看摩托车，人家两块三块的表示感谢。最后一次他拿着五百块钱到了学校，对这些老师说："这是我最后一次捐了。"

后来他生病了，已经九十多岁了。这个消息传开，整个天津非常多的人打电话到报社表达关心，短短的时间，就有超过十万块钱的捐款。一个老人的爱心，唤醒整个城市的良知。这个老人无私地奉献，那我们应该怎么来照顾这个老人？这位白老先生的行持让我们省思，请问他有比我们高的学历吗？他有比我们好的体力吗？他有比我们多的财富吗？但是他竭尽全力，无怨无悔走完了他这一生。

好，这节课先跟大家讲到这里。谢谢！

第二十八讲　社会的好与坏是读书人的责任

尊敬的诸位朋友，大家好！

我们上节课提到了范仲淹的母亲，在他的成长过程中对他有深远的影响。面对整个人生的遭遇，母亲都是包容、宽恕、体谅，所以也成就了范公这样处世的心境。一个有德行的母亲，确实对整个家族影响相当大。中国几千年历史，这些都是我们应该去体会、效法的地方。我们也提到，看到一些社会现象，不只不能埋怨，还应该提起我们在这个时代的责任。别人错了我们不去抱怨，先问问自己有没有做对。

有个美国人，他经历了战争，觉得不应该用战争来解决问题，所以每天晚上在白宫前面点一根蜡烛，祈求不要战争，就这样日复一日。很多人对他说，你这样做，并不能改变国家的决定。确实，他这样做，有没有影响国家的决定？没有。但是他说，我不能影响国家的决定，但是我也不能被这个社会影响，我最起码保证社会不良的风气不会污染到我，我不会堕落。

诸位朋友，面对社会现状，我们有没有这样的信念？别人不孝，我一定孝；别人对兄弟不友爱，我一定友爱；别人不能尽忠职守，我一定尽忠职守；别人不守信用，我一定视信用比自己的命还重；别人无礼，我彬彬有礼；别人不讲道义，我事事都能扛起责任；别人不廉洁，贪污，我非常清廉、非常节俭；别人不知羞耻，我很有羞耻心。

作为读书人，没有资格批评社会，为什么？因为社会的好与坏是我们读书人的责任。顾炎武说“士大夫之无耻，是为国耻”，读书人都没羞耻，整个国家就麻烦了。“知耻近乎勇”，我们是读书人，我们接受整个国家的栽培最多，应该负更大的责任。

君子的风范是“不耻身之贱，愧道之不行”。读书人不会羞耻自己身份、地位太低贱，他羞耻的是这种做人处世的大道不能推行于世间，害得子弑父，臣弑君，夫妻无义，天下大乱，这才是他作为读书人的耻辱。“不忧命之短，忧百姓之穷”，不忧虑自己生命太短，能活多久不会挂碍，忧虑的是百姓的穷困。而现在百姓最缺乏、最穷困的是什么？正确的思想。现在人与人都不会交往了，互相伤害，互相埋怨，苦不堪言。自杀率这么高，患抑郁症的愈来愈多，那都是百姓之穷的流露。现在我们的社会已经看不到饿死的人，但是却看到很多轻率把生命了结的人。这么庞大的抑郁症群体，都是人生已经有非常多的困惑、挣扎，但为什么身旁的人都看不到？为什么身旁的人都没有办法用爱让他走出这样的人生困境？

做人、爱人的这些道理是现在社会最缺乏的，读书人要看到这些部分。而事实上整个社会、家庭要安定，并不是很复杂的事情，只要我们老老实实听老人言，一本《孝经》就把社会问题都解决了，一本《弟子规》就把社会问题都解决了，一点都不夸张。夫子在《孝经》开篇讲，“先王有至德要道”，用这个方法“以顺天下，民用和睦”，人民相处得很和睦，上下没有埋怨，“上下无怨”。这个方法就是“孝”。由于这个因缘，就有了这本《孝经》。上节课我们跟大家提到，古圣先贤的教诲，首先是保持这颗善心，本善的心，孝心；其次就是把这颗善心、孝心再扩展，扩展本善之心，成圣成贤之道就可以走出来。并不是很复杂的事，问题是我们不相信，就很难得到利益。

我们看到这个善，想到“百善孝为先”，孝心一开百善皆开。好多道理并不是要读十年二十年书才能懂，人生最重要的道理，反而最容易感受到。不说别的，就说我们父母那一代就好了，五六个兄弟是很常见的，甚至十来个兄弟的都有。父母也没读什么书，结果十个孩子都教得不错。我听说我们桃园有位范仲淹的后代生了十一个，还去认养了一个。可能刚好遇到一个孩子人生比较困顿，又把他认作儿子，刚好十二个。这十二个孩子都是博士，家风、家道很齐！怎么教的？难道是父母有高学历教出来的吗？都是有孝道传承，有德行传承。

可现在父母都是大学毕业，甚至更高的学历，一个孩子都搞不定，搞得整个家都快翻了，有没有？到底谁有本事？现在的年轻人多读了几年书，傲慢得不得了，都不懂得向长辈、向几千年的圣哲人学习，还自以为读的都是新的东西。新的不代表好，新的还不能证实是不是人生的真理、真相。这都很值得我们体会。我们父母那一辈，为什么爷爷奶奶没读书，但是他们很懂事，读书都不用催？他们的人生动力在哪里？就在一个孝道。我们再冷静观察，身旁很兴旺的家族都有孝道传家，不然不可能兴旺。我父亲那一辈，他们都想着父母实在太辛苦，父母任劳任怨、尽心尽力。每天看到父母那种行持，内心都会期许自己，不能让父母的苦日子过太久。念书念到很晚，爷爷让他们统统去睡觉，他们都很听话。等爷爷睡着了，他们又爬起来读书，都不用父母操心，都那么认真。

我们从上一代的经验，就能了解到教孩子真的是从孝、从德行开始教。今天孝道没有深植在孩子的心中，读书催不动，还得你求他读，还得跟他谈条件，你考一百分，你考第几名，我就给你买什么东西。这代表什么？家里面没有孝，没有感恩，只有利害，必须要欲望满足才行。但是这条路太危险了，欲望怎么可能有满足的时候？现在的孩子，这个本善的心没有被唤醒，吃要吃好的，穿要穿名牌，手机一年要换几个。

几年前我拿了一个手机，我的朋友看到，说他的跟我一样。他对我说："礼旭，现在能拿这样的手机的人，都可以交朋友，这样的朋友值得交。"我们用的是最早出来的，已经可以收作古董的那种手机，已经好多年没有换过。可不可以从手机判断一个人的品德？可以。手机换的频率愈高，可能愈奢侈。人一奢侈、一贪婪，德行会兵败如山倒。人一奢侈，由奢入俭难，为了花钱，可能无视于父母的苦痛，无视于家人的苦痛，欲令智迷。我以前的一个同事，收入也不算高，但是他的孩子一个月光手机费用要一万多块钱，他痛苦得不得了，曾经自杀过，被孩子折腾成这个样子。为人父母者要有智慧，要谨慎，要防微杜渐，这样才能无怨无悔。

对于孩子不好的习性，古人都是还没有发出来就给他导正，叫"禁于未发之谓豫"，这叫预防法。从小就不能让他奢侈，不能他要什么就给他什么，那就麻烦了。教育孩子，假如不从心地来看，好像看起来是爱孩子，其实可能是害孩子。孟夫子讲，"学问之道无他，求其放心而已矣"，都是看这颗心，这才是教育的核心所在。有句教诲叫"得乎道而喜，其喜曷已"，得乎欲望而喜，悲哀就来了。所以，教育孩子要从微妙的心境上来看。你看孩子高兴，高兴什么？有糖吃，高兴；有游戏打，高兴；买了一个很贵的手机，高兴。请问这值得高兴吗？他的欲望一点一滴愈来愈大。有个小女孩六岁，母亲带她出去买东西，结果钱带得不够，这个小女孩当场把母亲打得鼻青脸肿，路人都看不下去了，“孩子你不教训她？”妈妈说舍不得打。那是六岁的孩子。

请问，问题出在什么时候？在她两三岁我们拿着物质满足她，她那个笑容就已经注定了后面的悲哀。不只是她的悲哀，那是整个家的悲哀。一个家庭，只要有一个人奢侈，染上了这些欲望，包括赌博，包括好色，整个家庭都会被搞得头昏脑涨。所以什么是福？后代子孙各个品德好，那是最大的福，而不是当大官、赚大钱。无事才是福，不要虚荣，不要跟人家攀比那些东西。我们冷静来看，现在的小孩，因为什么而高兴？现在整个教育，很大程度上让孩子变得物质化，往往用物质满足孩子。父母觉得陪孩子时间太少了，觉得内疚，内疚能帮助孩子吗？爱才能帮助孩子。因为内疚，一直拿东西给他，那不是在增长孩子的欲望吗？陪孩子不代表要很长时间，最重要的是有心。

有位父亲觉得应该陪孩子一起成长，再怎么忙都要拨出空，纵使十分钟、二十分钟，每天固定给孩子讲故事，讲《德育故事》。真的，古圣先贤的教诲我们真做了，家庭马上就会得很大的利益。我们修学中国文化不得利益，就是没有真干，真干一定得利益。这个父亲开始讲《德育故事》，才讲到前面几则，讲到闵子骞的故事。闵子骞真是无怨的人生，也是无悔的人生。后母虐待他，没给他做冬天的棉袄，他没有抱怨。帮父亲驾车冻得发抖，父亲误会他，用鞭子抽他，结果芦花飞出来了。父亲很生气，回去就要把他后母给休了。

假如闵子骞有怨气，当场他会怎么做？很可能袖手旁观，心里还想，太好了，可以帮我出口恶气。假如有怨，这个家庭就毁了。但是他没有怨，他的人生、他的这份德行名垂千古。真的，我每次听闵子骞的故事，没有一次不掉眼泪的，太感动了，这份至孝！当下他跪下来求情，不能把后母赶走，因为“母在一子寒，母去三子单”，两个弟弟都要受冻。他对父母，乃至对兄弟都是这份至爱，都是这份孝悌的精神。他这份至孝成就了一个家庭，成就了两个弟弟安定的成长环境。

这个父亲给孩子讲闵子骞的故事，孩子才读小学三年级，听完直掉眼泪。父亲也很惊讶，孩子说闵子骞那么小，这么孝顺，我不只没有那么孝顺，还常常跟父母顶嘴，所以觉得很惭愧。孩子都是很敏锐的，我们用德行的风范引导孩子，每个圣贤人的行持都让他得到启示、得到欢喜，他会起而效法。“得乎道而喜，其喜曷已”，人能行道，一辈子都会觉得很踏实。

有个孩子听完“冬则温，夏则凊”，回去也真干，跟母亲说要帮忙暖被窝。她们住在北京，冬天比较寒冷，温度都是零下。看大家的表情都没什么感觉，因为没有住过这样的环境，我这一年多都住在这样的环境，再看孔夫子的一句话比较有感觉，叫“岁寒，然后知松柏之后凋”。到了冬天，才知道松柏毅力不摇，能忍过寒冬。其实是通过松柏这种精神，让我们反思能不能在困顿、逆境中气节不变。我们在安徽的时候半夜是几度？有时候会到零下五六度，这是外面的温度，安徽没有暖气，里面的温度也差不多。环境历练人，人的意志力就一点一滴磨炼出来。

北京更冷，不过北京有暖气。这个孩子听完黄香的故事，她就跟母亲说要帮忙暖被窝。孩子还没念小学，母亲本来有点舍不得。但是舍不得也要忍，愈舍不得，孩子那份承担、那份孝心愈提不起来。女儿暖被窝的时候，母亲就问她，你冷不冷？女孩说不冷。接着又说：“一想到妈妈等一下进来的时候会觉得很温暖，我就不觉得冷。这么想的时候，甚至我的身体好像会发热，感觉有一股暖流。”她暖完被窝，就回到自己的被窝。过了没多久，跟母亲说：“妈妈，我发现了一件事，就是我给你暖完被窝，回到我自己的被窝也不冷，因为那一股暖流一直还留在我的身上，所以现在我的被窝也很温暖。”

那个小孩好像发现秘密一样，原来孝心是火热火热。大家可能听不太懂，火热火热的意思就是很光明、很温暖。孩子有欢喜，她觉得孝心就是很温暖的感觉，得乎道而喜。所以教育从孩子的心性入手才会准。而这颗心最重要的，善心的根源就是孝心。为什么夫子讲“教之所由生”？教育一定要从孝道开始，它是根本。根本找到了，本立而道生。为人处事的道就从孝的根本延伸开来，孝心开了百善皆能开。

我有个长辈也是老师，他教的班级有个女学生，成绩很优秀。她的父亲得了癌症，她常常到医院照顾父亲。老师也蛮关怀她，也蛮担忧她，怕她的身体受不了。结果几个月下来，她的成绩没有丝毫下降，还是考第一名。老师就很纳闷，照顾父亲已经累成这个样子，怎么成绩没有退？这个女学生跟老师讲：“我不知道我父亲还能活多久，但是在他有生之年，我希望他会因我的成绩感到光荣，我要让他高兴，我不希望他看到我的成绩退步。”所以，无穷的毅力都从孝心出来。我们冷静来看，社会的乱象是不是一个“孝”字就可以解决？

官员贪污，假如有孝心，他可不可能这么做？“身有伤，贻亲忧；德有伤，贻亲羞”。整个社会，不管在企业界，还是在政界，贪污的风气都是因为没有孝道。我们要了解忠臣从哪里来。我们一直祈求忠臣，但是没有孝子就没有忠臣；忠臣出于孝子之门，这是千真万确的真相。我们之前也讲到，“人休不择就交”。结交朋友，甚至重用一个人，都要判断他是不是孝子，他有没有德行。交到没有德行的朋友，重用没有德行的下属，后果不堪设想。

河南有个领导很孝顺，他一听到《弟子规》非常高兴，我们在山东办课程，他就租游览车把几十个员工载到几百公里以外的山东去听课。我们在安徽办课程，他也利用放假时间，鼓励同仁一起前去学习。元旦，一般的单位干什么？玩乐，花钱，一花花一大堆。给后代什么榜样？庆祝就是花钱。一年过去，更重要的是检讨，是期许自己明年怎么过才会充实。他们元旦没有出去玩，约四十个同仁又到庐江听课。我们本来没有活动，他们这么多人来，我们太感动了，又上了两天课。所以一个好的领导是整个单位的福分。

另外，还有个大老板，他到了我们中心，看到这里非常敬老、爱老，给老人家发红包，关怀老人，他很感动。回去以后，他也给员工的爷爷奶奶、爸爸妈妈发红包，七十岁以上的都发。很有意思，他亲自去发，很有心。结果他发现，家里有八十岁以上老人的，有很长寿的长辈的，都是非常和乐的家庭，而且出自这样家庭的员工都是让他比较放心的。这说明有孝，家庭和乐；有孝，员工值得信任。所以人生的这些真相就在我们眼前，哪里还要圣贤书这样一直劝我们，我们才肯觉醒过来，那就太钝了，太不善学，身旁的点滴都在启发我们的人生。

好，这节课先上到这里，谢谢！

第二十九讲　无怨无悔的人生从孝道入手

尊敬的诸位朋友，大家好！

我们上节课讲到保持这颗本善的心，就是启发这颗孝心，再把这颗孝心扩展到对一切人的爱心，这样成圣成贤的教育就能够完成。其实，当这颗孝心真的启发了，对一切人的爱心也会很自然地扩充开来。我们看历史上留名的这些读书人，在家是孝子，为官则有爱心。

我们讲到孝，最重要的还是好好去力行、实践。我们很多同仁过年都有作业，今年应该也要派作业。大家一听到派作业都很紧张，其实我们真正去力行这些经典教诲，人生都会有很多的收获、感悟。深圳的一群同仁，他们也在教《弟子规》，我们当老师的要教别人，当然自己要先做、先实践，这样讲起话来才踏实、才有底气。

过年的时候，他们规定所有的人除夕都要给父母拜年，行跪拜礼。除夕那天，这些老师都在找时机，心里忐忑不安，都很紧张。我们要去行孝反而紧张，反而做不出来，跟父母顶嘴顶得这么自然。这个时代颠不颠倒？对的事做不出来，错的事做得那么顺！我们要好好检讨，这是我们这个时代的羞耻。

几个同仁就一直在发短信："你拜了没有？"到了晚上，有个老师说不行，除夕都快过了，不拜不行。到了十点多，时机终于来了，突然有人敲门，邻居来了，来找她爸爸聊天。她很着急，不知道要坐到什么时候。邻居来了，就不能拜？能不能拜？邻居来了，更好！还可以为人演说。所以，人实在是都被自己的想法给障碍住了。

有个四年级的孩子，那年过年的作业也是给父母行跪拜礼。孩子在房间踱过来踱过去，想着什么时候出去，因为有客人。最后深呼吸，门一开，走到父母面前，跪下去。本来一群大人在聊天，看到这个动作顿时鸦雀无声，就看着这个孩子给父母行礼。等这个孩子起来，大人脸上都是感动。这个孩子回到学校跟老师讲："我没跪拜以前忐忑不安，当我跪下去，心里一片宁静，觉得很舒服。"对！做了该做的事，心里会感觉格外舒坦。

这位老师看邻居来了，她又不好意思了。母亲要去睡觉，她跑到母亲的房间说："妈，你不可以睡，待会儿我有很重要的事跟你和爸讲。"母亲说："重要的事就现在讲，干吗要等下讲？"她说："不行，一定要爸爸跟你都在的时候才能讲。"她神经兮兮的，母亲也很无奈："好好，不睡不睡。"后来邻居走了，她搬两把椅子让父母坐下来，然后跟父母讲："这二十年来感恩爸妈的养育、栽培之恩，祝福爸妈未来这一年健康快乐。"当她跪下去，母亲的泪水就跟着出来了。其实，当父母的对孩子没有索求的心，没有说照顾孩子，心里就想着儿子以后要给我好吃的、要给我好穿的，都是无私地付出。那个泪水是因为感受到孩子懂事了、成长了，那个泪水不是为自己流，是为孩子流的。

当我们在学《弟子规》，当我们有所成长，我们的父母、长辈感动得流泪，那个泪都是对我们的爱、对我们的关怀。当这位老师跪下去，父亲站起来说："女儿，不用不用，不用行这么大的礼，我们家不行这么大礼。"然后把她扶起来。接着她又拜了第二拜，父亲看她这么坚持，也就欣然接受。父亲回到座位的时候，她看到父亲头上的白头发，很受触动，原来父亲白头发已经那么多了，她都没有注意到。为什么我们没有注意？因为那颗孝心没有时时提起来。所以当下她也忍不住掉泪了，父母白发的背后，那是多少付出、担忧，“丝丝白发儿女债，道道深纹岁月痕”。父母脸上的皱纹是伴随着岁月，伴随着对我们成长的种种关怀跟爱护留下来的痕迹。父母用他们的双脚踏出了我们的前程，却送走了他们的青春。

回想整个成长过程，父母帮我们添过多少次的衣裳；父母当了我们多少次的明灯；在我们人生迷惑的时候，在我们人生抉择错误的时候，给我们叮咛，给我们指导；父母又当了我们多少次的雨伞，在我们受到污染、受到不好的影响的时候，撑开伞保护我们、照顾我们；父母又当过我们多少次的闹钟，点滴提醒，多少个早晨把我们叫醒，生怕我们迟到了……父母并没有惊天动地的行为，但是父母的至爱却在生活的点滴中流露出来，我们为什么感觉不到？因为我们被自私、被欲望给障住了。这些如此细腻的爱，在我们的父母身上表露无遗，都在哪里？在每杯热腾腾的水，在每个我们生病的夜晚，那都伴随着父母的爱。

有个母亲，她读大学的儿子已经好几个月没有回来了，她知道儿子喜欢吃水饺，就煮了一锅水饺。煮完，发现水饺馅忘了放盐。母亲买了针筒，很细的针筒，搅了盐水，吸进去，再打到每个水饺里面，这才放心。孩子回来，热腾腾的水饺上桌了。吃着吃着，母亲不经意提到：“我真是很粗心，都忘了放盐，后来买了针筒把盐水打到一个一个水饺里面。”儿子听完就掉泪了。这样的动作、这样的细腻是我们的父母才做得出来，时时都体恤我们这些子女。

父母的白发告诉我们，他们年龄大了。《论语》里面夫子提到："父母之年，不可不知，一则以喜，一则以惧。"高兴的是父母长寿，恐惧的是父母身体衰弱了，假如不好好照顾，很可能会离我们而去。汉朝有个孝子韩伯俞，小时候对母亲的教诲都是欣然接受。我们回想一下，当我们被父母处罚，有没有欣然接受？我们学中国文化要从这些圣哲人的心地去学，不能只学到表面的动作而已。他们是时时想着我做错了，不能让父母再生气了。所以欣然接受是希望父母消消气。

曾子是孝子，有一次锄地，不小心把根藤锄断了，根藤一断，这棵瓜就完了。父亲很生气，怎么这么不小心？一怒之下，拿着锄头打他，一下就把他给打昏过去。过了一会儿，曾子苏醒过来了。他第一个念头，大家想想是什么？他不只没有任何埋怨，一醒过来就开始唱歌，唱歌代表他的身体没有受伤，让父亲安心。我们听到这里都很感动，真的，心里只有父母的人才做得到。他清楚父亲把他打昏了，也会很难过，他不希望父亲继续难过，所以表现出很愉快的样子。

这就是真正的"父母责，须顺承"。这个"顺"就是体恤，不能让父母多生气，这会伤他们的身体，所以那种恭谦、顺承自然就做出来了。"承"还包含承接父母的教训，下次不可以再犯。《弟子规》字字句句隐含着圣贤人的存心，我们能真正体会到那颗心，顺就做得出来，承也做得出来。这时候我们再读"父母责，须顺承"，意境就不一样了。

曾子这件事传到孔夫子那里，夫子给学生交代："曾参来了，我不见他。"老师说不见你，我们要怎么做？要不要说老师都不见了，那算了，就不见了？哪有老师会不见自己的学生？那是夫子在教学，告诉大家曾子错了，他没有依照我的教诲。曾子对老师十分信任，知道一定是自己有错。一般可能会说："我那么孝顺，被父母打昏了，我都没有埋怨什么，怎么还说我错？"有时候遇到一些情境，认为自己对，会认为老师、师长错，这都是我们要省思的心态。

"从明师受戒，专信不犯"，这个专、这个信是对老师、对师长百分之百的信心；信心退了，师生关系就会有变化。曾子对老师没有怀疑，所以赶快去跟老师请教，我是不是哪里做得不好？孔夫子讲："假如你父亲不小心把你给打死了，你不是陷父亲于不义吗？而他把你打死了，谁最伤心？父母不就伤心一辈子吗？所以学习要通权达变，不能学呆了。"夫子告诉曾子："大杖则走，小杖则受。"父亲拿大棍子的时候，要赶快溜之大吉；拿小棍子的时候，才接受教训。所以夫子的教诲真是通权达变，不是死的东西。这是讲到了曾子纵使被父母责罚，他那颗心还能体会到父母的心情。

韩伯俞也是这样，小时候母亲打他，他都欣然接受。后来他长大了，有一天犯错，母亲责罚他，他突然大哭起来。母亲很吃惊，说："孩子，小时候打你，你都没哭过，怎么现在长大了还哭？"韩伯俞说："以前母亲打我，我都很痛，代表母亲的身体很健康，也在成全我的德行，所以我欣然接受；但是今天母亲打我，我已经感觉不到痛了，代表母亲的力气愈来愈小，也代表我能奉养母亲您的时间愈来愈少，想到这里不禁潸然泪下。"

当我们看到父母的白发愈来愈多，也要想到侍奉父母的时间愈来愈少。闽南话讲："生前一粒豆，胜过死后拜猪头。"父母生前我们有一颗至诚的孝心，纵使没有买什么昂贵的东西，纵使只有亲手帮父母泡脚、洗脚，帮他们剪指甲，这样全然的孝心，也会安慰父母的心灵，也会给后代起很好的榜样示范。我们决不愿"树欲静而风不止，子欲养而亲不待”的悲剧在我们的生命中上演。

当父母老了，当父母鞋带都系不好了，我们不要有任何嫌弃，我们要想起我们成长的过程，父母教导我们，父母帮我们系过多少次鞋带。当父母走路愈来愈缓慢，我们不要怪他们走得太慢，我们要想起在我们还不会走路的时候，父母牵着我们的手一次一次练习。因为有父母的照顾，才有我们现在的能力，还有正确的思想。当父母一再重复同样的话题，我们也不要怪父母啰唆，我们要回想自己小时候，也是一次一次要求父母重复同样的故事，父母也总是不厌其烦一次一次讲给我们听。

当父母在扣衣服扣子，扣了半天扣不上去的时候，我们不要怪父母迟钝，我们也要想起小时候不会穿衣服、扣不上扣子的时候，都是父母一次一次帮我们的忙。这些情景，有真情的人都要记在心上。每每想起自己成长的过程，都会深刻感受到父母养育我们确实不容易。我们真的用心感悟了，不需要“养儿方知父母恩”，人生不要到那个时候才觉醒。我们愈早觉醒、愈早行孝，愈能宽慰父母的心灵。

这位老师给父母行三跪九叩礼，看到父亲的白发，深刻感受到父母的辛劳。后来她回到学校，分享她心境的转变。她说因为对父母生起了这份孝心，也感受到父母养育的辛劳，所以再看到其他人的父母，心境都不一样。自己的父母辛苦，他人的父母也辛苦。所以，对一切长辈恭敬的态度都出来了。《孝经》提到，“教以孝，所以敬天下之为人父者也”，教导他孝道，他真有孝心，他会敬天下人的父母；“教以悌，所以敬天下之为人兄者也”，教给他悌的精神、友爱兄长的精神，他看到别人的兄弟，自然有恭敬心。我们对自己的哥哥姐姐很恭敬，听到朋友说“这是我哥，这是我姐”，我们内心那个状态自然就提起来，也会尊重别人的兄长。“教以臣，所以敬天下之为人君者也”，教给他为人臣应有的心境、态度，他懂得尊敬、感恩领导，看到别人的领导，自然也有那份恭敬。所以教育真的都是从心地下手。

这位老师说，以前下了客车，会有很多人来问，要不要坐三轮车？要不要坐摩托？以前看到他们过来了，大部分都是中年男士，她都有点不耐烦，对他们的态度比较冷淡傲慢。但是自从她跟父亲行过跪拜礼，看到父亲的白发，再见到这些人，看到他们头上的白发，她会感受到他们也是为人父，他们要照顾父母妻儿。能感同身受，感受到他们生活的不容易，从原来的不耐烦转变成恭敬。这颗孝心扩展到对一切人感同身受的心。所以孝心一开，仁爱的心也跟着开了。

我们当初在海口，尤其在过年前夕，看到很多离乡背井来打工的人，在邮局的门口大排长龙，他们把微薄的收入都寄回家里。我们虽然月入较高，但我们的孝心可能远远比不上这些人。圣贤人了解到“人之初，性本善”，了解到“百善孝为先”，所以从这里开始教起。也唯有孝道、爱心的教育真正落实了，官员腐败的现象才能够停止。包括大学生自杀，怎么解决？当这些大学生有孝心的时候，有没有可能选择这样的路？不可能！只要心中还有父母，不可能这么做，因为他会感受到他这么做，一定会让父母肝肠寸断。所以孝心不赶快提起来，我们这个社会的悲剧很难避免。

有位校长，他们学校就是以孝道为核心来推德行教育。一个领导者真正有德行、有智慧，那真是整个学校的老师乃至学生的福分。一个学校几千个学生，几千个学生孝心都种下去了，几千个家庭的命运开始转变。所以公门好修行，教育界好修行，甚至我们只要是当领导都好修行，都可以好好做表率。

最主要是他们学校有个教务主任，我们在前面提到过他。他到深圳参加五天的中国文化课程，五天抄的笔记，比他四年大学抄的笔记还多，这很值得我们深思。请问这个教务主任不愿好好学些能利益自己、利益学生的东西吗？他愿不愿意学？他愿意！但是为什么不是在师范一年级的时候就开始学？为什么没有老师在那个时候就启发他？

现在的师范院校到底教什么最重要？教老师德行、教孝顺最重要。焉有老师无孝、无德行，能教出学生有孝、有德行的道理？教育没有侥幸，没有偶然，必须上行下效。这些做人处世的道理，我们在念师范院校的时候，涉猎很少，都是教一些教学的技巧，就泡在那些技巧里面，我们也搞得一个头两个大。真的，不接受孔夫子的教诲，我们搞一辈子教育，到底有没有把人教好？我在东北讲课，有个退休的老师很感慨地说：“我都退休了，教了一辈子书，我真是惭愧，误人子弟，我从没教过孝道。”

我非常感恩我师范大学的导师严老师，他问过我们一个问题：现在网络这么发达，学生吸收知识太容易了，一搜索一堆东西出来了，知识还用老师教吗？要不要老师教？照这样发展下去，知识、作业统统可以通过网络就好了。诸位同学，大家觉得还需要老师来教吗？有没有哪样东西是高科技没有办法取代的？老师的德行风范，那不是高科技可以代替的。假如老师没有德行，那比不上网络能带给孩子的知识。今天我们为人师，假如没有德行，对不起这个工作。老师们一直担心，我这些电脑的技术不赶快提升，会被时代淘汰。我们只看到教育只有知识科技的传授而已，到底有没有找到教育的根本？德者，本也。

我们走上教育的路，教孩子有比任何知识技能更重要的，就是德行。没有德行的孩子纵使读到博士，也会是多少人心中永远的痛。为什么？孩子是博士，表面上我们很风光，可是回到家里，孩子会把我们折磨得要死。这样的人生有什么意义？表面上看儿子挺厉害的，读博士；事实上，根本是在忤逆父母，都不敢让人家知道。

有个大学老师，学历很高，在家乡附近的一所大学当老师。收入也不错，但是每个月还回来跟父母要钱，为什么？不够花。成长的过程中，父母给她太多钱，花钱的习惯养成，每个月赚三四千块人民币，每年还要拿父母一两万。栽培这么一个高学历的女儿有什么意思？那不就是内心痛苦吗？这个孩子念大学以前，居然还不会打水！在家里都当大小姐伺候，要去念大学，才给恶补怎么打水。诸位朋友，这样的大学老师给你当太太，你要不要？你们很有判断力，不要！所以目前家庭、社会的状况，我们从事教育的，包括为人父母或长辈的，要深思。老祖宗留下来的智慧，可以让我们的人生过得很单纯、很顺利，不需要费一大堆精神气力，只要从根本下手，从孝道下手。

我们要有无悔的人生，就要做到“为人子，止于孝；为人父，止于慈；为人君，止于仁；为人臣，止于敬；为人夫，止于义；为人妇，止于德”，包括夫义妇德，兄友弟恭，这都是做人很重要的德行、态度。唯有这样的德行、态度，才能无悔地面对亲朋好友。再有，与朋友交，止于什么？止于信，对朋友要有信义、道义。

我们之前谈到“为人子，止于孝”的例子，像王希海，侍奉父亲二十五年。父亲中风跟植物人没有两样，他这么有爱心，内心非常坦荡。因为有他的用心，父亲生命又延续二十多年。每每看到父亲还活着，他都很欣慰，他说一定要让父亲活到八十岁。父亲真的活到八十岁，寿终正寝。一个孝子，父亲走了以后，他是什么样的人生？他告诉大家，这辈子都要去做义工，这辈子都要奉献社会。真的，孝是至诚的，仁爱心是自然而然。

我们遇到很多孝子，或者一些很有爱心的人，都会赶快跟他们取得联系，然后寄《弟子规》等一些书籍跟他们交流。这些人，这些线，要串起来、接起来。包括上次我们讲到一个狱警，非常有爱心，帮助这些服刑人员，她也听过我们讲课。“德不孤，必有邻”，人生能跟这么多人一起为我们的民族社会奉献一点微薄的心力，这一生不会觉得遗憾，无怨无悔。

上次也提到田世国把他的肾脏捐给母亲，上手术台的那一刻，是他心灵最欣慰的一刻，因为他确定能把自己的肾捐给母亲。我们的身体来自父母，能为父母的健康奉献一分力量，那是为人子觉得踏实的事情。

为人父要止于慈，这个慈从哪里体现？这个慈要包含智慧。假如没有智慧，可能会变成宠爱孩子，孩子要什么就给他什么，这不是慈。教育孩子要悲智双运，要有智慧。我们看历史留下来的这些家规、家训，都是最好的教诲。所以真正慈爱的父亲就是把《弟子规》承传下去。怎么传？赶快叫孩子来读，盯着他，“给我念！”这样是不是慈？要做榜样给他看。读就能读得出来，要求孩子就能要求得出来，教育哪有那么轻松？

“教”字告诉我们上行下效。现在像我们这个年纪教小孩，头头是道，口若悬河，可是效果不彰，好像孩子最后应付应付，我们自己也很累，拖着他很累。上一代没有那么好的口才，教出来的效果却比我们好很多，有没有？因为不是用嘴巴教的，是用德行教的。所以对家庭的奉献不是用嘴巴传的，是父母的一举手一投足震撼了我们的心灵。

马来西亚有位女老师，她是孔夫子的子孙，长得非常庄严，身高跟我差不多。她没有读过《弟子规》，当她拿到《弟子规》很高兴，马上就跟好朋友分享。《弟子规》的任何一句，她一读就了解了，她的脑海里会浮现小时候的某个情景。那代表什么？孔夫子的家道是不是靠读经传的？靠什么传的？靠父母真的做出来。所以《弟子规》她太熟悉了，小时候家庭的生活情境都显现出来。

这位老师提到了一个点，“称尊长，勿呼名”。她说她称呼父母从来没有用过“你”或“他”，都是说“爸爸”“妈妈”。称呼自己的爸爸“他”，听起来舒不舒服？跟母亲讲话的时候称“你”，感觉怪不怪？所以《弟子规》的教诲非常细腻，言语也是自己的心的反射。假如言语没有恭敬，这个恭敬心就愈来愈远了。连称呼父母用“你”“他”都觉得全身不舒服，恭敬心已经深植在心中。

有位朋友学了《弟子规》，都称呼父母“母亲大人”“父亲大人”。一开始强迫自己恭敬，结果愈叫愈自然，叫着叫着那份对父母的孝敬慢慢生起了。他本来对公司的领导态度很傲慢，常常就不给好脸色看，很微妙，孝心起来了，他对公司、对领导的感恩心也起来了。慢慢地，在家里跟父母的关系改善了，在公司跟领导、跟同仁的关系也改善了。真的，一个人孝心提起来了，他看每个人都会想到他们也是别人的孩子，我应该好好爱护他们才对。当然，他这颗孝心提起来了，才能教他的小孩孝，不然怎么教？内心都很没底气，很虚。所以这个慈的真正表现是把德行给演出来、做出来，这是对下一代的慈爱。

好，今天就先谈到这里，谢谢！

第三十讲　人生的宝贵经验："十无益"

尊敬的诸位朋友，大家好！

上节课讲到我们在家庭、在团体中的角色，都应该尽到本分，这样人生才能圆满，才能无愧无悔；也提到了"为人子，止于孝；为人父，止于慈"。我们可以感受到，确实父母很用心地在教导孩子，但是并没有如他们所愿，孩子懂事，孩子很乖巧。为什么费了那么多的气力，得到的结果却不尽人意？最主要的是慈爱要有智慧与之相辅相成。假如没有智慧，爱会变成宠爱、溺爱。所以教育孩子最核心的部分，就是唤醒他那颗善心。我们当父母的、当老师的有没有时时观察孩子的孝心起了没有？这才是抓到教育的根本。孩子的善心起了没有？爱心起了没有？度量起了没有？假如心胸狭窄，这辈子吃不完的苦头，他容不了人，人家也容不了他。所以教育孩子要从最细微的心念下手才对。

很多老祖宗的教诲都是回归到根本的心性，量大福大。没有父母不求自己的孩子福分大，结果到哪儿去求？还求风水，是吧？求一大堆东西，但求到的都是枝末，甚至适得其反。他们不了解风水的根源在心地。林则徐对我们这些后学非常慈爱，归纳了十个宝贵经验，叫"十无益"，把人生的根本找到了。假如人生努力错了方向，那真的是徒劳无功，没有任何帮助。

第一条叫"父母不孝，奉神无益"。连父母都不孝，根本没有依照圣贤教诲去做，不可能得到真实的利益和福分。福田还是靠自己这颗心去耕耘，而福田首要的就是恩田。恩莫大于父母之恩，连父母恩都不回报，根本就无福可言。而且我们感受感受，一个人连父母都不孝，我们会尊重他吗？那是不可能的。不孝的人给人很不舒服的感觉。

乃至父母有了过失，不在他人的面前讲，一定是不言家丑，所谓"远思扬祖宗之德，近思盖父母之愆"。父母的过失，我们不宣扬，而是非常用心地规劝父母，所谓"怡吾色，柔吾声"，是这样的态度。父母跟子女之间有这个缘分，只要我们为人子的非常至诚，"精诚所至，金石为开"，一定可以把父母规劝到正确的路上。我们从历史上都可以看到，大舜的父母都到了看他不顺眼，要伤害他的程度，但他还是一份至孝，感动了父母，也感动了天下的人。天下的人看到大舜的风范，都说连大舜都还是行孝，我们还有不孝的理由吗？包括闵子骞的故事，那都是至孝的表现。

我们今天听闻中国文化，"父母离尘垢，子道方成就"，我们要帮助父母破迷开悟，离苦得乐，要有这样的心境。而破迷开悟，离苦得乐，唯有圣贤教诲才能做到，所有外在的财富、地位都帮不上忙。我们表现得至孝，父母感动了，会对圣贤教诲产生高度的信心。所以依教奉行，让父母生大欢喜，这都是尽孝，尽彻底的孝道。假如我们学了以后，改变得很快，父母离我们最亲近，感受最直接。所以我们修学的人，假如父母不能感动，那我们要惭愧反省，所谓"德未修，感未至"。任何圣贤教诲，一定是从孝顺父母开始。这是第一条，父母不孝，奉神无益。

第二条是"兄弟不和，交友无益"；第三条是"存心不善，风水无益”；第四条是“行止不端，读书无益”；第五条是“心高气傲，博学无益”，做人做事、读书都在其中；第六条是“做事乖张，聪明无益”；第七条是“不惜元气，服药无益”，不爱惜自己的元气，纵使吃得再好，吃很多名贵的药也没有用；第八条是“时运不济，妄求无益”，做任何事情都有它的时节因缘，假如时节因缘还没到，强求也只是徒增痛苦；第九条是“淫恶肆欲，阴骘无益”，淫恶肆欲都算是很严重的习气，假如这些不去除，纵使祖宗积了很多阴德，一下子也会败光；第十条是“妄取人财，布施无益”。

我们观察自己的人生，为什么福分不够？头一条，不孝父母的人，不可能有福，甚至天天在折福。人生根本从孝开始。

第二条，“兄弟不和，交友无益”。我们为什么交不到知心朋友？我们在家里面对最亲近的兄弟姐妹都提不起那份关怀、道义，怎么可能离开家门，懂得处处替人着想、处处讲道义？那是不可能的。所以一个人值不值得交往，从家庭，从他对父母、对兄弟姐妹的态度就观察得出来。我们今天到朋友家里，看到他对兄弟姐妹都是直呼其名，没有称“哥哥”“姐姐”，感觉舒不舒服？他的恭敬心有没有？对自己的兄弟姐妹都是这个态度，他的恭敬心去哪里找？习惯成自然，习惯都是从家庭延伸出来的。

观察一个朋友，登门拜访最好。现在交朋友、找对象，有没有登门拜访的？甚至男女第一次见面就是来提亲，那真是夸张到极点了，把人生大事当玩笑看。我们闽南话说“拣田要拣好田底，娶某要拣好娘奶”，都有源头的。女儿懂不懂事，那要看她父母怎么教！先看看她妈妈是不是个好媳妇。

不只交朋友要主动到他家去，甚至这个朋友跟我们有交情了，我们也要主动到他家去。有没有道理？这叫无畏布施。他跟我们交朋友，可能在生活中会跟母亲提到某某朋友怎么样。父母觉得儿子跟这个朋友关系挺密切的，那他到底是什么样的人？他会不会影响我儿子走不好的路？人家的父母会不会有挂碍？会！我高中时跟一个同学很好，我念的是雄中，是男校，他妈妈也会挂碍。这个时候让人家的父母安心，这也是无畏布施。

所以，我们的一言一行、一举一动，有没有让朋友，甚至让他的家人生烦恼？这颗心要柔软。主动去跟朋友的家人认识熟悉，他们就很放心，孩子交的这个朋友值得信任，他们在一起共学。孩子纵使离开家乡到外面发展，他们也比较放心，出外靠朋友，是吧？当我们跟兄弟姐妹都处不好，在外交不到好朋友，就怪不得人，要自我反省，要从家人开始做起。

第三条是"存心不善，风水无益"。人的福分都是从心地开始的，风水是所以然。一个家庭为什么会有好的风水？因为这家人的心地善良，那叫知其所以然。福地福人居，福人居福地。有福气的人住进去，整个风水都会变。我们举个切身的例子，今天到学校去报到，宿舍两三个月没人住。心地善良又很爱干净的人，马上就会把房间整理得干干净净，风水变了没有？变了。不爱干净的人住进去，变成猪窝。每个人走进去，有没有感觉风水不好？或者在那里如坐针毡？人在这样的环境里面，身心当然受影响！可问题是，是谁造成的？我们的心造成的，我们懒惰的态度造成的。

今天这个公司风水很不好，还是心造成的。说实在的，我们进到一个家庭，或者一个公司，有没有感觉到磁场？有！磁场从哪里来的？从每个人的心念。所以，改风水最重要的是先改心念！家庭或团体里面，都很亲切、很热忱，很会为人着想，那进去了很容易融成一片。

我们听过一个故事，有个风水先生长途跋涉，渴得不得了。终于看到一户人家，赶紧敲门要水喝。一个老太太端出一杯水，水是温水。他已经很渴了，本来想喝一杯清凉，结果端出来的是温水；不只是温水，上面还撒了一些米糠。风水先生喝的时候，得这样“呼呼”吹一吹才喝到一小口。他很生气，我跟你要一杯水，你给我温水，还撒了米糠，吹半天。所以他嗔恚心起来了，坏念头也起来了。这户人家正在办丧事，有口棺木在那里，可能是这个老太太的先生寿终正寝。他说我是看风水的，我帮你们找一块好的风水地。老太太很纯朴，全家人都很高兴，就把老人葬在那块地上。他找的是断子绝孙的地。

安葬完当天，倾盆大雨，墓后面的山崩掉了，刚好就崩到墓的后面，墓就有了靠山。一般好的风水，都是背山，前面有一条河流。那一场大雨下来，山崩下来变成墓的后山，前面也变成一条溪流。

过了几年，这个风水先生刚好又经过这个地方，想看看这户人家变成什么样子。结果一打开门，感觉这一家怎么愈来愈兴旺？他很纳闷。那个老太太全家看到他来了，高兴得不得了，把他奉成上宾，墓的风水这么好，他们一下子就发达起来。后来他请教这个老太太，你当初为什么要端温水，上面还要加一些米糠，让我喝得很不方便？老太太说，你长途跋涉，气还没喘过来，假如喝冷水，一下子呛到了，内伤就不得了，所以要喝温水。又怕你喝得太急，所以加一些米糠，你会吹一下，一口一口慢慢喝。这都是设身处地。

所以，该有的福分，一定能得到。听说愈不景气，算命的人愈多。算到最后，谁比较有福报？算命的人荷包比较饱。真明理的人都清楚，"但行好事"，好好去利益他人，敦伦尽分，自然福报会来，"莫问前程"。这是林则徐讲的。其实这每一句都可以安我们的心地。人不明理，汲汲营求，忙得头昏脑涨，到底对人生有没有帮助？所以要从做人的根本求人生的福慧。

下面第四、第五条说的是读书，"行止不端，读书无益；心高气傲，博学无益"。我们不要只看到孩子的学历愈来愈高，问题是他的心地、他的举手投足有没有跟德行相应？我们心太粗，以为孩子的一生有高学历就好了。这太狭隘了。现在的社会，学历比三十年前不知道要高多少。据说一场台风来，广告牌掉下来都会砸到一个硕士或博士。但是现在的家庭乃至个人是愈来愈幸福了吗？人生不能看得那么狭隘。人生最重要的是德行，是整个生活的能力。所以父母有远见，看得深远，这是孩子的福分，因为父母是孩子的引路人。

有位老师接了一个班，学生打电话来问他事情，学生在电话那一头说："请问某某某在吗？"这老师一听很难受，学生都已经五六年级了，居然称呼他的时候，连"老师"都没有加。这个小小的事情告诉我们，孩子的恭敬心到这个年龄还没有长，这是很严肃的事。孩子对老师都提不起恭敬的态度，请问他走到社会，怎么对人恭敬？所以教育没有小事。从心地上看，事情没有大跟小。这个恭敬的心、负责任的心，我们的孩子长了没有？没有恭敬、没有负责任的态度，行止都不端正了。

这位老师接了这通电话很难受，要怪谁？假如我们从源头找，怪谁？怪家庭教育没有做好。假如孩子父母发现了，怎么连老师都不尊重，没有恭敬的称谓，马上训斥他，这个孩子会不会反弹？他会不高兴。教孩子最好就是他一两岁、两三岁，正是对电话好奇的时候。我们每一次接电话都是恭敬的态度，不就传给孩子了吗？教育为什么这么辛苦？因为该教的时候没教，等他的傲慢心起来了，不恭敬的心起来了，来扭转，又很急，要他马上改，往往会发生冲突，原因就在这里。

孩子处事待人的态度，往往在五六岁以前形成。五六岁以前，父母在哪里？假如都去工作了，那该教的时候没有教。为什么说“母教乃天下太平之源”？母亲陪在身旁，孩子正确的行为就在日常生活中一点一滴建立起来，潜移默化。所以希望我们的孩子有健全的人格，还是要自己教。人生的智慧就在这个取舍上，取舍对了，人生才能走得无怨无悔。当我们真正赚到钱了，但是孩子管不了，那时候人生会有无限的感叹。

我们当老师也有责任，他五六年级了还不会恭敬地称呼老师，代表前面五年的老师有没有教？这些都值得我们当老师的深思。我们当了小学老师，没有教恭敬，没有教孝心，整个脑子里都是赶进度，都是这些东西，请问心能柔软吗？请问能时时观照到孩子的人生态度需要引导吗？每天都在赶场，老师的心很浮躁，孩子的心也很浮躁。整个社会都这么浮躁，不知道要走向什么路，每天忙忙碌碌。所以当父母、当老师的要静下来，不要人家都往那里走了，我们也拼命地往那里走。那个路是什么路？是急功近利的路。

听说现在有的父母带孩子学习，礼拜一到礼拜天每天都有，学英文，学电脑，学跳舞，学下棋，一堆！每天排得满满的，孩子喘不过气来。所以我们那时候教书已经有个现象，学生怕放假。为什么？因为放假比礼拜一到礼拜五更累，排得更满。在学校，老师和蔼可亲，他还能喘喘气。曾经有个女孩钢琴得名，记者问她：“你都得了这么大的奖，现在最想做的是什么事？”结果那个女孩说：“我最想把我的钢琴给砸了。"我们只看到这个孩子得名了，看不看得到她的内心是什么状态？欲令智迷，父母就是被虚荣心给障住了，感受不到孩子的心灵到底在往哪里走。孩子被逼得喘不过气来，对父母会有怨恨。

一个孩子对父母有怨恨，纵使拥有再多的才艺、学历，他能幸福吗？不可能。很多家长又说，学历、才艺还是要有。其实一个人孝心有了，要学这些东西不难。我们整个社会的发展，真正归功于我们的父辈，他们也很有才华，学什么都很认真、很踏实。因为他们有孝心，做人很厚道，社会才有了这么大的发展。我们这一辈学了一大堆才艺，能创造出什么？所以还是得看孩子的心地。很多重要的心态都要建立起来，孝心，还有爱心，还有负责任的心。我们现在的孩子责任心够不够？当他对家里的事情都视若无睹，我们还期望这个孩子以后会有成就吗？那真的是痴人说梦。哪个成功的人不具备责任心？所以责任心一定要训练。

对自己的生活负责任，首先从什么开始？早起。《弟子规》说"朝起早，夜眠迟"。曾文正公也说"做人从早起起"。第一个，早起是对自己的生活负责；再来，人能早起，不懒散，不懒惰。我有一段时间早上三四点起来，那时候日子觉得好像变长了。每天早上干了一堆事，然后表拿起来，怎么才七点多？确实早起有很多的好处，空气也特别好。

现在的孩子早上都怎么起来？父母叫醒的。而且还不只是叫一次，叫三五次，叫到最后，孩子不高兴了，还发脾气。所以，又不负责任，又长嗔恨心。应该是他自己负责才对。有个孩子起晚了一点，梳洗的时候又磨蹭，妈妈按兵不动。后来上学迟到了，母亲想着老师会教训他，会批评他，所以不动声色。中午孩子回家吃饭，看孩子的表情好像没什么不一样，还是一副若无其事的样子。

这个母亲下午就打电话给老师："老师，今天我儿子迟到了。"老师马上反应说："没关系，没关系。""怎么会没关系？假如现在都迟到，没有养成守时的习惯，以后不知道要吃多大的亏。老师，这个不能没关系，您一定要批评他，要教训他。"结果这个老师在电话那头愣了一下，说："原来你是来让我批评孩子，教训孩子，我还以为你是来帮孩子解释的。"从这个老师的反应就感觉得出来，现在的家长太溺爱了，孩子错了不只不教训，还帮他掩饰。"倘掩饰，增一辜"，这个"掩饰"太严重了。后来老师说："没问题，我今天下午一定会针对他的错误给他指正。"

当天下午孩子回来了，脸色不大一样。事实上，孩子在读小学，在学校发生什么事，看他的表情能不能看出来？可以。看他的表情有一点郁闷，这时候父母马上跟他聊一聊，就能了解他的心事，就能很好地给他引导。为什么现在父母跟孩子没有办法沟通，回到家里，孩子一脸臭臭的进他自己的房间？因为孩子内心需要疏导、爱护的时候，"别吵，别吵，我正忙着"，本来这么亲的关系，我们一次一次把他推开，慢慢地他的心也变得冷漠。我在学校里有什么事，会跟我母亲讲，藏都藏不住，因为母亲都会给我很好的关爱和引导。

这个孩子回来，母亲一看就知道被老师批评了。孩子一进门就在那里找："妈，有没有闹钟？"找到以后，很认真地调到六点。调好后，走出自己的房间，那个表情就是比较放心了。妈妈觉得很有意思，因为他调六点的话，待会儿吃饭就响了，孩子不知道一天有两个六点，他已经被批评得有点六神无主了。妈妈说："你到晚上再调，不然待会儿吃饭闹钟就会响了。""原来是这样。"后来这个孩子早上都自己起来。假如出远门，他都会带上闹钟，早上都自己起来，养成了好习惯。

孩子要对自己的生活负责任，不只是早起，对自己的房间，甚至对自己的家庭，都要有责任感。很多家训都有这样的教诲。《朱子治家格言》第一句就是教孩子要有责任心："黎明即起，洒扫庭除，要内外整洁；既昏便息，关锁门户，必亲自检点。"现在孩子有没有这个态度？当他去关门的时候，细心、耐心都在其中磨炼出来。现在的孩子只会读书，这些都不关他的事，天塌下来都没什么反应，那他关怀的心、负责任的心、细腻的心从哪里锻炼？孩子在家里懂得负责，他到团体，责任心自然就提得起来。所以要让孩子多替家庭付出。

有个父亲听了课程，他就在想，我生了三个女儿，到底对家里有没有责任感，他想做个实验试试看。他在房间门口摆了一个扫把，就横放在那里，然后叫大女儿。大女儿进门，看到这个扫把，一步跨过去了，视若无睹。父亲有点失望，心想还有两个女儿，又叫二女儿。二女儿到了门口，还是一步就跨过去了。三女儿还是一样。他有点心灰意冷，三个女儿都没有责任心。突然他想到一个人，谁？太太。他就叫太太过来。太太进门看到扫把，自然就把扫把放好，然后走到先生面前。先生有一点点欣慰。由此可见，妈妈把家里所有的事都当作自己的事，而孩子把家当什么？当旅馆！把父母当什么？当仆人！这样还得了！不只是还没成家以前当旅馆、当仆人，甚至成家以后，回家还是这个态度。

有一首歌叫《常回家看看》，我们觉得这是一个时代的悲哀，连回家都得提醒，连回家关心父母、孝敬父母还要引导。我记得小时候最常听到的一句话叫"爸爸回家吃晚饭"，听到这句口号该伤心，该冷静，而不是觉得这个口号不错。这些口号都在告诉我们很多社会现象值得深省。“爸爸回家吃晚饭”，对我来讲，觉得是应该的，我爸爸不是每天都回来吃饭吗？但很多家庭可能是很期待的。我的父亲在银行，应酬多不多？可他都是回家吃晚饭。所以人生真是有舍有得，不必要的应酬推掉了，陪孩子一起读书，孩子从小读书的习惯养成，根本不用费太大的力气，一直催孩子读书。舍得真的要有智慧。

我遇到一些长辈，他们反映说不如不要回来。为什么？他们说这个口号出来了，孩子面子挂不住，心不甘情不愿，带着太太、孩子回来了。回来后，夫妻俩往沙发一坐，也不会去帮忙。爸爸妈妈知道他们要回来，所以一大早就去买菜，然后在厨房搞半天。孙子还在家里乱窜，大呼小叫，他们那个神经都很紧绷，孙子都没有好好管。菜煮好了，汗流浃背，儿子、媳妇、孙子大快朵颐，吃饱了，然后拍拍屁股：“妈，我们走了。”他们一走，两老坐在沙发上，长长叹一口气：“不如不要回来。”家里好像打了一场仗一样。我还听一个老人家说，儿子回来吃一顿，他们得吃一个礼拜的剩菜。回家到底是我们在孝顺父母，还是父母在孝顺我们？

孩子没有责任心，真的把家里当旅馆，这样的心态要扭转，要好好引导才行。得怎么办？比方坐在那里，我们看“幸福人生讲座”，就转到孝顺那一集，这个时候儿子、媳妇刚好来了，“这个蛮好的，我先去忙”。你先走开，让他们自己看。假如你说，这一集就是你们最需要听的，他马上说：“妈，我要上厕所。”你硬要强迫，很容易反弹，所以还要善巧方便，甚至可以易子而教，让好的朋友去影响他。最重要的还是这一颗成就孩子的心，不可以操之过急。

这节课先谈到这里，谢谢大家！

第三十一讲　孝是孩子一生的护身符

尊敬的诸位朋友，大家好！

我们上节课讲到“行止不端，读书无益”，行止都是从孩子的心境、心态中流露出来的。我们也提到责任心，能把家里的事都当作自己的事来关心、来照顾、来付出，这样的心境对孩子的一生影响相当深。假如把家里当旅店，一点责任感都没有，以后当了先生，当了太太，家庭经营也会一塌糊涂。一个孩子是否有责任心决定了以后他的家庭会不会幸福，也决定了以后事业能不能有好的发展。

我儿子没责任心，怎么办？很多人不听课还好，听完课烦恼更多。我们发现问题，只有一个态度，就是面对它、解决它。我们听闻中国文化，都是从根本上解决问题，依报随着正报转，我们的心境就是正报，我们的孩子、身旁的亲友就是依报。只要我们的心境变了，慢慢地良性循环就会形成。当我们有了责任心，有了孝心，这种态度就会传递给孩子。

有位太太听完课，觉得以前回到婆家都是作威作福，都不帮忙，就等着吃而已，这样会给孩子不好的榜样。很多父母为了孩子，确实不容易，都会对治自己的习气。然后她就主动进厨房帮忙，她洗菜的时候，她的孩子念小学，突然跑进厨房，眼睛瞪得很大：“妈，你真干吗？”为什么孩子眼睛瞪很大？因为这个情景，孩子活那么大没见过，给孩子的影响都是潜移默化。孩子很吃惊，有点质疑母亲。妈妈很笃定："是。"过了一会儿，孩子又跑进来，还是瞪着母亲："妈，你真干？"妈妈又很笃定地说："对，今天我来煮。"第三次又跑进来，还是那句话："妈，你真干吗？"妈妈还是一样的回答。孩子感受到母亲那份心境，母子连心，他说："妈，那我跟你一起洗。"就这样坐下来一起洗菜。

教育孩子确实都是用我们这颗坚定的心，还要有耐心。这家的孩子，家里的事本来都不让他做，只叫他念书而已，结果有个情景让这个妈妈觉悟了。每天早上都是她给儿子把水壶的水灌好，那天孩子起得比较晚，吃早餐，收拾整理就显得比较赶。要出门的时候，水还没装好，母亲又慌慌张张去装水。当孩子接过水壶，讲了一句话："我迟到都是你害的，装水装那么慢。"母亲愣了，帮他装了十几年，一个谢谢都没有；现在迟到了，还怪到自己身上来。闽南话说"做到流汗，被嫌到流涎"，那就是没有用智慧照顾孩子。

从那天开始，再也不帮儿子装水了。以前母亲帮忙装水，上学的时候比较轻松，现在自己装水。然后要求孩子自己洗碗，从一件一件小事开始要求起；不要一下幅度太大，全部要他自己来，他可能会跟你翻脸。这个孩子以前吃饭吃不下了，要赖，把碗倒扣过来，把饭倒在桌上，妈妈就会心疼："脏了，别吃了。"后来儿子把碗倒扣，妈妈还是要求把饭吃掉。所以确实母亲的教育很重要。

结果洗了两三次，孩子赖皮，不洗了。晚上回来，因为都在发育中，肚子比较容易饿，一进家门："妈，你怎么没煮饭？"妈妈说："中午碗都没洗，洗菜的地方都放着碗，我没有办法洗菜。等你把碗洗好，我就煮饭。"儿子没办法，只好洗。所以教好孩子，原则要很坚持，不然他一次一次耍赖，我们还是没有办法。该让他自己做的，要做。

从洗自己的碗到洗他们家的碗，慢慢习惯了。有一次来了很多客人，母亲有点心软，这么多碗，孩子明天还要上学，有点舍不得。但是他已经习惯了，也没说什么，也洗得好好的。母亲觉得孩子负责任的态度、对家里关怀的态度，根算扎牢了。诸位朋友，大家猜猜看，这个根扎了多久？两年。所以，教育孩子没有什么捷径，坚持原则，用爱、用耐心就可以做得好。

我们刚刚讲到，母亲的心境转变了，孩子的心境也开始转。中国文化这些根本的教诲，在我们当下的生活就可以实现。我们的依报不能转，是我们的心没有真正转过来，没有真正真诚、清净、平等、正觉、慈悲。假如时时能以此心观照自己，依报会转变得特别快。“得富贵谐偶”，很快境界都好转。有人修学五年十年，不只没转，境界更糟，都得反观自己的存心。修学不可以做形式，要真干才行；不可以检讨经典，要检讨自己。

为人父母者，假如能从心地去看，就能看到心地对孩子一生长远的影响。比方责任心。我们有位老师去看两个朋友，这两个朋友在同一个公司，一段时间后，一个升了经理，一个降级当售货员去了。这个老师也有疑问，怎么同时进来际遇不一样？那一次三个人走着走着，看到布告栏有个公告快掉下来了，只剩一个角粘住。这个老师看到这一幕，很习惯地就反应：“那个要掉了。”其实，细腻的心都是从生活点滴训练出来的。我最近有个发现，孩子细腻的心怎么训练？从捡垃圾开始，从捡自己社区的垃圾开始。捡垃圾捡到最后，烟蒂、小纸片都会看得清清楚楚，人家看不到，他都看得到。而且，在捡的过程中，把社区的整洁看作自己的责任；他到学校去，把班级、学校的整洁看作自己的责任。一个人的责任心跟他的成就是成正比的，他把整个乡镇的发展当作自己的责任，很可能以后当乡长、当镇长会当得好。他把整个国家的发展当作自己的责任，又肯努力，那他以后可能是一个好官，都是从心地来的。

敏锐地观察周遭的情况，所以看到这张纸，就很自然地反应："那个要掉了。"那个降级的朋友不假思索："不关我们的事，别理它。"另外那个升级当经理的没说话，过去把它取下来，说："待会儿我再把它粘好。"这位老师恍然大悟，为什么一个升一个降？就是责任心的问题。所以我们的孩子以后有没有成就，现在就看得出一二。能不能在各行各业真有成就，看孩子落实《弟子规》的程度；不是只看他的分数、学历，更要看他的行为举止背后的这颗存心。

我们冷静来看，一个人事业要成就，人生要成就，需要具备哪些心态？在座很多年轻的朋友，正要迈向社会，一个人在社会有成就要具备哪些心态？要有吃苦耐劳的心、恭敬的心，不然跟人相处，处处碰壁；要有关怀的心，要有看到别人需要的心。各个行业都是服务大众，没有时时体恤别人的心境，做任何行业都不会成功；有关怀别人的心，做任何行业都会成功。时时看到别人的需要，去服务别人，大家一定会支持他、信任他。做任何一个行业，谨慎的态度重不重要？不谨慎，面对一些诱惑，家庭、事业可能一夕之间就毁了。

再来，一个人再怎么聪明智慧，要看到方方面面不容易，一项事业要成就，都是团队合作，一个人不可能掌控得很好。所以一定要众志成城，要能接纳别人的雅言，甚至接纳别人指出我们的缺点。也就是要有接受别人意见、接受别人劝告的态度。现在我们的孩子有这样的雅量跟心境吗？假如不能接受别人的劝告，事业早晚会被自己的傲慢、错误的决定毁掉。“守成不易”，企业真正能长长久久的寥寥无几，关键在有没有虚怀若谷，能不能接纳雅言。

我们刚刚讲到这么多重要的处事心态，都是从小建立起来。而且，所有的心境都在哪里？都在《弟子规》里面。缺这些心境，所有的成就都是过眼云烟，好看，境界一来都会垮掉。真的，一点都不假。

所以要想善始善终，没有真实的德行不行。现在多少个大企业都晚节不保，自己的人生不胜唏嘘，也给后代造成多大的障碍！如果是这样的结果，不如这辈子当个农民，日出而作，日落而息，知足常乐，比这样的人生都不知道好多少倍。

当我们的孩子时来运转，发达的时候，更要谨慎！做人做事的态度不对，迟早倒下来，我们要看得深远！曾有一个孩子好高骛远，贷款，开豪华车，办公司，把父母的退休金统统拿出来，父母还得帮他作保。结果一下子垮下来，父母七十几岁了，还得上法庭接受审理。

什么是宝？孩子的内心有这些正确的做人做事的态度，那是真正的宝。假如没有这些正确的态度，家里有钱，那不是宝，那是祸！这些我们都要看得深远，要从孩子的一生去看，不能看眼下而已。我们从孩子的一生去看，《弟子规》是宝。刚刚说的恭敬心，《弟子规》讲，“父母呼，应勿缓；父母命，行勿懒”。再来，关怀别人的心从哪里学？“冬则温，夏则凊”，时时体恤父母的需要。这个态度内化了，走到哪里很自然地就看到别人的需要，叫人家伺候他，他还不自在，他已经习惯付出了。这个细腻的心、关怀的心形成了，我们还担心他读书读得不够好，那是自寻烦恼。他有关怀别人的心，到哪个行业都会认真做。等到他觉得服务人的能力不够了，他会再去念书。很多人都是工作以后再去读书，都是针对工作的需要，提升自己服务他人的能力，不是硬灌一些知识进去。那个学习的状态反而比一路念到博士的好很多，因为心境不同。

包括我们刚刚提到的要有谨慎的心，一失足会成千古恨。一个人谨慎的态度从哪里来？“身有伤，贻亲忧；德有伤，贻亲羞”，对自己的身体、名节非常谨慎，生怕有辱祖宗父母，谨慎的态度不就起来了吗？很多铤而走险的，在那一刻父母去哪里了？所以孝心真的是孩子一生的护身符。

包括接受别人意见，接受别人劝告的态度。跟很多家长交流，我说现在七八岁的孩子，劝都劝不进。家长说，哪还要七八岁？三四岁就不听了。真的，孩子三四岁，你批评他，他会气到嘴唇发紫。你们有没有见过？我见过。我侄子那个时候犯错，我指正他，他发脾气不吃饭。不吃拉倒，把他拉到婴儿车上，那时候他才两岁左右，大哭大闹。我们三个大人如如不动，继续吃。闹到什么程度？手脚在那里甩，结果车子翻了。那个嗔恨心到什么程度？嗔恨心不赶快转变成宽恕的心，这个孩子还有未来吗？不可能！

所以孩子的习气一定要扭转。车翻了，侄儿翻下去，头着地，下嘴唇都撞破了，血喷了出来。这时候考验一个母亲够不够冷静，赶快拿布捂住，观察一下，假如继续流就去缝针。结果还好，血止住了。我侄子的脸上有很多岁月的痕迹，一个人脾气大，很急躁，真的，头能完整都很难；我的头也不算完整，以前急躁，动不动就滑一跤，牙齿都撞断了，都有这种记录。但是很奇妙，修学以后很少会有这个情况，所以真正都是万法由心，心平静下来，灾祸就不来，就不会撞东撞西，手忙脚乱。还没有修学以前，常常就是这边流血，那边撞一下。真正帮助孩子，要从心地下手，扭转不好的习气。

刚刚讲到现在三四岁的孩子都讲不得，这都值得我们冷静省思。好话听多了，批评的话听不进去。但是现在的家长听了一些似是而非的观点，说孩子要捧，要称赞，他才肯做。那不称赞，他做不做？而且，称赞也要有智慧，一定要跟性德相应。假如你是称赞他的才艺，称赞他学历很高，一定会傲慢。只要不是称赞性德，都有副作用。面对真理，大家不要侥幸。

有个妈妈带着孩子去见一个高才生，功课很好，数学很好，钢琴又弹得很好。这么多能力，这个妈妈带着孩子去跟他学习，刚好跟他的母亲相熟。到了他们家，坐下来，听这个高才生讲了几句话，这个母亲心惊胆战。这个孩子开口就说："我的数学老师很笨，我都算出来了，他还没算出来。""我的钢琴老师很没能力，每次上课还叫我上去弹，他都不弹。"这位妈妈赶紧告辞，把孩子带回去。

这个孩子才艺很高，但是他的心性往哪里走了？目空一切，不可一世。所以称赞还是要针对性德。说实在的，我们整个成长过程，父亲没有当面称赞过我们，我们还不是活得好好的。而更重要的，父母不是用称赞来拉孩子，而是用德行来感化孩子。为什么？"人之初，性本善"，父母的德行让孩子感动，他自然起而效法。人的善良不是称赞出来的，人的善良是通过父母、长辈的表演效法来的。所以教育没有侥幸，一定是上行下效。我们从"行止不端"这句，要省思的是孩子有没有具备一生家业、事业成功应有的态度。

"心高气傲，博学无益"，"学问深时意气平"，怎么可能愈来愈傲慢？方向都错了。我们遇到过一个人二十岁就拿到数学博士，成就高不高？高！还破格让他进大学教书，后来当了副教授。结果当了十几年就是升不上教授。他刚好跟我们一个朋友认识，那个朋友也是博士，就跟他交流，为什么十几年都升不上去。最后发现一个原因，他每次发表论文，都是针对某个教授的论文错在哪里，他都批评得非常准，都一针见血，很有见地，但是每篇论文都在批评别人。他为什么升不上去？因为每个教授看到是他的论文，就拿到旁边去，不予通过。这个朋友劝说他，不然你转个角度，写论文的时候，转为称赞每个教授写的哪里好。他听完皱着眉头，说："好，我试试看。"一个人要从很会批评人转变成很会欣赏人，那也不容易。我们以前很会批评人，听完课，回到家里开始称赞，结果一称赞，自己都起鸡皮疙瘩，有没有？所以习惯很重要，心态很重要。

这个人真的转变心态，又写了一篇论文，请那位朋友看。朋友一看，全身不自在，觉得言语很虚伪。欣赏他人很重要，"见人善，即思齐；纵去远，以渐跻"。学得愈高愈批判人，愈拼命找人家的缺点，这个态度一形成，两小时的演讲下来，不知道说了多少对他人生有帮助的话，结果一句都没听到，下了课，先提的是这个老师哪里不好，都已经变成一种习惯。我们想想，一个人这么傲慢，怎么可能会有人和？天时不如地利，地利不如人和。只要没有人和，什么事都做不成。

我们要看到，读书到底带给孩子什么样的心态？所以孩子读书，读经典的过程，我们是引导，这些经典是拿来要求自己，而不是要求别人。当他不断内省，会愈读愈心气平和，愈读愈看到自己的不足。所以称赞要针对性德，不然很可能毁了孩子，毁了年轻的修学人。

第六条，“做事乖张，聪明无益”。做事还是要循着规矩，遵循道义，不可以耍小聪明。我记得我到北京的大学讲课，那段时间还要到海外去推广中国文化，差不多间隔两个月没有去大学。后来又回北京，又到了这所大学，他们老师对我们说，讲《弟子规》，讲中国文化太迫切了，就像救火灾一样急。他为什么这么讲？这两个月，学校邀请了企业界的“成功”人士来给大学生讲课。

诸位朋友，现在觉得什么叫成功？有钱就叫成功，公司很气派就叫成功，都失之偏颇。当一个公司的总部非常奢侈，这个公司可能要败了。真正能让公司发展的是服务人的这颗心，而不是有多气派。当一个公司一直强调气派，奢靡之风做表面功夫的风气已经一点一滴蔓延而不自知。所以古圣先贤是防微杜渐。那个心境已经偏了，败象已露，虚荣心是没底的。商纣王有一天吃饭，拿的是犀牛角做的杯子。其实商朝有很多贤德的大臣，比干、箕子、微子都是圣人，但是商纣王不用，还放纵自己的欲望。真的，纵使圣贤人在一旁，我们不对治习气，不肯依教奉行，他们也帮不上忙。箕子看到商纣王拿着犀牛角做的杯子，他就知道商朝要亡了。

见微知著，箕子说，用犀牛角做的杯子，请问要用什么盘子？可能是黄金做的盘子。用黄金做的锅碗瓢盆，请问吃的什么菜？有没有可能是青菜豆腐？不可能！一定是山珍海味。有没有可能吃一桌山珍海味，却穿着一件 T 恤？穿什么衣服？绫罗绸缎。有没有可能穿着绫罗绸缎，吃着山珍海味，却住在小木屋里面？不可能！住什么？高楼广厦。所有的配备都需要钱，找谁拿？奢靡之风带出来了，找谁拿？找人民拿。企业奢靡了，钱找谁拿？找消费者拿。他要人民的钱，人民要什么？要公道。

炎黄子孙是很善良的，不逼到没法活了，不会起而造反。真的，很多朝代老百姓造反，最需要反省的是领导人。炎黄子孙懂得知足，反抗的时候，是太没有天理了，已经民不聊生了。清朝有太平天国，说实在的，谁最要检讨？皇帝最需要检讨。每个朝代，只要有起义，都是皇帝最需要检讨的时候。

可是皇帝往往把责任推给谁？推给这些“暴民”，统统拖出去砍了。这一败，就完全扶不起来。假如这个时候皇帝反省自己、检讨自己，都是我的错，“万方有罪，罪在朕躬”，国家的运势就可能转变。一念之间，一个朝代的命运都会变。关键是有没有反躬自省的存心。话说回来，我们的孩子有没有反躬自省的态度？有，才能把人生的危机变成转机；假如没有，危机会愈来愈难收拾。所以不能反省，小事都变大事；能反省，大事都能化小，小事都能化无。“欲不可纵，傲不可长”，这是老祖宗多么恳切的劝告。我很震撼，《礼记》打开来，这句话就在第一页，“傲不可长”。心高气傲，博学无益。

欲望不可放纵，现在的年轻人欲望放纵了，太麻烦！“淫恶肆欲”，祖宗再多的阴德都折掉了。很多家庭父母地位不错，整个家庭的经济状况也不错，但是孩子染上毒瘾、染上女色，一败涂地。所以教育孩子要看得深远，他有没有谨慎的心，有没有羞耻的心，有没有抵挡诱惑的心？

刚刚我们提到箕子看到商纣王用的杯子，就断定了他的命运。现在很多大公司，从它的总部可以看出端倪。有位朋友曾到丰田汽车的总部去看，非常惊讶：“这就是总部？”非常简朴。进门的地方还有一句中国话，“己所不欲，勿施于人”。我们到美国大公司去学管理，对方说：“你们去丰田看。”到丰田去，还没进门，看到的是老祖宗的教诲。还要不要看？还是要看，吸取人家的经验。自己文化里面有这么好的瑰宝，统统视而不见，那真是入宝山空手回，人生太大的损失！跟丰田总部主管沟通的时候，他们的态度就是，我们的钱一定要花在消费者需要的地方，不花在个人放纵享受上面。总部都这么简朴，其他地方会很奢靡吗？那会觉得不自在，也不恰当。

我们刚刚讲做事不能乖张，要循着正道去走，不能长虚华之气，不能长谄媚之气，不能急功近利，不然脑筋动歪了，早晚事情都会搞砸。“正其谊不谋其利”，我们就是一份真诚去替社会服务，水到渠成，事业自然发展顺利。不可以耍小聪明，不可以铤而走险，这是要相当谨慎的地方。

刚刚提到，这位大学老师说请了企业界的老板给大学生分享经验，结果这位所谓的成功人士上台后，对底下的大学生说：“诸位同学，以后事业要成功、要赚大钱，首先要把道德两个字放下，只要不杀人、不放火、不犯法，什么事都可以干。”当他讲完，底下响起一片掌声，这位老师如坐针毡。“先入为主，后入为奴”，正确的人生态度没有进去，先进去的是欲望，孩子就变成欲望的奴隶，被误导了。所以做事不可乖张。

曾有一个企业家，生意做得很大，他说企业家有几种命运。第一种叫锒铛入狱。铤而走险，赚了钱但犯了法，天网恢恢，疏而不漏，最后的结果是在监狱里过。这就是做事乖张，没有依循正理经营事业。第二种是劳心劳力。很认真地工作，家里都顾不着了，整个身体搞垮了；跟妻子的感情不好，甚至还闹离婚；孩子又教不好，不听话，每天烦恼很多。空有个事业的空壳，这样的人生哪来的幸福？这是劳心劳力的结果，忽略了孩子的教育，还有自己的健康。到中晚年，跟朋友吃饭，这个不能吃，那个不能吃，糖尿病不能吃，高血压不能吃。一桌菜，一半以上不能吃。只有一种可以吃，什么可以吃？药。资产上亿，享受不了。吃饱饭，乖乖拿出一包东西，里面有八九种颜色，一下子吞下去。事业发展，身体都搞垮了，那有啥意思？“不惜元气，服药无益”。往往年轻的时候用命赚钱，中年以后用钱换命，这种规划不是很理想。好好经营家庭，好好照顾身体，细水长流，这是有智慧的规划。

经营事业，正确的心态相当关键。几年前我曾经看到一篇报道说，短短二十年，有 1200 个企业家自杀身亡，而且不是名见经传的小企业。这个数字让人震撼。我们这些年轻学子拼命往成为企业家的路上走；已经走完的人告诉我们，他们最后的归宿在哪里？假如努力一辈子，结果是自杀，要不要？现在很多人在走这条路，要冷静，要有判断力，要教孩子判断人生怎么走，事业怎么做。

我们下节课再谈，谢谢大家！

第三十二讲　慈是把《弟子规》传下去

尊敬的诸位朋友，大家好！

我们讲到一些大企业家自杀身亡，我们要省思，为什么这么多企业家会走上这条路？到底问题出在哪里？原因很多，比方说身体搞垮了，很可能三四十岁事业如日中天，却得了癌症，这样的打击很可能他会受不了。躺在医院，心里在想什么？不甘心，赚那么多钱，自己都没享用，现在由不得我了。甚至他会想，太太还这么年轻，孩子还小，我赚的这些钱，不知道要留给谁。想到这里更郁闷，本来还可以活六个月。很多时候癌症都是气死的。这种情况还是蛮多的，不懂得照顾调理好身体。这是身体出了状况。

心灵上出状况的也很多，承担不了巨大的压力。说实在的，压力从哪里来？做事违背道义，会产生很大的压力。比方公司账上做了手脚，或者虚报业绩，反正就是作假，然后硬撑着，不知道什么时候会被揭穿。长期作假，长期欺骗，压力会愈来愈大，生怕东窗事发，所以想不开也有可能；或者东窗事发了，只好这样结束生命，这样的情况也是有的。

我们常讲有财富就是后盾，不尽然，有德行才是长久的后盾。现在企业界进入一个迷思，叫高薪可以聘到人才，高薪等于人才。诸位朋友，高薪是否等于人才？这不就告诉我们，人才看重的是什么？

钱！那麻烦了。今天他会因高薪而来，改天他会因什么而走？那很正常，因高薪而走。人短视到这样的程度。“以利交者，利尽而交疏”，没利益就疏远了。“以势交者”，今天是因为我们有地位，他们跟我们交往；地位没有了，交情就断绝了，“势倾而交绝”。

“以色交者”，现在的女子觉得怎么找一个好的对象？每天要漂漂亮亮的，听说化一次妆有的要一两个小时。一个女子把时间花在衣着装扮上，耗掉了大半岁月，她有智慧吗？她的心能静下来吗？所以男人找对象假如只找漂亮的，那麻烦了。花瓶里的花只能看几天？撑不过一个礼拜。我们一些老师在幼儿园教书，看到长得特别漂亮的小女孩都会捏把冷汗。有个小女孩每天拿着镜子照来照去，上课都在照，她还有心思学习吗？父母要有这个认知。

高薪不等于人才，甚至只看钱，没有德行，不能算是好的人才。孔夫子说：“不悳而多能，譬之豺狼，不可迩。”一个人不善良，却有很多才华，就好像豺狼虎豹一样，要远离他，不然就要遭殃。“有才无德”叫毒品，会是一个家庭的痛，也是一个企业的危机。无德，却掌了权，拿着公司的股票私底下去做生意，最后垮下来，这样的例子很多。“有德有才是上品”，那是最好的人才；“有德无才是次品”，差一点点，但是只要有德，就会不断提升，因为他尽忠职守，他会自我要求。所以只要有德，不怕培养不出能力。无才无德，对整个公司很难有贡献。所以德还是根本所在。

找人才是用道义，他会惜情，公司对我有恩，老老实实地干。现在找人才都是用钱，跳槽的风气愈来愈盛，花的钱多了百倍，公司却得不到真正的安定发展。所以人自以为聪明，却愈搞愈复杂。现在薪水不够，还怕留不住人才，“你好好做，公司的股票分给你”。你有股票，公司赚钱，你也赚钱，这个制度好不好？看起来不错，“我跟你休戚与共，你要好好干”。

收入跟股票有关，所以股票要涨，我才有利益；假如跌了，我不就亏了吗？我们冷静想想，一个人的一生可不可能都是顺境？人生难免会有起伏。企业会不会有起伏？有没有企业都是稳赚的？也有可能比较萧条的时候，再调整一下出发，不可能一帆风顺。请问股票降下来的时候，他会怎么做？营运不好的时候，他会怎么做？为了自己的利益，他可能会做假账。企业好像在蓬勃发展，事实上内部已经腐败。所以人生应该有的正气，应该有的做事态度，不可以缺少。

真正清清白白，那是最轻松、最自在的人生。只要染上了不好的欲望，一辈子要想快活自在就很困难。所以人生要能全身而退，不学《弟子规》不行，这些重要的人生态度都在《弟子规》里面。谁先学？不是孩子先学，我们自己先学。

刚刚说到的这些做事的态度很重要，还有身体要保护好，“不惜元气，服药无益”，这是第七条。有个领导听到《孝经》这句，“身体发肤，受之父母，不敢毁伤，孝之始也”，有点不认同，他说有这么严重吗？我们老师跟他讲：“你女儿生病的时候，是你比较难过还是你女儿？”他想了一下：“我比较难过。”那就对了。你生病了，父母比你还着急，所以怎么可以不爱惜自己的身体？人很迟钝，父母的心境，得要自己当了父母才能感同身受。人不能那么钝，不能手抱孩儿，才知当初父母时，那实在太迟钝了，要用心去感受。真的，我们的身体是所有关心我们的人都在关怀的，所以爱护好自己的身体，也是对一切人的爱护。不只是身体，还有德行。身体跟德行不只是自己的，还是父母的，是太太、先生的，是孩子的。我们身败名裂，孩子抬不起头来。我们的德行确实跟孩子也是一体，“留与儿孙作样看”，要有好的榜样给子孙效法。我们的德行也是后代子孙的。

接着讲第八条，“时运不济，妄求无益”。机会还没有到的时候，去攀求，去妄求，用不正当的手段，就会出状况。不要太着急，人生一定会有时来运转，问题在机会来的时候，我们的能力够了吗？能力够还不是最重要的，我们的德行够了吗？事实上，祸福相倚。福气到的时候，祸也跟在后面。有福而无智慧、无德行，大祸就临头。我们冷静地看看周围，赚了大钱的家庭，好了吗？很可能财富愈多，诱惑愈多，出状况的也愈多。“知所先后”才是家道，才是事业成功的关键。

前面我们也提到“有德此有人，有人此有土，有土此有财，有财此有用”。现在一般的人组家庭做事业都先从财看，“德者，本也；财者，末也”，都看钱财，都看外表，找太太怎么会找对？找合伙人、找部属怎么会找对？先有钱了，没有德，没有好的人才，那你会用到哪里去？去挥霍，去享受。所以人一有钱，狐朋狗党都来了，有没有？“有酒有肉多兄弟，急难何曾见一人。”我们往往看到的是枝末，所建立的家庭跟事业非常危险。

应该是水到渠成，有了德，自然感来有同样抱负、有德行的人。有了好的人，这个“土”就是一个人发展的机会，要掌握好这个机会，有土此有财；赚取了钱财，取之于社会，用之于社会。当我们的价值观是这样，员工会以在这个公司为荣，觉得这是真正为社会、为国家的好企业。整个团队有向心力，有什么事做不好？所以时运还没到，要紧的是什么？赶快提升自己的德行能力。不然机会来了，德行能力又没有，那个是祸而不是福。人往往是时运没来，唉声叹气；时运来了，手忙脚乱。所以人往往没有办法看得深远。

再来，第九条，“淫恶肆欲，阴骘无益”。我们也讲到奢侈、好色的坏处，家破人亡的都有。所以教育没有别的，长善救失，改掉习气，都属于救失。事实上，只要善长了，孝心长了，正气提起来，正显了，邪就消下去了。所以长善同时也是在救失。

最后，第十条“妄取人财，布施无益”。取得钱财是用不法的手段，纵使多做一些布施，也弥补不了过恶。钱财要来得明明白白。清朝末年，遭遇饥荒，尸横遍野，有个官员还把赈灾款给贪了。这么一贪，生灵涂炭。后来到了民国初年，他良心不安，开始做善事，大家都觉得他是个大善人。可是有一天半夜突然死亡，他的太太受不了，我先生是大善人，怎么会是这样的结果？她很不理解，变得不想做善事，甚至还会毁谤，觉得善有善报的说法是假的。后来才了解到真相。所以这个因果不虚。真的，尤其我们当公务员的，领的都是国家的俸禄，要对得起人民，要负责任，焉能再贪污公家的钱！那真是小人冤枉做小人。所以不能有贪便宜、贪财的念头。

我一位长辈公职干了将近二十年，看到很多同仁靠关系进来的，做事不努力，混日子；福利都要抢先，后来退休了，还拿一笔退休金。不负责任，不用心工作，国家的俸禄能白拿吗？这样的人退休了，财产会在短时间就被孩子败掉，没有一个例外。所以人算不如天算。《大学》告诉我们，“货悖而入者”，钱财货物是用不正当的方法获取的，“亦悖而出”，一定会很快就吐出来。几千年的历史，哪个家族是因为贪污而后兴盛的？一个都没有。所以历史就像一面镜子，我们应该记取教训才对。真的奉公守法，子孙很快就能够兴旺起来。我父母那一辈刻苦耐劳，父亲薪水微薄，又很廉洁，孩子三五个都有成就的，很多。

这是我们讲到的父慈子孝，父母一定要懂得如何教育好孩子，这才是真正的慈爱。父母这样用心又有智慧地教导孩子，这辈子才没有后悔。至要莫如教子，人生最重要的就是把孩子教好，孩子不教好，想要这辈子不后悔，太难了！

君仁臣忠，“为人君，止于仁；为人臣，止于敬”，这样也能够无悔于人生。历史上很多有德行的领导者，视人民的苦难就像自己的苦难一样。尧舜是我们炎黄子孙共同的祖宗，也留下为人君的风范。尧帝看到人民饥饿了，他会反省是我让他们饥饿的；看到人民受冻了，他说是我害的；看到人民犯罪了，他说是我没有把他们教好。

有一次看到犯人，尧帝很不安地走过去，问他们两个到底犯了什么罪。这两个犯人说，因为久旱不雨，家里没有吃的，所以铤而走险去偷人家的东西。当下尧帝非常惭愧，对士兵讲，你把他们两个放了，把我抓起来，因为我犯了两个过错。第一，因为我没有德行，所以久旱不雨。这是真的不是假的，依报随着正报转。以前的领导人懂，社会乱了，他首先反省自己，人民犯的错，又像他自己的错一样。就像当父母的看到孩子犯错了，舍不得，怕孩子继续这样。当官的要有这种心境，才能无愧。

把人民的事，要当作自己家里的事，不能说那跟选票没关系，我这一任做好就好了，那都愧对于这个工作、这个身份。当官的对人民的态度，不会因为时空而改变。我们当领导的没有尽心尽力照顾好人民，照顾好部属，都是失职，都是在享福中折了自己的福。不能当了官，高兴得不得了，鞭炮放好几天。真正有那种心境，不只不放鞭炮，还时时提醒自己，我的责任已经扛在肩上了。真正明理的，不放鞭炮，反而到祖宗灵前，到三皇五帝灵前恭恭敬敬祭拜，希望祖宗加被我把这个工作做好，无愧于祖宗，无愧于人民的爱护，应该是这样的心境。

以前的古圣先王都有这态度，发生天灾，当下反省自己的德行不够。尧帝说自己第二个错误，我没有把他们教好，所以他们才犯罪。一颗至诚的心，天地都可以感应，当下上天就降下甘露。领导者有这样的反省能力，有这样爱民的心境，“未有上好仁，而下不好义者也”，这么有仁德之心，人民都重视道义。尧帝的心境转变了，人民的心境也跟着转变，整个国家也就跟着转变。这些在理上都是很容易理解的。

尧帝为人君的心境是什么？都是以身作则。他是“仁昭而义立”，自己把仁德演得很彻底，人民的道义都兴起来了；“德博而化广，先恕而后教”,“恕”是如其心，就是人饥己饥，人溺己溺，宽恕，体谅，设身处地，接着教导他们。这才能根本解决问题。教最重要的是什么？不是用嘴巴，而是上行下效。所以尧帝当榜样，仁昭而义立，他把仁义演出来；德博而化广，他有德行，“桃李不言，下自成蹊”，德风自然感化人。我们为人领导，要有这种“先恕而后教”的仁慈心。

刚刚我们讲到，很多人当了官庆祝，请大家吃饭，放鞭炮，到底在庆祝什么？以前结婚不放鞭炮，现在结婚在高兴什么？娶个漂亮太太回家，很高兴。婚姻是非常严肃的事情，“上以事宗庙，下以继后世”，是道义的结合。道义来了，还在那里大吃大喝，放鞭炮？道义的结合是扛起责任。我们要冷静，假如忘记了婚姻的责任，那会变成欲望的结合，而不是道义的结合。婚姻的真正意义，《礼记·昏义》开头就讲“合二姓之好，上以事宗庙，而下以继后世也”。

婚姻是什么？“上以事宗庙”，是对上一代的慎终追远，继承祖宗的德行；“下以继后世”，是对后代负责。所以婚姻也是孝的实践、孝的延续。中国文化不离孝道。现在为什么结婚？没办法不结婚，因为怀孕了。那不是道义的结合，是欲望的结合，要教！男女关系要好好教，男女关系一乱，天下大乱。夫妇正则父子有亲，父子有亲才能君臣有义。五伦关系的核心是夫妇。现在男女关系搞乱了，父子有没有亲？夫妻都吵吵闹闹的，父子怎么会亲？在家里父子都无亲了，怎么可能还有君臣的道义？古代圣王知道夫妇关系维系着整个天下的安定，所以特别重视婚礼，教导婚姻的真正意义。

我跟大家提过，有个教务主任来参加课程，五天抄的笔记比大学四年还多。他回去后找了三个老师，三个都对教育很有使命。这三个老师又去上海参加五天的课，上完课，有位老师上台分享。他说：“我体会到了要把学生教好，最重要的，要从我自己开始做起。”这样的领会，我们都感受得到他的学生有福了。这三个老师回去后，都在他们自己的班级开始讲《弟子规》。他们有没有跟同事说，你们都要学？从自己做起。三个班级长期跟家长做教育的沟通，上《弟子规》的课，学生特别懂事，特别有礼。

校长说，你们这样教学生很好。校长认同了，全校都开始学《弟子规》。这个校长从自己做起，从班级做起，从自己学校做起。学校有了成果，还可以让整个省，甚至其他省的学校来学习交流。所以修身、齐家、治国、平天下，当下可以从自己做起。

我们真正要利益这个社会，不要着急，从我心做起，从我家做起，从我这个社区做起；再来，放眼世界。人要有这种胸襟气度，立了大志，人生才没有白来，才会无怨无悔。

今天先跟大家说到这里，谢谢大家！

第三十三讲 积德胜遗金

尊敬的诸位朋友，大家好！

修学人都知道因果的道理，希求好的结果，很重要的，必须种下善因、善的种子。“欲知将来结果”，欲知我们的明天，欲知我们的明年，欲知我们未来的十年、三十年，最重要的是现在能不能种下好的种子，“只问现在功夫”。无论是自己还是整个家庭，乃至整个社会状况，修学人都能明白因果的道理。明白因果的道理，人生才不会焦虑，才不会恐惧未来。不然看到一些家庭状况，看到一些社会状况，我们会忧心忡忡。修学人忧心忡忡，自己的心都安住不了，怎么可能去利益他人？所以人生的状况，家庭的状况，时时要从因上找答案，“菩萨畏因，众生畏果”。

我们举办幸福人生讲座，现在我们要找到很幸福的人，笑得很灿烂的人，相当不容易。之前我们到一家银行上课，这家银行的主管非常有爱心，觉得同仁都需要古圣先贤的教诲，假如没有这些教诲，真的，面对家庭问题，人生的一些思考会没有方向，没有智慧去判断。上课时间都是下班之后，我们想想，今天上完班，又得去听课，心情好不好？一天班上下来，比较累了，一听说要听课，心情可能就比较烦躁。这是人之常情。

但是对一个人的一生来说，学习是关键。因为有学习才会有智慧，有智慧才能下对人生的抉择。假如人生该说的话、该做的事都没有判断清楚，那整个人生都在为自己所做的错事、所说的错话收拾残局。所以下对人生的抉择很关键，一言一行都要谨慎，乃至交的朋友、选的事业、找的对象，都是关键，甚至跟老师都要会判断。判断错了，跟错一个老师，很可能一生的思想观念被误导。

人生所有重大的判断都来自智慧，要有智慧得好学才行，所谓“好学近乎知”，好学才能跟智慧相应。刚刚我们提到要跟对老师，经典告诉我们，善知识具有八种风范：一是持戒；二闻，用心学习，闻是有修；三是有证；四是悲悯；五是无畏；六是堪忍；七是无倦；八是善语具。可以从这八个角度判断是不是善知识。因为假如我们的思想观念不对，被引导偏颇了，不只自己的慧命受到很大的损害，错误的思想又会影响下一代，甚至会影响一大片亲朋好友。真的，要把错误的思想放下，好像把头皮撕掉一层，很痛苦，这个我们很难想象。所以要慎于始，要会判断。

说实在的，包括企业界，各个行业、各个领域都有错误的思想。错误的思想感来恶的结果。我们自己也好，引导亲朋好友和下一代也好，思想观念真的不能不判断。诺贝尔奖，大家都知道这是很高的荣衔，但是得诺贝尔奖的，他的思想观念一定对吗？没有经过几千年的印证，很难保证它是真理。很有可能五十年前最流行的学说，五十年后被证实是偏颇的。比如说，“企业唯一目的是赚取利润”，所以只要能赚到钱，损害大众利益也不管，破坏大自然也不管。各地滥砍滥伐，大自然破坏成这个样子，都是错误思想造成的。

为什么我们会接受这种错误思想？其实根源还是我们自己，不能把责任推到这些人身上。假如我们有受中国传统文化的教育，假如我们敬天敬地，对大自然有敬畏之心，也不会接受这些思想。因为我们对天地万物失去了恭敬心，我们的心被功利主义、被自私占满了，错误的思想才会乘虚而入。我们甚至自私到连后代子孙都不考虑，只要我能赚到钱就好了。

我们几千年前的祖宗懂得把最好的思想、最好的生活环境存留给子孙。俗话讲，“前人种树，后人乘凉”。闽南话讲，“吃果子拜树头”，“吃米饭敬锄头”，饮水思源，我们所拥有的，都是前人的庇荫。前人都有这种恩泽后世的胸怀，甚至自己苦了一辈子，但是觉得自己种了很多善因，子孙能有善报，都是为子孙着想。这才是对后代子孙应有的心境。

我们这一代扪心自问，我们时时有想到子孙吗？后代子孙生活的环境会变成什么样子，乃至其思想观念会走出什么样的人生，我们有没有考虑到？有时候我在火车站前看着熙熙攘攘的人群，尤其是那些十几岁将近二十岁的青少年，眼睛都往上扬，都比较傲慢。说实在的，这个傲慢不去除，一辈子不知道吃多少苦，更不用说事业会有成就。看他们身上穿的衣服都是名牌，不知道一身花了多少钱。“勤俭为持家之本”，不勤俭，金山银山总有一天都会花光。所以光看外表跟神情，都可以断他们的未来。

我们当父母、当老师的有没有注意这些重点？我们到底给孩子的思想是什么？有时候为人长者、为人父母被问到这一点，真的答不出来，说：“我太忙了，根本也没时间跟孩子聊什么。”说实在的，现在的孩子被谁带大的？说是电视比较好听，换句话说，是被魔王带大的。我们每天都把孩子跟魔王推在一起，他们怎能不变成小魔鬼？电视里面杀盗淫妄这么多！我昨天转到一个卡通影片，里面主角的头发什么颜色都有，就没黑色的；都留得很长，都把眼睛盖住了。闽南语说“盖头盖脸”，那个神情一点都不光明、不开朗，这样的人生怎么会好！

电视所呈现出来的影像，我们的孩子一点一滴都在受它影响，学到的都是这些。再听他们讲话，很多都是“无聊”“不要”“可恶”，要不就是一推，把人家推得翻好几个跟头，都很暴力。卡通影片里面的女生穿的衣服都很暴露，耳濡目染，真的，孩子变成什么样，可能父母都料想不到，每天都被污染。俗话讲，“学好终年不足”，终年都不一定学得好；“学坏一日有余”，一天就够了。所以父母真正爱护子女，最重要的是给他正确的思想观念和风范。

积德胜遗金，积德行风范给孩子做表率，胜过金山银山。真的，留那么多钱，孩子没有正确的思想，一下子就败光。父母赚钱犹如“针挑土”，用一根针慢慢把土挑，才积少成多；子女挥霍祖产，花钱犹如“浪淘沙”，就好像浪拍过来，一下子把沙土全部卷走。我们看报道，有些大企业家的孩子没有教好，出去乱搞一下，三亿五亿就不见了。“财为五家共有”，除了败家子，水灾要我们的钱，火灾要我们的钱，盗贼、贪官污吏要我们的钱，乃至告上法庭，两败俱伤，都会要我们的钱。而且争讼时心理上还会有很大负担，在申诉的时候，整个脸都是黑的，印堂都发黑，每天想着如何斗他，如何击败他。老祖宗说“饿死不当贼，冤死不告状”，“居家戒争讼，讼则终凶”，亲戚之间最忌讳的是闹上法庭，那是凶相。所以应该用真诚的心去面对冲突。

我的父亲也曾经借给人家钱，也借了不少。我父亲个性比较温和，不会去跟人家吵。但是借那么多钱，应该去看一看，假如有，也应该还一点。我父亲就去了，但是开不了口，就坐下来聊了一下，发现这个朋友家里更难过了，连孩子下个学期的学费都付不出来。父亲回到家，妈妈问：“怎么样？钱要得怎么样？”没要到钱，还给了他五千块。那是二十多年前的事了，五千块也不少。

那时候我也听说了这件事，怎么听到的，我也忘了。好像父母的心事在孩子面前没有办法藏得了，父亲不可能跟我讲这件事，但父母子女连心。当我知道了这件事，对父亲真的非常佩服，感受到父亲很仁厚，人家欠钱不计较，还给人家五千块钱。到底是五千块钱重要，还是把宅心仁厚种在孩子的心田重要？人不要太计较，人算不如天算。把厚道深植在孩子心中，量大福就大。

有这份爱心，走到哪里都能跟人和睦相处，敬人者人恒敬之，爱人者人恒爱之。父亲这样替对方着想，对方很感动，虽然事业经营得不是很如意，但每年一定尽他所能还钱，每年大年初一都来还钱，坚持还了十几年。他觉得这个朋友太有道义了，再怎么苦，都不能对不起他。这些影像都在我心中，每年过年，父亲会走到巷口，这个好朋友又来还钱。人厚道，不会吃亏。假如当时告上法院，就撕破脸了，很可能这个遗憾一辈子留在心中。所以吃亏是福。“居家戒争讼，讼则终凶”，大家冷静看看，家里面告上法院，然后家道愈来愈旺的，可能一家都找不到；“留与儿孙作样看”，上一辈都告上法庭，下一辈能学到什么？所以财为五家共有，水，火，贪官，盗贼，还有最厉害的在后面，不肖子孙。

真有德行、福分的人，水火灾都可以避开，连贪官都可以避开。元朝李忠是一个孝子，地震来的时候，整个地区的房子全倒，只有他们一家不倒。地震到他家门前分成左右两条绕过他家，之后又合成一条。真的，孝感得天地都动容。所谓“戒贵则尊，无往不吉”，一个人持戒精严，依教奉行，不会遇到灾难。一个地区遵循古圣先贤的教诲，也不遭难。“风雨以时，灾厉不起”，灾难也能够化掉。诸位同仁，有没有这个信心？有！不要真正遇到的时候，手忙脚乱。

我们冷静想想，整个大自然以后会是什么样子？我们要留什么样的生活环境给下一代？一个人连后代都考虑不到，那他做人的本分没有尽；没尽本分，就没资格做人。师长常说，这一生不成就就不得了！这是真话，不是开玩笑的。

修学的人不着在外相，为什么会出现这些情况？原因是人心，依报随着正报转，是人心感召的。能找到因，这是明白人。遇到任何境界不责怪别人，从自己开始做起，从自己开始反省起。该有你的福分，该有你的功德，厄难也不会降临到你的身上 。这个情况大家要很谨慎。

师长提到，一百个人中，只要有一个人行善，可以断恶修善，灾难可以化解。诸位同仁，我们听完这段话，下一个念头是什么？赶快找哪个人来行善？要先请自己！情况危急，舍我其谁的气概要出来。之前听课的时候，脑海里想一大堆人，都是别人去做，都没想着自己去做。结果师长当头棒喝，能闻圣贤教诲，这么殊胜的因缘，你还不站出来，还去请谁？被这么一骂，乖乖从自己做起。这是把我们的善心、愿心给唤醒，而善心、愿心不是你要有如来的智慧，有一颗至诚的心就可以；也不是说你的能力要有多大，不是！大家不要用分别心，一个人不疲不厌、尽心尽力的愿心就能感动每个人。

欢喜首的故事告诉我们，一份真心能唤醒更多有道德、有学问的人，一起来化解危难。假如我们不站出来，就没有办法感应。千手千眼观世音菩萨时时在给我们表达：一个人的慈悲心动了，一切人的慈悲心会动；一个人的手动了，真心为大众服务了，千手都会动起来，一切人都会被这颗善心带动起来。

我看过一个故事，有个人看到海滩上有很多海参，是被海水给拍上岸来的。退潮后这些海参回不到海里，会干枯而死。这个年轻人蹲下身把海参捡起来扔回海里，就这样一只一只地扔。路过的人很好奇，这么扔，不可能扔得完，因为海滩上太多海参。他说："年轻人，你这样捡，永远也捡不完，你别捡了。"这句话我们熟不熟悉？社会乱了，你再怎么努力都没用，别做了，别管了！这不行，敦伦尽分为基础才能成就，眼下、当下的随分随力去做，我们的心才是真诚，才是慈悲；没有这个心，跟菩提心不相应。我们时时要守住八个字："发菩提心，一向专念"。这么苦难的世间，那么冷漠面对，我们的菩提心去了哪里？我们当下修身，整个家庭经营得很好，那是利益整个社会。对，这个社会最需要的就是榜样。印祖这么多的教诲中，很强调一句：敦伦尽分。这对我们是相当重要的开示。

这个年轻人也没说什么，对路人笑一笑，继续把海参捡起来扔回大海。他边捡边说："我又救了一只海参的生命。"现在社会每天自杀的人有多少？他见不到光明，他只要闻圣贤教诲，慧眼就会开，就不会愚痴，就不会寻短见。所以把圣贤教诲弘传开来，让人得利益，真的比救火还急。你生这一念，"改天再把《了凡四训》《弟子规》送给他"，很可能就来不及了。这样的例子，我听过好几个。

我在秦皇岛讲完课，要回北京的时候，车子还没开，有个女士从窗口那边对我们老师讲："我来听课前已经准备自杀了，可是听完课，我心里有底了，我知道人生应该往哪里走，我不会自杀了。"这位朋友在成就我们每个人。我们所有讲课的老师都感受到，我们的课能让一个人回过头来不走绝路。所以纵使讲一辈子，只有一个人受益，我们也觉得无愧于此生，更何况还有很多人都因闻圣贤教诲而扭转命运。

这个年轻人至诚地把海参捡起来，他不问要做到什么时候，他只求对得起良心，我看到的，我一定尽力去做。这样的心境，能唤醒他人的善心。我印象很深，我们那次在平镇高中，有位校长竭尽全力把辍学的孩子找回来，爱护他们，教育他们。他上台讲了一句话："社会愈乱，我们愈应该站出来，没有难不难做的事，只有该不该做的事。"这段话我深受震撼。这位校长的善念也把我的责任心唤醒得更强烈。所以这位校长在捡海参，很真诚地捡，我们看到了很感动，现在陪他捡。所以一手动，真诚的心发动起来了，千手跟着动；千手都动了，还怕整个社会的劫难不能化解吗？从我们自己开始，表现出真诚、清净、平等、正觉、慈悲，就能感应众人也发这样的心。

这节课先跟大家分享到这里，谢谢！

第三十四讲　好的子孙是感来的

尊敬的诸位朋友，大家好！

我们上节课提到财为五家共有，这五种情况都会让我们的钱财消散，但是只要有德行、有福分，就不遭此难。而且，我们也讲到了天灾的根源还是人心，《书经》讲："作善降之百祥，作不善降之百殃。"这些道理在我们古圣先贤的教诲中频频提到。现在人迷于科学，但科学并没有穷尽整个天地宇宙的真相。我们尽信科学所见，那也是迷惑。科学很多见不到的，很可能在圣人彻悟的境界里面都看到了。

科学往往赶不上事实真相，但是我们可以借助科学体会一些我们契入不了的境界，科学已经证明了。像我们提到的"依报随着正报转"，依报就是我们现在所处的整个环境，正报是心。心善，整个环境就开始变化。现在为什么大自然被破坏成这样？没有别的，心！所以环保人士说要注重环保，要改善整个环境，回收是很好的做法，但是赶不上破坏。为什么？最大的源头是人的自私自利的心。人心的环保不解决，这个自私要去破坏哪里的大自然，真的防不胜防。

最明显的，当时我也在高雄，高屏溪养猪的人把死猪丢在河里面，把废水排在河里面。他能省多少钱？他省的也就几千、几万块钱，却造成整个高屏溪严重污染，水都不能喝。人的自私心造成整个社会多大的损失？千倍万倍都不止！不要看到有形的钱而已，污染，无形中伤害了无数人的身体，那不是钱买得回来的。污染的根源是自私自利心，真正解决还是要靠教育。“建国君民，教学为先”，人都有一份善念，自然不会有这个事。所以，真正的环保是去掉自私自利，有一份仁爱心对人、对万物。

曾有一个非常大的村落，全部同一个姓氏，整个村设计得很好，就像一头牛，排水就像牛的肠子，排得很好。每户人家都有水流过，都是上面的泉水流下来，打水喝非常方便。他们族人有个规定，谁在水源地破坏水源，就往死里打。可能我们觉得好残忍，但仔细想想，水源地被破坏了，影响的是多少人？不只是当时，是世世代代！为什么往死里打？太恶劣了，这个行为犯下了，没有办法弥补！所以他们对水源的保护尽心尽力，时时都想到一旦破坏，那是无数人的灾难，都有这个认知。

刚刚我们提到水实验，说实在的，现在的人要相信真理不容易。学历愈高愈傲慢，听到一些事情，先打一个大问号，不容易相信古圣先贤所讲的这些真理。诸位朋友，人的善念影响整个宇宙，一念遍虚空法界，这是真的不是假的。真正是众生无边誓愿度的愿心，一个妄念都不能起。“不怕念起，只怕觉迟”，起了一个妄念马上想：我在破坏宇宙和平，这不是我愿意见到的。修学人念念觉悟，时时都是善愿，这一念功德无量，这一念都在化解灾难。

我们到法国巴黎，参加二千五百五十年佛陀诞辰纪念会，师长也去了，把我们为社会做的事，把我们用《弟子规》、四书这些古圣先贤的教诲在庐江汤池进行教育的过程，以及所产生的效果，介绍给全世界的人。所以后面就有些海外的友人到庐江汤池参观。

有一次，澳洲总理找师长吃饭，师长说这个社会乱了，经济解决不了，工业、武力各方面都解决不了，唯有用伦理道德的教育。澳洲总理很认同。澳洲总理六十几岁，问师长："您多少岁了？"师长说："八十一岁。"澳洲总理说："您别开玩笑，好不好？"不相信师长已经八十多岁了，师长整个气色非常好。他跟师长讲，你要办伦理道德教育来澳洲办，澳洲一切都没有问题，都会配合你。诸位同仁，师长受到澳洲邀请，大家愿不愿意看到？这么好的老师，用什么请？用真心来请，用依教奉行来请。诸位同仁，我们要好好努力。现在世界各地的领导人都希望能够好好地办伦理道德教育，不分国土，都有这个认知了。

任何境界都是在考试，时时都有考题。像现在听课，有没有考题？有。假如大家在底下打瞌睡，那就恼害众生，我会觉得我讲得这么差，很惭愧，很难过。假如大家听课都很专心，那我就更有力气，这是不恼害众生！所以时时起心动念是觉是迷都是考试，都不失真诚、清净、平等、正觉、慈悲，才把考卷写对了。

依报随着正报转，我们的善念能时时保持，就是利益这个社会，利益整个世界，也是在化解灾难。所以大家用功的时候，都要有这颗包太虚的心。然后事情来了，去尽我们的本分，处事待人不忘真诚、清净、平等、正觉、慈悲。说实在的，跟人相处、帮人做事的过程中，都不离这五颗心，我们可不能执着一定是嘴巴念才叫修学。这个"念"字，今心，当下的心是觉悟叫念。所以没有事，精进用功；有事了，还是依然用这颗觉悟的心、慈悲的心去帮助他人，去做我们应该做的工作。这样就念念相续，念念相应。

而且，境界来了，我们能提起观照，都是因为我们平常用功不断。平常用功不断，心平等，心清净，境界一来，稍起贪嗔痴，就好像一潭清净的湖水突然起了涟漪，马上就可以调伏。假如平常就胡思乱想，心思很散乱，就好像湖面波涛汹涌，再起个涟漪也搞不清楚。平常就很平静，遇到境界"只怕觉迟"，马上就可以察觉，就不至于讲偏颇的言语，做出不好的事情。所以平时用功很重要。

我们这个系列讲的是"如何经营无怨无悔的人生"，如何无怨？了解真相，就不怨人了。了解到大自然都是人心所感，也不怨天地了。尽心尽力付出就不后悔。到时候家庭乱了，灾难来了，我们再后悔，怎么不早一点有智慧，怎么不早一点去做，于事无补。所以我们现在尽心尽力去做，才能无悔于人生。

我们在汤池的时候，培训种子教师的那个地方叫马槽。马槽是有渊源的，汉朝末年，曹操刚好经过那个地方，马就在那里休息，所以叫马槽。附近有所小学，叫牛冲。我们的老师属牛属马的不少，看到这两个名字，我突然意识到原来这一生的命运就是做牛做马。真的做牛做马了，内心才觉得非常踏实，无愧于人，无悔于人，无怨无悔。

我们讲到财为五家共有，其实面对这些没有一样能抱怨，水火自己感来的，贪官自己选来的、教来的。每个贪官不都是家庭、学校教出来的吗？那能怪谁？还是修养德行最重要，抱怨、批判于事无补。再来，盗贼，还是我们教出来的。我们有没有一份爱心去面对误入歧途的人，还是只是瞧不起他们、批判他们？那就对立了，他们对社会的报复就更强烈了。最需要教育的是犯人。所以把犯人抓起来了，不能高兴，整个社会要反省。破案率很高，要往深处去想，不是值得欢喜的事。犯罪率下降了，那才是社会的福分。

海南省监狱系统推展《弟子规》教育，我们看了真的非常欣慰。这些干警非常积极，这些犯人的改变给了他们生命动力，感觉我的工作居然有这么大的价值，我把服刑人员教好了，他的家人来探监，很欣慰。人对社会有一份责任、使命，被唤醒的时候会做得很欢喜。干警还说他们替犯人着想，虽然监狱的规定是这样，但情理法尽量兼顾。所以干警跟服刑人员不是对立关系，是亲人之间关爱的关系。

司法厅的一位副厅长也是闻老祖宗教诲的，他给服刑人员敬礼。服刑人员很惊讶，他跟他们讲：“人之初，性本善，我是礼敬你们的本善，你们的本善一定可以开发出来；再来，因为这么热的天气，你们还在这里学《弟子规》，我给你们敬礼。”整个监狱的氛围就像学校一样。我们看到这些情况，真的都很感动，也希望有些朋友参与进来，也去讲，也到监狱去付出。

我们刚刚提到，盗贼会要我们的钱。如何让社会上不再有盗贼？根源还是在教育。我们要以更宽广的心胸接纳犯错的人，他们才能浪子回头。我们愈排斥，他们愈往坏处走。诸位朋友，假如你们有亲戚朋友在监狱里面做事，公门里面好修行，让监狱变成学校，那真是功德无量。我们这几次也到桃园女子监狱讲课，真的，我们讲了半个多小时，底下很多人哭得鼻子都红了，泪水止不住。这些教诲，她一听善根就流露了。假如这些教诲在她小学、初中的时候就深植于心，“身有伤，贻亲忧；德有伤，贻亲羞”，她能有这样的心境，怎么可能会到监狱里去？

所以这些道德伦理，这辈子最重要的，要赶快深植在孩子、学生的心中。假如我们的学生有进监狱的，那我们当老师的都要反省，在该教他做人的时候，是不是忽略了？我们忽略做人，只重视成绩，上了初中，上了高中，这些分数不高的，被我们老师遗弃了，社会又污染，他能不学坏？所以犯罪率高了，我们所有从事教职的都要省思，所有为人父母的都要反省，看人生，看孩子的一生要看得深远。我们从根本解决问题，从教育着手。

有个服刑人员听了孝道的课，马上举手，很激动地站起来："老师，我前几天才写了一封信给我父母，我很生气地骂他们，还怪他们，都是他们害我进监狱的；可是今天听了'入则孝'，我才知道父母很爱护我，都是我不听他们的话，我自己搞来这里的。可是信已经寄出去了，怎么办？"你看他学历不高，但是心很直率，也不会扭扭捏捏的，很坦白地讲。老师就告诉他："你可以写信骂父母，也可以重新提起笔来忏悔、感恩。"他听完心里比较欣慰，就坐下来了。过没多久，他又站起来说："老师，我不只要写给我父母，我还要写给被我伤害的人的父母。"他是过失杀人，判的刑也蛮重的，十几年。他又想到人家的父母有多难受。"亲亲而仁民"，他的孝心起来了，就能体恤别人的父母、别人的孩子。所以孝不能不教，孝乃德之本也。教育一定要从这里开始。

他心量扩宽了，感受得到别人的痛苦，他说："虽然我写这封信，他的父母不一定能够原谅我，但是我觉得我一定要写，这样才对得起我的良心。"这么善良的人，假如这样的教诲能早一点开始，他以及他家里的人也不会感觉人生黑暗了。一个人被关进监狱，所有爱护他的人也都被关进无形的监狱，不知道要担心多久。假如不学好，家人继续被关在无形的牢狱。这些服刑人员的善根马上提起来，对我们这些干警、这些老师都是很大的鼓舞。这个社会还有太多地方需要我们去努力。

另外还有个服刑人员，他是吸毒进的监狱。进监狱以后，怀恨他的父亲，怀恨他的太太，因为是他父亲和太太把他送进去的。嗔恨心起来了，别人的一番好意都感觉不到。假如不进监狱，毒就戒不掉，倾家荡产，不知道又会交到多少不好的朋友。最起码在监狱里面，这些外缘都能断掉，能把毒戒掉。后来听完课，他讲："我太对不起我的父亲，太对不起我太太，原来他们都是为我着想。"这一转念，亲人来探监，整个气氛都不一样。他的父亲也很欣慰，孩子终于知道他一片苦心。后来要离去的时候，太太带着孩子跟他讲："我跟孩子一定等你回来，你好好在里面改造，重新做人。"妻子这份道义、恩义能让他赶快提升自己，出来后享天伦之乐。

各行各业，社会各阶层都需要教伦理道德的老师。所以我们要好好奉行《弟子规》，我们做到了，自然就可以很真诚地去跟他人分享。

我们讲到盗贼，确实有德能、有福分的人，盗贼都偷不到他们家的东西。曾有一批官银要押到曲阜给孔夫子的后代，押到半途被盗贼给抢走了。抢了，那就认命，也没生什么烦恼。结果隔天，孔家的人一开门，发现官银就在门口。原来盗贼知道这是孔夫子家的银两，赶快送回来。祖宗的德行感化了盗贼，念孔夫子的恩德，不愿意占他们家人的便宜。会不会有小偷知道这是某某人的家而不敢来偷？那就是我们德行的感召。

再来，不肖子孙也会要我们的钱。而这个不肖子孙都是感应来的。《中庸》讲，"舜其大孝也与"，舜真是大孝之至德；"德为圣人"，他的道德达到圣人的境界；"尊为天子，富有四海之内"，他是天子，四海都归他管，富有四海之内；"宗庙飨之"，大舜的福德被世代供奉、尊崇；"子孙保之"，有德行的人一定感来好子孙，承传他的家道。所以大舜的后代很兴旺，都已经四千多年不衰。孔夫子也两千多年家道不衰，范仲淹也一千多年了，他们不出败家子，子孙保之。所以好子孙也要靠我们的德行来感。说穿了，面对危难，还是要靠自己的德来化解。所以还是修身为本，人生还是要靠德行、靠修身。

之前跟大家提到，在我们的人生中，“父慈子孝，君仁臣忠，夫义妇德，长幼有序，朋友有信”，这样才能让自己无怨无悔。一定要把人伦关系处好，才能没有怨悔。父慈，这个慈还要有智慧，就是用一份爱心、智慧把下一代教好，这样才不会遗憾。所以教儿教女先教己，为人父母，为人老师，要赶快提升道德，不然孩子没教好，长大了会很遗憾。这个部分我们前面也讲了不少，“德者，本也；财者，末也”，一定要先培养孩子的德行，而不是先注重才艺。这个先后不要颠倒，不然会很遗憾，到时候拿个博士回来把你气个半死。子要孝，所谓“树欲静而风不止，子欲养而亲不待”，想奉养父母，但父母去世了，那是最遗憾的。我们看“子路负米”，他为了让父母吃到白米，走百里的路，把米扛在肩上，内心很快活、很舒坦，因为他尽孝了。后来当了大官，钟鸣鼎食，吃得很好，但吃不下。他说：“父母要是还在多好！这个饭菜比不上我帮父母扛白米时的香。”古圣先贤之遗憾，我们要记取，行孝不能等。

欧阳修写的一篇文章叫《泷冈阡表》，是祭祀他父亲的。父亲在欧阳修很小的时候就去世了。他提到母亲跟他说的一段话。母亲刚嫁到他们家的时候，欧阳修的祖母去世没多久，他的父亲每次吃饭就在那里感叹：我的母亲走了！“祭而丰，不如养之薄也”，父母去世了，祭祀丰盛，都比不上生前一碗饭、一盘菜的供养。他的母亲心里想，可能是婆婆刚去世，所以儿子很感叹。结果后来的十年，发现丈夫都是如此，一直到去世，吃饭的时候总是感叹“祭而丰，不如养之薄也”。

欧阳修的母亲感受到丈夫如此孝顺，她对欧阳修讲："你父亲这份孝心，我坚信他的后代一定会出贤人，是不是你，我不知道。"你看母亲对真理的那种信念会深植在儿子心中，你父亲这个德行会感来好子孙，但是不是你，要看你自己的努力。欧阳修后来很有成就。他的父亲虽然比较早过世，但其风范德行，母亲都会讲给儿子听。现在当妈妈的懂不懂这个道理？假如在孩子面前数落他的父亲，那就麻烦了，兵家大忌！父母在孩子心目中都是很崇高的，假如批判了他的父亲母亲，让他对父母丧失了信心，那他对一切人都很难有信任。最亲的人都不信任了，还能信任谁？所以夫妻之间要隐恶扬善。在孩子面前，父亲抬不起头，母亲抬不起头，那日子怎么过？要把另一半的好讲给孩子听，另一半的不好不要讲，要用一份爱心去协助他改过来。这才是夫妻的道义，逞口舌之快，贻害无穷。

母亲又跟他讲："你父亲当官非常廉洁，非常仁爱。"因为是在监狱里面当官，看到死刑犯，都尽其所能帮他减刑。有时候三更半夜了，这个人的死刑还是不能免，放下笔来，长长叹一口气，说："我也尽力了。"自己尽力了，也无憾了。自己这么尽力，都有可能判错，更何况是不尽力，那就不知道有多少冤狱。这段话是他的父亲讲给学生听的，教导他的学生。太太很感动，又把父亲的风范传给儿子。所以欧阳修当官非常清廉，竭尽全力审案，希望不要有冤狱。这个家道就传下来了。

而且欧阳修的母亲非常节俭，知道这个孩子非常耿直，会对朝政直言不讳，母亲成全他这份忠义，所以都不乱花钱。后来欧阳修被贬，母亲还要跟着他长途跋涉，感觉有点不忍心。母亲笑着对他讲："我们家节俭习惯了，再苦的日子都过了，你现在被贬，那不算苦。"

妈妈欢欢喜喜陪着儿子。每个忠臣背后，支持他这份忠义之气的，往往都是他的父母，还有妻子。为什么我们中国人这么尊重母亲、尊重女性？因为我们知道，所有圣贤人的背后都有看不到的重要力量推动着他们。

这是我们讲到，五伦关系做好了，才不会有遗憾。这节课先上到这里，谢谢！

第三十五讲　承传孝道和师道，每个中国人都有责任

尊敬的诸位朋友，大家好！

上节课讲到整个伦常关系，我们如何做到让他人、让亲朋好友对我们无怨无悔，也让自己的良知无怨无悔？很重要的就是尽我们这一生做人的本分。所谓无愧于人，无愧于天地，这样的人生就能没有怨悔。

我们也提到，为人父母有智慧，把孩子教好，这一生就不会觉得遗憾、后悔。孩子也要珍惜回报父母的机会，不要留下“子欲养而亲不待”的遗憾。父子关系再延伸，我们对祖宗也是这份孝敬之心。

中国文化有三股相当重要的力量，第一个重要力量就是孝道，而延续孝道精神的就是祠堂。祠堂是祭祀祖宗的地方，常怀这颗感念祖宗、感念先人的心，把孝道承传下来。祠堂是教伦理，孔庙是教仁义道德。现在社会缺伦理，缺仁义道德，是因为宗庙的教化作用愈来愈微弱了。现在的小家庭根本没有宗庙，这份孝道的延续受到很大影响。以前的大家庭几十口、几百口人，祖宗灵前可能还写着“祖宗虽远，祭祀不可不诚；子孙虽愚，经书不可不读”。而所有经书教导的德行，还是从孝道出发。

我们看《诗经》，从夫妇关系，从“关关雎鸠”开始教起。《关

雎》里面很重要的一点，婚姻是延续家道，要对得起祖宗。这首诗提到，“参差荇菜，左右采之”，荇菜是专门拿来供奉祖宗的一种植物，是媳妇去采。我们可以感受到一个好的媳妇去祭祀祖宗，祖宗在天之灵非常欣慰，非常欢喜，有这个好的媳妇，我的后代就能兴旺。所以虽是讲夫妇关系，也含蕴着孝道的承传和要对得起祖宗的精神。

以前的大家庭，大年夜煮水饺，煮好的第一盘，大人一定交代小孩子恭恭敬敬地端到祖宗灵前，而且不可以说话，不可以打喷嚏，要很谨慎。端到祖宗灵前，给祖宗跪拜。这是第一盘水饺，一定是给祖宗；第二盘水饺再给爷爷奶奶。从祭祀、吃食物的顺序，就把做人的道理传给子孙，这才叫道。“或饮食，或坐走，长者先，幼者后”，这只是《弟子规》里面的一句经句，却是成就孩子孝敬之心重要的生活礼仪。礼仪不可以不注意，“礼者，天地之序”，规矩是天地的秩序，颠倒了，社会就大乱，家庭伦理就教不下去。以前的人懂，我们现在不懂。一有好吃的，先叫谁来？你看倒过来了，先叫孩子吃。吃得差不多了，爷爷奶奶没得吃。这也不能怪小孩，我们没有智慧教导他们，怨不得他们。现在明白了，“蔡老师，我儿子都那么大了，怎么办？”纵使他都三四十岁了，没关系，人之初，性本善，还是可以用我们的真心去感化，精诚所至，金石为开。

宗庙祭祀承传孝道，孔庙承传仁义道德，承传师道。有了孝道、师道，人格健全了，时时都有孝敬之心，德行就能成就，一切言行就懂得谨慎。“身有伤，贻亲忧；德有伤，贻亲羞”，不能让父母、老师丢脸，不可以一失足成千古恨。古代这些孝子真是举步都不敢忘父母，危险的道路不敢去走，生怕损伤了自己的身体。我们现在有没有这种心境来爱护自己的德行，爱护自己的身体？所以跟古代这些圣贤人、读书人比起来，我们生惭愧心、生效法之心。孔庙教师道，教仁义道德，结果现在没有用来讲学，成为商业场所，在那里摆摊儿，卖东西。我们看了很心痛，也觉得很可惜。

那份对祖宗、对圣贤人的恭敬心不可以丧失；一丧失，我们的德行受损，我们的福报受损。所以古人对祖宗十分恭敬，对至圣先师孔老夫子恭敬到极处，因为没有孔老夫子的教诲就不可能有我们几千年灿烂的中华文明。后代读书人讲：“先孔子而圣者，非孔子无以明；后孔子而圣者，非孔子无以法。”比孔夫子早出世的圣人，假如没有孔夫子删诗书、定礼乐，把他们的德行风范给承传下来，很可能我们都不了解黄帝、尧舜禹汤、文武周公的宝贵智慧。为什么夫子在中华文化中这么重要？因为夫子承传了这些圣人的智慧，启发了世世代代的后人。“后孔子而圣者”，后孔子而生的人，没有孔夫子的教诲，不可能成圣成贤。“非孔子无以法”，虽然那时候夫子的教诲并没有被当政者接受，但是承传下来之后，历代盛世，哪个能离开夫子的教诲？乃至家庭能够兴旺，家道能传百年千年，何曾离开夫子的教诲？所以，我们都要缅怀孔夫子的恩德，怎么可以不恭敬孔夫子？人一定要知恩报恩，那才是明白人。

俗话说，“莫以成败论英雄”。孔夫子的教诲当时没有被当政者接受，但是这些正确的人生态度、人生智慧传下来，我们民族从汉朝就兴旺起来。后世知道了，珍惜这些教诲，家庭、社会、民族就兴旺。我们也是抱持着“明知不可而为之”的态度，可能现在我们去推展仁义道德，接受的人不是很多，但是只要有接受的，正确的思想就会深植在他们心中，慢慢地家人乃至子孙都认同了，家道就兴旺起来。所以我们现在做，可能我们这一辈看不到兴盛的结果，可是我们寄望于好好地用心，两代三代就可以复兴。到时候我们在天之灵也无愧于坚持这样做下来。虽然现在不被了解，可是两代三代之后，有开花，有结果，我们也是承传孔夫子的教诲。这是中国文化第二个重要力量。

第三个重要力量是因果教育，城隍庙教因果教育。人懂得因果，就懂得收敛，就懂得断恶修善；假如完全不懂因果，就会什么事都敢干。其实《弟子规》句句不离因果教育。“父母呼，应勿缓”，对父母孝敬的心没有深植在孩子心中，没有好的因就不会有好的果。孝敬心没有种下去，“学如逆水行舟，不进则退”，没有学到孝敬心，就学到傲慢心。所以“父母呼，应勿缓”没做，可能对父母“一言九顶”，很不恭敬。不恭敬的因种下去，往后要收很多苦果，不可能会有长辈栽培他，这么傲慢谁会栽培？傲慢又会形成很多人际关系的阻力，人家看他不顺眼，他还搞不清楚原因在哪里。

再比如，“置冠服，有定位”，东西都放得好是因，到时候找得到是果。我们常看孩子找不到东西还发脾气，无理取闹，父母还像仆人一样，还哄他，“你别生气，我再帮你找”。该教训的时候不教训他，他会愈来愈嚣张。明明就是自己没放好，找不到，着急，还乱发脾气，哪有这个道理！他现在对父母发脾气，难道出去工作，还能对上司这么发脾气？他在家里形成的态度、习惯，出去了谁吃那一套？父母要看得远一点。

那时候我在台南师范学院，老师跟我讲了他亲眼所见的事，给我们启发也很大。台南师范学院附属小学，大部分都是学校教职工的孩子。那天下雨，一个小女孩站在门口，等她妈妈来接。之后来了一辆豪华轿车，诸位朋友，开一辆豪华轿车成不成功？不能看表面。我的人生，我觉得古圣先贤都在庇荫我，在照顾我，让我看到很多值得省思的事情。有个事业做得非常大的人，出来都是上千人给他掌声，一般人都觉得这是成功。他也很疼我。有一天我到他家去，看到他两个儿子真是无法无天，吃饭还爬到桌子上面，奶奶气坏了，请不下来。我看到这个景象，心里想，这样叫成功吗？他在外面这么多掌声，结果孩子这么不像话，这样的成功我也不要。

那时候是这么想，那时候还没有读经典，假如读了经典就知道一句话叫“至要莫如教子”，人生最重要的就是把孩子教好。“不孝有三，无后为大”，“无后”一般人解得浅，认为没有生男孩叫无后，错了。你看现在的老夫老妻，老太太、老公公谁在照顾？绝大部分都是女儿在照顾。这是结果，原因不难推断。原因在哪儿？原因在生了男孩很高兴，宠坏了，他怎么会孝顺你？反而是女儿没被这么宠，又比较有怜悯心，虽然不是很受父母重视，但是也不忍心父母晚年这么孤独，所以主动照顾父母。所以，生儿子不叫有后，德行不好，会把我们给折磨死。闽南话讲“好子好佗跎，歹子不如冇”，中晚年能好命的就是有好儿孙，游山玩水都很放心，不用担心他在动什么脑筋。但是歹子就麻烦了，不好的孩子，真的连闭上眼睛的那一刻都不安心。所以把孩子教好才是有后，才对得起父母，对得起祖宗，也才对得起小孩。

我看到在外面这么风光的人，家里居然是这个样子，就觉得这样的人生路不是我要走的。这一幕一幕对我的人生都很有启发，不要去追求梦幻、空虚的人生，不要去追求名利的人生，“从来富贵都是梦，未有圣贤不读书”。我们希望自己成圣成贤，希望后代也能成圣成贤，最重要的是开智慧，读圣贤书。好儿孙，都是诗书传家，从有着好学氛围的家庭出来的。

我的老师走到校门口，看到那辆轿车开过来，还是名牌轿车。妈妈从驾驶室走出来，把雨伞撑开，准备接女儿回家。突然这个女儿说："你白痴，现在才来！"老师听了都愣住了。一个孩子才小学，对母亲讲话这么恶劣！诸位朋友，以后她长大了，这样的女孩给你做媳妇好不好？谁敢娶？但现在这样的女孩可不少，跟父母讲话就好像命令一样。更让人吃惊的还在后头，妈妈马上回应："对不起，对不起，我来晚了。"父母变仆人，爷爷奶奶变仆人。爷爷奶奶六七十岁、七八十岁了，小孙子在那儿跷着二郎腿，"奶奶，我要喝水"。奶奶恭恭敬敬，"孙子想到我了"，赶快给他端杯水。他连站都不站起来，还坐在那儿跷着腿喝。边喝，这个奶奶边给他拍背，"慢慢喝，别噎着了"，这不都是颠倒！

一想到这些就觉得很庆幸，父母，还有爷爷奶奶给我们很好的示范。我长记性的时候差不多四岁，曾祖母还在，我到曾祖母面前，跪着跟她讲话，都很恭敬。这时候，曾祖母就会拿糖果给我吃。从小就懂得这个规矩，有这份恭敬的心。

刚刚提到了，其实《弟子规》句句都是做人做事重要的心态，这个因不种下去，就没有后面好的果。现在的企业很头痛，怎么都找不到好人才？找来的这些年轻人，规矩都不懂，没大没小，也不好学，也不懂恭敬。请他来，还把大小姐脾气、少爷脾气带到公司。企业都很伤脑筋，怎么都不重伦理？怎么都重利轻义？一有小利就跳槽，一点都不忠诚。所以现在的企业拼命上什么课？上企业伦理课。改善了吗？君子务本，找不到万事万物的根本，就好像把水浇在树叶，甚至把树叶泡在水里都泡烂了，树也没长好。浇水的地方错了，要浇在哪里？浇在根部。

企业的根在哪里？企业的根在家庭。我们几千年的历史，这些君王、这些领导人懂，知道栋梁之材从哪里看？从德行看，所以叫“举孝廉”，孝顺就有德行，廉洁就不贪污。古代官员的政绩，第一条先看举多少人才。这都是“有后”。假如你在位的时候还可以，但在你之后没人才接续，这个地方乱了，那怎么叫有责任心？什么叫责任心？我们不在的时候，家庭、公司还能运作得很好，这才叫责任心，做得彻底。“公司没有我不行”，好像我们很重要，其实这个责任尽得不够彻底。为什么？人生无常，因缘变化，假如这家公司因为我们离开而遭受很大损失，我们怎么对得起公司对我们的栽培！乃至家庭里面孩子没有我们不行，也不对。孩子没有我们不行，我们教给他的是依赖。他能依赖我们多久？突然无常来了，孩子手足无措怎么办？乃至夫妻恩爱，对对方的爱怎么才看得出是智慧、是责任？当我们离开这个世间，对方也能过得很好，这才叫有智慧的爱，这样的爱才能无悔。不然无常来了，我们真是走都走不开。

有这样一对夫妻，学历都很高，你侬我侬，好像橡皮糖黏在一起，很多人很羡慕。但是突然先生意外去世，太太一下子接受不了，自杀了。我们爱太太，是不是希望她以后自杀？不希望。希望她活得很好。这个先生真爱了吗？那是欲，彼此占有觉得满足。当对方不见了，控制欲一下子没有办法满足，太痛苦了，所以寻了短见。

道证法师在他的演讲中讲到一段，让人特别感动。一对夫妻，先生是学校的主任，太太常常躲在先生后面，小鸟依人，比较依赖先生，他们一起修学。所以情缘一定要转，不然到最后都会变成修学的障碍。有一天晚上，太太在家接到电话，得知她先生出了车祸，当场死亡。你看，本来都是先生招呼里里外外的事，现在先生走了。这个太太一滴眼泪都没有掉，马上以最快的速度赶到车祸现场。“先生，”她对已经离世的先生称呼都很亲密，“你现在什么都不要挂碍，妈妈我会照顾好，儿女我也会养大、养好，你放心地走吧。”旁边的人都为之动容，那叫真爱，真成全先生。这个时候哭哭啼啼为谁哭？为自己哭，不是为先生着想。你看一个女子有这样的正气，完全为先生着想。太太这么坚定的意志安了先生的心，这才叫真爱。我们面对另一半也要有这种态度，我们不在的时候对方也能很好。

再来，对我们的孩子也是一样。有个中学老师让学生写一篇文章，写自己的母亲。有两个学生，刚好母亲不久前过世了。其中一个写的题目叫“母亲的微笑”。母亲已经去世了，但是留在她心里最明显的影像，就是母亲的微笑。她的母亲得的是癌症，可是纵使得了癌症，母亲还是非常光明地去面对，并没有愁眉苦脸。所以一直到母亲离开，孩子心中都是这样的影像。母亲不管面对什么样的情境、挫折，都是尽心尽力去化解。母亲虽然离开了，但那份乐观进取深深留在女儿的心中。这份态度留住了，纵使没有母亲陪伴，这个孩子的人生也会光明，也会经营得很好。诸位朋友，人生无常，如果我们这一刻就要离开，请问留在孩子、留在亲朋好友心中的是什么影像？这个影像能不能成为他人生源源不绝的动力？这才是我们人生的价值。

另外一个同学写的是“梦里的母亲”，连做梦都在想妈妈。都已经离开好一段时间了，情绪都没有办法调整过来，每天都很忧郁、哀伤。后来老师到她家去，看到一大堆洋娃娃，都已经这么大了，还抱一大堆洋娃娃。家里到处看得到妈妈的照片，依依不舍，都没有办法面对事实。这是太依赖母亲了，母亲离去后，她的人生没有办法重新振奋起来。

责任心三个字，要看得深远。我们在企业，应该为整个团体培养人才、培养后进，这才是责任心。假如我们又是公务人员，我们要为全国人民提拔、培养人才，这样的人生才是道义的人生。假如都是在混时间领公家的钱，那是造恶太重，对不起全国人民，对不起所有纳税人。孟夫子讲，“为天下得人者，谓之仁”，能为团体、社会、国家举人才，这是真正有仁慈心的人。这个仁慈心不只是想到现在，提拔后进才能继续照顾社会大众。所以，当我们真正要离开团体以前，一定要把我们的工作交代好，要有人才来接我们的工作。我们帮公司培养好了人才再离开，这是真正有责任心。公司照顾我们那么久了，一看到更大的利益马上走人，他们手忙脚乱都不关我的事，那是太没有责任。走了，留下来一堆骂名，我们在整个社会的信誉都会受很大的影响。

其实《弟子规》每一句都是因果的教育，影响的是孩子的心地，我们要看得深远。心地就是因，往后的人生感得什么样的果，都不会有偏差。现在我们要复兴文化，就要重视孝道，重视师道，重视因果的教育。振兴中华文化，真的是我们每个中国人责无旁贷的责任。

中国几千年的文明，都是用一颗仁爱的心跟其他民族、国家相处。中国有五十六个民族，没有种族歧视。这么多民族相聚在一起，我们都觉得和乐。破坏民族和谐是很缺德、很折福的事。和为贵，所以整个中华民族，五十六个民族都很和谐。甚至因为有文化的承传，对待其他民族，对待客人，比对自己还好。我们印象中，几十年前，待客都是把最好吃的、自己舍不得吃的东西端出来，哪有什么自私！这就是我们的民族精神。好的文化传统我们应该承传下去。

用武力不能解决问题，开会能不能解决问题？一直讨论，一直讨论，全世界为了世界和平开了很多会，一开会就要花不少钱。钱从哪里来？都是拿的老百姓的钱，吃住都是老百姓的钱。假如不能有一些具体的做法利益社会，我们都要背因果的。全世界开了几十年的会，不只没有和平，反而冲突愈来愈多。这个时候就让我们想起二十世纪七十年代汤恩比教授讲的一段话，“解决二十一世纪的社会问题，只有孔孟学说跟大乘佛法”。

当文化没有承传下去，民族的灵魂就不见了。我这么讲不夸张，你看中国几千年承传孝道，哪有杀父害母的？一个朝代发生一件，整个国家震动，马上处罚那个地方的县太爷，巡抚、总督都要记过处分。全世界仅存的拥有高度文明的民族，现在却教出短视的下一代。短视，连孝心都没有的时候，比起禽兽可能都不如。

我们在情人节看到一些报道，四川一些年轻人去吃情人餐，费用从一百九十九到二千多块都有，而且去吃的绝大部分是在校学生。在上海，情人餐还到了一餐两万块。你看吃的都是父母的血汗钱，都无动于衷。真的，伦理道德再不教，我们拥有灿烂文明，教出来的下一代却不堪设想。假如我们真的教出这样的下一代，那真的无颜见祖宗。“你是怎么做长辈的？你是怎么做父母的？怎么做祖先的？怎么教孩子教成这样？”我们很不好意思，惭愧。所以，敦伦尽分在我们这一代，在我们这一生的修学。这很重要，要谨慎。诸位朋友，听完这句话，我们的人生有没有什么改变？乱还是让它乱，不关我的事，这叫见死不救！见死不救，善根不够。这句话是告诉我们，救世界、救社会、救民族的方法在谁的手上？在我们自己的手上。

这样的宝贝在我们手上，怎么救？我们下节课再来讲，谢谢大家！

第三十六讲　把《弟子规》当成人生的剧本

尊敬的诸位朋友，大家好！

我们上节课讲到，我们拥有的文化可以解决二十一世纪的社会问题。都在我们眼前，我们知道如何去解决，当然是舍我其谁。怎么做？不难，从自己做起，从自己的家庭做起，修身、齐家，家庭又做天下的榜样，自然就可以治国，这份好的德行像风一样，吹到社会的每个角落。

《大学》里面讲，“君子不出家而成教于国”，古代像范仲淹确确实实做到了这一点，父子之间无怨无悔，兄弟之间无怨无悔。范仲淹的第二个儿子范纯仁，我们看这个“仁”字，仁爱，果然没有辜负父亲对他的期许。现在的人，尤其是年轻人，没受到文化熏陶的，你叫他去爱人、去关心人，他说我爱不起来、关心不起来。所以，仁爱有个源头，源头在哪儿？“孝悌也者，其为仁之本与”，仁爱的根本在孝，是从对父母的孝、对兄弟姐妹的友爱来的。范纯仁的孝悌做得非常彻底，他后来为官，爱民如子，都是从这个根本来的。

范纯仁考上进士，德行又很好，朝廷让他当官，他说：“我不能去，我要侍奉我的父亲范仲淹。”再好的官位他都不去干，他就老老实实地在家里侍奉父亲。后来父亲去世了，朝廷又想把他调到京城做官，结果范纯仁又说：“我的大哥身体不好，所以我不出来。”父亲走了，他侍奉大哥范纯佑，跟侍奉父亲一样恭敬。你看在功名利禄面前如如不动，都是想着孝悌的精神，都是这份对父母兄长的情义、道义。兄长去世以后，范纯仁才接受公职，离开家乡。我们想想，他之前都没接受，富贵福报就折损了吗？人有时候会想，机会来了，不把它抓住，以后就没机会了。当我们去抓名利，假如损害了道义，福报折一大堆，哪是聪明！

范纯仁没有去攀功名利禄，但该是他的福分跑都跑不掉。范纯仁后来当到宰相，他的官职比父亲还高，父亲是副宰相，他是正宰相。但是我们中国人，子孙的官职成就比父母、祖辈高的时候都不炫耀，为什么？对父母、祖宗感念。没有父母就没有我的成就，所以怎么可能炫耀？不可能的。古人很明白，连祭祀都懂这个道理。父亲是个普通的读书人，儿子是大夫，是国家的栋梁，父亲去世的时候用一般读书人的礼送他，但是往后每一年祭祀，统统用大夫的礼。你看我们古代的礼仪很厚道，孩子这么有能力，谁的功劳？父母的！我们看到这些很感动。

现在的孩子有了一点小表现，都拍着胸脯，你看我多能干，都是我的能力。忘本！骄傲！人生跌得爬不起来的都有。我们看一些颁奖典礼，最感动的是什么？获奖者上去，感谢父母，“没有父母的栽培、照顾，没有我的今天”。对！这样的公众人物才是有德行，不忘本。

范纯仁的官职比范仲淹还高，没有几个人知道，因为都把功劳给了自己的父亲。孝悌做得很好，范家影响了整个朝廷，影响了整个社会的风气，“君子不出家而成教于国”，全国人民都以他们家为榜样，进而效法。范仲淹的故事，在他还没有去世以前就传到了街头巷尾，就有人立祠堂祭祀，人民念他的恩念得非常深。他离开这个地方到其他地方当官，舍不得他走，就立祠堂。新来的官员很聪明，知道范仲淹在这个地方影响力很大，很多做人处事的教诲留在百姓心中，所以他还会祭拜范仲淹。这么下去，这个地区的百姓都尊重他，一起效法他的风范。

范纯仁当官的时候，有一次所管辖地遭受天灾很严重，吃不上粮食。而开仓赈灾必须经朝廷批准，一来一回，有可能会有人饿死。当下范纯仁决定开仓放粮，救了很多人。朝廷有人要陷害他，觉得抓住了他的把柄，没有朝廷的旨意，居然私自开仓，就参了他一本。朝廷派遣官员来调查此事，官员还没到，这个消息先到了，当地百姓赶快把自家的粮食都拿出来，倒到谷仓里面。他是仁爱的心，所以百姓也爱戴他。范氏家族，在往后的一千多年，总共出了七十几个部长级以上的官员。只要细细去研究历史，真的可以看到一个家族对社会、民族巨大的影响。

我们也讲到，不要小看自己的力量，不要小看一个家庭、一个家族的力量，修身、齐家、治国、平天下，这是可以做到的。孔夫子做到了，范仲淹做到了，我们有这个志向都能做到，都能给民族、给世界做出巨大的贡献。现在这个世界最缺的就是榜样，各行各业都要有榜样。我们当律师要有律师界的榜样，律师是维护正义，化解冲突。当律师的，人家本来不离婚，还劝人家离婚，那都违背了行业精神。任何行业我们都把仁爱的心演出来，当这个行业的表率，这就是在促进世界和平。

仁爱就懂得互助，懂得互爱，仁爱的根源还是孝悌。社会乱的根源在错误的思想，要解决这个乱，必须转变错误的思想。自私，就会演变成竞争、斗争、战争。现在不只是跟人竞争、斗争、战争，还与大自然斗争，破坏大自然。要停止自私自利，停止破坏大自然，要用这份仁爱的心来爱人、爱万物，才能化解危难，才能消弭这么多的冲突。所以汤恩比教授才说，解决二十一世纪的社会问题，要靠孔孟学说和大乘佛法。他人有没有做到我们暂且不管，从我们自己身上先把这个文化的精神做出来，孝悌从我们开始做，从这里出发。

我们也提到祭祀祖宗，承传孝道。祭祀祖宗也时时提醒我们，所有炎黄子孙都是我们的兄弟，他们现在到底在过什么日子，我们有没有感受到？这才是祭祀应该提起的孝悌的胸怀。“以祖宗之心为心，天下无不和之族人。”我们以祖宗的存心看，黄帝、尧舜看到一些父不父、子不子、君不君、臣不臣的状况，会多难过！所以复兴文化，尽我们这份孝悌的心，是对祖宗的孝，对所有炎黄子孙的友爱。

真的，愈接触社会，愈感觉我们民族所承受的苦难。一个小孩六七岁，念“父母呼，应勿缓；父母命，行勿懒”，念着念着就哭起来了。我们都很惊讶，经过了解，这个孩子从出生就不知道父亲是谁。父母没有受到好的教育，不懂得男女分寸，未婚生子。外婆怕女儿以后嫁不出去，对外根本不承认这个孩子，外婆自己带。后来又把这个孩子送给了自己的外甥。过了没多久，外甥离婚，把这个小女孩又推回来。外婆又找到同一个住宅区的一对夫妻，他们没有孩子，把这个孩子推过去。半年后，这对夫妻又离婚了，现在离婚率太高了，这个小孩又像皮球一样被踢回来。所以念到“父母呼”，她不知道应该怎么去体会，她感受不到父母那种无私的爱。她短短的人生岁月，不知道有多少长辈伤害了她的人格，把她当物品一样看待，喜欢就来，不喜欢就把她踢走。而这样的小孩有不少，这都是我们民族的后代。

之前跟大家提过一位校长，她常常看到中学生过完寒暑假去堕胎。你看那是十三四岁的女孩过的日子。女孩承受的是身心的痛苦，男孩要背的是过恶，这样的男孩折很大福。堕胎严重，整个民族的福分就一点一滴地损耗。堕胎那么严重，我们的民族能有福分吗？堕胎是杀自己的亲生骨肉，后果很严重。社会风气不扭转过来，往后子女都是来讨债的。

没有文化的熏陶，小孩不知道过的是什么日子。中学生，你看现在电脑、网络都让人着魔了，有的一打一两天目不转睛，不离开椅子，魔王的吸引力太强了。还有孩子连续打了好几天，是昏倒被抬走的，这样中毒的青少年不少。有个别的为了去上网，知道爸爸拿钱给爷爷奶奶，起了不好的念头，趁着爷爷奶奶不在房间，跑进去偷钱。不巧奶奶走进来，恼羞成怒，找奶奶要钱，奶奶不给，错手把奶奶给杀了。爷爷走进来，他又伤害爷爷，爷爷受了重伤逃走了。那笔钱没找到，他在奶奶的口袋里面找到两块钱，那是奶奶每天给他买早餐的。你看，欲令智迷，欲望侵蚀下一代的心灵。这个孩子到了警察局，警察问他，你现在是要上网还是要奶奶？他说我不上网了，我要奶奶。奶奶已经回不来了。你看，人被欲望控制了，像着魔一样，完全掌握不了自己的行为。

我们之前到东南亚，还听说青少年迷上网络色情，被妈妈发现了，妈妈给他关掉，孩子马上拿把刀要杀妈妈。你看那种欲望的力量有多强！假如不把仁义道德赶快扎在孩子的心中，后果不堪设想。不把这些伦理道德传下去，我们的民族真的危机四伏。两百多年前，林则徐遇到了民族的危难。那时候中国人吸鸦片的超过几百万，士兵一边背一支枪，一边背一支烟枪，这样还能打仗吗？还能保家卫国吗？

林则徐说再不改善，不久国家没有钱了，也无可用之兵，所以挺身而出，严禁鸦片。现在网络上的杀盗淫妄，比鸦片还厉害！我们整个家庭、整个社会，以及政府，都要高度警觉网络对于下一代的危害，这不得不正视。

林则徐说："苟利国家生死以，岂因祸福避趋之！"只要能够利益国家民族，纵使冒着生命危险，也丝毫不退缩。这种忠肝义胆，正是我们民族的灵魂。当时林则徐要离开老师，师生抱头痛哭，林则徐对老师讲，"死生命也"，我不怕，"成败天也"，这一次能不能真正禁烟，听天由命，我只要尽我全部的力量，我不能眼看着自己的民族承受这么大的屈辱和危机，我必须去做。林则徐去禁烟，有多少人要他的命！因为这些人赚黑心钱，禁烟就赚不到了。他毫不畏惧，收缴几十万吨鸦片一把火烧了。这在全世界禁烟史上，是第一人。一些国家还塑有林则徐的像，对他非常尊重。英国人的烟草被烧掉最多，对林则徐又恨又敬，恨他，但又非常尊敬他、佩服他，觉得他真是一个太了不得的有德行的人。因为太多官员都可以诱惑，但林则徐诱惑不了。

假如当时林则徐没有这么严格禁烟，只要开点小口，不知道能多赚多少银两。当时广东有几家就是靠卖鸦片富极一时。林则徐家里很穷，有人就笑了，说林公好傻，禁百分之九十九，百分之一不要禁，他们家不就很有钱了吗？你看那三家吃香的喝辣的。所以人往往眼光短浅，看不深远。结果几十年后，那三个家族完全败掉，家里那些古董到哪里去了？都到古董店去了，要不就是到别人家里去了。不到几十年完全败掉，子孙沦为乞丐的都有。但林氏家族兴旺几百年，而且子孙都有这种气节，都有这种人生态度，到任何地方一定尽最大的努力，尽最大的责任。天下为公，感来的是百年家道的兴盛。所以民族的气节我们要拿得出来，拿得起来。

林公的家教非常好，父亲很有德行，虽然是教书的，但是家里再怎么穷困都尽心竭力帮助亲朋好友。有一天林则徐的伯伯到家里来，因为揭不开锅了，所以向他们家借粮食。母亲给了粮食，还交代林则徐，不能给伯伯知道我们家也没粮食了，不然他们会拿得不心安。你看那种兄弟之情，纵使自己挨饿，也不忍心看兄弟挨饿。不只是他父亲，连他的母亲都是这样对自家兄弟。这样的家道我们研究起来都非常感动。

林则徐的父亲告诉他："粗衣淡饭好些茶，这个福老夫享了；齐家治国平天下，此等事尔曹任之。"孝悌勤俭的家道，这是我帮你们打下的基础；你们要在这个基础上，做到齐家治国平天下，你们要扛在肩上。父亲的交代，林则徐不敢忘，林公真的做到了齐家治国平天下，不负父亲的期许。所以一个民族英雄的产生都有源头，也都从家教来。

欧洲人做了个研究，为什么四大古文明，其他三个都断了，只有中华文明还在天地之间屹立不摇？欧洲人很好奇。研究后得出结论：原因是中国人重视家庭教育。孝悌忠义都是家庭承传下来的，确实家庭的力量维系着整个民族的兴盛，而家庭中孝悌为先。

这次除夕，我在庐江汤池过年。除夕早上，我们文化中心的所有工作人员，包括家属都来了，两百多人一起祭祖。祭祖的当下，可以感觉到我们的祖宗真的到了现场，很多大男人都感觉到了，都流下了泪水。我们齐诵《弟子规》，我们念着《礼运·大同》篇。大同是可以做得到的，"大道之行也，天下为公，选贤与能"，我们要栽培更多人，利益这个社会，“讲信修睦”，这颗心，孝悌的心，延伸到爱心，“故人不独亲其亲，不独子其子”，不只亲爱父母、孩子，还要“使老有所终，壮有所用，幼有所长，矜寡孤独废疾者皆有所养”。

在我修学的开始，对师长一些教诲真的印象非常深刻。回想自己整个修学的过程，一些重要的心态往往都是在第一年、第二年就扎下去。对师长的教诲不能打折扣，听到，马上随文入观，变成自己的态度。记得师长说要转经，要把经典变成生活、工作、处世待人，要把经典变成人生的剧本。当时听到这段很高兴，自己写剧本很累，也没有那个智慧。把经典当人生的剧本，很轻松，了了分明，摆在眼前，当下就可以力行。

现在的宗派太重形式，没有重视经典的学习，经典的熏修都只有表面而已。假如继续这样修下去，一辈子可能徒劳无功。所以师长说，要把孝道，把如何做人，把《弟子规》弘扬到各个民族、各个宗派，让他们在这个基础上能有所成就。对！连孝道都保不住，怎么修学？师长看到了整个宗派、种族的危机，非常悲切，鼓励我们这些弟子承担起弘护圣贤教诲的责任。

我们愈深入体会，感觉就愈强烈，所以经典是当下可以去做的。“咸共遵修普贤大士之德”，普贤大士第一愿，“礼敬诸佛”。诸位朋友，从谁开始礼敬？连父母都不礼敬，礼敬诸佛能做得到吗？好，从父母开始礼敬。怎么做？“入则孝”就告诉我们了。所以，普贤十愿跟《弟子规》是不是二法？觉悟了，用“一切男子是我父，一切女人是我母”的胸襟，不分别、不执着来做《弟子规》,《弟子规》也是普贤十愿。

父母要礼敬，长辈要礼敬，“出则悌”;一切人要礼敬，“泛爱众”。

人要礼敬，万物也要礼敬，连桌椅板凳都要礼敬，“置冠服，有定位”；对事情要礼敬，“事勿忙，忙多错”；要成全别人，“己有能，勿自私”。你看，从头到尾都是礼敬，都是圣贤人的存心，都是圣贤人的德行。学好《弟子规》，就知道怎么“道人善，即是善；人知之，愈思勉”。“广修供养”，《弟子规》哪一句不是广修供养？《弟子规》每一句依教奉行，都是广修供养。孝悌，对自己的至亲，对亲朋好友都是这种心境，都是广修供养，都是财供养、法供养、无畏供养。

师长讲，《弟子规》要做人生的剧本。诸位同仁，诸位朋友，师长说把《弟子规》当成人生的剧本，其他的就不用当剧本了，是不是这样？举一反多少？举一反三不够，修学人要举一反一切。一是什么？一是心境，心境觉悟了，心境平等了，心境慈悲了，对一切都是慈悲、平等、清净。这要善学，一即一切，从心性再回归到一切。所以，“父母呼，应勿缓”，恭敬心有了，再把对父母的恭敬拿来对一切人，这就是会学。所以，《弟子规》是人生的剧本，《礼运·大同》篇也是人生的剧本，一定可以当下做到。我们能转一切所学的经典，会觉得人生很踏实，学每一句都觉得很踏实，都是实学。

这节课我们先讲到这里，谢谢大家！

第三十七讲　把经典转为实学

尊敬的诸位朋友，大家好！

我们上节课讲到了，经典就是我们的生活，圣贤的教诲当下都可以落实，落实在生活、工作、处事待人接物，这叫转经。假如不落实，就会变成《弟子规》说的，“不力行，但学文，长浮华，成何人”，愈学愈傲慢，这就不好了。我们没有给世间人当好榜样，我们没有转经，我们拿着经典去要求别人，没要求自己，这样会让社会大众更不能接受，“你们都讲而已，都没做”。应该是愈学愈谦卑，愈学愈解行相应，用在生活中。

这次在澳洲听到一些例子，觉得很有启发。澳洲有位同仁生意做得很好，说要亲近师长。成人之美，大家安排他坐在师长旁边。既然要亲近，那就近一点。这位同仁受宠若惊，不大敢坐，“我说亲近，没有说这么近”。因为师长很有威仪，他有点紧张。后来坐下来吃饭，吃着吃着，这位同仁对师长讲：“师长，您看起来气色真好，您真是天生丽质。”他一说出天生丽质，旁边一位老同仁就板起脸孔来：“这怎么叫天生丽质？这叫法相庄严。”拿我们懂得的道理去要求别人，这个时候起什么心？傲慢心，高下心。

我们修学人知错一定改，只是错在哪里自己都搞不清楚。被自己给出卖了，了然无知。这位老同仁的心态已经不平等，有了高下，就没有办法感受别人的心境。其实说实在的，这个同仁说天生丽质，他是把他觉得最好的词都用上了，人家是肯定、称赞，结果我们生分别、生傲慢，搞得整个气氛很尴尬，好像空气都凝结起来，大家不知道怎么接下一句话。

结果下一句话谁接的？师长接的。师长对大家讲："天生丽质就天生丽质。"师长欢喜接受。这么一讲，旁边那个同仁就很高兴，没讲错。师长事事无碍，一句话就把尴尬给化解了。所以我们可不能愈学愈分别执着。师长是见性、见心，不着相，体会到的是别人的心境，不执着在言语上面；我们是着相，不见心，不见性，执着在别人的动作、言语上面，感受不到对方的心境。假如我们是这样跟大众相处，大众会觉得被我们误解，他们的心境我们都感觉不到。因为太容易拿着一些规矩去要求别人，只会让别人觉得压力很大，让别人在我们面前都不敢做事，生怕做错了被我们骂。变得不宽容、不厚道，哪里是修学人的态度？要见性、见心，不要着相。

其实这在公案里面都有教导。有个小孩看到佛陀来了，心生欢喜，他刚好在那里玩沙土，就把沙土倒进佛陀的钵里面。旁边的侍者本来要制止，佛陀说这是好东西，孩子最欢喜的东西拿来供养我，所以他这颗心是很宝贵的。这个土拿回去可以涂在墙上，让我们时时记住这些孩子对我们的供养，我们要有道德、有学问，成就这些孩子。所以现在所有孩子给我们的这些供养，我们也要铭记在心，要对得起这些孩子对我们的恭敬，对我们的真诚心。

那时候也有很贫穷的妇女，家里什么值钱的都没有，就一块地毯，还很脏。她看到佛陀非常欢喜，就把仅有的这块地毯拿去送佛陀。一般人会觉得怎么这么不恭敬，可佛陀觉得那是最恭敬的。

还有个公案。大众去听佛陀讲课，大部分都带着油，燃灯供佛。有个老太太没钱，就把自己的头发剪掉，拿去换了一点点油。头发也不值多少钱，本来是不卖给她，但看她这么诚恳，老板送给她一点油。听课的过程中，魔王来捣乱，吹来一阵强风，所有的灯都灭了，只有一盏灯没有灭，就是这个老太太至诚的心换来的一盏油灯。一点点油，但那是真心所化，魔王的风没有办法把它吹灭。

所以我们修学人要用真心、用正心对待大众。要有柔软的心，不能有那种控制、傲慢的心。这个天生丽质的例子，很值得我们思考。记得有一次，有位朋友第一次到我们中心来，环境还不是很熟悉，他剩了一些饭菜。他很恭敬地走过来问一位老师："请问倒饭菜的桶子在哪里？"诸位同仁，今天我们在讲堂，突然有个新来的人，捧着没吃完的饭菜到我们面前，问倒饭菜的桶子在哪里，我们怎么接这个话？如果我们马上接，"到这里来，要惜福，还倒？"他下次敢不敢来？可能被我们这个态度给吓退了。

他不懂，他刚来，是正常的。他了解了道理，自自然然就节约了。这些道理还没明白，你要求他做到，是强人所难。我们修学人能不能强人所难？有时候我们操之过急，一下子就要求别人变成圣人，不愿意要求自己变成圣人。这就是师长讲的控制的念头，这就是我执在作祟。我执一作祟，感觉不到对方的心境。其实对方也是恭恭敬敬地来询问我们。这个当下，我们微笑对他，"我帮你处理"。你这么亲切地帮他处理，他记在心上，第二天，第三天，他会不会搞清楚原来没桶子？总有一天就搞清楚了。一搞清楚，想到当初你这么客气地帮他处理，他很感动，几天下来，他也惜福了。他也会想到，当初你这么体恤他，没有给他难堪，一辈子佩服你的德行。很可能我们这个行为，让他对修学人产生坚定的信心。也可能我们一个态度，让人家失去对修学人的信心。所以我们的心态、心境都要常常观照，常保这颗柔软的心、体恤他人的心。

这是我们讲到的要转经，不然会傲慢。《弟子规》，包括往后接触到的经典，都应该时时落实在生活、工作、处事待人接物。有一次师长跟我们聊了一段话。他说这个世界现在是对圣贤教诲失去了信心，“信为道元功德母”，没有信心，就不可能去落实；落实得不彻底，感应也不究竟。所以一定要提起众人对古圣先贤智慧的信心。怎么提起信心？师长跟很多爱好世界和平的人士做了交流，把我们老祖宗的智慧告诉他们。他们听了也很高兴，但是回师长一句话：“这些道理很好，但是做不到。”他们觉得那只是理想。所以师长意识到，要让大众接受古圣先贤的教诲，唯有做出结果来，让他们的信心建立起来。要做出来，谁来做？大家怎么一脸无辜的样子？

那天师长跟我们聊到将近十一点。隔天一大早，五点多就起床，六点多吃饭。吃过饭，师长拿了一把扇子给我，我很感动。昨天聊完都已经快十一点了，我不清楚师长写这把扇子到底写到几点，师长又亲笔把《礼运·大同》篇从头写了一遍。我们现在这个时代是救根本，从根救起。所以这把扇子告诉我们这辈子应该承担的使命、责任，师长告诉我们，要把它做出来。把这把扇子带回来，因缘接着就来了，就有了庐江汤池这个因缘。我们开始推展中国文化，推展《弟子规》，要把《礼运·大同》篇做出来。

过了一年，我们再次祭祖的时候，念着《礼运·大同》篇，心里的感受不一样。“使老有所终”，这一年多来，我们两次给老人发敬老金。师长小的时候，七八岁的年龄，一到春节，当地都会给老人送一些吃的，尊重、爱护老人，师长印象很深刻。那些东西，按照现在的物价，差不多折合成五十块人民币。师长给两千多个老人发敬老金。你看这些老人老有所终。有个老人拿到红包，把它供在祖宗桌前，对子孙讲，我这辈子再穷，也不可能用这五十块钱，这五十块钱代表了老人家对我们老人的爱护。这个老人有智慧，用这个红包来教育子孙要懂得敬老爱老，懂得知恩报恩。

发敬老金的时候，我们也请老人吃饭。一桌两个老师侍奉老人，给老人夹菜。当场就有老人掉下眼泪，老人家说："你们对我，比我的儿子对我还好。"所以我们一点一滴落实这一句"老吾老以及人之老"。敬老金由我们的老师亲自送到乡镇，送到村落里面；行动不方便的老人，我们一个一个送到家门口。老师们做这件事都非常欢喜，他们下到乡里，下到村庄里。

下去的时候，有一些领导能接受，有一些领导不习惯，当领导习惯了，高高在上。一开始，是由这些村干部发给老人，都单手，腰也不弯，腰很硬。老人本来是一张没有什么表情、没有什么血色的脸，走进来后，我们的老师扶着老人，给老人倒茶，跟老人寒暄，接着老人还要按手印。我们很慎重，按了手印，我们的老师还拿着湿纸巾，很仔细地给老人把手擦干净。老人本来进来的时候面无表情，到最后那个擦手的动作让他们都很欢喜，离开的时候频频回头，给我们微笑。那些干部看了，心也变软了。本来是单手，慢慢地变双手，慢慢地变鞠躬，双手奉上。老人都很高兴。其实说实在的，腰弯下来舒服，还是不弯的时候舒服？还是弯下来比较踏实。

送敬老金的过程，我们的老师感受到了老人的苦。真的，一个礼拜下来，所有参与的老师的面相都变了，仁慈的相貌都出来了。因为真正感受到老人的苦，不忍心再看老人这么苦，希望赶快成长，把好的教诲传递开来，让子孙知道孝道。他们拍了一些照片回来，我们看了也很心酸。一个五六十年的破房子，土建的矮房，老人都七八十岁了，盖的只有一层被子，根本不暖和。但这个破房子旁边，居然盖起了三四层的洋房，住在里面的是老人的儿子、孙子。他们居然住得下去！你看，做那么没有道义的事情，还不知道错。所以真的“人不学，不知道”，不懂做人。

有个大学生上了课孝心起来了，他的奶奶就住在家旁边最差的房子里。他回去后，没有责怪任何人。他是相当柔软，相当有智慧，他不用言语去要求人，他用行为来感动人。自己把房间收拾干净，把奶奶带回来，住在自己的房间，自己欢欢喜喜去客厅睡沙发，一句话也没说，每天恭恭敬敬侍奉奶奶。没过多久，他的爸爸生惭愧心，开始好好奉养母亲。所以这个大学生非常善巧方便。

我们跟这些老人接触，八十岁以上我们还加送龙头拐杖。很多老人走路没问题，但是他们一定要拿着这支拐杖，他们说文化中心非常爱护老人，很欢喜。很多老人拿着敬老金，很高兴地说：“你们都把我们老人当宝贝看。”老人讲出这样的心声，我们听了也很欣慰。说实在的，我们会不会老？我们现在用心照顾老人，种这个因就会得好的果，以后我们老了，也会有人照顾我们。我们现在不用心照顾老人，这样的行为，下一代看在眼里，往后也不会爱护老人。种瓜得瓜，种豆得豆。真正用心去付出，自然感来众人对我们的爱护。“老吾老以及人之老，幼吾幼以及人之幼”，我们照顾老人，照顾小孩，当地人对我们也很爱护。

重阳节那天，我们办了一个敬老晚会，很热闹，两三千人参加。

我们搭了一个舞台，在那里讲课，办一些活动，让当地人欢喜地过这个重阳节。前排都留给老人坐，备了一些糖果、瓜子，老人坐在前面，很高兴。敬老晚会，我也上去讲课，有老人看到我比较瘦，隔天就捧了一盆鸡蛋到我们中心来，都是他家母鸡生的，“蔡老师太瘦了，要给他补一补”。乡亲都很厚道，都很替我着想。年夜饭那天，也送了好多土鸡蛋，还都是煮好的茶叶蛋，都送到家里。而且我们不知道谁送的，他们都不愿意留名字。

还有一天，我们办一个茶话会，找了一些村民来，每个人发一块月饼，发了九十几块月饼。结果隔天有人匿名送了三百多块月饼来。所以真的，爱人者人恒爱之。三百多个月饼送来，我们又沿街把它送出去，送给这些乡亲父老。确实人在做，天在看，天是什么？天是每个人的良知，都能够感觉到。

“幼有所长”，希望孩子能有好的教育，“老有所终，幼有所长”。当我们孝敬老人，“敬其父，则子悦”，尊敬这家的老人，全家人都欢喜；“敬其兄，则弟悦”，敬这家的兄长，所有的弟弟都高兴；“敬其君，则臣悦”，敬这位领导，所有的部属都高兴。这都是经典的教诲。

杨老师非常细心，从我们说要发敬老金的那一天算起，在的老人都要发。比方两个月前说要发，在这两个月去世的老人，也要发。纵使他已经去世了，我们已经答应他，也要对得起他的灵魂。老师很细腻，了解到有几家老人确实在这几个月去世了，就把敬老金送到他们家。母亲刚走，儿子也有点哀伤，看到我们老师把敬老金送到家里来，很感动，“你们还想到我的妈妈”。因为太感动了，当场双膝就跪下去感谢。所以人心厚道，只要我们肯伸出这份爱，互助互爱真的就能延伸到整个社会。

杨老师，还有我们中心的很多老师，从到了这里，就一直持续教导当地的孩子。书法老师亲自披挂上阵，这些孩子学了半年，提升得非常快。还有篆刻，教了几节课，刻出来是一般成人学两年的功力，学得很好。当地这些老太太、老公公常常都会念叨着："杨老师有没有回来？"因为把他们的孩子德行教得很好，才艺也教得很好，很感念杨老师。

杨老师教书法，光是一个点要点一万次，扎基本功。你看我们以前看武侠片，那个真正能承传师长功夫的，都是什么？都是那个蹲马步蹲很久，能屈得下去，才能伸得起来，能屈能伸。那时候师长都不教他功夫，教他干什么？去提水。提了一年两年，还很老实地在提，这是人才。往往一下子就要"赶快教我，我好表现给人看"，那是功利心，得不了法脉，传不了法脉。所以老实人得最大利。

这些孩子很老实，就跟着老师这么学。起头看起来好像很慢，但是永字八法笔法扎好了，写字，写对联，真的如行云流水，因为基础打好了。这些孩子学了半年左右，过年前去帮人写对联义卖。对联义卖多少钱？一块不算少，一百块不算多。帮这些长辈写，至于要拿多少钱，每个长辈随意就好。这些孩子写了两天，卖了七千多块钱。

写的过程中，有位长者来了，他在镇里书法首屈一指，很有修养。他听说这些孩子写得很好，但是还没见过，心里还是觉得不踏实。他亲自来了，七十六岁的老人，一站站了两个多小时。看到最后，他说："我的基本功不如这些小孩，我要跟这些孩子学习。"我们听了都很感动，一个书法写这么好又很有修养的长者，居然说他要跟小孩学。他说："我要跟杨老师学。"还把杨老师的书法本拿回去临摹。

那天刚好大年初一，我们到长者家拜年，看到长者家门口贴了一副对联：“往事一场春梦，七六从零开始”。我们很感动。他看到孩子写得这么好，马上觉得我要再学习，过去所有得的奖都放下，从零开始好好再学。长者这份谦卑的态度，感染了我们每个人。

我们要转经典，能把我们所学的经典真正落实，做出来。孝悌是圣贤教诲的核心，我们从家里开始落实孝悌，在重要的节日祭祀祖宗。那天二百多人的祭祀，也给所有参与的人深深的触动。有个同仁家里来了九口人，祭祀完了，接着给父母拜年，就借着给祖宗祭祀的这个场地，搬了两把椅子，爸爸妈妈上座，哥哥嫂嫂先拜父母，三跪九叩拜完，他带着太太再拜。然后轮到他的侄子、侄女，还有他的小女儿。都拜过了，接下来，请哥哥嫂嫂上座，因为全家人都非常支持他弘扬中国文化，家里的经济、父母的生活落到了哥哥嫂嫂的肩上。所以他非常感念大哥大嫂对他的支持，借过年这个时节，也给哥哥嫂嫂行跪拜礼。在场的后生晚辈都很感动。

这是除夕。后来年初一还是初二，他们家又给爸爸妈妈洗脚，因为天气很冷，泡泡脚血液循环很好。爸爸泡脚的时候，大哥洗一只，他洗另外一只，兄弟两个合作无间，洗得不亦乐乎。当然，最乐的是谁？最乐的是他爸爸。他的妈妈，两个媳妇也一边洗一只。三个孙子，有的拿着热水，泡凉了再加点热水，有的拿着毛巾，全家人忙得不亦乐乎。当这位老先生上台分享的时候，嘴巴笑得都合不起来。最后他讲到，假如没有老祖宗的教诲，我怎么会有这么美好的人生？所以孝悌传家，孝悌传下来了。

有了孝悌就有仁爱，有了仁爱，就会互助互爱。我们中华民族在盛世的时候都没有欺侮过其他国家。明朝郑和下西洋，那是当时全世界最强的一支军队，却没有发动侵略战争，反而把文化、把一些重要的生活技能，无私奉献给了其他民族。所以现在东南亚好多地方还在祭拜郑和。印尼有个大都市叫三宝龙，就是以郑和的名字命名。假如没有那种感人至深的德行，怎么可能在六百多年后，还有这么多外国人感念他的恩德？

那时候印度还有个国家叫柯枝国，国王说了一句话，他说我怎么这么幸运，能遇到中国圣人的教诲，“何幸中国圣人之教，沾及于我”。我的国民变得能住好的房子、吃上好的粮食，都是感他们带过来的这些文化、技艺。所以中国文化兴盛是世界的福分，仁爱的心传递开来，才能真正化解这个时代的危难。心平则天下平，心安则众生安，心净则国土净，先从我们这颗心做起，从我们这颗孝心、爱心做起。我们都有这份责任、共识，不怕中国文化不能复兴。

父慈子孝延伸到对祖宗的态度，也要延伸到对老师的态度。我们之前提到，善知识有八个特质，我们要会判断：一戒；二闻；三证；四悲悯，有修有证，又有慈悲心；五无畏，对任何事没有畏惧，勇于承担；六堪忍，能忍一切人所不能忍；七是无倦，学而不厌，诲人不倦；八是善语具，能善巧方便地引导我们。大家看到这八点，有没有什么影像浮现在眼前？我们的佛陀、我们的孔老夫子、我们的师长，都具备这些特质。

戒，你看佛陀的行持，戒就是佛的行为，自己都做到了；做到了才说，这是圣人。所以佛陀是真正证入这个境界，而且时时悲悯众人。无畏，佛陀在菩提树下降伏魔怨，所有的魔境界他都能无所畏惧，克服了。然后，能忍，忍一切，忍辱仙人的经历能看到佛陀这一点修得很圆满。无倦，讲课四十九年，没有一天休息。用种种音声，

“世尊能演一音声，有情各各随类解”，这就是善语具。

我们要定位自己也能成为别人的贵人跟善知识，学贵立志。今天先讲到这里，谢谢大家！

第三十八讲　判断善知识的八个标准

尊敬的诸位朋友，大家好！

我们上节课讲到在五伦关系中如何能无悔无怨，提到父慈子孝。这份孝，从对父母延伸到对我们的祖宗；这份悌，也延伸到对我们所有的同胞。中国人的传统非常重视师道，“一日为师，终身为父”，师生关系也在父子关系这一伦。父母给了我们身命，老师给了我们慧命，所以要跟随什么样的老师，一定要有智慧来判断。善知识难遇，假如跟错了，很可能我们这辈子道业不能成，知见偏颇，又造无量无边的过恶。这个必须谨慎，不然人生会很遗憾、很后悔，甚至搞个万劫不复，那就麻烦了。所以必须要有判断力。

判断力来自我们的智慧，我们学习真理，学习经典，才能有判断力。现在学校里面的老师，对于伦理道德、是非善恶的判断，到底有没有具备？或者他们懂了，有没有善巧方便地引导学生？这都是我们从事教育的人应该反思的地方。现在学校注重知识跟技能的传授，忽略做人做事的教导。很多老师大学毕业，十多年都是考试考过来，这些做人的道理知之甚少。所以，老师都应该着重于这些仁义道德的学习，这样才无愧于这份职业。

韩愈讲：“师者，所以传道、授业、解惑也。”传伦常之道，最重要的基础，老师自己也要做个孝子，老师自己也要夫妻和乐，这样才能把正确处世的道理传给学生。我们自己做不到，只说不做，那是骗人，无法真正摄受、感动学生。所以，老师也要补这一课做人做事的圣贤教育，刻不容缓。因为假如我们不懂，很可能教一年就误导学生一年。我们有心踏入教育界，就是希望真正利益孩子的人生，我们不愿意误导学生。有这份心，更应该精进学习道德学问。

有个研究生读书读了十七八年，觉得读得很苦。有时候埋在书堆里面找资料，一找半天出不来。这个时代写论文的方式有待商榷，大多是找一篇好的论文，然后批判它。这篇论文，好的我们都还没学到，尽想着如何批判，习惯了挑毛病，思想观念失之偏颇。年龄那么轻，向人学习的谦卑都没有提起来，都先站在批判的角度，就已经形成傲慢。

有时候找资料找半天，身心疲惫，走出图书馆，突然看到有人牵着狗在校园散步。看那个狗优哉游哉，突然想，我怎么活得好像不如狗自在？时时都想着如何批判人，哪有好日子过？施比受更有福，我们应该引导孩子奉献、服务于这个社会，这才有好日子。而且，这些批判的论文真的能利益社会吗？束诸高阁的多。真正研究学问要经世致用，要真正利益家庭、社会，这样我们才对得起这个学问，才对得起国家、单位对我们的栽培。不能净写一大堆根本用不上的东西，这值得我们反思。

这个研究生很苦恼，又想起《论语》说的，“学而时习之，不亦说乎”，明明学习是快乐的，我怎么学得那么痛苦？诸位朋友，我们学习快不快乐？你们的声音有点勉强。假如我们学得不快乐，那是学错了。

假如我们当老师的，“你成绩要考好，考不好就没有前途”，不断引导孩子就是为分数、为名为利，不只没把他的分别执着拿掉，还增长了他的分别执着。有中学老师跟学生讲，“假如你考得不够好，你就没有资格快乐”，这种引导都有待商榷。真正的乐在孝顺父母、友爱兄弟，助人为快乐之本。假如孩子的眼光只在分数上，他会斤斤计较，哪来的快乐？我说得这么顺，因为我就是过来人。以前看人家分数考得比我好很难受，看人家考得比我低很高兴，这叫幸灾乐祸。所以难怪以前福报这么差，找工作都找不好，这都其来有自。不只是幸灾乐祸，还落井下石，人家考得比我差，我还过去告诉他：“我昨天都没怎么准备，就考得比你还高。”你看人家听了多内伤？所以见人家痛苦的时候，不可生喜庆心，这都是厚道之处。

我们听到很多真实的例子，让我们觉得为人父母、为人老师的，要好好思考这些问题。有一班的孩子，数学第一名是个女生。这个女生有一天请假，那天考试，全班同学很好奇，因为大家都盯着她，要超过她。他们就去问老师，原来那个女孩的爷爷去世了，今天要去送爷爷。她的爷爷是数学教授，会教导这个孙女。结果全班同学非常高兴：“她爷爷终于死了！”一点怜悯心都没有，想到的是我的机会来了，可以超过她了。

真的很恐怖，名利、功利会让一个人的怜悯心、爱心完全看不到。很多家长还打如意算盘，“没关系，都这么竞争，这样好，孩子才能出头”。说实在的，现在这个时代是团队合作的时代，谁愿意跟这样的人合作？有哪个成功人士是因为自己成功的？没有众人的协助、爱戴、帮忙，不可能！诸位朋友，这样的人，你敢不敢跟他合作？人家死爷爷，他居然这么高兴，你敢吗？

老师看到学生的反应，全身起鸡皮疙瘩，我到底在教一班人，还是教一群狼？但是回过头来看，学生为什么这么在乎成绩？我们父母、老师有责任，要反省。父母的如意算盘也不要这样打：他出去都跟人家竞争，跟人家斗，回来好好孝顺我就好了。没这种事，他的心计较，对一切人都会是这种心态，最亲的人当然受到的伤害最大。

有一位台湾的企业家经过黄河，他心里想，这是我们华夏文明的母亲河。他就请出租车司机停一下，叫司机陪他一起在黄河边好好感受感受，听听水声。没多久，出租车司机哭起来了。他吓了一跳，一个大男人怎么这么哭？等情绪稳定后，司机说，最近遇到一件事，很难过。一直以来他们夫妻俩省吃俭用，就希望照顾好宝贝儿子，所以好吃的、有营养的都先让他吃，每天吃一只鸡腿。

当然，爱孩子、教育孩子、养育孩子要智慧。怎么把孩子养得健康强壮，要有正确的认识。你看现在的孩子吃得愈来愈有营养，有没有愈来愈健康？而且往往是愈有钱的家庭愈不健康。明明有钱，怎么换不到健康？没有常识。我教了几年书，曾经在山区教书，后来又在大都市教书。很微妙，山区的孩子吃得没那么有营养，但是他们的身体比市区的强壮太多了，他们跑五圈八圈，神态自若；都市里的孩子，跑一两圈就上气不接下气。城市里的孩子吃太多肉，营养过剩，而且现在很多肉里面含有过多的激素、抗生素，还有农药。这是在身体养护方面。在教育孩子方面，我们也要懂。你什么都给孩子，他学到的是自私自利，所有的人都应该替我服务，慢慢觉得理所当然，就不会感恩了。

接着前面的说。有一天这个出租车司机生病了，太太就想，应该多吃些有营养的东西，就把每天要给孩子吃的鸡腿拿到先生面前，“今天你吃吧”。结果先生手还没有抬起来，说时迟，那时快，“啪”，儿子给了母亲一个耳光，“这个鸡腿是我的”。这就告诉我们，教育孩子不能宠，要有智慧。你看整个过程，都引导孩子注重分数，注重享受，都是自私自利的引导。父母应该把孝道、把爱心演给孩子看，这样才是真正爱护他。我们当老师的也应该反思，不能把孩子引到功利的人生。时时都在那里贪求，贪心、欲望不可能有满足的一天，所谓欲是深渊，这样的人生走下去，一定是患得患失，快乐不起来。快乐不是拥有的多，而是计较的少，这些价值观我们有没有深植在孩子心中？

确实，人把执着放下，把分别放下，身心清净，身心平等，这样的人生是高兴的。放下自私自利，能替别人着想，施比受更有福，乐善好施的人生真的快乐。去掉孩子的执着，最重要的是先把自私自利放下，他的人生才有快乐可言。

这个研究生也很有追根究底的心，他想，学得这么苦，一定不对，就跑去问导师：“老师，孔夫子明明说‘学而时习之，不亦说乎’，但是我怎么学得这么苦？”老师听完，皱着眉头说：“我跟你一样苦。”我们当老师的，愿不愿意引导孩子走向痛苦的人生？那我们怎么对得起这份职业？假如老师都不知道幸福快乐在哪里，那要赶快用心去学习，哪有人愿意把孩子引向痛苦？

现在多少学子都希望以后能赚大钱，当企业家。我们看一看，企业家日子过得好吗？你看他们的人生有多少悔恨？因为人生没有正确的思想、态度，才会走成这个结果。你看多少父母长者，都希望孩子以后扬眉吐气，赚大钱，净把他往这条路上推。最后结果是什么？不得不思考。有太多人铤而走险，触动法网，太多人禁不起财色名食睡的诱惑，把家庭都给搞砸了，内心太多悔恨的事。所以不打下做人做事的根基，能敌得过这世间的诱惑吗？内心能不空虚吗？这些都值得我们老师深深反思，孩子求学十多年，我们到底少教了孩子什么？

听了导师的回答，他很失望，但是还不死心，再去找系里最有名的老师。有名，哪个名？名字的名，不是明白的明。现在很多老师在学校人气不错，跟学生都勾肩搭背，那不对，那不叫跟孩子打成一片；太过了，都有一点谄媚学生。师生之间本来就要有一种礼节，一种分寸，师生就像父子。儿子跟父亲这样勾肩搭背，没大没小！对老师要有基本的敬畏之心，不然学生一随便，对老师没有恭敬心。所有的学问都从对老师、对经典、对圣贤人的恭敬心中得来。这很值得我们细细去观察。

这个老师很有人气，他就去问他，我为什么愈读愈苦？结果这个老师想都没想，坚定地告诉他："人生本来就是这样。"意思就是说，人生苦是正常的，不苦才是不正常。你看这个回答颠倒了，对的变不对，不对的变对了。我们要"依法不依人"，经典讲的是人生的真相，不是谁想说什么就说什么，那很可能是错误的价值观。孔夫子讲"学而时习之，不亦说乎"，那是真的，人学了，明白了，觉悟了，理得心安是一定快乐的，一定不跟人起冲突。但是错误的思想不断地增长我们的自私自利，去跟人争，去跟人斗，得不到当然痛苦。所以这个时代我们要去判断，什么样的善知识才能够跟随，不然跟错了，整个人生方向都会被误导。

曾有一个年轻的女孩，二十几岁而已，听了五天《弟子规》的课，在台上痛哭流涕。因为她跟错了老师，做了让父母肝肠寸断的事情，事后想起来，觉得对父母非常有愧。她说，假如我先学《弟子规》，我就不会被误导。因为《弟子规》一开头就告诉我"入则孝"，不能做出让父母如此伤痛的事情。真的，经典可以开人的慧眼，分辨是非善恶好坏，不然掉入错误的思想就很麻烦。

善知识，我们从这八点来判断。第一，要戒，持戒。戒就是圣贤人的言语、行为，把他们的行持记录下来就是戒律。像《弟子规》，从头到尾也是戒。佛家有五戒，善知识不会干杀盗淫妄酒的事情。戒有开遮持犯，可是开戒有个根本，不是自私自利；不离慈悲，这才能开。比方说妄语是不好的，但不是那个妄语的动作不好，根本是欺骗他人、陷害他人，这个心地是错的。假如是为了对方好，让他不要再犯更严重的错，或者当下不要让他太伤心，这个善巧出自慈悲，为对方设想的心出来了，这叫开戒。

有这样一个公案。猎人在追一只小白兔，有人看到它往东边跑了。猎人问这个人，他说往西边去了。他有没有妄语？让猎人往西边去，他就不会犯杀戒，不会再造过恶，兔子也保全了它的性命。这叫开戒，这叫圆满，这叫利益所有人。所以，有高度智慧，事实上可以事事无碍，理事无碍。这是举个例子，在五戒中有开。但假如不是为了利益他人，常常犯这些过恶，那就不是善知识，我们要冷静地去观察、判断。

包括经典上讲的，修学人"不谤国主，不做国贼"。假如公然对国家领导人毁谤、侮辱，造成整个国家人心惶惶，也是不妥的。我们不可以意气用事，"不论一时而论久远，不论一身而论天下，不论现行而论流弊"（《了凡四训》）。"不漏国税，不犯国制"，守一个地方的规矩。假如我们开车常闯红灯，坐在旁边的亲朋好友看了，对我们修学都打个问号。确实要给世间人、给社会大众做个好榜样。这是戒的部分。

第二，多闻，就是好学，就像孔老夫子讲的，学而不厌。而学习没有厌倦，根本动力还是在慈悲为本。善知识内心时时把“众生无边誓愿度”放在心上，生怕懈怠，不能及早提升道德学问来帮助大众。而且好学是能向一切人学习，面对不同行业、不同年龄层的人，都有好学之心。

第三，有证，真正契入境界。很多的教诲，师长真正给我们表演出来，“处逆境，随恶缘，不起嗔恚，业障尽消；随顺境，处善缘，不起贪痴，福慧全现”。一切境界都是修学的好机会，“境缘无好丑，好丑起于心”。什么时候勤修戒定慧？在一切境界中。师长这些修学的心得、体悟都很宝贵，我们要好好珍惜。

第四，悲悯。我们在哪里看出悲悯心？佛陀四十九年讲课，没有一天休息，悲悯是不疲不厌，从这里可以看出来。孔夫子也是诲人不倦，一辈子认真教导弟子，因为他清楚，唯有这些弟子真正有道德学问，才能利益家国。因为这份悲悯世界、悲悯天下的心，所以能够不疲不厌地学习、教学。而且这个悲悯是平等的悲悯，不只是对人，对一切都是这样的心境。

第五，无畏，没有任何畏惧。诸位朋友，生活中我们有没有哪些畏惧？有没有哪些境界会害怕？对，降伏魔怨才能无畏。魔在哪里？魔不在外面，在我们内心，贪嗔痴慢疑，五毒。假如我们没有这五毒，任何境界来，也没有恐惧。我们只要能放下自私自利，放下贪嗔痴慢，对一切境界就没有恐惧，不怕被境转。不只不怕被境转，还勇于去承担。去承担，有人会怕自己没能力。有多少力就尽心尽力去付出，尽心尽力就是圆满；也唯有尽心尽力，才能唤醒众人的这份愿心。我们曾经提到欢喜首，就是提醒我们这个精神。

第六，堪忍。忍得住，降伏得了自己的习气，忍得住一切人的毁谤、嫉妒、侮辱，甚至陷害，都不会埋怨、冲突、计较。一定要对治习气，要忍住，不能再让习气伤害我们的慧命，我们不愿意再做习气的奴隶。一切法得成于忍，首先要忍住，要降伏习气。这是严于律己，但要宽以待人。大众的根性刚强难化，我们不能计较，应该忍受这些磨难、境界。说实在的，当我们在忍受别人嫉妒、陷害的时候，是真正提升境界最好的机会。通过这些大的磨难、考验，才知道我们是真修还是假修。

佛陀的前世是忍辱仙人，他遇到歌利王这么大的恶缘，肢解他的身体，没有嗔恨心，当下忍辱六度行成就了。诸位朋友，诸位同仁，忍辱仙人这个公案对我们有没有什么启示？故事不能白听，这个故事的精神我们要承传下来。释迦牟尼佛做到了，释迦牟尼佛是谁？就是我们的自性。释迦牟尼佛也是最好的示范。释迦是仁慈，牟尼是清净寂灭，在一切境缘中都不忘失慈悲心。希望早一点成就，早一点真正帮助众人离苦得乐。我们如何早成就？愈难的境界，愈是我们修学的机会，所以感谢困难、感谢挑战，怎么还会嗔恨？堪忍就可以做出来。

第七，无倦。没有厌倦，不疲不厌。善知识是真正能够力行。这几年来，我跟着杨淑芬老师推展中国文化，老师真的是无倦，不疲不厌。假如隔天要坐飞机到其他地方，飞机上可能得坐三五个小时，老师前一天都会多干些活儿，干到天亮，然后上飞机睡觉，舍不得浪费时间。我有几次跟老师坐飞机，老师真的功力很高，一上飞机，还没飞就已经睡着了。一路睡到飞机着陆，到达目的地，一落地就醒过来，一分一秒都没有浪费。真的，也还是这颗慈悲为本的心。

最后，第八，善语具，言语柔和，有智慧。善语是时时善巧方便，把他人的善根给唤醒。佛陀面对杀人魔王，还是坚信他的佛性，所以还是尊称他仁者，言语还是非常柔软。由于这份真诚信任，把这个杀人魔王的善根给唤醒了。有时候必须呵斥学生，把他给唤醒，那也是善语。

有个学生身体快不行了，还想着要见佛陀，又走不到精舍，就麻烦当地人去通报，说可不可以请佛陀来，我还想见佛陀一面。佛陀很快带着学生赶到现场，佛陀对他讲，我平常是怎么教你的？难道你临终的时候是想我这个臭皮囊吗？这也是善语。这不只提醒了这个学生，还提醒了所有在场的学生。最重要的是提起正念，依教奉行才是真的见如来，而不是执着色相。

民国初年的印光大师，成就很高。那时候有些弟子跑去寺院看老和尚，老和尚看了就骂：你们来干什么？看我这个臭皮囊干什么？还不好好敦伦尽分！这些都是提醒我们，都是善语具。

好，这节课先上到这里。谢谢！

第三十九讲　中国文化的三个重要角色：君亲师

尊敬的诸位老师，大家好！

我们上节课讲到了判断善知识、善友，都要有智慧。我们当老师的，一定要从学生的一生去着眼，应该传道、授业、解惑。现在的学生非常缺乏这些做人做事的引导，内心比较空虚。内心愈空虚，就愈想麻痹自己，染上很多不好的习性。假如内心是先扎下了孝道、德行的根，就不可能沾染这些欲望，所以扎根是很关键的。我们绝不忍心看到孩子内心空虚，沾染上这些很难除掉的坏习惯。

年前我们办了大学生的幸福人生讲座，有个大学生上了五天课，上台跟大家分享了一段话。他说："我给大家写个方程式，这是我上了五天课的心情。"他写的这个方程式是 5 ＞ 22×365。这个 5 是指五天的课程，上《弟子规》，上中国文化；22，他今年二十二岁；365，一年三百六十五天。他这五天所得的人生启示，大过于之前的二十二年。所以学生不是不愿意学，而是我们没有教好他们。

现在大学里面患抑郁症的学生比例很高，高到我们很难想象。很多知名大学，学生心理有问题，排队看心理医师，排半年才轮得到。抑郁症也是新的名词，我们几千年的历史，人都想着我该尽什么本分，都是道义的人生，很少患抑郁症。要么就是成长的过程互相伤害，要么就是内心太空虚了，要么就是都求成绩，得失心太严重，才会酿成这样的结果。这些情况我们细细思考，真的都是心理、心灵有问题，缺乏道德伦理的教育。我们当老师的要能体恤到学生的痛苦，我们要拔苦与乐，协助学生转恶为善、转迷为悟、转凡成圣，这才是我们当老师最重要的职责。师生关系也属于父子关系，我们当老师的也是这份胸怀，把学生当孩子一样爱护，无悔于这一生，无愧于天地。

再来，君臣关系。君仁臣忠就能彼此无怨无悔。前几次我们谈君仁的部分谈得比较多。我跟长辈常常有些谈话的机会，有位长辈说到他曾给一些高官当门卫，看这家人对待门卫的态度，就可以判断这个家要兴还是要败。有一家不只是官员本人，他的孩子们出来，都是非常恭敬地对待他们，"谢谢你们，谢谢你们"，非常客气。有些官员的孩子，口气非常不好，"慢吞吞的，赶快！"对人不恭敬、不友善，家道就要败了。怨气在他们家慢慢积聚起来，好运怎么会到？"刻薄成家，理无久享"，对人刻薄，家道是会败的。

很多长辈都提到，他们以前的上司确实都能体恤下属。比方说到了六七点，那时已经下班了，他一定会安排司机，"你先回去吧"。他还要办公，但是能体恤员工还有家庭，要他早点回去陪陪父母，陪陪妻子儿女，然后自己坐公车回去。我们想想，下属能不能感受到领导这份体恤？他一定能感受到，所以更能拥护领导。有时候收到一些礼品，非常疼爱下属，自己都还没拿，就分得差不多了，都给下属了。一些奖金，也很慷慨，因为这是大众的功劳，不是自己的功劳，这叫"让功于众"。一件事情办成，那是整个团队的努力，怎么可能只有自己的功劳？都能时时体恤整个团队的付出，关爱他们，照顾他们，这是君仁，真正视下属如自己的亲人一般。

不只是下属，各个行业，当律师也好，当医生也好，面对同样一栋大楼工作的同仁，我们也应该有这种爱护、平等的心。比方说当医生，每天会有一些负责打扫的女士来帮忙。我们当医生是一份工作，她们也是一份工作，也在服务我们，所以要常怀一颗感恩的心，可不能轻慢他人，对人没有礼貌。

有位医生德行很好，有人来打扫房间，他都会非常客气地道谢，长期这么做。有时候收到礼品，顺手就拿给她们，“拿回去给家里人吃”。有一天负责打扫的来找他，“你前几天是不是丢了一包东西？”这位医生在整理的时候，不小心把奖金丢到垃圾桶，因为忙，没有注意。这位医生对她都这么客气，她也很欢喜，所以很认真地打扫。你看，你为她着想，你恭敬她，她也会替你着想，有些重要的文件她怕你不小心扔了，所以会仔仔细细检查。医生把奖金扔到垃圾桶了，她捡起来还给他。确实，“敬人者，人恒敬之；爱人者，人恒爱之”。

再比如，下属跟着我们的时候可能还没结婚，后来结婚、生子，整个家庭状况在变化，他的责任不一样，生活方式也不一样。这时候领导能不能体恤，安排一个让他能同时兼顾家庭的工作？假如领导能体恤到这一点，下属会终身感恩。

有位上司比较刻薄，对下属不够恭敬。其实人跟人都应该有一份恭敬在。虽然我们是上司，也要对他人的人格恭敬，对他人尽忠职守、对他人的付出都应该是恭敬的，不能有傲慢，不能有高下。公函都是“敬贺”，结果这位上司说，还用“敬”干什么？用“贺”就好了！你看这个心态就不对。有个下属帮他开车，后来结婚了，帮上司开车得二十四小时待命，很难顾及孩子成长，就请求上司，可不可以给他调个职，让他能兼顾家庭。结果上司不只没有把他调职，本来在北部上班，还把他调去南部，这样做就太刻薄了。

我们想到孟子一段话，“君之视臣如手足，则臣视君如腹心”，领导把下属看作自己的手足，下属就把领导看作自己的心腹，看得比自己的命还重要。“君之视臣如犬马，则臣视君如国人”，就像一般国人一样，没有恭敬。“君之视臣如土芥，则臣视君如寇仇”。我们从这里就看得出来，下属怎么对待我们，跟我们如何照顾他们有关系。君仁，臣就忠。

很多忠臣确实是奋不顾身为领导、为国家。晋惠帝时，有一位臣子叫嵇绍，嵇是比较少见的姓。我们都听过竹林七贤，其中有个嵇康，嵇绍就是嵇康的儿子。河间、成都两个王作乱，晋惠帝去平乱，结果打了败仗。侍卫、大臣几乎都落荒而逃，只剩下嵇绍守护在旁，以身挡箭，血都喷到了惠帝的衣服上。最后嵇绍以身殉职，而晋惠帝幸免于难。仆人要把惠帝的这件衣服拿去洗，惠帝讲，这件衣服这辈子都不要洗，因为上面留着嵇侍中的血。侍中是官位，也是比较高的官职。他的这份忠肝义胆，我这辈子都要记住。这些忠臣，对待君王确实都比自己还重要。

“君之视臣如犬马，则臣视君如国人”，我们把下属当作赚钱的工具，让他们做牛做马，都不体恤他们的身心、家庭，他们跟我们也没什么恭敬、感情。时间一到，赶快走了，你叫我再做一秒钟，我都跟你要钱。整个君臣关系是非常计较，其实这样没啥意思。每天到公司，人跟人都没有人情味，也怪痛苦的。

“君之视臣如土芥，则臣视君如寇仇”，你非常轻慢，非常瞧不起下属，那他会视你为寇仇。很多开餐厅的，餐厅生意是不错，但对下属没有好好爱护，他们的怨气就慢慢生起来，到最后在厨房给你搞怪，搞得你非关店不可，这样的例子是真有。有一群人去参观一个工厂，他们先到了餐厅，餐厅吃得不好。这些人就想，吃这样的菜，跟这个老板干活儿不值得。后来又去参观工厂，看到员工懒懒散散的不认真，心想，这样的员工不要给他吃得太好。所以看吃的，觉得上司太刻薄；看工作态度，觉得下属实在是太不尽责。这都是相互的。所以，我们为人下属也要时时反省自己，对不对得起这份工作，也要无愧于这份工作。纵使跟这家公司的因缘变化了，当我们离开的时候，也要留些好名声，让人觉得这样的员工真是尽心尽力，很难得。我们的社会信用愈来愈好，发展也会愈来愈好。所以面对任何一个缘分，离开的时候都要坦坦荡荡。

师长曾经提过一段教诲叫“现代生活十则”，我们面对生活、面对工作，要时时用这十点要求自己、提醒自己。第一个，脑筋活一点；第二个，嘴巴甜一点，讲话别太冲；接下来，微笑露一点；说话轻一点；理由少一点；做事多一点；肚量大一点；脾气小一点；效率高一点；动作快一点。做人也好，做事也好，都应该精益求精，应该“苟日新，日日新，又日新”，把我们的职责尽好。

我们看第一个，脑筋活一点。怎么让脑筋活一点？首先，烦恼要少，每天烦恼一大堆，头昏脑涨；烦恼少，智慧就能长。再来，多请教，多跟一些有智慧、经验的人请教。这些经验传承下来，我们的思维、见识也能打开。我跟一些教育同仁接触，他们说你的一些想法不像是教书只有一两年。我也跟他们交流，因为我还没有正式教书，就遇到几位教学非常有经验的老师，有的都教三十多年了，我很欢喜地接受他们的教诲、经验。站在有经验的人的肩膀上，站在巨人的肩膀上，可以看得更远。我们的学习不可以懈怠，因为学生不等我们，我们早一点提升，学生就早得利益。

嘴巴甜一点。当然这个甜一点，不是去谄媚、巴结，那样就错了；是说话很柔和，让人如沐春风。因为说话太尖酸、讽刺、刻薄，话一出去，搞得整个气氛很僵硬，人和都不见了，那就很不好。说话是门学问，说话的部分我们下节课再来细讲。夫子门下四个重要的学科，第一是德行；第二就是言语；第三就是政事，如何把事做好，这里面有把事做好的重点、关键；第四才是文学，才是才艺、技能。

今天把“现代生活十则”读完了，好，明天起嘴巴要甜一点。没有从心里去欣赏别人，看到别人的付出，只一味地学甜一点，给人家称赞，又称赞得不是很得体，不是很恰当，不是内心真诚流露的，人家一听，鸡皮疙瘩都出来。真正打从内心看到别人的善，看到别人的好，看到别人的付出，这样讲出来的话，人家真正能感受到我们这份诚意，也会觉得更有信心。

微笑露一点。“面上无嗔供养具”，时时欢喜待人，这就是在供养大众。我们进佛门，最先看到的是天王殿，弥勒菩萨坐在中间，教我们要微笑露一点。微笑露不出来，就进不了山门。大家不要听完，待会儿坐车回去，在公车上见人就笑。人家会说，这个人是不是有点问题？而且这个笑，不一定牙齿要露出来。我们的态度非常温和，有一种亲切感，纵使是陌生人，见到我们都会觉得很舒服，这都是微笑露一点。

说话轻一点。我们曾经遇到一些朋友，讲话真的很像跟人吵架。你提醒他小声一点，“我有很大声吗？”他都警觉不到。后来到他们家去，恍然大悟，原来他们家讲话都是这样。不了解的，还以为他们家怎么常吵架。大声习惯了，不好。在家里大声，家里人不觉得怎么样，问题是你到团体里去，人家不会这么想，人家不能接受。《弟子规》说，“尊长前，声要低”，讲话不可以太大声，这样显得不恭敬。“低不闻，却非宜”，不能太大声，也不能小声到都听不清楚。

理由少一点。要勇于承担，不要做错事了就找一大堆借口，甚至把人都拖下水，这样没有担当，也很难被团体信任。一有状况，我们勇于认错、勇于改过，这样的态度反而更能赢得别人的信任。人不可能不犯错，“人非圣贤，孰能无过，过而能改，善莫大焉”。假如我们犯错了，第一个反应是找理由、找借口，“倘掩饰，增一辜”。真正有智慧的领导，他看人有他的功力，假如我们是时时推卸责任，时时找借口，他不敢给我们承担。

做事多一点。不要怕付出，不要怕多做，不要怕吃亏。多付出，多做，给自己培福又增长智慧、能力。有位朋友心态非常好，一开始上司给他的薪水比较高，他主动降薪。他说我不要这么高，这样就好，假如我表现得很好，你要加再加。假如你遇到一个新进人员，你给他的薪水他还自己降，会不会印象很深？现在很多人去应聘，问了一大堆问题，有没有出国旅游的机会？加薪、奖金，问一大堆福利。因为他们都被误导了。听说有一句顺口溜叫“钱多事少离家近，位高权重责任轻”，职位要高，权力要很大，责任又轻，天底下哪有这种事？“睡觉睡到自然醒，数钱数到手抽筋”，你看现代这些年轻人都做白日梦。“不经一番寒彻骨，焉得梅花扑鼻香”，好高骛远，急功近利，没有付出就想要收获，这样的人能被重用吗？

所以很多年轻人应聘，什么都问到了，都是问公司给我什么，却没有问出一句，我能给公司做什么？假如有个年轻人来，第一句话就问，我能为公司做什么？这个态度，一定会让经理或主管刮目相看。

懂得先付出，而不是计较。

这位朋友就是先付出，不计较，薪水不高，工作很努力。因为他心里想，我刚踏出大学，又没有工作经验，老板给我这么多机会磨炼，还给我薪水，天底下哪有这么好的事？又栽培我，又给我薪水。所以，他是怀着感恩的心来工作。而且他都是主动加班，因为他觉得所有的工作都是在学习，都是在提升能力。所以他加班不只不要加班费，还感谢公司给他这些磨炼的机会。你看快乐跟痛苦，天堂跟地狱，在一念之间。他这么欢喜地付出，当然老板也欢喜地栽培他，诸位朋友，大家想想，他们公司升职升得最快的是谁？薪水升得最多的是谁？愈不计较的人愈有福分。我们自己想想，假如我们当老板，要用什么人才？难道用个斤斤计较，常常跟你抬杠的部属？所以做事多一点。真的，唯有真正肯干、真正不计较的年轻人才能承传领导、长辈宝贵的人生经验。

肚量大一点。每个人都有一个学习的过程，对人不可以刻薄。很多人说，他都这么大了，连这点道理都不懂。其实我们心里要想，我们去责怪他人，我们生气了，对自己、对他人都没有帮助。人生做对己无益、对人也无益的事情，这叫愚痴！这种事怎么能干！所以，他人做错了事我们能包容，我们能想到他们都是没有闻《弟子规》，没有闻古圣先贤，他们不懂，才会做错事。师长讲，别人错的也是对的，我对的也是错的。人为什么肚量不够大？往往都是坚持己见，就是我对，就是他错，就是他得跟我低头。但是师长讲，我对的也是错的。我们坚持我对、他错，我高、他低，这个时候我们的心已经不慈悲，我们的心有高下、傲慢，我们是拿着经典去衡量别人，而不是要求自己。这就变成严以律人，宽以待己，修颠倒了。我们坚持自己对，跟人就是对立，就是我学问比较好，他比较低，这个心态跟真诚、清净、平等、正觉、慈悲不相应。所以固执己见，已经跟觉悟相违背了。

修学人时时保持一颗慈悲的心，而不是去固着自己是对是错。真是慈悲，人犯错了，不只不跟他论长短，更重要的是怜悯，“先人不善，不识道德，无有语者，殊无怪也”。为什么说他错的也是对的？这个对叫作其来有自。就是因为他没有好的家庭教育，没有好的学校教育，没有好的社会教育，把自己本善的心搞成这个样子。所以我们能体恤得到，他这个错是他以及家庭、社会的不幸，我们更以一种怜悯心去面对，把他引导到对的地方，哪还有时间跟他计较对错？一味地慈悲心对人，别人错的也是对的，这个对就是正常，失教以后的正常现象，我们应该包容、宽恕。

脾气小一点。发脾气是最傻的，伤了自己又伤了别人，还把别人往地狱推。因为一个人发起脾气来，整个办公室的气氛就像地狱一样，很痛苦。

效率高一点。说实在的，前面这些态度都具备了，做起事来效率也很高，这些心态都是息息相关的。当然效率要高，也要多学习、多请教，有了很多的经验，办起事来比较顺手。

最后一则，动作快一点。动作要快，心不可以急躁，该快的时候快，不要慢吞吞，拖拖拉拉，耽误其他人的时间、工作。

这是我们提到的君要仁，臣也要忠，要好好提升自己的工作能力，对得起这份工作，对得起团体对我们的栽培。

五伦关系中，第三伦是夫义妇德，夫义妇听。我们之前有提到，婚姻这个婚字代表黄昏，男表阳，女表阴，黄昏属于阴。黄昏是阳往阴来，阳去了，阴来了。所以娶妻的时候是男的过去迎接，阴来了，把媳妇娶进门。这都是表男人主动去迎娶。《礼记·昏义》里面就有提到，“合二姓之好，上以事宗庙，而下以继后世也”。你看我们在好几千年前就知道“合二姓之好”，同姓尽量不结婚，几千年前就知道遗传学。同姓结婚，血缘太近，可能遗传一些不好的基因。“合二姓之好”，代表婚姻就是让两边的家庭都放心，愈来愈和乐，这才是结婚的真正目的。结了婚，搞得两家人都心神不宁，都很担心，那就不对了。

“上以事宗庙”，侍奉祖宗；“下以继后世”，后有好的子孙。“上以事宗庙”是老，上一代；“下以继后世”是子，下一代。上一代还有上一代，下一代还有下一代。一个“老”跟一个“子”就是一个“孝”字，婚姻真正的意义是承传孝道。我们走入婚姻，应该让父母放心，让祖宗放心，也教育好下一代，让下一代能承传祖宗的智慧，承先启后，让他们也能把人生经营得幸福美满。

婚姻，这是人生大事，也是一个家族的大事。当新郎要去迎娶新娘，还没出家门，父亲亲自端一杯酒敬儿子。诸位朋友，假如坐在餐桌上，父亲端一杯酒说，“儿子，来，我敬你”，我看我会从椅子上掉下来，承受不起。父亲是非常尊贵的，我们都很敬畏父亲，怎么可能让父亲给我们敬酒？但是迎娶那一天，父亲给儿子敬酒，而且儿子不用回敬。你看，儿子受此大礼。父亲是代表祖宗敬我们，家道代代相传，都是很清白很有德行的，我们要承传下来，这个责任重大。敬这一杯酒，希望我们把责任给扛起来。新郎还没踏出家门，父亲这么一敬，你看他的心态非常庄严肃穆，非常恭敬。不像现在结婚都吵吵闹闹、嘻嘻哈哈的，不是这样，都是非常严肃，非常有责任心地面对婚姻。

到了新娘家，岳父岳母在门口等待，给新郎行礼。迎娶的时候，新郎穿什么服装？穿状元服。结婚那天才穿，平常不可以随便穿，代表那是很重的责任。进门的时候，岳父岳母亲自把女儿交到新郎手上，每一幕都是一种责任，我们要对得起新娘的父母。这些礼仪的背后，都含有很深的人生道理。我们不去了解，不清楚整个文化的博大精深，不清楚它对我们人生非常关键的启发。

出门的时候，新郎亲自帮新娘驾马车，都是那份相敬如宾。到了家，二人喝交杯酒。一个葫芦剖成两半，盛着美酒，葫芦是苦的，酒是甜的，这是提醒夫妻两个从此以后要怎么样？同甘共苦。这样去面对婚姻，彼此才无怨无悔。夫妻之间没有计较。一个葫芦剖成两半，也代表夫妻是一体不可分的，夫妻一条心，黄土变成金。

夫义妇德我们先谈到这里，谢谢大家！

第四十讲　敦伦尽分就是圆满

尊敬的诸位朋友，大家好！

我们上节课讲到夫妇之间的这份道义，让彼此的人生没有怨悔，时时都是感念。对得起祖宗，对得起后代，夫妻二人都有这份共识，有这份孝心，“二人同心，其利断金”。夫妻好合的，家道一定可以兴旺起来。《中庸》里面讲，“妻子好合，如鼓瑟琴”，就像琴瑟和鸣一样非常和谐，相敬如宾。其实先生只要常常想到太太的恩德，太太能把家里打理好，能把父母侍奉好，让自己没有后顾之忧，恩欲报，念念就是报这个恩德；太太也体谅先生，先生在外也是风风雨雨扛过来，都为了这个家的生计和安定——彼此都活在感恩中，感情一定和乐。

夫妻之间也要谨记，“财物轻，怨何生；言语忍，忿自泯”，舌头跟牙齿这么近都难免会咬到，所以应该多包容、多宽恕。财物轻，不能因为钱财，闹得夫妻乃至亲朋好友之间不愉快。公公婆婆生日，不等先生说，主动买些礼物。日子到了还提醒先生：“今天是爸妈生日，赶快把这个东西送给他们。”先生当下能体会到，太太帮我分忧解劳，爱护我的父母就像她自己的亲生父母一样。财物轻，就没有什么怨了，更能体会到有太太的帮忙，家里更和乐。同样，当女婿的也要把岳父岳母当亲生父母一样爱戴。所以不要当半子，要当得彻底一点，真的当自己的父母这样侍奉、看待。

有个先生，太太生下孩子没多久就去世了，太太临终前嘱托他，一定要侍奉好她的父母，他答应了，真侍奉了三十多年。岳父瘫痪，岳母身体又不好，太太的弟弟智商又有问题，你看照顾这三个人不容易，但他三十年如一日。“国家昏乱有忠臣，六亲不和有孝慈”，在这个道德比较缺乏的时代，还是有这些忠肝义胆的人给我们做表演，感动邻里乡党都主动来关爱他们这个家。

夫妇相处要延伸到整个家庭的和乐，因为父子、兄弟，以及朋友，都跟夫妻关系息息相关。父子能不能处好？兄弟能不能处好？朋友能不能处好？乃至君臣关系能不能处好？都跟夫妇关系有连带。我们说枕边风很厉害，太太吹的风是德风，还是谗言，还是毁谤，还是斤斤计较，结果天差地别。

我们之前跟大家提到一位孙氏，先生被后母虐待，她吹的是德风，叫先生不要计较。后来分遗产，后母私吞了很多钱，又分了最差的地给他，他已经愤愤不平要杠上了，但是太太劝告他不可以跟后母、跟弟弟过不去。你看德风一吹，先生心平气和下来。没几年，因为弟弟染上赌博，全部家产都败光了，后母和弟弟流落街头。太太很有德行，这个时候又提醒先生，不能眼看他们沦落到这种地步，要不计前嫌，把他们接回来奉养。至此后母跟弟弟良心发现，弟弟也把赌博给戒掉了。他们夫妻吃亏了吗？所以，兄弟、父子能不能和乐，跟夫妇关系息息相关。他们一点都没有吃亏，人欠你，天还你，他们生了三个儿子，都考上进士。自古以来，这样的家庭不多。吴家娶了这个孙氏媳妇，才感来这么好的家道。所以不能嫁过来，让先生“娶了媳妇忘了娘”，这样当媳妇就太没道义了。

汕头有一对兄妹，同心协力，合作开了一家卖电脑用品的店，生意不错，爸爸也蛮欢喜。后来哥哥娶太太了，妹妹也嫁人了，结果搞到不合，为了钱吵到分家。分了家，两家店刚好开在隔壁，常常因为拉客人，互相骂来骂去，客人愈听愈不舒服，自家人在那里吵。到最后大家猜会怎么样？没有人和，生意做不起来，天时不如地利，地利不如人和。还没嫁娶以前相安无事，怎么后来兄妹不和？兄妹不和，谁最难受？父母每天不知道怎么过日子！所以《弟子规》里讲，"兄道友，弟道恭，兄弟睦，孝在中"。

有位女老师很善良，很体恤先生。有一天先生接到消息，妹妹在夏威夷生活得非常困窘，周转不开，身体又不好，所以就找太太商量拿点钱帮助妹妹。太太二话不说，把他们夫妻俩几年来的积蓄都寄过去。这个动作做出来，小姑记在心上，公公婆婆也记在心上，先生内心也觉得很温馨。这位老师打算去汇这笔钱，刚好我们有位朋友跟银行特别熟，就跟她讲，我明天帮你汇，你方便的时候再把钱给我。所以真的，这份善心会感来很多的善缘，大家互相赞叹，互相成就。这是我们讲的夫妇关系会延伸到五伦的每种关系。

再来，兄友弟恭，长幼有序。兄弟这一伦，不是只有兄弟而已，再延伸开来，小姑跟嫂嫂的关系，也属于这一伦。女婿之间、妯娌之间也要互相友爱，要真有修养。宋朝崔少娣的故事很给我们启示，真正有德行，不怕感化不了他人。"三争三让，天下无贪人矣"，明明白白地让给他，他慢慢地良心发现了。"三怒三笑"，他很无理，你都大肚能容，宽恕他，"天下无凶人矣"。感化不了贪婪的人、脾气大的人，反求诸己。你看三怒三笑，他火气上来了，我们清凉的风吹下去，火就烧不下去了。

弥勒菩萨的偈对我们人生很有启示。"涕唾在面上"，吐口水在你脸上，怎么样？“随他自干了，我也省力气，他也无烦恼”。他恶意对你，你还是微笑对他，这个架就吵不起来。之后一点都不计较，继续照顾他、关怀他，他很快就会被感动。因为他冷静下来，“这个世间居然还有这么有修养的人，不得了，我应该跟他好好学习”，他对我们就好奇。我们的德行就可以帮古圣先贤招生，一研究，原来这个人是学《弟子规》的，他就会来学《弟子规》。所以世间愈乱，我们愈有德行，愈能让众人对圣贤教诲生起信心；逆境来了，反而是我们为人演说的好机会。这是我们提到的兄弟关系应该这样去扩展。

我们在整个伦常关系中，要时时记住“随缘消旧业，不再造新殃”。你看朋友关系。在古代没什么男女关系，男女接触多是明媒正娶，所以男女的感情问题在古代没有那么严重。但是在现代，男女接触比较频繁，纠纷很多，甚至互相伤害，造成不幸的都有。所以男女关系开放，不见得是好事。我们要了解，为什么以前说男女授受不亲？因为情欲诱惑力太强，没有相当的定功一般过不了，所以也常听说“英雄难过美人关”。但这句话，经典一定找不到。这句话谁说的？我知道谁说的，就是那个犯错了还不认错，还找借口的人。犯错了，就要承认错误,“倘掩饰，增一辜”，错上加错。尤其是公众人物，这个过错不得了，很难算。因为这个话出去不知道误导了多少人，这个过恶都要算在他的账上。

有个很知名的明星，那时候犯错了，记者采访他，他说我犯的是天下男人都会犯的错。自己犯错了，还把天下男人都拉下水，所有有德行的男人都被他一竿子打翻了。你当下认错，错就可以化小，又掩饰，那不知道要扩多少倍！我们冷静想想，一个公众人物讲出了逃避责任的话，青少年学到什么？你看这些十几岁的男孩，“我们的偶像说他犯了所有男人都会犯的错，假如我不犯，我就不是男人”。这个误导多严重！再来，小女孩听了会怎么样？原来男人都是这样，那我以后当了太太，不也要睁一只眼闭一只眼？这会导致年轻人对于夫妇、对于男女的认知错误。所以，一言兴邦，一言丧邦。愈是公众人物，讲话愈有影响，愈应该谨慎，愈应该反省，愈应该负责任，话不可以随便讲。

“不再造新殃”，男女之间，还没有走入婚姻，一定要以一份善意，不占朋友一点便宜，所谓“钱债好还，情债难还”。所以，男女相处都要用道义，不能有任何占便宜、任何去伤害对方的念头。

提到朋友关系，都知道朋友之间要互相劝诫，“善相劝，德皆建；过不规，道两亏”。可是互相劝诫，有时候会生烦恼，怎么讲都不听，耐性提不起来。“南阎浮提众生，刚强难化”，这句话告诉我们，要好好对治习气。再来，要宽以待人，对人要宽恕，不可以刻薄。他刚强难化，我们要更有耐性，不计较。师长常说“为人演说”，演得好，说话才有分量，这个先后顺序不能倒。自己做得没人家好，拿着道理要求别人，谁服？《中庸》里面讲了一段话，“所求乎子，以事父”，你对儿子的要求，希望他怎么做好儿子，拿着这个标准去侍奉父亲，自己做得到吗？“所求乎臣，以事君”，自己先做到了，真正是这样对待上司，你才有资格去要求下属。“所求乎弟，以事兄”，你对弟弟的要求，你自己先做到，尊敬你的兄长。“所求乎朋友，先施之”，我们对朋友的要求，自己先做到。都是先要求自己，做到了再去劝别人，人家心里才服。不然他心里想，五十步笑百步，心里不服，话能听几成？

在劝诫中，孔夫子讲“君子信而后谏”，信任之后才劝；“未信”，还没有信任就劝，“则以为谤己也”。这些话对我们人生都有很大的启示。自己做得好，甚至还没讲话就已经在劝别人了，你的德行、身教就在劝了。我们今天是讲朋友这一伦，大家不要觉得朋友之间相互劝诫，其他不用。其实用在其他也是一样的心境。父子要劝，君臣要劝，夫妇、兄弟都要劝，这是本分。“善相劝，德皆建；过不规，道两亏”，五伦关系都适用于这句经句。“人无伦外之人，学无伦外之学”，每句经文都可以用在所有的伦常关系中。我们有这种感悟能力，就可以举一反三千，举一反一切。

互相劝诫，互相关怀，互相帮助，而且要不言家丑，互相赞叹。互相赞叹就讲到了说话的智慧。话会说，能广结善缘，能一团和气；话不会说，甚至一言可以丧邦，可以把整个团体搞乱。师长有一段教诲叮咛我们，在言语中分寸怎么去把握：

少说抱怨的话，多说宽容的话；

抱怨带来记恨，宽容乃是智慧。

少说讽刺的话，多说尊重的话；

讽刺显得轻视，尊重增加了解。

少说伤害的话，多说关怀的话；

伤害形成对立，关怀获得友谊。

少说命令的话，多说商量的话；

命令只是接受，商量才是领导。

少说批评的话，多说鼓励的话；

批评造成隔阂，鼓励激发潜能。

抱怨会感来什么？都有感应，我们的一言一行甚至起心动念都有感应。宽容都是人情世故的智慧。其实这段话，我们边抄边感受一下，在五伦关系中，真的，态度不一样，感来的结果截然相反，天壤之别。

我们从这段话，体会到言语的重要性。少说抱怨的话，言语能影响整个人和状况，天时不如地利，地利不如人和。人跟人已经很难取得信任，假如我们抱怨，又批评别人，彼此那种尊敬、信任统统受影响。这份抱怨甚至还会留在下一代的心中，造成人格成长的障碍。

说到这里，我想起母亲说到我的爷爷奶奶，姑姑叔叔，都是讲他们怎么爱护我们，所以我们面对这些长辈都是感恩。有些长辈把上一代的怨恨、不满都讲给孩子听，孩子对长辈不会恭敬，跟人也很难建立信任，甚至都有埋怨。这是破坏孩子的清净心，破坏孩子的人格，要有智慧。多说宽容的话，抱怨带来记恨，不只自己记，还记到下一代身上。宽容乃是智慧，你把大肚能容传给孩子，那是智慧。少说讽刺的话，讽刺显得轻视。这个慢特别厉害，傲慢的话，一辈子学业、事业、道业都无成。慢也是万恶的根源所在，不可以长。

多说尊重的话，尊重增加了解，大家可以敞开心来谈话。再来，少说伤害的话，伤害形成对立，没完没了。多说关怀对方的话，关怀获得友谊、情谊。少说命令的话，命令只是接受，那个接受不见得是心里接受。所以应该用心来带部属的心，不能只是权势强压在对方身上。多说商量的话，因为“兼听则明”，集思广益，不容易判断错误。“偏信则暗”，只听信一两个人的话，很可能会被谗言所害。“兼听则明”，明白，“偏信则暗”，而且商量的过程也能够达成团队的共识。再来，少说批评的话，多说鼓励的话。批评造成隔阂，鼓励激发人的潜能。多说鼓励的言语，最根本的是坚信“人之初，性本善”，坚信“一切众生皆有如来智慧德相”。

诸位朋友，我们谈了如何经营无怨无悔的人生，不外乎把人与人的关系处好，把人与万物的关系处好，以至于把人与天地神明的关系处好，理得心安，敦伦尽分，闲邪存诚。时时观照有没有察自己的不足，有没有尽自己的本分，我们这一生就无怨无悔。

这节课就讲到这里，谢谢大家！

图书在版编目（CIP）数据

如何经营无怨无悔的人生 / 蔡礼旭著. -- 北京 :
世界知识出版社，2021.1

ISBN 978-7-5012-6344-8

Ⅰ. ①如… Ⅱ. ①蔡… Ⅲ. ①人生哲学－通俗读物
Ⅳ. ①B821-49

中国版本图书馆CIP数据核字（2021）第006105号

如何经营无怨无悔的人生
Ruhe Jingying Wuyuan Wuhui de Rensheng

作　　者　蔡礼旭　　　　封面绘图　范　薇
责任编辑　薛　乾　　　　特邀编辑　杨　娟
责任出版　王勇刚
装帧设计　周周设计局　　内文制作　宁春江
出版发行　世界知识出版社
地　　址　北京市东城区干面胡同51号（100010）
网　　址　www.ao1934.org www.ishizhi.cn
联系电话　010-53606788 010-53609788
经　　销　新华书店
印　　刷　天津久佳雅创印刷有限公司
开本印张　710×1000 毫米　1/16　26.75 印张
字　　数　308千字
版次印次　2021年6月第一版　2021年6月第一次印刷
标准书号　ISBN 978-7-5012-6344-8
定　　价　35.00 元